·马克思主义研究文库·

新时代马克思主义
理论与实践研究

苏玉波　燕连福丨主编

光明日报出版社

图书在版编目（CIP）数据

新时代马克思主义理论与实践研究 / 苏玉波，燕连福主编. -- 北京：光明日报出版社，2022.10
ISBN 978-7-5194-6894-1

Ⅰ.①新… Ⅱ.①苏…②燕… Ⅲ.①马克思主义—发展—研究—中国 Ⅳ.①D61

中国版本图书馆CIP数据核字（2022）第211189号

新时代马克思主义理论与实践研究
XINSHIDAI MAKESI ZHUYI LILUN YU SHIJIAN YANJIU

主　　编：苏玉波　燕连福	
责任编辑：郭思齐	责任校对：李佳莹
封面设计：中联华文	责任印制：曹　净

出版发行：光明日报出版社
地　　址：北京市西城区永安路106号，100050
电　　话：010-63169890（咨询），010-63131930（邮购）
传　　真：010-63131930
网　　址：http://book.gmw.cn
E - mail：gmrbcbs@gmw.cn
法律顾问：北京市兰台律师事务所龚柳方律师

印　　刷：三河市华东印刷有限公司
装　　订：三河市华东印刷有限公司
本书如有破损、缺页、装订错误，请与本社联系调换，电话：010-63131930

开　　本：170mm×240mm
字　　数：404千字　　　　　　　　印　　张：22.5
版　　次：2023年1月第1版　　　　印　　次：2023年1月第1次印刷
书　　号：ISBN 978-7-5194-6894-1
定　　价：99.00元

版权所有　　翻印必究

前　言

《中共中央关于党的百年奋斗重大成就和历史经验的决议》指出："马克思主义是我们立党立国、兴党强国的根本指导思想。马克思主义理论不是教条而是行动指南，必须随着实践发展而发展，必须中国化才能落地生根、本土化才能深入人心。"① 习近平新时代中国特色社会主义思想作为马克思主义中国化的最新成果，坚持了马克思主义的根本立场、基本观点和科学方法，在指导中国特色社会主义伟大实践中彰显出强大真理力量和独特思想魅力。面对新形势、新任务，我们要在学懂弄通做实习近平新时代中国特色社会主义思想上下功夫，更好地解决新时代中国特色社会主义事业发展中遇到的新矛盾、新问题，不断开辟治国理政新境界。

本书坚持以马克思主义立场观点方法为指导，紧紧围绕当代中国重大理论与现实问题开展研究，重点阐释中国理论、解读中国道路、构建中国话语、弘扬中国精神。具体而言：坚持以马克思主义经典著作为基础，开展马克思主义基本原理及其当代价值研究；紧紧抓住马克思主义中国化重大前沿课题，深化习近平新时代中国特色社会主义思想研究；把握马克思主义理论的社会工程研究视域，加强改革开放前沿领域和治国理政的理论与实践问题研究；推动新时代高校思想政治理论课改革创新，切实提升思想政治教育的针对性和实效性；注重学科建设与教学研究紧密结合，强化西迁精神对学科及课程建设的支撑作用。

第一编为"习近平新时代中国特色社会主义思想深化研究"，遵循历史与现实、理论与实践相统一的逻辑进路，从历史发展的维度，把握习近平新时代中国特色社会主义思想的历史源头、历史线索与思想主线；从实践发展的角度，探析其在青年教育、科技创新、军队建设、生态文明建设等领域的理论指导与实践表征。

第二编为"马克思恩格斯经典文本的时代阐释研究"，聚焦《共产党宣言》，深入阐释了马克思主义的科学性、真理性和预见性；聚焦《反杜林论》，深入阐释

---

① 中共中央关于党的百年奋斗重大成就和历史经验的决议［N］．人民日报，2021-11-17（01）．

了恩格斯的道德观、真理观、哲学观、实践观；聚焦《唯物主义和经验批判主义》，深入阐释了列宁的物质观和监察观；聚焦马尔库塞、卢卡奇等国外学者对马克思主义的继承发展研究，为坚持和发展21世纪马克思主义提供了理论参考。

第三编为"坚持党的全面领导与治理现代化研究"，从历史、理论和现实视角，论证了中国特色社会主义理论为什么自信；聚焦新型城镇化、社区治理、乡村振兴、疫情防控等，探究了中国共产党对新时代中国特色社会主义建设的全面领导，并进一步指出推进国家治理体系和治理能力现代化依然需要坚持党的全面领导。

第四编为"党的百年历史进程及经验启示研究"，从经济建设、政治建设、社会建设、全面依法治国、全面从严治党等不同视角梳理了中国共产党建党百年的光辉历程与重大成就，总结了中国共产党团结带领全国各族人民进行伟大奋斗的历史经验，对新时代党和国家事业发展、推进中华民族伟大复兴历史进程具有重要理论与现实意义。

第五编为"新时代思想政治理论课改革创新研究"，通过梳理建党百年中国共产党思想政治教育目标的变化历程，明确思想政治教育要始终服务于党的中心任务、服务于人的本质与人的全面发展的要求等；探索了"三理贯通"教学理念的深刻意蕴，以及将伟大抗疫精神融入思想政治教育全过程的实践路径，不断提升大学生思想政治教育的针对性和实效性。

第六编为"'西迁精神'历史意义与时代价值研究"，立足史实，面向未来，坚持史论结合，深入挖掘了"西迁精神"的形成依据、丰富内涵和鲜明特征，描绘了西迁群体胸怀大局、无私奉献、弘扬传统、艰苦创业的精神品格，揭示了"西迁精神"的历史地位、时代意义与弘扬路径，为加强新时代理想信念教育、厚植知识分子家国情怀、全面建设社会主义现代化国家提供了价值坐标。

习近平总书记在庆祝中国共产党成立100周年大会上的讲话中指出："中国共产党坚持马克思主义基本原理，坚持实事求是，从中国实际出发，洞察时代大势，把握历史主动，进行艰辛探索，不断推进马克思主义中国化时代化，指导中国人民不断推进伟大社会革命。中国共产党为什么能，中国特色社会主义为什么好，归根结底是因为马克思主义行！"现在，党团结带领中国人民踏上了实现第二个百年奋斗目标新的赶考之路，我们必须继续坚持用马克思主义观察时代、把握时代、引领时代，继续发展当代中国马克思主义、21世纪马克思主义，在全面建设社会主义现代化国家、夺取新时代中国特色社会主义伟大胜利、实现中华民族伟大复兴中国梦的新征程上赢得更加伟大的胜利和荣光。

编　者

2022年8月

目 录
CONTENTS

第一编 习近平新时代中国特色社会主义思想深化研究 …………… 1

习近平新时代中国特色社会主义思想的生成与发展 …………………… 3

把握习近平新时代中国特色社会主义思想精髓的历史维度 …………… 17

习近平总书记关于青年理想信念教育重要论述的生成逻辑 …………… 31

习近平科技创新合力观析论 ……………………………………………… 37

论习近平新时代强军思想
　　——以人民军队建设为中心 ………………………………………… 44

习近平生态文明思想是对中西文明"天人关系"思想的超越 ………… 51

第二编 马克思恩格斯经典文本的时代阐释研究 ………………… 57

《共产党宣言》中的人民观探析 ………………………………………… 59

论共产主义运动的终极目标与过程性特点 ……………………………… 69

道德虚无主义的学理批判
　　——兼论恩格斯《反杜林论》中的马克思主义道德观 ………… 85

抵制历史虚无主义的路径探析 …………………………………………… 100

批判"经验批判主义"捍卫和阐发物质观思想
　　——列宁《唯物主义和经验批判主义》的精神实质及其当代意义 … 110

列宁关于工农检查院改组的思考及启示 ………………………………… 127

"改变世界"视域中青年卢卡奇对马克思的继承和发展
　　——以《关于费尔巴哈的提纲》和《什么是正统马克思主义?》
　　　　为中心的考察 ………………………………………………… 138

具体哲学与历史科学
　　——对马尔库塞早期哲学构想的思考 …………………………… 145

发展21世纪马克思主义的四维探碛 …………………………………… 153

第三编　坚持党的全面领导与治理现代化研究 …………………… 159

新型城镇化进程中的工程与社会：关系变迁、存在问题及实践路径 …… 161
马克思主义空间理论视域下我国城市社区治理创新探究 ………… 169
"三次伟大飞跃"论断生成的四重逻辑 …………………………… 175
新常态下乡村振兴的思路 …………………………………………… 185
抗击新冠肺炎疫情彰显了中国共产党民生思想的伟大光辉 ……… 191
新时代发展农村新型集体经济的理论逻辑与实践逻辑 …………… 198

第四编　党的百年历史进程及经验 ……………………………… 209

启示研究　学党史　明大理　辨是非
　　——延安时期党史学习教育的历史回顾及其启示 …………… 211
新中国成立以来党的收入分配政策的历史变迁与基本经验 ……… 219
延安时期中国共产党反贫困实践及当代启示
　　——以陕甘宁边区为例 ………………………………………… 225
延安时期"黄克功案件"与新时代从严治党与依法治国相结合的现实
　　启示 ……………………………………………………………… 233
中国共产党组织路线的历史考察：历程、成就与经验 …………… 239
中国共产党百年农民思想政治教育的历史进程与基本经验 ……… 247
中共七大在百年党建史上的原创性贡献与重大价值 ……………… 255
中国共产党从严治党的百年历史演进及基本经验 ………………… 275
中国共产党学习型政党建设的百年历程及其经验启示 …………… 282

第五编　新时代思想政治理论课改革创新研究 ………………… 295

伟大抗疫精神融入大学生思想政治教育的价值及路径探究 ……… 297
中国共产党思想政治教育目标的百年历程及启示 ………………… 305
树立"三理贯通"教学理念　增强课堂教学实效性 ……………… 311

第六编　"西迁精神"历史意义与时代价值研究 ……………… 319

西迁精神的丰富内涵与时代价值 …………………………………… 321
论西迁精神的理论蕴涵、时代价值及弘扬途径 …………………… 329
西迁精神与党外知识分子思想引领研究 …………………………… 336
近代中国历史变迁视域下的"西迁精神"解读
　　——兼论交大胸怀天下的大局意识 …………………………… 345

第一编 01

习近平新时代中国特色社会主义
思想深化研究

习近平新时代中国特色社会主义思想的生成与发展*

燕连福

摘　要：习近平新时代中国特色社会主义思想的生成过程，彰显着强烈的问题意识，是对马克思主义中国化发展的理论之问、坚持和发展中国特色社会主义的实践之问、人民群众对美好生活需要的价值之问、中国与世界共同发展的时代之问的崭新回答。在这个生成过程中，坚持了"与时俱进""实事求是""人民至上""统筹内外"的思维方式，彰显着创新、求真、民本和开放的逻辑。推进习近平新时代中国特色社会主义思想在实践中贯彻、落实及深入发展，需要我们继续守正创新，不断开辟当代中国马克思主义发展新境界、推进新时代中国特色社会主义新发展、实现人民群众对美好生活的新需要、掀开中国与世界交流互鉴的新篇章。

关键词：习近平新时代中国特色社会主义思想；中国特色社会主义；马克思主义中国化

党的十九届五中全会再次明确了新时代我国发展的历史坐标，"当今世界正经历百年未有之大变局""中华民族伟大复兴向前迈出了新的一大步""国际环境日趋复杂，不稳定性不确定性明显增加"①。习近平新时代中国特色社会主义思想作为实现中华民族伟大复兴的行动指南，其生成过程并不是简单的内容概括和静态的理论阐释，而是植根于中国特色社会主义不断发展变化的实践，是对重大理论与现实问题的崭新回应。习近平新时代中国特色社会主义思想既回答了中国特色社会主义伟大实践中的"理论之问""实践之问"和"价值之

---

* 本文系陕西省社科基金项目"习近平新时代中国特色社会主义思想形成研究"（2018A06）的阶段性成果。
① 中共十九届五中全会在京举行［N］．人民日报，2020-10-30（01）．

问"，也深刻回答了百年未有之大变局下中国和世界共同发展的"时代之问"。在这些回答之中，彰显着丰富的创新、求真、民本和开放逻辑。坚持和运用好这些逻辑，才能不断推进马克思主义中国化的理论创新和新时代中国特色社会主义的实践发展，才能更好地为人民谋幸福、为民族谋复兴、为世界谋大同。

一、习近平新时代中国特色社会主义思想的生成，深入回答了"四个问题"

"问题就是时代的口号，是它表现自己精神状态的最实际的呼声。"① 习近平新时代中国特色社会主义思想是在回答中国发展面临的理论、实践和价值问题中生成的，是在回应中华民族伟大复兴的战略全局和世界百年未有之大变局中生成的，贯穿着强烈的问题意识和鲜明的问题导向。

（一）回答马克思主义中国化发展的理论之问

新时代呈现新问题，新问题需要新的理论回应。在自由资本主义时代，马克思、恩格斯回答了"资本主义向何处去、人类社会向何处去"的时代问题，创立了马克思主义。在垄断资本主义时代，列宁通过"分析从一个时代转变到另一个时代的客观条件"，在回答"帝国主义向何处去、无产阶级革命向何处去"的时代问题中创立了列宁主义。以毛泽东为代表的中国共产党人在回答"中国向何处去、中国革命向何处去"的时代问题中，创立了毛泽东思想。改革开放以来，以邓小平、江泽民、胡锦涛为代表的中国共产党人接续回答了"什么是社会主义、怎样建设社会主义""建设什么样的党、怎样建设党""实现什么样的发展、怎样发展"等一系列重大时代课题，产生了邓小平理论、"三个代表"重要思想、科学发展观等重大理论成果，使得马克思主义中国化的时代内涵不断丰富和发展。党的十八大以来，习近平总书记在回答"新时代坚持和发展什么样的中国特色社会主义、怎样坚持和发展中国特色社会主义"的理论之问中，形成了习近平新时代中国特色社会主义思想。纵观马克思主义的诞生、发展及其中国化的历史进程，其理论的每一步创新和发展都与时代背景和实践条件相生相成，始终是民族化、时代化、具体化的马克思主义，在回答不同时代问题时呈现出不同的理论形态和特征。

马克思主义在中国特色社会主义新时代的发展面临着两方面的理论问题。一方面是如何将马克思主义的基本原理与新时代中国发展的实践相结合，解决当代中国的现实问题，即马克思主义"化中国"的问题；另一方面是如何对中国特色社会主义的理论和实践经验进行总结、概括，不断丰富和完善当代中国

---

① 马克思恩格斯全集：第40卷［M］．北京：人民出版社，1982：289-290．

马克思主义和21世纪马克思主义，即马克思主义"中国化"的问题。习近平总书记指出："坚持马克思主义，坚持社会主义，一定要有发展的观点，一定要以我国改革开放和现代化建设的实际问题、以我们正在做的事情为中心，着眼于马克思主义理论的运用，着眼于对实际问题的理论思考，着眼于新的实践和新的发展。"① 习近平新时代中国特色社会主义思想，坚持用马克思主义之"矢"射中国实践之"的"，既展现了回应时代新问题的理论自觉，也彰显了对新时代中国特色社会主义实践的现实关切，在实现马克思主义"中国化"与马克思主义"化中国"有机统一的基础上，科学构建了当代中国马克思主义和21世纪马克思主义发展的最新理论形态。

（二）回答新时代中国特色社会主义发展的实践之问

马克思曾指出："人们自己创造自己的历史，但是他们并不是随心所欲地创造，并不是在他们自己选定的条件下创造，而是在直接碰到的、既定的、从过去承继下来的条件下创造。"② 直接碰到的、既定条件的不同决定着对特定历史条件下"实践之问"的不同解答。列宁领导俄国十月革命取得胜利后，面临着在资本主义不发达、小农经济占优势、经济文化落后的俄国怎样建设社会主义的实践课题。列宁提出无产阶级取得政权后，中心工作是经济建设，根本任务是提高劳动生产率，关键问题是学会管理，这是对俄国社会主义建设"实践之问"的回答。在新民主主义革命时期，毛泽东提出了农村包围城市、武装夺取政权的革命道路。中华人民共和国成立后，毛泽东在分析社会主义社会基本矛盾、社会主义现代化建设十大关系的基础上提出要走一条"适合中国国情的工业化道路"，科学回答了中国新民主主义革命和社会主义建设的"实践之问"。在新的历史起点上，面对建设中国特色社会主义的实践课题，中国共产党制定了社会主义初级阶段的基本路线，作出了改革开放的历史抉择，提出逐步建立社会主义市场经济体制等实践指南。党的十八大以来，中国特色社会主义实践的深度和广度决定了"新时代"的历史方位，也意味着对新时代中国特色社会主义建设的"实践之问"需要进一步回应和解答。

首先，习近平新时代中国特色社会主义思想明确了中国特色社会主义的方向和旗帜问题。"中国特色社会主义特就特在其道路、理论体系、制度上，特就特在其实现途径、行动指南、根本保障的内在联系上，特就特在这三者统一于

---

① 习近平关于协调推进"四个全面"战略布局论述摘编［M］．北京：中央文献出版社，2015：5.

② 马克思恩格斯选集：第1卷［M］．北京：人民出版社，2012：669.

中国特色社会主义伟大实践上。"① 习近平总书记强调："科学社会主义基本原则不能丢，丢了就不是社会主义。"② 要增强"四个自信"，不走封闭僵化的老路和改旗易帜的邪路，坚定不移地高举中国特色社会主义伟大旗帜。其次，习近平新时代中国特色社会主义思想明确了新时代中国特色社会主义实践的总体布局和基本方略，"八个明确"和"十四个坚持"构架起了新时代中国特色社会主义实践的"四梁八柱"，对于如何坚持和发展新时代中国特色社会主义作出了实践指向。最后，习近平新时代中国特色社会主义思想明确了我国进入新发展阶段的主要目标和重点任务。党的十九届五中全会提出了2035年基本实现社会主义现代化远景目标以及"十四五"时期经济社会发展主要目标和重点任务，对于新发展阶段作出了具体的实践导向。

（三）回答人民群众对美好生活需要的价值之问

"人民"及其"需要"是一个历史的范畴，在不同的社会发展阶段和历史时期有着不同的内涵和具体所指，因此，"价值之问"也是一个在时代和实践中不断得到回答的新问题。马克思、恩格斯在批判资本主义对人民剥削和压迫的基础上，主张通过无产阶级革命消灭私有制的奴役和束缚，扬弃异化劳动对人的控制，不断满足人的解放和自由而全面发展的需要。列宁主义指导俄国无产阶级取得了十月革命的胜利，并在经济文化落后的国家探索社会主义建设的道路，不断满足人民群众对生活状况改善的需要。毛泽东思想致力于推翻压在中国人民头上的"三座大山"，满足人民群众对于"当家作主站起来"的迫切需要。邓小平理论、"三个代表"重要思想、科学发展观牢牢把握"人民群众日益增长的物质文化需要"，致力于发展生产力，提高人民群众的物质文化生活水平。新时代社会主要矛盾的变化反映出人民群众在需要的领域和重心上，已经超出了物质文化的层次和范畴，对生产力增"量"的要求转变为"质"的提升，对美好生活的需要呈现出多样化、多层次、多方面的特点，满足人民群众在美好生活方面的新需要，是习近平新时代中国特色社会主义思想的价值生长点。

习近平总书记多次强调，"党除了人民利益之外没有自己的特殊利益，党的一切工作都是为了实现好、维护好、发展好最广大人民根本利益"③。党的十九届五中全会进一步提出，促进"人民生活更加美好，人的全面发展、全体人民

---

① 习近平谈治国理政：第1卷 [M]．北京：外文出版社，2018：9.
② 习近平谈治国理政：第3卷 [M]．北京：外文出版社，2020：76.
③ 习近平谈治国理政：第3卷 [M]．北京：外文出版社，2020：137.

共同富裕取得更为明显的实质性进展"①。习近平新时代中国特色社会主义思想牢牢把握"人民"这一价值主体的需要,在人民所期盼的更好的教育、更稳定的工作、更满意的收入、更可靠的社会保障、更高水平的医疗卫生服务、更舒适的居住条件、更优美的环境、更丰富的精神文化生活等方面持续发力。从致力于满足人民群众的物质文化需要到满足人民群众的美好生活需要,变的是人民需要的内涵的不断丰富完善,不变的是人民的价值主体地位,体现了中国共产党崇高的价值取向和价值追求。

(四) 回答新形势下中国与世界共同发展的时代之问

中国近现代化的历史进程始终在回答"世界怎么了,我们怎么办"这个发展之问中不断向前推进。

毛泽东带领中国人民站起来的过程中,总体把握"战争与革命"的时代发展态势,把中国的抗日战争视为世界反法西斯战争的重要组成部分,推进中国的革命事业。从新中国成立初期向苏联"一边倒"到提出"一条线、一大片"国际统一战线,再到"三个世界"的划分,毛泽东思想始终结合世界发展形势回答中国和世界发展的"时代之问"。邓小平带领中国人民富起来的过程中,深刻把握"和平与发展"的时代主题,他指出,"现在的世界是开放的世界""关起门来搞建设是不能成功的,中国的发展离不开世界"②。因此,要积极融入世界,谋求中国经济的发展。"三个代表"重要思想和科学发展观,顺应经济全球化的发展趋势,使中国的发展更深地融入世界。中国特色社会主义进入新时代,习近平总书记指出,"当今世界正处于百年未有之大变局"。面对"反全球化""逆全球化"等逆流涌动、西方世界的贸易保护主义和单边主义势力加剧以及一些非传统安全带来的全球性挑战和威胁,"世界怎么了,我们怎么办"的问题迫切需要日益走近世界舞台中央的中国提供新的智慧和思路。

习近平新时代中国特色社会主义思想提出"和平发展、共同繁荣"理念,致力于构建繁荣、和谐、开放、合作、共赢的新世界。具体而言,在经济发展方面,反对"逆全球化"和贸易保护主义,坚持正确的义利观,秉持共商、共建、共享的全球治理观,推动经济全球化向包容、普惠、共赢方向发展。在政治安全方面,反对一切形式的恐怖主义,坚持以对话和协商化解分歧、争端,坚持以合作应对传统的和非传统的安全威胁。在国际交往方面,打破"国强必霸"的陈旧逻辑,摒弃强权政治、零和博弈的思维方式,坚持走对话、结伴的

---

① 中共十九届五中全会在京举行 [N]. 人民日报, 2020-10-30 (01).
② 十八大以来重要文献选编(中)[M]. 北京: 中央文献出版社, 2016: 45.

国与国交往新路，推动中国与世界的发展良性互动。在文明交流方面，超越文明隔阂、文明冲突论和文明优越论，推动中国文明与世界文明在交流互鉴中共同发展。中国始终将自身发展与世界发展融为一体，在世界和平、全球发展以及国际秩序中扮演着建设者、贡献者、维护者的角色，为解决人类面临的共同难题提供中国智慧和中国方案。

二、习近平新时代中国特色社会主义思想的生成，彰显着"四个逻辑"

习近平新时代中国特色社会主义思想作为一个逻辑严密、系统完整的科学理论体系，在回答"时代问题"、解决重大时代课题时，无论是在理论维度、实践维度，还是在价值维度、发展维度上，都具有清晰的逻辑呈现。

（一）回答理论之问，蕴含着"与时俱进"的创新逻辑

"理论思维的起点决定着理论创新的结果。理论创新只能从问题开始。"① 习近平新时代中国特色社会主义思想对马克思主义中国化发展的理论之问的回答，蕴含着"与时俱进"的创新逻辑。

"与时俱进"是一个以时代为特征的动态概念，内在地蕴含着理论的时代性、规律性和创造性。习近平总书记指出，"发展21世纪马克思主义、当代中国马克思主义，必须立足中国、放眼世界，保持与时俱进的理论品格"②。习近平新时代中国特色社会主义思想，一方面在继承和发展马克思主义中国化理论成果的基础上，与时俱进地解决了马克思主义"中国化"的时代新问题；另一方面用马克思主义观察时代、解读时代、引领时代，不断超越事物原有的认识水平和认识范畴，创新性地提出了一系列新观点、新理念、新思想、新要求和新论断，开辟了马克思主义"化中国"的新境界。马克思主义"中国化"与马克思主义"化中国"，二者在本质上具有内在的一致性，其共同的世界观和方法论是辩证唯物主义和历史唯物主义；遵循的共同原则是科学社会主义；共同的理想目标是实现人的自由而全面发展；共同的价值理念是以人民为中心，全心全意为人民服务。习近平新时代中国特色社会主义思想在回答重大理论和现实问题时，以此为理论遵循和实践依据，彰显着马克思主义中国化的理论成果既一脉相承又与时俱进的理论品质。

（二）回答实践之问，彰显着"实事求是"的求真逻辑

"实事求是，是马克思主义的根本观点，是中国共产党人认识世界、改造世

---

① 习近平谈治国理政：第2卷［M］．北京：外文出版社，2017：342.
② 习近平谈治国理政：第2卷［M］．北京：外文出版社，2017：65.

界的根本要求,是我们党的基本思想方法、工作方法、领导方法。"① "实事求是"要求我们研究和把握事物的内在本质及其规律,使主观符合客观、思想符合实际,按照事物的本来面目去认识和改造世界。"实事求是"以"求"为中介,"求是"即求出规律、认识本质、获得真知,从"实事"到"是",超越事物的表层现象和状态,内含着求真的理论逻辑。

习近平新时代中国特色社会主义思想对"实践之问"的回答,运用唯物辩证法分析中国社会的发展现实,"实事求是"始终贯穿其思想发展过程,支撑起整个理论体系的逻辑演进过程。这一方面体现在深化对"三大规律"认识的基础上,深刻把握中国特色社会主义的特质和发展趋势,对新时代中国特色社会主义实践的方略和路径作出科学的谋划和指导;另一方面体现在始终坚持理论与实践相统一,不断探索和追求中国特色社会主义之真理。"在一个时间一个地点坚持实事求是得出的结论、取得的经验,并不等于在变化了的另外的时间另外的地点也能够适用。"② 习近平新时代中国特色社会主义思想,既是对中国特色社会主义发展历程及实践经验的总结和提炼,体现着从实践到理论的逻辑,也是以新时代中国特色社会主义发展的"理论之问"为基点,用新的理论指导新的实践,体现着从理论到实践的逻辑。"实践—理论—再实践"的能动过程,彰显着习近平新时代中国特色社会主义思想以事实为依据,在理论与实践的互动中不断追求真理的思维方式。

(三) 回答价值之问,呈现着"人民至上"的价值逻辑

"民惟邦本,本固邦宁。"习近平新时代中国特色社会主义思想以人民的立场为价值起点,以人民的需求和期待为价值导向,以人民满意和民心所向为价值评判标准,形成了一个多向互动、相互交织、逻辑严密的价值体系,"人民至上"是其价值逻辑的全面彰显和体现。

习近平新时代中国特色社会主义思想对"不忘初心"的诠释,对"新矛盾"的界定,对"新的实践方略"的部署,对"新时代"的历史方位研判,始终贯穿着"人民至上"这一价值主线。围绕"人民日益增长的美好生活需要"对价值之问的回答真实、全面而具体,即一方面要坚决打赢脱贫攻坚战,建成标准更高、内涵更加丰富的全面小康社会,让全体人民共享改革发展成果;另一方面坚持在发展中保障和改善民生,以增进民生福祉为根本目的,满足人民群众在教育、工作、收入分配、社会保障、医疗服务、居住条件、精神文化生

---

① 习近平谈治国理政:第1卷[M].北京:外文出版社,2014:25.
② 习近平谈治国理政:第1卷[M].北京:外文出版社,2014:26.

活等各方面的期待,"不断增强人民群众获得感、幸福感、安全感,促进人的全面发展和社会全面进步"①。正如习近平总书记所说:"我们的目标很宏伟,但也很朴素,归根结底就是让全体中国人都过上更好的日子。""我们要始终把人民立场作为根本立场,把为人民谋幸福作为根本使命,坚持全心全意为人民服务的根本宗旨。"②这充分彰显和体现了习近平新时代中国特色社会主义思想中所蕴含的民本逻辑。

(四)回答时代之问,体现着"统筹内外"的开放逻辑

中国内在发展与世界外在变化统一于人类社会的历史进程,面对全球共同的风险与挑战,"能用众力,则无敌于天下矣;能用众智,则无畏于圣人矣"③。习近平新时代中国特色社会主义思想超越了狭隘的国家、民族、种族、地域限制,以人类整体性思维统筹国际国内两个大局,把外部环境的变化作为谋划未来发展的重要变量,深刻展现出"统筹内外"的广阔视野和开放逻辑。

古人言:"以天下之目视,则无不见也;以天下之耳听,则无不闻也;以天下之心虑,则无不知也。"④ 中国特色社会主义进入新时代,中国与世界各国之间的互动性、交融性、关联性不断增强,"中国的发展离不开世界,世界的繁荣也需要中国"⑤。实现中华民族伟大复兴的中国梦必须在当今世界百年未有之大变局中去谋划和布局。习近平总书记指出:"我国同国际社会的互联互动也已变得空前紧密,我国对世界的依靠、对国际事务的参与在不断加深,世界对我国的依靠、对我国的影响也在不断加深。我们观察和规划改革发展,必须统筹考虑和综合运用国际国内两个市场、国际国内两种资源、国际国内两类规则。"⑥习近平新时代中国特色社会主义思想无论是在经济发展、政治安全,还是在国际交往和文明交流方面,都以开放的思维审视中国与世界的共同发展问题,站在国内国际两个大局相互联系的高度,为世界各国实现共同发展愿景提供"中国版"的解决方案。人类命运共同体理念、"一带一路"倡议在国际社会日益上升为"国际关系新准则"和"全球治理新方案",充分证明和展现了习近平新时代中国特色社会主义思想所蕴含的世界视野和开放逻辑。

---

① 中共十九届五中全会在京举行[N].人民日报,2020-10-30(01).
② 习近平谈治国理政:第3卷[M].北京:外文出版社,2020:134-136.
③ 张作耀.孙权传[M].北京:人民出版社,2007:5.
④ 管仲.管子·九守[M]//习近平谈治国理政:第2卷.北京:外文出版社,2017:296.
⑤ 习近平.在庆祝改革开放40周年大会上的讲话[M].北京:人民出版社,2018:33.
⑥ 习近平谈治国理政:第2卷[M].北京:外文出版社,2017:442-443.

三、学习贯彻习近平新时代中国特色社会主义思想，不断推进"四个发展"

"社会发展是社会变迁的主旋律，发展是人类面临的永恒主题。"① 习近平新时代中国特色社会主义思想对时代问题的回答及其逻辑呈现，蕴含着中国与世界共同发展的指向。掌握和运用好其中的创新逻辑、求真逻辑、民本逻辑和开放逻辑，才能将中国与世界的共同发展推向前进。

（一）在理论层面，坚持守正创新，开辟当代中国马克思主义发展新境界

习近平新时代中国特色社会主义思想开辟了当代中国马克思主义发展新境界。当代中国马克思主义并不是固定不变的，而是一个不断发展的动态性理论体系。"我们要坚持用马克思主义观察时代、解读时代、引领时代，用鲜活丰富的当代中国实践来推动马克思主义发展"②，要坚持"与时俱进""守正创新"的创新思维，不断推进当代中国马克思主义的新发展。

一是立足于新时代中国特色社会主义实践发展当代中国马克思主义。"一种理论的产生，源泉只能是丰富生动的现实生活，动力只能是解决社会矛盾和问题的现实要求。"③ 中国社会主义现代化进程中产生的不平衡不充分发展矛盾、生态破坏、环境污染、意识形态斗争、体制机制障碍等重大现实问题在一定程度上反映了21世纪人类社会发展面临的难题。同时，中国特色社会主义精准扶贫、乡村振兴、反腐倡廉、协商民主、国家治理、改革开放、意识形态建设等成果为当代中国马克思主义的发展提供了实践基础和经验参照。"中国特色"和"中国化"中蕴含着当代中国马克思主义发展的一般规律。因此，要以马克思主义中国化发展的新实践、新问题、新情况作为推动当代中国马克思主义发展创新的基础和参照。

二是立足于人类社会发展的整体性视域推动当代中国马克思主义的发展。基于经济全球化深入发展的时代背景，我们需要以宽广的世界格局考量国际的经济贸易、政治博弈、文化交流、社会治理、生态保护等问题，将当代中国马克思主义置于经济全球化的时代坐标，聚焦当代社会主义和资本主义发展总趋势和新特点，对人类社会发展面临的共同难题作出新的阐释和解答。

三是在"中国向度"与"世界向度"的统一中发展当代中国马克思主义。

---

① 侯衍社. 马克思的社会发展理论及其当代价值 [M]. 北京：中国社会科学出版社，2004：1.
② 习近平谈治国理政：第3卷 [M]. 北京：外文出版社，2020：76.
③ 习近平谈治国理政：第3卷 [M]. 北京：外文出版社，2020：63.

鉴于中国日益走近世界舞台中央的国际地位以及中国与世界发展高度融合过程中所承载的大国责任和历史使命，我们要将中国问题、中国视域、中国话语与世界问题、世界视域、世界话语有效对接，积极适应中国走向世界的宏观历史语境，注重"马克思主义世界化"的发展，拓展当代中国马克思主义和21世纪马克思主义的视野和语境，使其从"改变中国"向"改变世界"转变。

（二）在实践层面，坚持求真务实，推进新时代中国特色社会主义新发展

"社会存在决定社会意识。我们党现阶段提出和实施的理论和路线方针政策，之所以正确，就是因为它们都是以我国现时代的社会存在为基础的。"① 我们必须坚持"实事求是""求真务实"的求真思维，从新时代中国特色社会主义的社会存在和客观实际出发，不断推动新时代中国特色社会主义理论与实践的发展。

一是坚持科学社会主义基本原则，不断赋予其中国特色。习近平总书记强调："新时代是中国特色社会主义新时代，而不是别的什么新时代。"② 在今天，科学社会主义基本原则不能丢，丢了就不是社会主义；马克思主义基本原理和中国具体实际相结合的原则不能丢，丢了就不是中国特色社会主义；着眼中国发展新的历史方位不能丢，丢了就不是新时代中国特色社会主义。在今天，坚持科学社会主义原则，一定要毫不动摇。

中国特色社会主义新时代，是在实践中不断赋予中国特色的新时代。100年来，中国共产党在伟大的革命、建设和改革实践中，不断把马克思主义基本原理和中国具体实际相结合，不断赋予其中国特色，最终形成了新时代中国特色社会主义。在今天，不断赋予科学社会主义以中国特色，一定要坚持不懈。

中国特色社会主义新时代，是党团结带领中国人民不断走向成功的新时代。事实证明，中国特色社会主义是实现中华民族伟大复兴的必由之路。我们既要坚持科学社会主义基本原则，避免历史虚无主义和文化虚无主义的侵蚀，又要坚持中国特色社会主义的道路自信、理论自信、制度自信和文化自信，防止所谓"历史终结论""单线式历史观"的干扰。不断坚持和发展新时代中国特色社会主义，才能实现人民对美好生活的向往，才能赢得中华民族的伟大复兴。

二是坚持走好社会主义初级阶段后半段，完善和发展中国特色社会主义制度。恩格斯指出："所谓'社会主义社会'不是一种一成不变的东西。"③ 毛泽

---

① 习近平关于全面深化改革论述摘编［M］.北京：中央文献出版社，2014：11.
② 习近平新时代中国特色社会主义思想学习纲要［M］.北京：学习出版社、人民出版社，2019：15.
③ 马克思恩格斯文集：第10卷［M］.北京：人民出版社，2009：588.

东提出:"社会主义这个阶段,又可能分为两个阶段,第一个阶段是不发达的社会主义,第二个阶段是比较发达的社会主义。"① 邓小平强调:"社会主义本身是共产主义的初级阶段,而我们中国又处在社会主义的初级阶段,就是不发达的阶段。"② 十月革命胜利后,列宁说我们进入"开创全世界历史的新时代"③,人类社会进入社会主义阶段。习近平总书记提出:"我国社会主义实践的前半程已经走过了,前半程我们的主要历史任务是建立社会主义基本制度,并在这个基础上进行改革,现在已经有了很好的基础。后半程,我们的主要历史任务是完善和发展中国特色社会主义制度,为党和国家事业发展、为人民幸福安康、为社会和谐稳定、为国家长治久安提供一整套更完备、更稳定、更管用的制度体系。"④ 中国特色社会主义进入新时代,我们开启了社会主义初级阶段的后半段,这也是一个再次开创全世界历史的新时代。

坚持和发展新时代中国特色社会主义,就要清醒认识和正确把握我国仍处于并将长期处于社会主义初级阶段这个基本国情,就要牢牢立足社会主义初级阶段两个半程的实际。把握中国特色社会主义新时代,就要认识到发展和完善中国特色社会主义制度将仍然是我国社会主义初级阶段后半程的主题曲。新中国成立70多年来取得的历史性成就充分证明,中国特色社会主义制度是当代中国发展进步的根本保证。在改革开放40多年历程中,党的十一届三中全会是划时代的,开启了改革开放和社会主义现代化建设历史新时期;党的十八届三中全会也是划时代的,开启了全面深化改革、系统整体设计推进改革的新时代,开创了我国改革开放的新局面。但是要看到,我们的制度还不是尽善尽美、完全成熟定型的。我们必须全面深化改革,坚持和完善中国特色社会主义制度,推进国家治理体系和治理能力现代化,为新时代中国特色社会主义的更好发展提供可靠的制度保障。

(三)在价值层面,坚持以人民为中心,满足人民群众对美好生活的新需要

人民是历史的创造者,是我们党执政最深厚的根基,也是决定党和国家前途命运的根本力量。实现人民群众对美好生活的向往是我们党始终不渝的奋斗目标。针对人民群众的新需要和新期待,我们应坚持"人民至上""以人民为中心"的民本思维,为满足人民群众的美好生活需要不断创造条件。

---

① 毛泽东文集:第8卷[M].北京:人民出版社,1999:116.
② 邓小平文选:第3卷[M].北京:人民出版社,1993:252.
③ 列宁选集:第4卷[M].北京:人民出版社,2012:566-567.
④ 习近平关于全面深化改革论述摘编[M].北京:中央文献出版社,2014:27.

一是以不平衡不充分发展问题为突破点，推进全体人民共同富裕取得实质性进展。"不平衡"主要是从结构和状态上揭示发展存在的问题，"不充分"则是从要素和质量角度揭示出现阶段发展存在的不足，不平衡不充分的发展阻碍美好生活需要的全面实现。我们要以创新、协调、绿色、开放、共享的发展理念为引领，着力解决好东西部之间、城乡之间、区域之间发展不平衡不充分问题，促进基本公共服务实现均等化，缩小城乡区域发展差距和居民生活水平差距，解决制约人民美好生活需要的不平衡不充分发展矛盾。

二是以完善共建共治共享的社会治理制度为着力点，推进人民生活更加美好取得实质性进展。针对人民美好生活需要的要素不断丰富、层次不断提升、领域不断扩展的现实，要在高质量充分就业、居民收入稳定增长、分配结构改善、受教育程度提升、社会保障体系健全、卫生健康体系完善等方面持续发力，促进民生福祉达到新水平，奠定人民群众"美好生活"大厦的物质基础，不断增强人民群众获得感、幸福感、安全感。

三是以人的现代化为最终目标，促进人的全面发展取得实质性进展。"美好生活需要也可以被认为是一种以人为中心，回归生活本体，追求更高形态发展的个体需要和社会需要的总称。"① 无论是以工业、农业、国防、科学技术的现代化为主要内容的现代化，还是以国家治理体系和治理能力现代化为主要内容的现代化，其最终目标都是推进人的现代化。这就需要通过正确处理人与自然、人与社会、人与人之间的关系，实现个体自我价值与社会价值的有机统一。以人的现代化促进每个人的全面发展，从而使得"人终于成为自己的社会结合的主人，从而也就成为自然界的主人，成为自身的主人——自由的人"②，在自由而全面发展的过程中达到美好生活的理想状态。

（四）在发展层面，坚持交流互鉴，不断推动中国与世界的共同前行

党的十九届五中全会明确提出，"要高举和平、发展、合作、共赢旗帜，积极营造良好外部环境，推动构建新型国际关系和人类命运共同体"③。我们要坚持"统筹内外""交流互鉴"的开放思维，将中国发展与世界发展融为一体，加快构建以国内大循环为主体、国内国际双循环相互促进的新发展格局，始终成为和平发展的实践者、共同发展的推动者、多边贸易体制的维护者、全球治理的参与者。

---

① 吴萌，季乃礼. "美好生活需要"的发生与实现逻辑［J］. 长白学刊，2022（4）：20-30.
② 马克思恩格斯选集：第 3 卷［M］. 北京：人民出版社，2012：817.
③ 中共十九届五中全会在京举行［N］. 人民日报，2020-10-30（01）.

一是在扩大对外开放中为中国与世界的发展提供动力。党的十九届五中全会提出:"坚持实施更大范围、更宽领域、更深层次对外开放,依托我国大市场优势,促进国际合作,实现互利共赢。"① 经过改革开放40余年的发展,中国成为世界第二大经济体、商品消费第二大国、外资流入第二大国、货物贸易第一大国、制造业第一大国,与世界上140多个国家建立了贸易伙伴关系,中国的发展与世界的繁荣已经紧紧地联系在一起。在新形势下,我们要继续扩大对外开放,与世界各国共同建立多元、安全、高效的开放型经济体系;积极参与全球治理体系建设,为解决全球性经济问题和推进全球治理提供中国方案和中国智慧。

二是在合作共赢中推动经济全球化深入发展。"经济全球化是不可逆转的历史大势,为世界经济发展提供了强劲动力。"② 面对"反全球化"思潮凸显、"全球化"与"逆全球化"进程深度博弈以及重大疫情等全球共同的威胁和挑战,没有任何一个国家能够独善其身或独立应对。因此,必须着眼于解决当今世界面临的现实问题,将合作共赢理念贯穿于经济、政治、安全、文化等各个领域,扩大各国共同利益的交汇点。"以天下大同为目标,秉持合作共赢理念,摒弃丛林法则,不搞强权独霸,超越零和博弈,开辟出合作共赢、共建共享的发展新道路,为人类发展提供了新的选择。"③

三是在中国的命运与世界各国的命运紧密结合中推动人类命运共同体的构建。世界是由许多相互联系的国家构成的有机整体,在其中,任何国家的发展都不能离开世界孤立地进行。人类命运共同体在涵盖领域和具体内容上,包含着经济、政治、文化、社会、生态等各方面,是利益共同体、政治共同体、安全共同体、文明共同体、生态共同体的有机统一。因此,必须推动中国与世界各国共同建立合作共赢的全球伙伴关系,营造共建共享的安全格局,谋求开放包容的发展前景,构筑绿色发展的生态体系,开创中国与世界共同发展的美好未来。

---

① 中共十九届五中全会在京举行[N].人民日报,2020-10-30(01).
② 习近平谈治国理政:第3卷[M].北京:外文出版社,2020:200.
③ 为构建人类命运共同体不断作出贡献[N].人民日报,2019-11-27(05).

参考文献

[1] 习近平谈治国理政：第3卷［M］. 北京：外文出版社，2020.

[2] 习近平新时代中国特色社会主义思想学习纲要［M］. 北京：学习出版社、人民出版社，2019.

[3] 习近平新时代中国特色社会主义思想三十讲［M］. 北京：学习出版社，2018.

把握习近平新时代中国特色社会主义思想精髓的历史维度

马 忠 安着吉

摘 要：历史维度是提炼习近平新时代中国特色社会主义思想精髓的重要维度。从历史维度进行研究，就是在历史回溯中，找到历史源头、发现历史线索、厘清思想主线，即从习近平新时代中国特色社会主义思想所体现的历史方法中，找到理论的分析视角和思想主线。仔细分析，习近平新时代中国特色社会主义思想十分注重对唯物史观的自觉运用，善于从"文明史、抗争史、运动史"视角审视历史，总结了"站起来——富起来——强起来"三次历史飞跃，从"方向、道路、命运"高度确定了历史方位，从而深刻阐述了党肩负的中华民族伟大复兴这一历史使命，体现出深厚的历史逻辑。

关键词：唯物史观；习近平新时代中国特色社会主义思想；历史维度

习近平新时代中国特色社会主义思想作为马克思主义中国化的最新理论成果，包含着一系列新范畴、新观点，具有内在的理论和历史逻辑，"我们走中国特色社会主义道路，具有无比广阔的时代舞台，具有无比深厚的历史底蕴"[①]。深刻理解习近平新时代中国特色社会主义思想，需要从历史维度把握其思想的分析视角和主线。

一、历史方法：对唯物史观的自觉运用

习近平新时代中国特色社会主义思想对唯物史观的自觉运用，就是在解决现实问题、揭示社会规律、探寻中国道路的过程中厘清中国历史依次递进的线索和脉络。

---

① 习近平.决胜全面建成小康社会 夺取新时代中国特色社会主义伟大胜利——在中国共产党第十九次全国代表大会上的报告［M］.北京：人民出版社，2017：70.

（一）重视历史：用历史思维分析问题

历史唯物主义认为，社会基本矛盾运动是推动人类社会发展的根本动力。运用这一方法观察和分析事物，就是通过阐述事物发展的顺序和事实来思考和研究问题。如马克思在研究资本主义时以"商品"为历史和逻辑起点，按照商品、货币、资本等的范畴次序建立了科学体系，考察了整个资本主义社会发展的过程；恩格斯以家庭、民族、国家为整体探寻了经济结构中存在的抽象关系与原理。总之，马克思主义紧紧抓住隐藏于历史形态背后的内在本质来解释历史。习近平新时代中国特色社会主义思想十分重视对唯物史观的运用，这体现在习近平总书记以大历史观为基础的历史思维之中。

所谓大历史观，就是将以往历史的内在逻辑和现在做比较，再用现在与未来做比较，从而对未来社会的走向作出一定预测的历史观，这是依据整个历史发展过程，用长远、比较的思维来看待问题的认识方法。习近平总书记的历史观之所以是大历史观，是因为他从中国古代史、近代史、现代史的中华民族丰富历史画卷中探究发展规律，深化了对中国特色社会主义规律的认识。在明晰历史是客观存在的和现实的根源的基础上，认为历史是一个民族、一个国家形成、发展及其盛衰兴亡的真实记录，强调任何一个国家的今天都来自昨天。习近平总书记的这一重要观点，对于揭露历史虚无主义的根源很有意义，因为历史虚无主义是通过从根本上否定历史而否定民族文化、民族传统、民族精神的，从而否定马克思主义的指导地位和中国走向社会主义的必然性。正是基于这一认识，习近平总书记反复强调历史是一个民族安身立命的基础，要敬畏历史、尊重历史。如谈到中国人民抗日战争时，他指出要让历史说话，用史实发言，"要以事实批驳歪曲历史、否认和美化侵略战争的错误言论"①。总之，历史现象和本质是统一的，习近平总书记历史思维的核心是通过认识和把握历史，透过现象抓住本质，从而认识中国特色社会主义的历史必然性。

（二）研究历史：弄清楚我们从哪儿来

那么，历史给我们带来了什么，为什么要研究历史？习近平总书记认为，历史是最好的老师和教科书，学史可以看成败、鉴得失、知兴替，因为历史是最好的清醒剂；对我们共产党人来说，中国革命历史是最好的营养剂。"清醒剂"和"营养剂"的论断生动说明了历史的重要价值。总体来看，习近平总书记在2019年致中国社会科学院中国历史研究院成立的贺信中集中表述了关于历

---

① 让历史说话　用史实发言　深入开展中国人民抗日战争研究［N］．人民日报，2015-08-01．

史研究的整体观点,即"历史研究是一切社会科学的基础",目的是"总结历史经验,揭示历史规律,把握历史趋势"。

那么如何研究历史?习近平总书记有很多深刻论述。他认为,"要坚持用唯物史观来认识和记述历史,把历史结论建立在翔实准确的史料支撑和深入细致的研究分析的基础之上"①。在研究对象上,他尤为关注中国古代史、近代史和党史。如在谈到中国近代史时他曾沉痛地说:"我经常看中国近代的一些史料,一看到落后挨打的悲惨场景就痛彻肺腑!"② 谈到党史时,针对中国共产党领导中国走过的历程,他指出这是中华民族发展史上不能忘却、不容否定的壮丽篇章。在实事求是掌握历史事实的基础上,习近平总书记强调要以联系的观点评价历史现象的产生和发展,将研究上升到理论高度。因为历史和现实都告诉我们,一场社会革命要取得最终胜利,往往需要一个漫长的历史过程。为此,在研究方法上要坚持正确导向,分清主流和支流,经验和教训都要看,如"准确把握中国人民抗日战争的历史进程、主流、本质,正确评价重大事件、重要党派、重要人物"③;习近平总书记还强调物质和精神都要看,如党的十八大以来党中央高度重视中华优秀传统文化,这是因为中国历史一脉相承,如果脱离了中国的文化,脱离了中国人的精神世界,脱离了当代中国的深刻变革,是难以正确认识中国的。

(三) 借鉴历史:弄清楚我们往哪儿去

研究历史是为了借鉴历史。前面讲过,习近平总书记的大历史观的目的是从历史中把握未来,将当下实践牢牢置于历史走向、未来发展之中,因此习近平总书记强调我们要"远眺前行的路",弄清楚我们"往哪儿去"。在这一点上,习近平新时代中国特色社会主义思想非常重视对共产党执政规律、社会主义建设规律、人类社会发展规律的认识,要求深刻认识实现共产主义是由一个一个的阶段性目标逐步达成的历史过程,从而把远大理想和我们正在做的事情统一起来。

史可资政,也可励人。"一个国家选择什么样的治理体系,是由这个国家的

---

① 让历史说话 用史实发言 深入开展中国人民抗日战争研究 [N]. 人民日报, 2015-08-01.
② 曹智,李宣良,孙彦新,等:改革强军奋楫中流——习主席和中央军委运筹设计深化国防和军队改革纪实 [N]. 人民日报, 2015-12-31.
③ 让历史说话 用史实发言 深入开展中国人民抗日战争研究 [N]. 人民日报, 2015-08-01.

历史传承、文化传统、经济社会发展水平决定的，是由这个国家的人民决定的"①，为此习近平总书记对如何从历史中汲取营养，从而推进国家治理体系和治理能力现代化有很多思考。由于我国治理体系和治理能力现代化需要在历史传统的基础上长期发展、在历史现实的基础上渐进改进、在历史发展的基础上内生性演化，因此习近平总书记十分重视对中国传统治国思想的借鉴和创新发展，指出"我国古代主张民惟邦本、政得其民、礼法合治、德主刑辅……这些都能给人们以重要启示"②。可见，研究中国国家治理体系和治理能力现代化问题，不应机械地套用主要来自国外的现代化理论，更不能将西方现代化道路当作唯一标尺，而要深深扎根于历史之中，通过创造性转化和创新性发展，使治理体系和治理能力现代化体现民族思维和特色，为建立一整套更完备、更稳定、更管用的制度体系进行积极探索。

二、历史视角：文明史、抗争史、运动史

历史视角即审视历史的角度。立足于不同的时空和群体，就会看到不同的历史景象。人类历史纷繁复杂，任何一种单一的视角都难以反映全貌，只有将不同视角加以组合才能实现理论与历史的有效互动。仔细研究，习近平总书记的大历史观还体现在对中华文明五千多年来发生发展的历史过程、1840年鸦片战争以来中国人民在屈辱苦难中奋起抗争以实现民族独立的历史进程、一个半多世纪以来国际共产主义运动史（以下简称"文明史、抗争史、运动史"）的深刻总结和深入思考。

（一）"文明史、抗争史、运动史"蕴含的理论动因

对唯物史观的自觉运用使习近平新时代中国特色社会主义思想体现出从文明史、抗争史、运动史等不同视角思考中国特色社会主义的宏大视野。在党的十九大报告中，习近平总书记先后从"五千多年的文明历史""近代以来""一百年前""九十六年来""改革开放之初""十八大以来""过去五年"等几个历史节点，分别叙述了"深厚的历史底蕴""久经磨难""十月革命一声炮响""我们党深刻认识到三座大山""前所未有的提升和变化""重大时代课题""历史性变革"等重大事件，形成了明晰的历史轴线和分析视角。

---

① 完善和发展中国特色社会主义制度　推进国家治理体系和治理能力现代化［N］．人民日报，2014-02-18．
② 牢记历史经验历史教训历史警示　为国家治理能力现代化提供有益借鉴［N］．人民日报，2014-10-14．

这样一来，习近平新时代中国特色社会主义思想站在民族复兴、近代抗争和科学社会主义实践等多重视角，深层论述了中国特色社会主义形成的来龙去脉，即是说，中国特色社会主义根植于中华文化沃土，是在"数千年未有之变局"的近代境遇中，在科学社会主义的指引下，在中国大地上形成的正确道路。正如习近平总书记于2018年1月5日在学习贯彻党的十九大精神研讨班开班式上强调的那样："中国特色社会主义不是从天上掉下来的，而是在改革开放40年的伟大实践中得来的，是在中华人民共和国成立近70年的持续探索中得来的，是在我们党领导人民进行伟大社会革命97年的实践中得来的，是在近代以来中华民族由衰到盛170多年的历史进程中得来的，是对中华文明5000多年的传承发展中得来的，是党和人民历经千辛万苦、付出各种代价取得的宝贵成果。"①

（二）"文明史、抗争史、运动史"昭示的重大诉求

显而易见，习近平新时代中国特色社会主义思想从"文明史、抗争史、运动史"几个视角分析问题，彰显出民族复兴、实现现代化、建设社会主义的重大诉求。站在五千年文明史的时空高度，我们能清晰地看到从"华夏统一""振兴中华""民族振兴""民族复兴"到"中国梦"的历史线索。"实现中华民族伟大复兴……是孙中山先生的夙愿，是中国共产党人的夙愿，也是近代以来中国人的夙愿。"②只有通过历史追溯和比较，才能得出今天"我们比历史上任何时期都更接近实现中华民族伟大复兴的宏伟目标"的深刻论断。聚焦到近代，中华民族由盛到衰，时代主题变为救亡图存，其中也包含着现代化的强烈诉求。清朝道光时期，中国的GDP占全世界近三分之一，位居世界第一，然而为什么没有跟上世界工业革命的步伐？一个很重要的原因就是闭关锁国。历史教训激发出洋务运动等现代化的早期尝试，但只有新中国真正开启了现代化的新征程。可以说，现代化依然是贯穿在习近平新时代中国特色社会主义思想中的重大议题。从运动史角度看，科学社会主义是习近平新时代中国特色社会主义思想的基本原则，但其不是"母版、模板、再版、翻版"，而是"实践版、中国版"。由于马克思主义的命运早已同中国共产党的命运、中国人民的命运、中华民族的命运紧紧连在一起，所以习近平总书记强调："让马克思、恩格斯设想的人类社会美好前景不断在中国大地上生动展现出来！"③

---

① 以时不我待只争朝夕的精神投入工作　开创新时代中国特色社会主义事业新局面[N]．人民日报，2018-01-06．
② 习近平．共圆中华民族伟大复兴的中国梦[N]．人民日报，2014-02-19．
③ 习近平．在纪念马克思诞辰200周年大会上的讲话[N]．人民日报，2018-05-05．

显而易见，这三大诉求与党的十九大报告中的"三个意味着"内在统一。正是基于实现民族复兴、从近代抗争中激发现代化、科学社会主义在中国伟大实践的视角，进入新时代意味着迎来了实现中华民族伟大复兴的光明前景、拓展了发展中国家走向现代化的途径、科学社会主义在21世纪的中国焕发出强大生机活力。

（三）"文明史、抗争史、运动史"体现的鲜明特色

"文明史、抗争史、运动史"还奠定了习近平新时代中国特色社会主义思想的问题指向，从而体现出浓厚的民族特色、强烈的时代特色、明显的中国特色。

从文明史角度看，习近平新时代中国特色社会主义思想深深扎根于民族文化、突出民族思维、强化民族情感，尤其体现在对民族文化、民族话语、民族标识的高度重视上。可以看出，中国特色社会主义植根于中华文化沃土、反映中国人民意愿、适应中国和时代发展进步要求，有着深厚的历史渊源和广泛现实基础。如"协和万邦、走向共赢"与人类命运共同体的理念具有一致性，等等。

从抗争史角度看，习近平新时代中国特色社会主义思想的很多命题都是在对抗争史的思考中得来的，目的是通过反思历史透视时代课题。如习近平总书记强调："在内忧外患中诞生和成长起来的中国共产党，自成立之日起就把实现中华民族伟大复兴作为自己的历史使命。"[①] 这里的"内忧外患"具有深刻的历史反思意义，反过来印证了新时代必须承担的民族复兴重任。再如，习近平总书记曾讲中国当年是一个积贫积弱的国家，为什么能够战胜不可一世的日本军国主义夺取胜利呢？原因包括伟大民族精神、中国共产党的中流砥柱作用等，这无疑为新时代党领导人民继续前进提供了强大的精神动力。

从运动史角度看，习近平新时代中国特色社会主义思想蕴含了深刻的"中国逻辑"，体现出明显的中国特色。党的十八大以来，诸如"中国梦""中国精神""中国力量""中国故事""中国声音""中国道路""中国模式""中国经验""中国风格""中国气派""中国智慧"等崭新词汇频频进入公众视野，旨在强调中国道路的独特性，从而从理论上阐明中国道路的成功密码。

三、历史飞跃：站起来——富起来——强起来

习近平新时代中国特色社会主义思想也是在总结"站起来""富起来"到

---

① 习近平. 在纪念中国人民抗日战争暨世界反法西斯战争胜利69周年座谈会上的讲话[N]. 人民日报，2014-09-04.

"强起来"("三次飞跃")的过程中提出来的。

（一）"三次飞跃"的时间维度

仔细梳理，"三次飞跃"是习近平总书记在庆祝中国共产党成立95周年大会讲话、"7·26"重要讲话、党的十九大报告、纪念马克思诞辰200周年大会讲话中提出并不断阐发的，四次讲话的表述虽有细微变化，但精神实质是一致的。当前学术界对中华民族三次伟大飞跃的时间跨度还存在不同认识，主要是关于"站起来"和"富起来"的时间跨度问题。

"三次飞跃"的时间跨度要依据习近平总书记在纪念马克思诞辰200周年大会上的讲话表述："完成新民主主义革命和社会主义革命，建立起中华人民共和国和社会主义基本制度，进行了社会主义建设的艰辛探索，实现了中华民族从东亚病夫到站起来的伟大飞跃"；"改革开放以来……实现了中华民族从站起来到富起来的伟大飞跃"；"在新时代……中华民族迎来了从富起来到强起来的伟大飞跃"①。由此可以认为"站起来"的时间跨度为1921年中国共产党成立到1978年党的十一届三中全会召开；"富起来"的时间跨度为党的十一届三中全会召开到十八大；"强起来"的时间起点为党的十八大以来开启的新时代。值得注意的是，习近平总书记在讲话中表述"站起来"和"富起来"时使用了"实现"一词，而在"强起来"时使用的是"迎来"，这说明"强起来"不是"已经强起来"，而是"开始强起来"。

（二）"三次飞跃"的历史任务

仔细研究，"三次飞跃"的提出是基于对时代问题和历史任务的回应。三次历史飞跃分别对应于解决"挨打、挨饿、挨骂"三个问题。"长期以来，我们党带领人民就是要不断解决'挨打''挨饿''挨骂'这三大问题。"②

具体而言，"站起来"的阶段洗刷了百年耻辱，实现了民族独立、人民解放和人民当家作主。从中国共产党的成立到建立社会主义制度，为当代中国一切发展进步奠定了根本政治前提和制度基础，成功实现了中国历史上最深刻最伟大的社会变革。正因为此，习近平新时代中国特色社会主义思想尤为强调从中国人民历经挫折和磨难的角度，在展现历代志士仁人为民族复兴奋斗的艰辛历程中，揭示中华民族的历史命运和当代发展走向，以一种贯穿历史的"忆苦思甜"的理论思考，阐发"最伟大梦想"的深刻内涵。"富起来"则体现了在"站起来"基础上的伟大觉醒，早在1980年，邓小平指出："现在说我们穷还不

---

① 习近平. 在纪念马克思诞辰200周年大会上的讲话［N］. 人民日报，2018-05-05.
② 习近平. 在全国党校工作会议上的讲话［M］. 北京：人民出版社，2016：20.

够,是太穷,同自己的地位完全不相称。"① 改革开放开启了富起来的阶段,经过40多年的发展,我们从根本上改变了贫穷落后的旧面貌,用短短几十年的时间走完了西方几百年的发展历程。为此,习近平总书记多次用"必由之路""关键一招""重要法宝"等说明改革开放的地位,形容了"富起来"的重要意义。进入新时代,我国的国际影响力、感召力、塑造力进一步提高,但还需要解决"挨骂"的问题,这是因为在国际上我们有时还处于有理说不出、说了传不开的境地。究其原因,就是在强起来的过程中还会遇到外部阻力和挑战;一些发展不平衡不充分的突出问题尚未解决;还需要应对重大挑战、抵御重大风险、克服重大阻力、化解重大矛盾、解决重大问题。"强起来"的内涵十分丰富,包括如何提升国际话语权、如何跨越中等收入陷阱、如何为人类作出更大贡献等内容,十九大报告从12个"强国"方面作出了解答。

(三)"三次飞跃"的内在关系

历史是现实的根源。从习近平总书记的系列论述看,"三次飞跃"虽然有基本的时间跨度,但不能将之割裂为三个独立阶段,而是具有历史连续性、内在关联性和因果制约性的三个环节。从哲学上讲,质量度是统一的,环节属于事物发展的中介,前一阶段为后一阶段提供基础和保障,并被包含在后一个阶段之中。"站起来"才能实现"强起来"和"富起来","强起来"不是"富起来"的完成,而是对"富起来"的提升,是既"富"又"强",是继续富、继续强,以富增强,以强保富,是对"站起来"的更高程度的确认。对于"三次飞跃"的内在关系,很多学者从马克思主义中国化进程角度进行了深入分析,认为中国化的马克思主义理论成果引领了"三次飞跃",也是在"三次飞跃"的时代背景下丰富发展的,体现了历史和逻辑的统一。还有学者从社会主要矛盾转化的角度进行梳理,认为三个阶段基本吻合当时历史条件下社会主要矛盾的转化。总之,研究"三次飞跃"的内在关系,目的是从中总结民族复兴的历史必然性、精神追求和深层逻辑。

四、历史方位:方向、道路、命运

历史方位是指确定某个历史定点,为今后提供方向引领。经过长期努力,中国特色社会主义进入了新时代,这是我国发展新的历史方位,为谋划未来提供了基本依据。理解习近平新时代中国特色社会主义思想关于"历史方位"的

---

① 邓小平文选:第2卷[M]. 北京:人民出版社,1993:312.

深刻命题，要站在"方向决定道路，道路决定命运"的高度，既要从"所处的位置"看成就，还要从"未来的方位"找方向。

（一）把握方向：要防止出现颠覆性错误

习近平总书记关于"历史方位"的重要论断，目的在于站在战略高度，从政治上认识和判断形势，在"变"与"不变"中把握正确方向。面对纷繁复杂、形势多变的世界环境，有些人很容易产生现代性迷失。越是在取得成就的时候，越要不忘初心。现代社会因其多样性、虚幻性很容易对价值观造成消极影响，使某些人产生历史虚无主义等倾向，为此要始终举好旗帜。因此，习近平总书记强调"决不能在根本性问题上出现颠覆性错误，一旦出现就无法挽回、无法弥补"[1]。

举好旗帜，首要的是从基本规律看方向，善于透过纷繁复杂的表面现象，把握事物的本质和发展的内在规律。习近平新时代中国特色社会主义思想深刻总结了我党对共产党执政规律、社会主义建设规律、人类社会发展规律的探索。从党的十二大提出建设有中国特色的社会主义，到十三大明确提出社会主义初级阶段的理论，十五大提出并论述了党在社会主义初级阶段的基本纲领，再到十九大提出"新时代中国特色社会主义"的重要论断，对社会主义方向的把握越来越深刻。

办好中国的事情，关键在党。历史成就生动诠释了我们坚持党的领导、选择中国特色社会主义道路的正确性。为此，习近平新时代中国特色社会主义思想还注重从历史贡献角度分析党的重要地位，很多人以为改革开放的成就是科学技术的结果，而忽视了党的领导和制度优势；也有一些人喜欢将改革开放和社会主义对立起来。实际上，"正是因为始终坚持党的集中统一领导，我们才能实现伟大历史转折、开启改革开放新时期和中华民族伟大复兴新征程"[2]。

（二）坚持道路：历史选择源于"三个独特"

那么，中国道路的根本依据何在？习近平总书记强调："独特的文化传统，独特的历史命运，独特的基本国情，注定了我们必然要走适合自己特点的发展道路。"[3] 显而易见，"独特的文化传统，独特的历史命运，独特的基本国情"（以下简称"三个独特"）从作为上层建筑的文化、现实基础的国情、历史的

---

[1] 习近平.深化改革开放 共创美好亚太——在亚太经合组织工商领导人峰会上的演讲[N].人民日报，2013-10-08.

[2] 习近平.在庆祝改革开放40周年大会上的讲话[N].人民日报，2018-12-19.

[3] 胸怀大局把握大势着眼大事 努力把宣传思想工作做得更好[N].人民日报，2013-08-21.

艰难探索等方面阐释了中国道路的内在逻辑,体现了人类社会发展道路一般性与个别性的统一。

具体分析,独特的文化传统体现在内容独特、形式独特、思维独特、发展独特、功能独特等方面。党的十八大以来,习近平总书记对中华文化有一系列深刻论述,要求以马克思主义为指导,坚守中华文化立场,深入挖掘中华优秀传统文化蕴含的思想观念、人文精神、道德规范,坚持了上层建筑具有相对独立性的历史唯物主义原理。独特的历史命运体现在中国从古代辉煌、近代屈辱到新时代我们比历史上任何时期都更接近中华民族伟大复兴的目标。正是从独特历史命运的角度,习近平总书记多次提到鸦片战争、甲午战争、抗日战争等重大转折点,指出"中国特色社会主义道路是1840年以来特别是甲午战争以来,中国人民对其他救国途径的尝试全部碰壁之后作出的历史性选择"①。独特的中国国情体现在中国的社会主义初级阶段性、超大性等各个方面,我们走自己的路,不照抄照搬,做到"长期发展、渐进改进、内生性演化"②。正是基于现实国情,习近平总书记多次强调全面深化改革要"循序渐进""渐进和突破相衔接""整体渐进和局部突破相结合"。总之,基于"三个独特"的深刻原因,习近平总书记指出,我们既不走封闭僵化的老路,也不走改旗易帜的邪路,要走把科学社会主义基本原则同本国具体实际、历史文化传统、时代要求紧密结合起来的中国特色社会主义道路。

(三)掌握命运:站在世界地图前思考中国

把握方向是为了掌握命运。习近平新时代中国特色社会主义思想关于"历史方位"的论断,还要求我们从国内外两个大局把握机遇、认识挑战,既要为中国把脉,又要看世界景象,蕴含着"站在世界地图前"思考中国问题的强烈诉求。目的是在准确把握当代社会发展总基调的基础上,不但要抓住战略机遇,更要应对严峻挑战。

站在世界地图前,习近平总书记得出"世界正处于大发展大变革大调整时期""国内外形势正在发生深刻复杂变化"③的总判断,回答了世界以何种趋向发展、中国以何种姿态屹立等重大命题,提出了构建人类命运共同体的崇高理念。在总

---

① 习近平.在纪念中国人民抗日战争暨世界反法西斯战争胜利69周年座谈会上的讲话[N].人民日报,2014-09-04.
② 习近平.在庆祝全国人民代表大会成立60周年大会上的讲话[N].人民日报,2014-09-06.
③ 习近平.决胜全面建成小康社会 夺取新时代中国特色社会主义伟大胜利——在中国共产党第十九次全国代表大会上的报告[M].北京:人民出版社,2017:2.

基调的基础上,习近平总书记提出"我国发展仍处于重要战略机遇期""前景十分光明"①的重要论断,积极推动中国和世界的共赢发展。纵观"一带一路""亚投行""包容性增长",无一不是对这一论断的生动诠释。在"前景十分光明"的同时,习近平总书记强调"挑战也十分严峻",如中国的和平发展要赢得国际社会的真正认同尚需时日;地区热点此起彼伏,周边乱象丛生,中国外部安全风险和隐患增多,要求我们居安思危,树立底线思维、伟大斗争的思想方法,这在当前应对逆全球化、民粹主义、贸易保护主义等问题时显得尤为重要。

五、历史使命:中华民族伟大复兴

分析历史是为了明确历史使命,习近平新时代中国特色社会主义思想从时代先锋、民族脊梁、答卷人等方面对党肩负的中华民族伟大复兴这一历史使命展开生动诠释。

(一)从时代先锋角度理解历史使命

"先锋"是一种体现时代前沿、未来指向的核心力量。习近平新时代中国特色社会主义思想明确使用"时代先锋"这一新表述,将党的性质的表述从最初的阶级性和先进性,到"党是中国工人阶级的先进的有组织的部队,是它的阶级组织的最高形式""中国工人阶级的先锋队,是中国各族人民利益的忠实代表,是中国社会主义事业的领导核心"②,再到"中国工人阶级的先锋队,同时是中国人民和中华民族的先锋队",最新概括为"时代先锋""为中国人民谋幸福,为中华民族谋复兴"③,丰富和发展了马克思主义政党理论。

将"时代先锋"作为新时代党的角色标识,其理论和现实意义是十分明显的。过去是先锋、今天是先锋、今后永远是先锋,这无不体现了"不忘初心"的纯洁性要求和承担新责任的先进性要求。在新时代就是将未来展望和新生意识联系在一起,内嵌着不断自我革命的精神力量;同时表达出为了承担伟大复兴的历史使命克服各种重大风险的能力和勇气,即保持伟大创造精神、伟大奋斗精神、伟大团结精神、伟大梦想精神,确保党始终成为中国特色社会主义事业的坚强领导核心。

---

① 习近平.决胜全面建成小康社会 夺取新时代中国特色社会主义伟大胜利——在中国共产党第十九次全国代表大会上的报告[M].北京:人民出版社,2017:2.
② 中国共产党章程汇编[M].北京:中共中央党校出版社,2006:46,98.
③ 习近平.决胜全面建成小康社会 夺取新时代中国特色社会主义伟大胜利——在中国共产党第十九次全国代表大会上的报告[M].北京:人民出版社,2017:1.

(二) 从民族脊梁角度理解历史使命

党的十九大还强调我们党要始终成为"民族脊梁"。"脊梁"一词具有深厚的民族气息，鲁迅曾讲："我们从古以来，就有埋头苦干的人，有拼命硬干的人，有为民请命的人，有舍身求法的人……这就是中国的脊梁！"①"民族脊梁"将党的历史使命和民族大义、大任连接到一起，赋予党的民族特性以深厚的文化内涵，丰富了对党的性质任务的新表述。从这一点出发，习近平总书记强调党要"顺应历史大势、共担民族大义"②，要以培养担当民族复兴大任的时代新人为着眼点。

从民族脊梁角度理解历史使命，更加凸显了党应具有的强烈民族责任，从而把民族命运牢牢掌握在自己手中。捍卫民族利益是民族脊梁的基本要求，基于中华民族伟大复兴的历史使命，习近平新时代中国特色社会主义思想体现出捍卫民族利益的理论诉求，指出中国共产党自成立以来，捍卫民族独立最坚定，维护民族利益最坚决，反抗外来侵略最勇敢。另外，习近平总书记还用"主心骨"阐发"民族脊梁"的含义，展现出深厚的民族心境、情趣和胸怀，这是因为民族精神是民族的魂，民族脊梁是精神中的领袖，我们要深刻领会其中内含的共同情感结构。

(三) 从"答卷人"角度理解历史使命

"卷"就是"考题""考卷"，这是对新时代历史使命的生动诠释。实现中国梦就是当代共产党人的考题，体现出强烈的时代观照。从"时代是出卷人，我们是答卷人，人民是阅卷人"的角度，习近平总书记对党所肩负的责任和使命作出了深刻阐释。每个时代都有自己的考卷，"出卷"形象说明了历史使命的时代境遇。"昨天的成功并不代表着今后能够永远成功，过去的辉煌并不意味着未来可以永远辉煌。"③"答卷"生动揭示了历史使命的时代考验，从毛泽东提出"赶考"到今天习近平总书记提出"答卷"，新的时代语境和历史境遇赋予"赶考"以"答卷"的新内涵。为此，面对新的挑战、困难和风险，习近平总书记要求全党同志做到三个"一以贯之"，即坚持和发展中国特色社会主义要一以贯之、推进党的建设新的伟大工程要一以贯之、增强忧患意识和防范风险挑战要一以贯之；要做到三个"决不能"，即决不能因为胜利而骄傲、决不能因为

---

① 鲁迅. 且介亭杂文 [M]. 上海：三闲书屋，1937：140.
② 习近平. 决胜全面建成小康社会　夺取新时代中国特色社会主义伟大胜利——在中国共产党第十九次全国代表大会上的报告 [M]. 北京：人民出版社，2017：57.
③ 以时不我待只争朝夕的精神投入工作　开创新时代中国特色社会主义事业新局面 [N]. 人民日报，2018-01-06.

成就而懈怠、决不能因为困难而退缩。"阅卷"深刻阐发了历史使命的时代评价。决定"赶考"是否成功、"答卷"是否合格、历史使命能否实现的最高裁决者和最终评判者是人民。因此，习近平新时代中国特色社会主义思想强调党要始终成为人民公仆，确立了"以人民为中心"的工作导向，坚持了人民创造历史、评判历史的基本观点。

总之，习近平新时代中国特色社会主义思想作为一个科学理论体系，内容丰富、思想深刻、意义深远，需要深入阐发。党的十九大报告指出："中国特色社会主义政治发展道路，是近代以来中国人民长期奋斗历史逻辑、理论逻辑、实践逻辑的必然结果。"① 实际上，历史逻辑、理论逻辑、实践逻辑不仅体现在中国特色社会主义政治发展道路之中，而且贯穿于整个中国特色社会主义发展道路，因此历史逻辑、理论逻辑、实践逻辑是阐发习近平新时代中国特色社会主义思想的三个基本维度。为此，本文聚焦于从历史维度进行整体研究。通过前面的分析可以看出，习近平新时代中国特色社会主义思想在历史方法、历史视角、历史方位、历史使命等方面体现出深刻系统的历史思维，展现出尊重历史、反思历史、借鉴历史、运用历史的鲜明特征，彰显辩证唯物主义和历史唯物主义的深邃力量，这对于学懂、弄通习近平新时代中国特色社会主义思想具有重要意义。

参考文献

［1］陈学明.马克思与当代中国［M］.北京：中国人民大学出版社，2018.

［2］章忠民，等.解码新时代中国特色社会主义［M］.北京：社会科学文献出版社，2018.

［3］慎海雄，主编.习近平改革开放思想研究［M］.北京：人民出版社，2018.

［4］刘卓红，关锋，主编.历史唯物主义创新与当代中国［M］.北京：人民出版社，2017.

［5］以习近平同志为核心的党中央治国理政新理念新思想新战略［M］.北京：人民出版社，2017.

［6］习近平新时代中国特色社会主义思想三十讲［M］.北京：学习出版

---

① 习近平.决胜全面建成小康社会 夺取新时代中国特色社会主义伟大胜利——在中国共产党第十九次全国代表大会上的报告［M］.北京：人民出版社，2017：36.

社,2018.

[7] 中共中央党史研究室. 中国共产党的九十年[M]. 北京:中共党史出版社、党建读物出版社,2016.

[8] 侯惠勤. 习近平新时代中国特色社会主义思想的哲学意蕴[J]. 马克思主义研究,2018(5):5-12+159.

[9] 韩庆祥,陈曙光. 中国特色社会主义新时代的理论阐释[J]. 中国社会科学,2018(1):5-16.

习近平总书记关于青年理想信念教育重要论述的生成逻辑*

雷巧玲　杜佳欣

摘　要： 青年的理想信念对国家富强、民族振兴及个人成长都至关重要，习近平总书记高度重视青年的理想信念教育，对此发表了一系列重要论述，这些论述的生成有着深刻的逻辑理路：回应时代需求是其生成的现实逻辑，马克思主义经典作家的科学指导、十八大之前党的主要领导人相关论述的理论基础及中华优秀传统文化的基因是其生成的理论逻辑，革命家庭、知青岁月、专业训练及工作实践是其生成的主体逻辑。深入分析生成逻辑是整体把握习近平总书记关于青年理想信念教育重要论述的必要前提。

关键词： 习近平；青年；理想信念；教育；生成逻辑

青年的理想信念对国家富强和民族振兴至关重要，"青年兴则国家兴，青年强则国家强。青年一代有理想、有本领、有担当，国家就有前途，民族就有希望"①。进入新时代，新方位、新战略、新使命、新代际、新媒体形塑出一个全新的青年理想信念教育场域，青年理想信念教育面临新挑战、新困难，习近平总书记坚持问题导向，从国家战略的高度发表了一系列关于青年理想信念教育的重要论述，这些重要论述是指导新时代青年理想信念教育的行动纲领，要从总体上把握习近平关于青年理想信念教育重要论述，就必须对其生成逻辑进行

---

* 基金项目：本文为西安交通大学2020年度共青团工作重点研究课题"习近平关于青年理想信念教育重要论述的逻辑理路与践行路径"、陕西省社会科学基金"推动干部教育培养高质量发展"专项项目"习近平总书记关于干部教育培训重要论述的逻辑理路及擘画路径研究——以陕西为例"（2021ZX01）、陕西省社会科学基金项目"新时代地方党政干部正向激励机制研究——以陕西省为例"（2018E006）、陕西省教育科学"十三五"规划2018年度课题（SGH18H002）、中央高校基本科研业务费资助项目（SK2020062）的阶段性成果。

① 习近平. 习近平谈治国理政：第3卷 [M]. 北京：外文出版社，2020：54.

科学分析和深刻阐释。

一、习近平总书记关于青年理想信念教育重要论述生成的现实逻辑

进入新时代，世界处于百年未有之大变局，中国日益走近世界舞台的中央，意识形态领域的斗争日趋尖锐，强化青年理想信念教育就尤为迫切。习近平总书记关于青年理想信念教育的重要论述是培养担当民族复兴大任的时代新人的需要，是维护国家意识形态安全的需要，也是破解新时代青年理想信念教育现实难题的需要。

（一）培养担当民族复兴大任的时代新人的需要

实现中华民族伟大复兴的中国梦，是近代以来中国人最伟大的梦想，实现中国梦离不开一代代青年的接续奋斗。"祖国的青年一代有理想、有追求、有担当，实现中华民族伟大复兴就有源源不断的青春力量。"① 广大青年只有坚定理想信念，才能在实现中国梦的实践中放飞青春梦想。

（二）有效抵御敌对势力对我国西化分化的需要

西方一些敌对势力为了遏制中国崛起，不断妖魔化中国，"中国威胁论""中国崩溃论"不绝于耳，而比妖魔化中国更可怕的是"格式化中国"，即用西方的价值观给中国人尤其是青少年洗脑，从而对中国主流意识形态安全及国家政权安全构成严重威胁。党的十八大以来，境外敌对势力加大对我国的西化分化力度，青年是他们实施西化分化政策的主要对象，因而加强对青年的理想信念教育，就成为有效抵御敌对势力西化分化政策的必然选择。

（三）在多元化的教育场域中实现一元化的价值引领的需要

当今青年理想信念教育的场域正在发生复杂而深刻的变化。一方面，随着全球化不断加速，世界范围内不同思想的交流、交融、交锋日益频繁，西方的社会思潮如新自由主义、民主社会主义、极端个人主义、历史虚无主义及普世价值观等对中国的影响越来越大；另一方面，随着我国现代化进程的不断加速及改革的不断深化，多元化的社会导致青年的思想观念及价值取向也日益多元，拜金主义、享乐主义及利己主义有了滋生的土壤，因而对于青年"更需要在理想信念上进行有力引导"②，理想信念教育亟待加强。

---

① 中共中央文献研究室. 习近平关于青少年和共青团工作论述摘编［M］. 北京：中央文献出版社，2017：3，23.
② 中共中央文献研究室. 习近平关于青少年和共青团工作论述摘编［M］. 北京：中央文献出版社，2017：3，23.

(四) 应对网络新媒体冲击的需要

近年来,我国的新媒体发展迅猛,根据第 47 次《中国互联网络发展状况统计报告》,截至 2020 年 12 月,我国网民规模达 9.89 亿,互联网普及率为 70.4%。又据《中国新媒体发展报告(2014)》,自 2013 年以来,微传播已成为我国的主流传播方式。新媒体传播的去中心化导致信息的良莠不齐,这就增加了青年信息筛选与鉴别的难度,因而加强理想信念教育很有必要。

(五) 青年健康成才的需要

就人的生命周期而言,青年时期既是人生道路的起步阶段,又是人生发展的关键阶段,这一时期可塑性极强,所以亟须正确引导。就新时代的青年而言,他们生长在我国国力快速发展时期,生长在物质丰盈的和平年代,没有苦难的体验,所以更需要加强理想信念教育,引导他们扣好人生的第一粒扣子。

二、习近平总书记关于青年理想信念教育重要论述生成的理论逻辑

习近平总书记关于青年理想信念教育重要论述的生成,与马克思主义经典作家相关论述的科学指导、十八大之前党的主要领导人的相关论述的理论基础及中华优秀传统文化的文化基因密切相关。

(一) 科学指导:马克思主义经典作家的相关论述

马克思主义的创始人十分注重发挥青年的力量。马克思曾指出,"一个时代的精神,是青年代表的精神"①。恩格斯认为青年是推动社会变革的重要力量,指出"实现这一变革的将是德国的青年"②。他们强调理想信念对青年成长的激励作用,诚如马克思在《青年在选择职业时的考虑》中所言:"如果我们选择了最能为人类福利而劳动的职业,那么,重担就不能把我们压倒,因为这是为大家而献身。"马克思本人就是在青年时期确立了为受压迫的穷苦人民谋幸福的志愿,因此他把一生都奉献给了无产阶级革命事业。这些重要论述为习近平总书记关于青年理想信念教育重要论述的生成提供了科学理论指导,而马克思主义的辩证唯物主义和历史唯物主义,则为其生成提供了方法论指导。

革命导师列宁在领导俄国革命的过程中,创造性地发展了马克思主义的青年理想信念教育观。列宁明确指出,青年理想信念教育包括共产主义教育、社会主义信念教育及马克思主义理论教育;强调共产主义的理想不可能在青年群众中自发地产生,因此要注重将理论从外部灌输进去,以达到教育效果;他对

---

① 马克思恩格斯选集:第 1 卷 [M]. 北京:人民出版社,1995:90.
② 马克思恩格斯全集:第 2 卷 [M]. 北京:人民出版社,1995:629.

青年寄予厚望，希望青年不断学习共产主义理论，并"按共产主义的真正要求去行动"①，推进共产主义社会建设。列宁的相关论述为习近平总书记关于青年理想信念教育的重要论述的生成提供了教育内容及教育方法上的指导。

（二）理论基础：十八大之前党的主要领导人的相关论述

100年来，在领导中国革命、建设和改革的各个时期，中国共产党人都高度重视青年的理想信念教育，党的主要领导人根据不同时期的时代要求及党和国家事业的发展需要，对青年教育的目标、内容、方法及原则都有诸多论述，这些论述为习近平总书记关于青年理想信念教育的重要论述奠定了理论基础。

毛泽东同志高度重视青年在革命和建设中的作用，对青年寄予厚望，把青年比作早上八九点钟的太阳，他的青年理想信念教育观主要有：第一，强调要培养"又红又专"的社会主义事业接班人。② 第二，注重马克思主义理论教育、艰苦奋斗教育以及革命传统教育。第三，提出理论与实践结合教育法、批评与自我批评法、榜样示范法。第四，提出坚持教育与生产实践相结合原则、人民性原则及实事求是原则。

在改革开放的大潮下，邓小平同志认为青年是事业兴旺发达的希望，提出要把青年培养成为"四有新人"，其中"有理想"排在第一位，之所以要教育青年有理想，是因为从历史上来看，我们能够战胜千难万险取得胜利，"是因为我们有理想，有马克思主义信念，有共产主义信念"③。对青年进行理想信念教育的关键就是要坚持党的领导、强化历史教育、坚持理论联系实际及教育与生产实践相结合。

世纪之交，风云激荡，江泽民同志深刻分析青年在实现中华民族伟大复兴中的主体作用，对青年提出了"四个相统一"的希望④，注重运用理论联系实际、爱与批评教育相结合、联系群众等多种方法，加大对青年进行社会主义、爱国主义和集体主义教育。

进入21世纪，胡锦涛同志致力于提高青年的思想道德修养，积极防御西方意识形态渗透，提出了四个"新一代"的希望，其中"理想远大、信念坚定"排在首位⑤，重点对青年进行社会主义核心价值体系及社会主义荣辱观教育。

---

① 列宁全集：第39卷［M］．北京：人民出版社，1986：332.
② 毛泽东文集：第7卷［M］．北京：人民出版社，1999：351.
③ 邓小平文选：第3卷［M］．北京：人民出版社，1993：110.
④ 十五大以来重要文献选编（上）［M］．北京：人民出版社，2000：743.
⑤ 胡锦涛总书记在同团中央新一届领导班子成员和团十六大部分代表座谈时的重要讲话学习读本［M］．北京：人民出版社，2008：7.

（三）文化基因：传统文化中关于理想信念教育的论述

中国传统文化源远流长、博大精深，其中关于理想信念的论述颇丰，如范仲淹的"先天下之忧而忧，后天下之乐而乐"，顾炎武的"天下兴亡、匹夫有责"，《大学》中的"明明德""亲民"，《中庸》中的慎独等，都为习近平总书记青年理想信念教育的重要论述提供了丰厚滋养，他强调学习中国优秀传统文化"对树立正确的世界观、人生观、价值观很有益处"①。

三、习近平总书记关于青年理想信念教育重要论述生成的主体逻辑

习近平总书记关于青年理想信念教育重要论述的生成，与他革命家庭的信仰熏陶、知青岁月坚定信念、系统化的专业训练和他在地方及中央工作的实践经验密切相关。

（一）革命家庭的信仰熏陶

根据政治社会化理论，家庭对于孩子的政治信仰有重要影响。习近平总书记生长在革命家庭，父母都在早年参加革命，一生追求真理。父母的品格深刻影响着习近平总书记的价值判断及价值选择。2001年10月，他在给父亲88岁生日的拜寿信中写道："无论是白色恐怖的年代，还是极'左'路线时期；无论是受人诬陷，还是身处逆境，爸爸对共产主义的信念仍坚定不移，相信我们的党是伟大的、正确的、光荣的。您的言行为我们指明了正确的前进方向。"② 习近平总书记还时常回忆，小时候妈妈曾给他买过一套《岳飞传》的连环画，其中有一本讲岳母刺字，从此精忠报国的精神深深烙在他的脑海中，这些经历使习近平总书记深刻认识到，"家庭是人生的第一个课堂，父母是孩子的第一任老师"③，因此家风家教对青年的理想信念教育颇有影响。

（二）知青岁月坚定了信念

1969年，15岁的习近平来到陕北梁家河插队，初到梁家河，他曾迷茫、彷徨；22岁离开时，他已经有着坚定的目标、充满自信。艰苦的环境磨砺了习近平总书记的意志，由于家庭原因，他入团入党都颇费周折，入团申请书前后写了8份，入党申请书先后写过10份，但他毫不气馁，对党的坚定信仰始终如一。他认为，"人生的道路要靠自己来选择，如何选择一条正确的道路，关键是

---

① 习近平. 在中央党校建校80周年庆祝大会暨2013学期开学典礼上的讲话［N］. 人民日报，2013-03-24.
② 学习时报特约评论员. 习近平总书记的成长之路［J］. 政策，2017（10）：52-55.
③ 习近平. 习近平谈治国理政：第2卷［M］. 北京：外文出版社，2017：354-355.

要有坚定的理想信念"①。7年知青岁月坚定了习近平的理想信念,他曾指出:"作为一个人民公仆,陕北高原是我的根,因为这里培养出了我不变的信念:要为人民做实事!"②

(三) 系统学习的专业训练

习近平总书记酷爱读书,无论是在梁家河的艰苦岁月,还是后来繁忙的工作时期,他每天都坚持读书学习。1975年到1979年,他在清华大学化工系学习,这一期间阅读了大量人文社科类的图书。1998年到2002年,他在清华大学攻读马克思主义理论与思想政治教育专业的博士学位,系统的专业训练为他关于青年理想信念教育的重要论述奠定了坚实的学术基础。

(四) 工作实践的经验积淀

从1982年到2007年,习近平同志先后在正定、厦门、宁德、福州、浙江、上海等多地任职,2007年调至中央,2012年中共十八大当选为党的总书记。无论在地方工作,还是在中央任职,习近平都高度重视青年的理想信念教育。

早在1982年,习近平同志就针对"渺茫论"提出要进行坚定共产主义信念、振奋革命精神教育,强调思想政治教育要有针对性和说服力③。1983年,他提出青年应当具有"时刻把祖国的命运挂记于心的胸怀和志气"④。1989年,他提出"用共产主义思想教育青年",把青年一代培养成为四有新人⑤。2005年,他提出无论是党的创立,还是党由小到大、由弱变强,靠的都是"坚定的理想信念和百折不挠的革命精神"⑥。可见,青年理想信念教育问题一直以来都是习近平总书记关注的重点。

总之,习近平总书记关于青年理想信念教育重要论述的生成,有着深刻的现实逻辑、理论逻辑及主体逻辑。

---

① 习近平. 我是黄土地的儿子 [J]. 西部大开发, 2012 (9): 109-112.
② 习近平. 我是黄土地的儿子 [J]. 西部大开发, 2012 (9): 109-112.
③ 习近平. 知之深 爱之切 [M]. 石家庄: 河北人民出版社, 2015: 12, 70.
④ 习近平. 知之深 爱之切 [M]. 石家庄: 河北人民出版社, 2015: 12, 70.
⑤ 习近平. 摆脱贫困 [M]. 福州: 福建人民出版社, 1992: 110.
⑥ 习近平. 弘扬"红船精神"走在时代前列 [N]. 光明日报, 2005-06-21.

习近平科技创新合力观析论*

田建军　师文惠

摘　要：科学技术创新作为提高社会生产力和综合国力的重要支撑，一直居于国家发展的核心地位。习近平总书记关于科技创新的系列论述，蕴含着深刻的系统性、整体性思维。科技创新是主体、环境、机制等多方面因素的相互作用和有机统一，高等学校、科研院所、国家实验室、大中型企业、各级政府都是科技创新主体，宣传、教育、奖励所营造的特殊氛围大大优化了科技创新生态，党的领导体制、新型举国体制、挂牌招标机制、保障机制、激励机制、容错机制等制度构建，提升了创新主体的积极性。为了进一步推进科技创新，必须融合主体优势，培养科创人才；营造有利环境，铸就科创平台；优化合作机制，明确政府职责。

关键词：科技创新；系统思维；合力观

科学研究推动国家进步，科技创新锻造民族灵魂。在滚滚而来的历史长河中，科技创新起了不可磨灭的作用，这在马克思主义中也得到了印证。习近平总书记深刻分析当前科技创新多学科交叉、多领域集成的新环境、新特点，认为单打独斗难有作为，提出强化自主创新的科研团队创设，搞好资源整合，健全主体协同机制，优势互补，形成整体合力的观点[1]，意在使科研机构精心设计和锐意改革，冲破各种有形无形的栅栏，全新设计、充分调动内部各要素的活跃程度，从而集聚成科学技术创新过程中的强大合力。[2] 这些关于科技创新合力观的精辟见解，把大幅度提升我国科技创新能力和水平作为主题，以增强各要

---

* 文章为国家社科基金一般项目：习近平总书记关于新时代学校思想政治理论课重要论述的逻辑体系和实践转化研究（21BKS170）阶段性成果。

[1] 曹智，李刚. 习近平在视察国防科技大学时强调，深入贯彻落实党在新形势下的强军目标，加快建设具有我军特色的世界一流大学［N］. 人民日报，2013-11-07（01）.

[2] 习近平关于科技创新论述摘编［M］. 北京：中央文献出版社，2016：65.

素之间的良性互动为目标，体现出强烈的系统性、整体性思维。

一、凝聚合力是科技创新取得成效的重要条件

习近平总书记曾提出在科技创新过程中亟须注意的就是"发挥市场经济条件下新型举国体制优势"的观点，并在党的十九届四中全会再次强调这一要点；在会见探月工程嫦娥五号任务参研参试人员代表时，他也表达要弘扬探月精神，发扬新型举国体制优势，勇攀科学技术的高峰，服务国家大局。什么是新型举国体制？新型举国体制意味着发挥中国特色社会主义制度集中力量办大事的优势，面向国家重大科技需求，综合运用行政和市场等诸多手段，充分调动各种资源，发挥政府组织协调、市场资源配置、高等学校人才培养、科研院所基础研究、各类企业信息反馈等功能，实现主体相得益彰、政产学研用有机结合的科技发展新格局，让市场无形之手和政府有形之手相互配合、优势互补，引导各类创新主体充分展现其积极性、主动性和创造性，汇聚成科技突破和创新历程中的强大合力，这就是科技创新之合力观，蕴含着"整体大于部分之和"的哲学思想。

"整体大于部分之和"理念的主旨，是强调系统整体性质和构成系统的要素在孤立状态下性质的不可简单归结性，以及不可直接比较性。部分和整体之间具有特别的联系，只要将部分用合理的结构构成整体，整体就在某种程度上呈现出大于简单结构的组合。正如马克思主义经典作家在阐明生产过程及其生产发展规律时提出："单个工人的力量的机械总和，与许多人同时共同完成同一不可分割的操作（抬重物等）时所发挥的机械力在质上是不同的。协作直接创造了一种生产力，这种生产力实质上是集体力。"① 表明集体力作为一种新的力量也不仅是单个生产力的简单加总，整个过程是一种协作和融合，是聚集合力使得整体大于部分之和的生动表现。

历史的滚滚车轮驶进新时代，习近平总书记将"整体大于部分之和"的理念贯彻于科技创新领域，认为科技创新也是关系社会诸多范围的具有整体性的伟大社会工程。坚持科学技术创新发展，不仅须兼顾整体、关照系统，还须扭住关键环节、盯住突破点。② 他还强调，发扬制度优势、结合市场经济条件，建立系统观念、改善科技创新环境，才能获得科技创新的强大合力。聚焦发展需

---

① 马克思恩格斯全集：第 16 卷［M］．北京：人民出版社，1995：308-309．
② 习近平．在省部级主要领导干部学习贯彻党的十八届五中全会精神专题研讨班上的讲话［N］．人民日报，2016-05-10（02）．

求,扭住关键环节,重点突破关键问题,创新成果转化更加顺畅,方能促成产学研用相契合的良好局面。① 正如我们所了然于心的,集中力量办大事是社会主义制度无可替代的独特优势。在这样的优良制度下,政府地位得以夯实,同时市场有效配置资源,各方统筹协调,为科学技术创新汇集强大合力营造了绝佳的氛围和环境。② 这些论述坚持系统性原则,认为只有用全方位的、整体性的眼光审视科技创新,才能避免系统结构混乱、要素脱节、资源错配、结构功能弱化和相互掣肘等现象,从而形成整体合力。

二、影响科技创新合力的基本要素及结构方式

甄别了科技创新的重要条件,要研究科技创新合力的整体成效,力求合力最大化,聚焦科技创新系统内部诸要素和各类主体结构方式就显得极为必要。

(一) 调动主体积极性,是科技创新形成合力的根本

习近平总书记指出,要狠抓创新体系建设,进行优化组合,克服分散、低效、重复的弊端。增强科学技术领域的创新能力,必须调动具备良好研发和技术传承能力的科研机构和大中型企业,并在此基础上极大程度地联合各主体的力量。因此,分析企业、高等学校、科研院所、政府部门等主体,引导各类主体多角互动形成科技创新联合组织,成为促成科技创新形成合力的重要途径。

第一,高等学校不仅是理论创新的源泉,还是人才培养的港湾。作为创新主体之一,高等学校作用十分突出。一方面,高等学校在科技创新中担负着以知识创新为主的基础理论研究的重任。习近平总书记表示,要以增强基础研究作为发展新型研究型高校的保障,形成前沿科学中心。因为高等学校具有侧重知识传承和理论创新的特质,这一特质成为其他各类主体的依托,是科技创新活动的基础与源泉。另一方面,高等学校又为科研院所、企业以及政府培育、储备和输送了大量具有创新品质的科技人才。

第二,科研院所大师云集,作为国家科学技术界和工程科学技术界的重要学术研发机构,承担着国家重大科研项目。落实创新驱动发展战略,既是我国科学技术取得进步的根本要求,也是科研院所谋求进步的首要途径。因此,在强化科学研究基础设施的前提下,要重视理论源头供给,高度把握科学领域专

---

① 习近平关于科技创新论述摘编 [M]. 北京:中央文献出版社,2016:55.
② 习近平关于科技创新论述摘编 [M]. 北京:中央文献出版社,2016:48.

业理论的突破,确保科学技术创新向着基础性、规范性、前瞻性的方向挺进。①

第三,国家实验室为科技创新产生合力提供重要平台,它的主要特点就是包容接纳、交叉融合、综合集成。例如,发达国家对于国家实验室就持明确态度,他们将国家实验室作为抢占科技创新高地的主要载体之一。正如习近平总书记所希望的那样,我国的科学技术创新也应把国家方针和战略需求作为导向,指向国际科技前沿,从而建立了一批国家实验室,有效配置资源,孕育协同创新格局。

第四,企业主要承担创新成果应用及实践检验的使命。企业须同高等学校以及科研院有密切联系,达到产学研用相契合的良效。习近平总书记指出,要尤其注意促进大企业创设研究开发机构,不断提升其在科技创新发展中的主体地位和作用,强化企业在科学技术创新道路上的重要作用。

第五,政府作为科技创新主体之一,在科学技术创新系统中承担多重角色。政府不仅要制定科技政策,还须投身到具体的创新活动中去。一方面,政府作为科技创新活动人才培养的指引者和政策推广的实现者,通过建立制度规范以及政策来完善科技创新制度体系,约束和引导其他科技创新主体的行为。另一方面,政府是教育保障的宣传者,是科技事务和社会资源的调控者,凭借自身区别于其他创新主体的独特性质,在科技创新环节中通过调控市场资源、进行思想引导和政策宣传等方式发挥作用。

(二)营造良好生态,是科技创新形成合力的基石

科技创新生态,就是影响科技创新主体进行创新活动的内部和外部环境之和。营造优良的生态环境是形成创新合力的必由之路。依据作用方式,可以将生态环境分为软生态和硬生态。软生态包括特定环境下以人的思想、意识和观念为主要内容的科技创新心理素质,是主体创新意识、创新思维、创新勇气、创新能力的有机统一,提升软生态的重点就是要培育科技创新工作者勇于创新、乐于创新的价值取向。硬生态是指科技创新必备的各类社会条件及作用于科技创新的种种社会要素的总和,包含经济、政治、政策和对外开放环境等。

首先,经济环境最重要,因为科技创新的直接动力往往来自经济方面的需求,科技创新需要经济基础的支持,科技创新成果的应用经常受到经济环境的影响。其次,政治稳定也很重要。科技创新发展的方向、速度与范围在一定程度上受政治环境制约,并且需要优良安宁的政治法律环境作为保障。再次,国

---

① 习近平. 在中央财经领导小组第七次会议上的讲话[N]. 人民日报,2014-06-10(02).

家或企事业单位的创新政策往往具有很强的导向性,成果的转化、发明的收益都需要相关政策保驾护航。最后,科技创新需要营建对外开放的环境。国家竞争、企业竞争都是推动科技创新的重要因素,一旦科技创新的动力来源于降低成本的压力,它就不会仅仅局限于国内的资源和市场,越出国界、走向更开阔的时空就是必然选择。

习近平总书记对此做出了细致分析,他认为基础设施牢靠、科技创新环境和谐,科学技术才有望得到突破,进行创新,取得长足的进步。目前我国基础设施日臻完善,但对于科学技术创新环境改善,还有所欠缺。① 引导科技创新大环境向好发展,少不了政府的投入。一方面,需要引领社会企业加大对于科学研发的投入力度,激励大小企业踊跃参与科技创新活动,同时须促进企业技术创新税收政策推广;另一方面,要严厉打击侵害知识产权的违法行为,增强科学技术成果保护工作,使得科学技术创新大环境渐入佳境。

(三)构建科学体制机制,是科技创新形成合力的保障

体制机制完善是有效打通堵点,形成协同效应,激发主体活力,营造良性氛围,促成要素资源整合的重要方式。各方发力,紧扣改革,才能汇集科创合力。习近平总书记也曾剖析,我国科学技术创新环节上留存着诸多体制上的关卡,使得科技创新过程中的诸多环节联系不够紧密,创新和转化成果的过程中也出现了不够顺畅的顽症,如此一来,科技创新的发展去向形成了断层,出现不知向何处发展的问题。②

第一,优化党对科技创新工作领导的体制机制。党统揽全局、协调各方,成为科技创新合力产生的重要前提。习近平总书记指出要坚定地支持党的领导地位,充分发扬党对各方面的领导所展现出的独特优势。特别是在科技创新管理和人才发掘方面,党都起了夯实基础、抓住重点、关照前沿的重大作用,成为我国科技创新道路上的政治保证。③

第二,完善科技创新的新型举国体制,继续发挥国家集中力量办大事的制度优势。这就要求增强市场和政府的协同性,强化主体联动与环境优化,建立合乎科学研究活动规律的科技管理体制和政策体系,改善对应的伦理治理体制,优化评价体系。

第三,完善评价机制。评价具有较强的导向作用,科学的评价指标和评价

---

① 习近平关于科技创新论述摘编[M].北京:中央文献出版社,2016:59.
② 习近平.在中央财经领导小组第七次会议上的讲话[N].人民日报,2014-06-10(2).
③ 习近平在中国科学院第十九次院士大会、中国工程院第十四次院士大会上的讲话[N].人民日报,2018-05-29(02).

方式都会调动主体积极性，推动科技创新良好氛围的营造。要把刚性评价和柔性评价、绩效评价和过程评价、总体评价和分类评价、自主评价和第三方评价有机结合起来，尊重科技创新的特点和规律，探索建立政府、社会组织、公众等多方参与的评价机制，同时着力拓宽更加规范化、多元化的评价渠道，以达到有效的评价和激励成效。

第四，完善激励机制，这是一种可以直接调动科学研究者积极性的有效手段。习近平总书记指出，科研人员要数目巨大才能形成科技创新的主力军，而要让科研人员的队伍壮大起来，则必须重视对于科研人员的物质激励。只有使大量的科研人员收获社会认可，收获个人荣耀，同时获得一定的物质回报，才能更大程度地激发科研人员进行科技创新的心志。①

第五，完善人才保护机制。对于各类方向不一的科学研究发现，应当持有包容接纳的心态，允许"百家争鸣"，而不能以"过来人"的眼光进行干预和遏制，更不提倡以形式化的规则约束科研人员。科学研究转化成公认成就这一历程不是一蹴而就的，原始创新一般来自假设和猜想，如果方向选不准，即使花费很大精力，也很难做出成果，做不出成果则意味着失败。科技创新存在风险，因此应当完善保护机制，形成一种激励和包容创新的优良环境，不仅要褒奖成功，更重要的是以一颗包容的心面对部分失败。

第六，完善创新协同机制。合力来源于协同，要注重加强高校、科研院所、企业和政府等科学技术创新主体之间的联系，且要形成一种将企业作为主体、把市场作为导向、产学研深度融合的创新体系。

在中国特色社会主义新时代，各类主体应立足于特定科技创新环境，适应体制机制的调整变化，积极参与科技创新活动，实现自身价值，推动民族进步。

三、科技创新协同推进的主要路径

习近平总书记指出，要全面克服科学技术创新里的"孤岛现象"。他认为应当增强科技创新主体之间的有效互动和协作，形成科技创新中各个领域、诸多部门，以及各类活动之间的交融协调的画卷，避免分散化和碎片化等问题，创设高效、联合、互动的科技创新体系。② 他也表示，根本上改变国家创新格局和体系，需要我们从创新体系、创新绩效、创新机制等方面入手，克服在这些领域存在的一系列问题，重点攻克科研项目缺乏前瞻性、科研计划分散化、碎片

---

① 习近平关于科技创新论述摘编［M］．北京：中央文献出版社，2016：121.
② 习近平关于科技创新论述摘编［M］．北京：中央文献出版社，2016：63-64，68，60.

化等难题，有力推动科技创新形成协同共进的局面。

科技创新任重而道远，要厘清诸要素间合力产生的机制，为实践提供重要指导。

第一，融合主体优势，培养科创人才。从科技创新系统宏观角度来看，高校、科研院所、重点实验室、企业、政府是5个彼此联系、彼此影响的科技创新主体；从微观角度看，每个主体都是呈现耗散结构、符合自组织特征的创新系统。由于主要职能和对象要素存在差别，这些主体在构成要素、管理机制与运行方式等方面都存在很大不同，必须有针对性地培养协作观念。

第二，营造有利环境，铸就科创平台。营造有助于公平竞争的创新环境，要充分发挥好政府的引领方向、政策支持和协调整体的作用。加强科技创新政策引导和激励作用，加强知识产权保护，必须妥善处理政府和市场之间的关系，充分发挥好市场在资源配置中的决定性作用，还须注重构建以企业主体为核心的科学技术创新体系。

第三，优化合作机制，明确政府职责。习近平总书记曾针对政府的职责与管理限度表明态度，他认为，对于一些具有前沿性、整体性、战略性的重大科技项目，政府需要做到重点关注。此外，要实施监管职能，做好保驾护航工作，增强对于知识产权的保护、优化税收政策等，并且迅速建立起有效评价机制。政府还应重视人才的发掘，保障科技创新人才的合理收益。只有这样，才能将先进的科学技术转化为科技创新成果，从而进一步转化为生产力，为国家发展贡献力量。

习近平科技创新合力观，坚持马克思主义基本原理和战略思维、系统思维，全面把握科技创新基本要素及结构方式，明确科技创新体系内部诸要素的协调融合机理，有效地促进了科技创新诸要素融合，促进了"新能量"的诞生，有力推动了科技创新向前迈进。

论习近平新时代强军思想
——以人民军队建设为中心

裴广强　张承诺

摘　要：八一南昌起义以来，中国共产党一直高度重视人民军队的建设工作。习近平强军思想是新时代下中国共产党人对于军队建设问题的进一步深度思考，是当前新型军队建设和现代国防建设的根本指针。从学界理论分析的层面来看，在习近平强军思想中占据核心地位的如何强军问题，即人民军队的建设问题仍具有深入研究和发掘的空间。本文以人民军队的建设为中心，对习近平新时代强军思想进行学理分析，同时以人民海军的建设为例，探讨强军思想在指导新型军队建设中的具体运用。

关键词：习近平；新时代；强军思想

习近平新时代强军思想是以习近平同志为核心的党中央，在指导建设强军事业伟大实践中孕育的科学思想体系，它揭示了强军制胜的根本规律，闪耀着马克思主义思想方法的光辉，是指引强军事业发展进步的科学指南。从时间上来说，习近平新时代强军思想的形成可以追溯到2013年春。当时，习近平总书记在全国两会期间鲜明提出了"建设一支听党指挥、能打胜仗、作风优良的人民军队"强军目标，继之在2014年10月30日的古田全军政治工作会议上，习近平总书记为解决新的历史条件下党从思想上、政治上建设军队的重大问题指明了方向。最终，在2017年党的十九大上，习近平强军思想被写入党章，成为人民军队建设的根本指针。

习近平新时代强军思想的核心要义大致可以分为三个方面：一是为何强军，二是强军的目标，三是如何强军。其中，如何强军也即怎样建设人民军队，占据了强军思想的核心要义，可见其重要性。概括而言，如何强军的内容包含政治建军、改革强军、科技兴军和依法治军，和之前相比，更加注重实战价值，更加注重创新在军队建设中的作用，更加注重人民军队的体系化建设，更加注重高效集约化管理,更加注重军民融合,旨在以此全面提高人民军队的现代化、职业化、正规化水平。本文以人民军队的建设为中心,对习近平新时代强军思想进行学理分析,同时以人民海军的建设为例,探讨强军思想在指导新型军队建设中的具体运用。

一、强军思想与军队建设

(一) 政治建军

政治建军即明确党对军队的绝对领导,坚持党领导军队的一系列根本原则和制度,确保部队的绝对忠诚、绝对纯洁、绝对可靠。中国共产党谋求对人民军队的绝对领导要追溯到1927年的三湾改编,其中"把支部建在连上面"使得部队各级行政组织都有了党的组织,这一伟大的创造奠定了我党政治建军的基础。在1929年的古田会议上,党对军队的绝对领导原则得到进一步确立,军队加强政治工作的重要性也得到确认。时隔85年,习近平总书记再次在福建省东北的宁德市古田县召开全军政治工作会议,并且再次强调军队政治工作的重要性,这不仅是党在军队建设上对1929年古田会议精神的继承,更是在铸就新时期习近平总书记强军思想的强军之魂。

首先,在政治建军的具体实践中,从坚决查处郭伯雄、徐才厚案件并全面彻底消除其恶劣影响,到打掉房峰辉、张阳等一批"大老虎",军队的反腐败斗争取得巨大成果,扫除了过去他人认知中的雷区,使得军队上下的风气焕然一新,不敢腐败、不能腐败、不想腐败的思想开始深入人心。

其次,军委机关先后在选拔使用人才、物资经费管理、军队人员的福利待遇等方面,制定出台了《军队领导干部秘书管理规定》《严格军队党员领导干部纪律约束的若干规定》《厉行节约严格经费管理的规定》《关于加强新形势下选人用人工作监督的意见》等若干项制度规定,为权力套上了制度的笼子,使得人民军队的治理方式发生了意义深远的转变。

最后,军委各级还制定了一系列规章制度、抓紧整顿规范军队作风,严防公款吃喝、跑找要送等问题,持续整改,杜绝"四风",加大对重点领域行业风气以及基层风气的监察,加大力度纠治基层腐败和不正之风,对官兵反映强烈的问题严格查办;坚持综合运用信访督办、纪检监察、巡视审计等手段,对作风问题始终保持严格高压的态度,使部队清正廉洁的风气不断高涨,作风不断改进。

总之,近年来在习近平总书记的领导下,人民军队不断强化自我净化、自我革命的能力，把查处、整顿腐败与军队的强根固本结合起来，更好地实现思想上洗礼、组织上纯洁、政治上团结。海晏河清、风清气朗的军队政治生态已然形成。广大官兵的强军意志也因而前所未有地凝聚起来。

（二）改革强军

改革强军即通过人民军队的组织形态变革，促进其现代化，构建中国特色现代军事力量体系，完善中国特色社会主义军事制度。军队组织形态构成要素是一个统一整体，包括体制、规模、结构、编制、运行机理、政策制度六大要素。其中，军队体制的现代化是军队组织形态现代化的核心标志，因此推进军队组织形态现代化，核心是从体制上实现领导掌握、高效指挥、建管效益的有机统一。① 改革强军的核心即通过革新人民军队的组织形态，更好地适应现代战争的需求，更好地服从党的指挥。同时，提高军队使用资源的效率，实现人力、财力、物力的综合充分运用，尽量减轻对国家经济社会发展造成的负担。

2016年2月1日，五大战区的成立是人民军队体制现代化的重要里程碑，以原7个军区机关相关职能、机构为基础，组建了东部战区、南部战区、西部战区、北部战区和中部战区5个战区机关，均为正大军区级，归中央军委建制领导。新设立的战区作为国家战略方向的最高联合作战指挥机关，对于构建我军联合作战体系的历史性进展，对确保人民军队能打胜仗、各司其职、有效配置资源，以及切实维护国家安全，意义深远。

（三）科技兴军

关于科技的重要性，习近平总书记指出："科技兴则民族兴，科技强则国家强。"② 军队建设亦是如此，可谓"科技兴则军兴"。1840年鸦片战争以来，中国数次遭外虏侵略，虽将士用命，却屡战屡败，除清政府的腐败无能外，军备的落后亦是关键原因。中华人民共和国成立之初的抗美援朝战争，志愿军将士虽然英勇，却难免受军备落后的掣肘，若有更先进的军备，战损必会大大减少。基于历史的经验教训，又恰逢新一轮科技革命和产业革命，2014年年底，习近平总书记在全军装备工作会议上指出："要坚持创新驱动发展，紧跟世界军事革命特别是军事科技发展方向，超前规划布局，加速发展步伐。"这些年来，习近平总书记立足未来科技发展的潜在创新点，着眼战斗力建设的客观需要，制定军事科技发展纲领性文件，建立主管有关事宜的专职部门，激励军事科技不断发展，行稳致远。而在党中央、中央军委的持续发力推动之下，一大批科技成

---

① 傅宝胜. 什么是军队组织形态现代化［N］. 解放军报，2020-06-30（07）.
② 习近平讲故事：科技兴则民族兴 科技强则国家强［EB/OL］. 人民网，2018-08-21.

果不断涌现，惠及三军部队。从"天河三号"超级计算机、舰船综合电力技术、舰船新型集成化发电技术、网络通信与交换技术等科技创新成果，到国产航母、新型驱逐舰、新式洲际导弹等高新技术装备，我们取得了一个又一个举世瞩目的成就，实现了一次又一次的跨越发展，使我国在世界军事高技术领域占有一席之地。① 中国在美国国防部的军力评估报告中已是世界第三，仅位居美、俄之后。② 科技建军，已见成效。

此外，在原本机械化、信息化的基础上，《中共中央关于制定国民经济和社会发展第十四个五年规划和二〇三五年远景目标的建议》还对人民军队的建设更进一步提出智能化的要求。③ 关于智能化，早在 2015 年，俄军就将战斗机器人投入叙利亚战场，取得了不俗战果。当年 12 月，叙利亚政府军在俄军战斗机器人的强力支援下，成功攻占"伊斯兰国"武装分子控制的拉塔基亚省 754.5 高地。俄军投入一个机器人作战连，包括 6 部"平台-M"履带式战斗机器人、4 部"暗语"轮式战斗机器人、一个"洋槐"自行火炮群、数架无人机和一套"仙女座-D"指控系统。战斗打响后，无人机首先升空，将战场情况实时传送到俄军指挥系统。战斗机器人在操作员操纵下发起集群冲锋，抵近武装分子据点 100～120 米后，用机枪、榴弹和反坦克导弹进行攻击，叙利亚政府军则在机器人后 150～200 米相对安全的距离上肃清武装分子。遇到坚固火力点时，"洋槐"自行火炮群根据无人机和机器人传回的画面，实施精确炮击，彻底摧毁目标。一边倒的猛烈打击令武装分子毫无还手之力，77 名武装分子被击毙，参战的叙利亚政府军只有 4 人受轻伤。④ 这虽然只是一次规模很小的战斗，但已可以从中初窥智能化战争的威力。

故而，对军队智能化要求的提出是对习近平总书记强军思想中的科技兴军方针的进一步完善和发展。但智能化并不排斥机械化、信息化，而是"三化"相互叠加、相互渗透、相互支撑，共同催生新的战争形态和作战方式⑤。关于智能化的具体执行策略，人民军队亦在有条不紊地进行之中。

---

① 马博文. 科技兴军：面向未来，打造一支强大的人民军队 [EB/OL]. 中国军网，2018-08-01.
② Military and Security Developments Involving the People's Republic of China 2020 [EB/OL]. 美国国防部网，2020-09-01.
③ 本书编写组. 中共中央关于制定国民经济和社会发展第十四个五年规划和二〇三五年远景目标的建议 [M]. 北京：人民出版社，2020.
④ 张翚. 无人化：审视智能化战争窗口 [N]. 解放军报，2018-11-29（11）.
⑤ 许其亮. 加快国防和军队现代化 [N]. 人民日报，2020-11-26（06）.

（四）依法治军

依法治军、从严治军，既是我党吸取历史经验的必然结果，也是人民军队现代化建设顺应时代发展要求的必然结果，更是世界各国现代化军队建设进程中的普遍规律。自1978年改革开放以来，人民军队即开始走在依法治军、从严治军的道路上，到今天，人民军队在职业化、正规化建设上已经取得较为显著的成就。

在新时期，人民军队在依法治军、从严治军的道路上继续大步向前，2012年12月，党的十八大闭幕后不久，习近平总书记首次到基层部队视察时，就鲜明地提出"依法治军、从严治军是强军之基"。自此以后，在强军目标的指引下，军队的法治建设取得巨大成效。而近年来，部队在涉及推动贯彻军委主席负责制、干部选拔任用、武器装备管理等方面出台了大量军事法规。伴随着依法治军的不断践行，法治信仰、法治思维日益深入部队上下，部队依法建设、官兵依法履职的良好态势正逐渐稳固。

二、强军思想与海军建设

2020年10月，中国共产党第十九届五中全会上审议通过了《中共中央关于制定国民经济和社会发展第十四个五年规划和二〇三五年远景目标的建议》。这份习近平总书记亲自领导制定的《建议》，对人民军队提出了捍卫国家发展利益的要求，这一要求其实早在2020年10月初国防法修订征求意见稿时就已经体现，其中第四十七条明确指出："中华人民共和国的主权统一、领土完整、安全和发展利益遭受威胁时，国家依照宪法和法律规定，进行全国总动员和局部动员。"捍卫发展利益主要是确定中国海外利益的不可侵犯。最近几年，中国最重要的海外利益就是"一带一路"以及串联起几十亿人的人类命运共同体战略。这与中华民族的伟大复兴息息相关，由此也就赋予了人民军队需要支撑中华民族伟大复兴这一强军使命的新内涵。然而，"一带一路"带动多半个地球共同致富的全球发展规划，却经常遭到别有用心的国家和政客的诋毁、破坏，甚至阴谋颠覆加盟国家。这些不确定性让中国在"一带一路"上的投入变得非常不稳定。

陆上丝绸之路发展相对顺利，只因陆地上铁路一通，几乎无法阻拦，且沿途国家成为既得利益者，自然会维护陆上丝绸之路。加之我们的陆军自建军以来历经血火考验，鲜有败绩，是一支有着光辉历史、值得信任的陆军，是陆上丝绸之路顺利发展强有力的保障。但海上丝绸之路的发展却屡屡受到限制，比如，大型的填海综合发展项目——马六甲皇京港项目（Melaka Gateway），曾经规划深水港项目将于2019年完成，然而，就在2018年，由于马来西亚方面拖欠工程费（其实是国外势力煽动马来西亚国内情绪阻挠），项目遭遇停滞。幸而2019年6月，东皇京港项目重启。但是，这数百亿元投资，如果遭遇马国政局动荡，很可能会打水漂。

相较于陆军，我们的海军年轻许多，也缺乏战火的洗礼。在上述背景下，我们的人民海军任务艰巨，其建设也是一个复杂而又艰巨的任务。海军理论中，将海军分为干涉型海军（包括地区干涉型与全球干涉型）与旨在歼灭敌海军有生力量的决战型海军（包括近岸防卫型）两种，而此前的中国海军是背靠大陆纵深，依靠陆基岸防工事，以自卫为主要目的的近岸防卫型海军。但近年来，随着拥有相控阵雷达与装备超高音速导弹的各式舰艇"下饺子式"地入列中国海军，中国海军已逐渐具备作为一支决战型海军的实力。与此同时，下水的数以百计的054系列护卫舰和056系列轻护舰，不仅造价非常低廉，性能也相当优异。这些勤务战舰，撑起了中国漫长的海岸防线，又担负着维护本国海外利益（护航、撤侨等）的重要使命，使得驱逐舰、巡洋舰以及其他大型战舰可以以最佳的状态应对与假想敌之间的舰队决战。

习近平强军思想指导下的人民海军建设，为保卫发展利益，为保卫"一带一路"，为实现中华民族伟大复兴，需要在满足保卫发展利益需求的同时兼顾发展能够歼灭敌有生力量的决战型海军力量。强军思想指导下的人民军队的使命即为了支撑中华民族的伟大复兴，但从人民海军的建设历程可见，这种支撑并非是单向的，而是一种相互作用。海军朝着保卫发展利益的方向发展，因而中国现在拥有全球规模最大的一支勤务舰队，这支勤务舰队所保障的发展利益又在反哺国家，进而反哺人民军队，二者是互相促进的关系。而另一方面，这支小型护卫舰组成的勤务舰队，也使得人民海军的中大型船只得以专心准备海军决战，形成强大的威慑力量，为社会主义事业的建设赢得相对和平稳定的发展环境。

三、结语

习近平总书记在党的十九大上提出力争到2035年基本实现国防和军队现代化，到21世纪中叶把人民军队全面建成世界一流军队。在此基础之上，习近平总书记又在党的十九届五中全会上提出了建军百年奋斗目标，进一步充实了国防和军队现代化的目标任务和发展步骤。这是对强军思想关于人民军队建设规划的最新发展，为实现国防和军队现代化阶段性目标任务提供了战略引领，丰富和发展了强军思想关于人民军队建设的相关内容。诸如智能化、保卫发展利益等对人民军队建设的新要求也不断融入强军思想，丰富和发展了习近平强军思想，使得习近平强军思想能更有效地指导人民军队建设。由此可见，习近平强军思想对人民军队的建设考量远超出军队建设本身，其关于人民军队的建设内容可谓既细致绵密，又具有前瞻性、包容性。习近平强军思想本质上是一个活的、发展的、实践的体系，其对人民军队建设的指导必将引领我国国防实现现代化，完成强军使命，成为实现中华民族伟大复兴的坚实支撑。

习近平生态文明思想是对中西文明"天人关系"思想的超越

钟湘鸿

摘　要：习近平生态文明思想既是对中国传统文化中天人合一思想的继承与发展，又超越了现代西方环境哲学，是马克思主义关于人与自然关系思想和学说中国化的最新发展，是整个人类社会人与自然关系思想史上的重要里程碑。

关键词：天人合一；和谐共生；生命共同体；超越

习近平生态文明思想是习近平新时代中国特色社会主义思想的重要组成部分，是由习近平总书记主要创立的关于生态文明建设的全部观点、科学论断、理论体系和话语体系，集中体现了以习近平同志为核心的党中央为推动和促进人与自然和谐，而对经济社会发展规律认识、党的执政理念和执政方式的不断深化和勇于变革。它旨在化解人与自然之间的矛盾、满足人民群众对优美环境的需要。习近平生态文明思想既是对中国传统文化中天人合一思想的继承与发展，又超越了现代西方环境哲学，是马克思主义关于人与自然关系思想和学说中国化的最新发展，是整个人类社会人与自然关系思想史上的重要里程碑。

一、从"天人合一"到"人与自然和谐共生"

人与自然的关系是人类历史上亘古永恒的课题和永续的矛盾。在中华民族的漫长历史中，既有"天人感应"的神秘，也有"人定胜天"的豪迈，但"天人合一"却是人们在长期实践中形成的关于人与自然关系的主导性认识。传统社会的先贤和人们在思考和探索人与自然关系问题的过程中形成的"天人合一"思想是传统生态文化的核心理念之一。《易传》："夫'大人'者，与天地合其德，与日月合其明，与四时合其序，与鬼神合其吉凶。""大人"即君子，君子立德有四合。这从道德层面对天人合一的思想作了初步阐述。孟子："尽其心者，知其性也。知其性，则知天矣。"孟子的"尽心、知性、知天"认知路线，开始将"天人合一"的思想上升到思维层面。庄子的"天地与我并生，而万物与我为一"和惠施的"泛爱万物，天地一体"则强调人与自然的有机整体性。作为儒家思想集大成者的董仲舒同样主张天人一体："天地人，万物之本也。……三者相为手足，合以成体，不可一无也。"他把天、地、人看成相互作用、情同手足、合为一体的关系，同为"万物之本"。东晋僧肇提出了"天地与我同根，万物与我一体"，人作为自然界的一个组成部分，应与自然万物和谐共生。宋朝，程朱理学继承并发展了"天人合一"的思想主张。从周敦颐的以"太极"立"人极"，到张载的"民胞物与"论，再到程颢的"万物一体"，都是从人与自然本源相通、生命相关、价值相连来论证人类道德原则与天道的一致性。元明清时期，作为官方哲学的程朱理学出现了诸多学派争鸣的现象。元朝的著名理学家许衡强调"万物皆本于阴阳"，明朝心学大家王阳明主张"天地万物与人原是一体"，明末清初理学大家孙奇逢提出"天人一体"，强调人和万物的一体性、同根性。纵观中华文化发展历程，虽历经朝代更迭、时空转换、思想争鸣，但"天人合一"的思想始终是贯穿传统社会发展的一条主线。

　　党的十八大以来，中国共产党在改造自然和社会时，始终秉承"人与自然和谐共生"，将其作为新时代坚持和发展中国特色社会主义的基本方略之一，继承和发展了传统的"天人合一"思想。习近平生态文明思想从"文明兴衰论""永续发展观"等维度全面阐释了人与自然和谐共生的重要性和必要性。"人因自然而生，人与自然是一种共生关系。"① 生态环境变化直接影响人类文明的兴衰演替，关系中华民族的永续发展，尊重自然规律，实现人与自然二者和谐发展是人类唯一正确的选择。新时代的社会主义建设要科学布局生产空间、生活空间、生态空间，推动形成绿色发展方式，既要创造更多物质财富和精神财富以满足人民日益增长的美好生活需要，也要提供更多优质生态产品以满足人民日益增长的优美生态环境需要，从而将人与自然和谐共生的生态思想不断向纵深推进。从"天人合一"到"人与自然和谐共生"，虽然其中内蕴的精神实质并未改变，但与"天人合一"相比，"人与自然和谐共生"不再缺乏逻辑上的明晰性和确定性，而是以理性的和历史的态度探求人与自然的有机整体。这要求我们要正确处理好人与自然的关系，实现二者的和谐共生。

---

① 中共中央文献研究室. 习近平关于社会主义生态文明建设论述摘编［M］. 北京：中央文献出版社，2017：11.

二、从"西方环境哲学"到"生命共同体"

西方近代机械论自然观认为,大自然是机械的、无机的、被动的、无规律的,因而是可以被人类任意处置而不会对人类作出反馈和回应的。实际上,大自然中存在着大量的微生物、植物、动物,乃至它们的组合所构成的物种、群落和生态系统,而且,整个地球就是一个"盖亚有机体"。就是说,大自然是运动的、有机的、积极主动的、有规律的。因此,它们会对人类的活动作出反馈和回应。生态环境问题就是因为人类没有认识到,甚至无视了大自然的客观性、有机性、系统性和规律性,是人类活动的广度、深度和强度超出了大自然的自组织和自洁能力所造成的。这有力地证明了大自然不是一个死系统,而是一个活系统。并且,人也是这个系统的产物。人与自然之间存在着复杂的关系——人必须利用大自然才能生存和发展,而且人不能不遵守大自然的客观规律。这就是大自然的基础性,是人对于大自然依赖和顺从的一面。然而,人不是与其他动物一样自然而然、被动地遵从大自然的。人是具有自由意志的实践性的社会存在物,社会实践性是人的本质属性。因此,人对大自然的利用和改造是具有特定且强烈的意识和目的的,对大自然的利用和改造能力也是非常强大的——人就是在认识和改造自然的基础上生存发展的。相反,动物基本上是利用大自然所提供的天然条件生存的。当然,这是建立在人类对人与大自然关系的科学认识——人与大自然是休戚与共、和谐共生的生命共同体——基础上的。人类早已在这一共同体中处于主导地位,但人类要想健康、幸福、快乐、自由全面地持续存在和发展,就必须保持和促进大自然的持续健康、美丽和稳定。西方环境哲学非人类中心主义是以大自然具有内在价值来证成环境伦理的。但是,自然内在价值论并不正确。因为,"环境伦理一定要经由人类对自然价值与人类价值关系进行评价,然后确定什么为正确与错误,才能提供人类对待自然中价值之物的行为规范和判定标准"[①]。所谓大自然的内在价值,即"那些能在自身中发现价值而无须借助其他参照物的事物"[②]。自然内在价值论也有一定的合理因素,即它从生态学和系统科学的角度说明了大自然是系统的、有机的、整体的,有着自身的固有性质和规律,能够对内外环境的变化做出主动反馈,进而选择和评价它,通过趋利避害以达到自身的目的、获得利益,从而维持自身的存在和发展。非人类中心主义中的整体主义实际上也是从"共同体"视角

---

① 佘正荣.环境伦理学的价值论依据[J].科学技术与辩证法,2002,19(4):8.
② 罗尔斯顿.环境伦理学[M].杨通进,译.北京:中国社会科学出版社,2000:253.

来证明人类对大自然的道德责任的。但是，它视野中的共同体是可以没有人类存在的，即它离开人类主体和利益的视角去寻求环境伦理，因而只能是缘木求鱼。

习近平总书记提出的"生命共同体"吸收了自然内在价值论的合理因素，表面上看与现代西方环境哲学整体主义相契合，因而易于获得它的认同。与现代西方环境哲学整体主义坚持非人类中心主义不同，习近平生态文明思想旗帜鲜明地坚持人类中心主义。习近平总书记指出："人的命脉在田，田的命脉在水，水的命脉在山，山的命脉在土，土的命脉在树。"[①]"命脉"强调人与大自然休戚与共，但"人的命脉"才是"生命共同体"关注的核心。它要求人类走绿色发展道路，"让良好生态环境成为人民生活质量的增长点"[②]，最终旨归则是人的自由和全面发展。理论上，西方环境哲学人类中心主义在人与自然关系上坚持以人类为中心，总体而言，这是正确的。但是，它无视大自然固有的规律性，而其本身正是造成生态环境问题的根源。习近平总书记的生命共同体理论对人的价值和存在意义体现在：首先，坚持人在生态文明建设中的主体地位。生态文明建设关系人民福祉，关乎民族未来，必须依靠人民，为了人民。其次，坚持价值来源的人创说。马克思主义认为，唯有人是终极意义上的主体，唯有人具有内在价值，是价值的根源。因为，"被抽象地理解的、自为的、被确定为与人分隔开来的自然界，对人来说也是无"[③]。当然，在坚持价值人创说的前提下，马克思主义也肯定大自然是主体，是有内在价值的。习近平总书记的"生命共同体"理论坚持以实现人民的价值和福祉为核心，实际上即认为唯有人具有内在价值。当然，它同时要求我们必须尊重自然、顺应自然、保护自然。因为，从根本上说这也是尊重、顺应和保护人类自身的生物存在和社会存在，是为了体会和感受它们所蕴含的内在价值。习近平生态文明思想超越了现代西方环境哲学，他指出："山水林田湖草是一个生命共同体。"[④] 因此，人类必须尊重自然、顺应自然、保护自然，走生态文明之路。"生命共同体"坚持了马克思主义的唯物论和辩证法，是习近平生态文明思想的理论基石，也是习近平生态

---

① 中共中央文献研究室．习近平关于社会主义生态文明建设论述摘编［M］．北京：中央文献出版社，2017：47.

② 中共中央文献研究室．习近平关于社会主义生态文明建设论述摘编［M］．北京：中央文献出版社，2017：27.

③ 马克思．1844年经济学哲学手稿［M］．北京：人民出版社，2014：114.

④ 中共中央文献研究室．习近平关于社会主义生态文明建设论述摘编［M］．北京：中央文献出版社，2017：47.

文明思想超越现代西方环境哲学的重要体现。

  一般来说，文化之间是相互兼容和互补的，两种文化之间的关系往往是对话而不是对抗。在初始阶段，辩论和争论是不可避免的，然而两种文化相遇、长期交流的结果往往是共存和融合，而不是全盘拒绝或接受。中国古代的儒学与佛学之间、中世纪欧洲基督教和希腊哲学之间，都是杰出范例。① 习近平生态文明思想继承和发展了中西文明中天人关系思想，立足于中国特色社会主义现代化建设的伟大实践，将对中国与世界的生态文明产生重大而深远的影响。

---

① 杜维明.二十一世纪的儒学［M］.北京：中华书局，2015：185.

第二编 02

马克思恩格斯经典文本的时代阐释研究

《共产党宣言》中的人民观探析

燕连福 翁乐苗

摘 要：人民性是马克思主义最鲜明的理论品格。《共产党宣言》（以下简称《宣言》）作为马克思主义诞生的标志，深刻彰显了人民观这一丰富意蕴。工业革命与资本主义制度矛盾凸显、无产阶级的产生与追求自身解放、对启蒙运动思想的批判继承与新探索是《宣言》人民观的形成背景。其根本立场是代表最广大无产阶级的根本利益，价值取向是带领人民从经济解放到政治解放，革命手段是无产阶级联合起来，目标使命是实现每个人的自由全面发展。新的征程，实现人民对于美好生活的向往、推进全面从严治党伟大工程实现民族复兴梦、构建人类命运共同体推动世界人民繁荣发展是《宣言》人民观的实践路径。

关键词：《共产党宣言》；人民观；新时代；美好生活；民族复兴

习近平总书记指出："学习运用《共产党宣言》（以下简称《宣言》），就要不忘初心、牢记使命，始终把人民放在心中最高位置，更好增进人民福祉，推动人的全面发展、社会全面进步。"①《宣言》蕴含着深刻的人民观，对共产党人的根本性质与立场、无产阶级解放运动、人类社会发展等都作了明确的系统表述，指引着今天与未来的共产党人以人民为中心进行伟大实践。在新时代，坚持与发展《宣言》中的人民观，对于中国共产党人探索实践道路、实现人的全面发展具有重大意义。

一、《宣言》中人民观的形成背景

理论是时代的产物，是社会存在于理论认识上的科学反映。《宣言》中的人民观，是马克思、恩格斯在工业革命背景下，对制度根源、阶级性质、社会思

---

① 习近平. 学习马克思主义基本理论是共产党人的必修课 [J]. 求是，2019（12）：4-8.

潮的生动理论体系的演绎。《宣言》中的人民观思想，回应了资本主义制度的内在矛盾，体现了无产阶级对自身解放的追求，批判革新了启蒙思想中的民主精神。

（一）工业革命与资本主义制度矛盾凸显是本质因素

资本主义的内在矛盾激发了无产阶级反抗压迫的决心，《宣言》中人民观思想应运而生。随着社会形态演进，资本主义完全代替了旧有的社会存在以及社会意识形态，建立了围绕资本逻辑运行的一整套规则，从以雇佣关系为基础的生产关系，到资产阶级的政治统治，以及人际简单化的公开剥削的金钱关系，无不体现着资本的力量。然而，生产社会化与生产资料私人占有之间的基本矛盾，时刻触发着经济危机，成为资本主义制度内在无法消除的根本性矛盾。马克思、恩格斯通过分析资产阶级的产生发展与资本主义经济的运行，明晰了资本主义制度的压迫性、排他性本质，提出只有废除资本主义私有制，将社会成果的受益主体扩大到人民，才能解决其根本矛盾。

资产阶级社会从封建社会的灭亡中产生，不仅没有消灭阶级对立，而且促使阶级对立简单化、尖锐化、极端化，变为资产阶级和无产阶级两大阶级的直接对立，即少数资本所有者与大多数无产者民众的对立。随着阶级矛盾的激化，资产阶级进一步显露出自己的本性，"它把人的尊严变成了交换价值"①，将一切人与人之间的关系变为以金钱为枢纽的剥削关系。资产阶级推行贸易自由政策，资本的无限制扩张毁灭了无数人努力拥有的自由，并且用无耻的、直接的、露骨的剥削代替了原先封建社会的世族剥削与宗教剥削，公开地占有无产阶级创造的价值。然而，资本主义追求自身利益最大化的"个人主义"越加发展，无产阶级对于"绝大多数人的利益"便越加追求、对"每个人的发展"越加呼唤。生产社会化和生产资料私人占有之间的矛盾不断激化，伴随着经济危机周期性、国际性爆发等现象，表明资本主义社会危机重重，已不再适应时代发展。

（二）无产阶级的产生与追求自身解放是催生因素

无产阶级与资产阶级矛盾的激化以及工人运动的不断进行推动了《宣言》中人民观的形成。资产阶级从资本当中产生，在资本扩张下产生了无产阶级。资产阶级亲手创造了自己的掘墓人，他们以同样的速度发展起来，并且共同集中在城市中发展工业，这也使得无产者在聚集中不断认识自己的力量，暗中联合，同时由于资产阶级为谋求更大利益加重剥削，无产阶级在无尽的压迫中愤怒不堪，走上了工人运动的道路。

---

① 马克思，恩格斯．共产党宣言［M］．北京：人民出版社，2018：30．

早期的三大工人起义，已充分表明无产阶级与资产阶级的斗争不断激化，成为阶级斗争的主要形式。法国里昂工人阶级武装起义，以"工作不能生活，毋宁战斗而死"表达着对于资本主义下工人生活状态的强烈不满。英国宪章运动，群众为争得普选权，参与国家管理，奋起斗争。德国西里西亚纺织工人起义，进一步提出"反对私有制、反对资本主义剥削"的口号，无产阶级逐渐认识到了斗争的本质，更加清晰地认识到了工人运动的重要性，为了自己的利益不懈奋斗。即使早期的工人运动都以失败告终，但其锻炼了无产阶级的组织性与革命性。这也说明工人运动在追求自身解放的道路上，急需代表着无产阶级利益的科学理论指导。

（三）对启蒙运动民主思想的批判探索是理论根基

《宣言》中的人民观是在吸收人类优秀文化成果以及深入探索的基础上逐步形成的。18世纪启蒙运动发展到高潮阶段，资产阶级高呼"自由、民主、平等"的声音席卷整个欧洲，这场运动的进步意义不言而喻并且影响深远，引发了百年后马克思、恩格斯的批判思考。《宣言》中的人民观是对启蒙运动民主思想进一步的、彻底的发展。启蒙运动是一场反对封建与教会势力的资产阶级运动，它使民主与共和深入人心。但一个世纪过后，在民主的沃土上充斥着不平等，只能看到资本家的身影，一切美好生活皆与穷人无关。

马克思、恩格斯不禁发问：第一，民主的主体是哪些？之前的所有历史都是英雄的历史、少数精英的历史，鲜有人思考过人民群众的力量。就连最为理性、先进的启蒙运动也包含着英雄史观，将民主的范围有意地仅限于具备经济实力、社会地位的资产阶级。从唯物史观角度来看，马克思、恩格斯认识到这是远远不够的，因此在《宣言》中将民主的概念扩大到"人民群众"，破除了阶级的局限，这便是人民观的最初概念。第二，如何实现人民的自由民主平等？马克思、恩格斯从当时盛行的空想社会主义思想中找出了答案。他们按照空想社会主义的脉络，从劳动价值论角度进一步批判资本主义的虚伪、阴暗，同时从唯物史观出发，建构出更为合理的社会方案——消灭私有制，实现无产阶级专政，最终实现全人类的解放。

二、《宣言》中人民观的主要内容

理念是革命的蓝图。《宣言》中的人民观体现在共产主义运动的各个阶段，在根本立场上阐释为以最广大无产阶级为对象，在解放路径上以人民的经济、政治解放为直接手段，在革命手段上以无产阶级的广泛联合为重要力量，在最终目标上以"实现每个人的自由全面发展"为核心追求。

(一)根本立场：代表最广大无产阶级的根本利益

《宣言》指出："过去的一切运动都是少数人的，或者为少数人谋利益的运动；无产阶级的运动是绝大多数人的，为绝大多数人谋利益的独立的运动。"①过去的运动，以资产阶级革命为例，只是为了少数资产者的利益。少数资产者依靠着大工业发展的条件，在推翻封建统治阶级的压迫后，垄断经济资源独占政治统治。相反，无产阶级运动的目标指向不是阶级本身，而是整个社会。

无产者与共产党人是无产阶级运动的主体与领导者，而共产党人在运动中始终代表着广大无产阶级利益。首先，无产者是资本主义社会中的大多数并且是劳动价值的创造者，但他们经受着资产者的剥削，无法得到满足生活所需的必需品。他们愤懑，渴望获得应有的公正待遇。因此，无产阶级发起的运动是不同于以往的，他们代表着社会中广大受压迫者的普遍利益，代表着正义与人民所望，具有强烈且充分的革命性。其次，共产党人作为无产阶级运动的带领者，代表的是整个无产阶级（多数人）共同的利益，不分阶层、民族与国界，他们没有任何其他利益，只有人民群众的利益，其指导思想是阶级斗争与无产阶级争取人类解放革命运动的经验总结。因此，共产党人的全部理论都站在人民的立场上，始终从人民的角度出发理解现实社会，构建未来共产主义社会。

(二)解放路径：带领人民从经济解放到政治解放

《宣言》指出了政治革命的重要性，引领无产阶级从最初的简单经济革命走向深层次的政治革命。无产阶级在生存斗争中所获得的权益只是暂时的，如果不以政治解放巩固斗争成果，无产阶级便无法实现真正的解放。

首先，提出实现根本解放的路径：无产阶级专政。《宣言》指出："工人革命的第一步就是使无产阶级上升为统治阶级，争得民主。"共产党人指导无产阶级通过夺取政权建立无产阶级专政，来实现经济利益与政治权利。无产阶级在实现专政后，便可以利用统治权力来根除资本主义私有制，消灭资产阶级的腐朽自私思想。

其次，提出经济解放与政治解放相结合推动革命进程。政治斗争是获取长期根本性胜利的形式，而实现政治斗争需要伴以不断的经济斗争。资产阶级利用政治地位，建立了一系列巩固资本发展与雇佣劳动体系的制度，以保证资本主义经济的无限扩张。正如资产阶级维护财富的坚决一般，无产阶级必须摧毁资产阶级的政治根基与私有制制度，才能实现根本性解放。共产党人带领人民

---

① 马克思，恩格斯．共产党宣言［M］．北京：人民出版社，2018：39．

经济解放、政治解放是社会发展的必然趋势,也是无产者的必然选择。

(三) 解放手段:无产阶级联合起来

《宣言》提出:"全世界无产者,联合起来!"① 在经济和政治的沉重压迫下,无产阶级没有什么可失去的。他们渴望着资产阶级与生俱来的自由、平等。他们的一切行动,是为了冲破现有的社会体系,是为了将来的利益,因而具有强烈的革命性。但是,无产阶级个体的力量过于薄弱,需要通过集结才能与强大的资产者抗衡。因而,无产阶级自发地聚集起来,发挥共同的力量反抗资产者。生产技术的进步,使无产阶级人数增加并且更加贫困,个体间的生活状况趋于一致。工人们成立起同盟,发起一次次的反抗起义,由地方性的工人起义逐渐变为两大阶级(无产阶级与资产阶级)的全国性阶级斗争,并最终发展为世界性的斗争。

首先,共产党人通过思想政治教育联合工人阶级。共产党人指导着无产阶级的联合行动,通过教育与宣传,促使无产阶级明晰自身的历史方位、历史作用,以及资产阶级与资本主义的根本弊端,坚定革命的决心。其次,采取不同斗争形式。无产阶级要得到自身的解放,必须通过无产阶级的联合,发起革命推翻资产阶级统治。资产阶级必然灭亡,无产阶级必然胜利,无产阶级利用一切资本主义下的产物反过来对抗资产阶级,其斗争形式分为两种:工人们通过暴力起义的非法形式,以及利用资产阶级政治民主的合法形式。最后,建立广泛联合,团结一切力量进行革命。广大无产阶级的联合是实现革命胜利的必要手段。无产阶级在运动中认识到农民和小资产阶级的作用,建立更广泛的联合"工农联盟",具有极端重要性。单纯量的变化到一定点时就转变为质的变化,共产党人带领着无产阶级联合起了一切可以联合的势力,包围起了占据少数的资产阶级,为无产阶级革命取得胜利奠定了根本基础。从一个工厂工人的联合到一国的联合,再到最终全世界的联合,无产阶级一步步走向革命的胜利。

(四) 解放目标:实现每个人的自由全面发展

《宣言》指出:"代替那存在着阶级和阶级对立的资产阶级旧社会的,将是这样一个联合体,在那里,每个人的自由发展是一切人的自由发展的条件。"② 共产党人在原则性高度上为全人类的解放事业而拼搏。共产党人的理想是实现共产主义,在自由联合体中完成全人类的自我实现,推动人类世界从必然走向自由。在新的联合体中,社会以最大限度促进每个人的自由发展。个体依靠一

---

① 马克思,恩格斯. 共产党宣言 [M]. 北京:人民出版社,2018:66.
② 马克思,恩格斯. 共产党宣言 [M]. 北京:人民出版社,2018:51.

定的社会关系来实现自身的价值,因此个体的发展是整个社会发展的前提。只有实现了每个个体的自由,才能达到一切人的自由;只有每个个体的权利得到满足,人与社会的利益才能一致,整个社会才能集合一切力量,和谐发展起来。

首先,重视个体的自我塑造。在未来社会中,人们可以按需要得到最大限度的发展,不受物质条件、社会关系等限制。人民是社会的主人,每个人都可以按照自己的需求得到社会产品,包括精神产品。劳动实践重新成为人的类本质,人们有充分的自由对这个世界进行探索,形成相应的有利于自身发展的精神世界,进而规划自身的发展道路,实现自身价值。其次,从个体发展走向人类自由世界。共产党人的一切目标都是为了人民,把人民群众利益放在首位,自成立便为人民谋自由、谋幸福、谋发展。人民在实现其个人价值的同时,全体人类也在向自由支配的社会状态迈进,实现人类的自由发展。

三、《宣言》中人民观的时代价值

经典照耀时代,《宣言》中蕴含的人民观思想历久弥新,不仅是整部著作的价值出发点,也为中国共产党确立了现实的奋斗路径:代表最广大人民群众的利益,坚持初心使命贯彻群众路线,不断推进改革事业逐步实现共产主义。

(一)为中国共产党人坚持代表最广大人民群众的利益确立了根本遵循

《宣言》指出:"共产党人到处都支持一切反对现存的社会制度和政治制度的革命运动。"① 为了全体人民的自由解放,共产党人以彻底消除现存的社会制度(资本主义制度)为直接目标,将所有人从阶级关系与剥削压迫中解放出来以获得自由。人民群众的未来,便是共产党人的未来。中国共产党秉持着《宣言》的精神内核,以人民群众为力量源泉,以人民立场为根本性政治立场。

为人民的利益和幸福而努力,这是中国共产党成立百年的重大实践经验。今年正值建党百年的重要历史节点,我国如期完成第一个百年奋斗目标,实现了脱贫攻坚战的全面胜利,完成了消灭绝对贫困的艰巨任务,全面建成了小康社会!这是中国人民的幸福生活,是中国共产党的崇高实践,是中华民族的无上荣耀!中国完成脱贫攻坚的奇迹,为世界人民都提供了良好借鉴。中国共产党将积极开展国际减贫合作,致力于实现全世界人民的发展。社会主义不是贫穷,而是为人民谋幸福发展。中国共产党以人民的富裕与发展为核心追求,对广大人民允诺"实现中华民族伟大复兴",一定能够实现。中国共产党始终在实现中国梦的道路上踵事增华,也将为了世界人民的自由发展奋斗不止。

---

① 马克思,恩格斯.共产党宣言[M].北京:人民出版社,2018:65.

(二) 为中国共产党人坚持初心使命不断贯彻群众路线提供了理论指引

《宣言》指出:"共产党人为工人阶级的最近目的和利益而斗争,但是他们在当前的运动中同时代表运动的未来。"① 共产党人不仅是革命时期的冲锋者,更是建设时期的领导者、人民的服务者。人民群众是历史的创造者,对于我国社会主义前进发展起着决定性的推动作用。中国共产党来源于人民群众,代表着人民群众,依靠着人民群众,始终传承着《宣言》中所蕴含的人民立场和群众史观,坚持群众路线、贯彻实事求是的思想原则。

首先,"从群众中来"是党通过实践活动认识问题、解决问题、总结经验教训的关键。我国确立人民代表大会制度的根本政治制度,保障充分民主,使全体人民享有参与政治的权利,同时集中人民的共同意志把握社会发展趋势。人民群众在探索社会实践活动中创造出物质财富,构建起新的社会关系,形成反映一定社会现实的精神文化观念。坚持"从群众中来"路线,有利于中国共产党筑牢人民群众的信任支持,聚合人民群众的智慧力量,建设人民所憧憬的共产主义。其次,"到群众中去"是党通过实践检验政策真理性,持续优化执政方式的关键。人民群众是我党工作的唯一评判者,只有不断听取群众的意见、向人民学习,才能使党永葆青春活力。我国一切国家机关和工作人员都依靠着人民的支持,响应人民的呼声,倾听人民的合理建议,接受人民的监督,努力为人民服务。在新时代,党更要扎根群众,增强自身工作本领,在自我革命与创新开拓中应对时代与人民的考验。

(三) 为中国共产党人坚持改革建设迈向共产主义理想树立了行动指南

《宣言》指出:"共产主义革命就是同传统的所有制关系实行最彻底的决裂;毫不奇怪,它在自己的发展进程中要同传统的观念实行最彻底的决裂。"② 共产党人彻底地批判现存物质生产中不符合发展规律的部分,以改变旧有经济基础,最终通过实践逐步建立共产主义上层建筑。共产主义代表着社会形态的演进方向,但其实现是一个长久的过程,需要数百年的实践努力和坚持不懈的理论探索。中国共产党人深刻认识到了这一点,坚持随时代进程改革前进,稳步迈入共产主义社会。

首先,坚持改革建设有利于在发展的道路上分阶段过渡前进。中国共产党在每一历史阶段都规划并完成了相应的阶段化目标。从新民主主义革命掌握政权,确立无产阶级领导地位;到社会主义革命,建立起民主制度改造原有经济

---

① 马克思,恩格斯. 共产党宣言 [M]. 北京: 人民出版社,2018: 64.
② 马克思,恩格斯. 共产党宣言 [M]. 北京: 人民出版社,2018: 49.

成分，确立了社会主义制度；再到社会主义建设探索时期，调动一切积极因素发展社会主义、认识处理社会主义矛盾、加强工业化建设；改革开放和社会主义现代化时期，提出了"社会主义初级阶段"理论，发展生产力；到党的十八大，指出从政治、文化、生态、社会总体布局上推进全面发展。我国社会主义建设的历史，既是一部中华民族从站起来、富起来到强起来的发展史，也是一部人民生活不断向好、需求不断得到满足的发展史。其次，坚持改革建设有利于在深刻领会历史节点的基础上循序发展。共产党人通过理论与实践，明确了我国已迈入社会主义社会但各方面水平不高，急需发展，并且我国在较短时间无法超越这一状态。因此在现今历史阶段下，"人民观"思想指引党秉持不急躁、不冒进的发展原则，重点推进生产力的发展，兼顾其他，不断激发经济活力、积蓄动能、实现可持续高质量发展。中国共产党人在坚持初级阶段国情的前提下，怀着共产主义高级阶段的最高理想，带领人民前进。

四、新时代坚持《宣言》人民观的三点思考

经典与时代同行。中国共产党百年来的伟大成果，深刻证明了《宣言》中人民观精神的重要指导意义。新的征程，中国共产党人更应延续发展《宣言》中的人民观思想实现美好生活、植根人民推进全面从严治党、造福人民实现世界繁荣。

（一）人民至上：始终坚持实现人民群众对于美好生活的向往

习近平总书记指出："我们一定要始终与人民心心相印、与人民同甘共苦、与人民团结奋斗，夙夜在公，勤勉工作，努力向历史、向人民交出一份合格的答卷。"① 人民立场是《宣言》的基本立场，也应继续作为新时代中国共产党一切工作的根本立场。中国共产党必须坚持实现人民的美好生活，并依靠人民创造历史伟业。

首先，坚持将实现人民美好生活作为党的立足点之一。利民为本。党的十八大以来，党中央从群众最关心的问题入手，着力解决民生问题，优先发展教育、充分实现就业、促进收入分配更合理、加强社会保障体系建设、实施健康中国战略，使人民群众的生活日益向好发展。实干方能富民，中国共产党始终在实践中探索新道路，更好地满足人民需要，为人民服务。其次，坚持将发挥人民力量作为党的立足点之二。人民创造着社会历史，决定着党和国家的命运。"以百姓心为心"，中国共产党向人民学习，凝聚民心民智民力；尊重人民群众

---

① 习近平. 人民对美好生活的向往就是我们的奋斗目标［N］. 人民日报，2012-11-16.

的创新合作精神，发挥人民群众实践探索、建立新型生产关系的力量，推动新时代社会主义建设前进；以人民评判为标准，从人民的真正需要出发去努力实践，实现人民群众的幸福生活。

（二）植根人民：推进全面从严治党伟大工程，实现民族复兴梦

习近平总书记指出："全面从严治党永远在路上。一个政党，一个政权，其前途命运取决于人心向背。人民群众反对什么、痛恨什么，我们就要坚决防范和纠正什么。"① 共产党人自身的先进性是社会主义事业前进发展的根本保证和领导力量。

首先，始终坚持马克思主义执政党的建党纲领、初心使命、最终目标，破除阻力，坚定推进全面从严治党的伟大工程，毫不动摇地把党建设得更加坚强有力。党延续着马克思主义政党的根本性质，没有任何仅从自身出发的私利。在实现无产阶级专政后，阶级矛盾逐渐弱化，而社会主义建设的必要性逐渐凸显，共产党人的引领作用显得格外重要。推进全面从严治党工作，是中国共产党回应时代发展要求的必然选择。新时代，党面临更加艰巨的任务，要朝着建设现代化社会主义强国的目标不断前进。党的政治建设是保持其先进性的根本性建设，推进政治建设，应鲜明确立自身的政治特性与人民立场，同时确保党中央对全党的统领作用，为社会主义建设扎根铸魂。其次，坚持加强党内建设，从思想上团结共产党员，坚定理想信念带领广大人民实现个人幸福与民族复兴的统一。提高党的长期执政能力，促进提升党确立道路、统筹局势、制定战略的重要能力，最终实现中国梦。

（三）造福世界：构建人类命运共同体，推动世界人民繁荣发展

习近平总书记指出："每个民族、每个国家的前途命运都紧紧联系在一起，应该风雨同舟，荣辱与共，努力把我们生于斯、长于斯的这个星球建成一个和睦的大家庭，把世界各国人民对美好生活的向往变成现实。"② 中国从成立起就认识到了全世界人民联合起来的巨大力量，并且以"全世界人民的利益"为重。新时代，中国共产党坚持不断深化人类命运共同体的发展理念，促进人类世界的和平发展。

首先，坚定不移加强对外开放，建成开放包容的新发展格局。党的十八大以来，我国更加注重与世界各国的联系，经济对外开放的力度较以前更大，并

---

① 习近平谈治国理政：第3卷［M］．北京：外文出版社，2020：48.
② 习近平在中国共产党与世界政党高层对话会上的主旨讲话［N］．人民日报，2017-12-02（2）．

且取得了更大的成就,在引领经济全球化发展的道路上做出了积极贡献。我国坚持开放的新发展理念,不断加快推进"一带一路"建设,积极促成多方各领域的合作,为全世界人民提供广泛平台,造福各国人民。其次,倡导并支持推动构建人类命运共同体,建设新型世界新格局。如今正处在世界多极化、经济全球化、社会信息化、文化多样性、科学技术孕育新发展的时代背景下,各国命运休戚与共。世界各国人民需要再一次联合起来,为了长久的和平与发展!"人类命运共同体"理念是共产主义社会中的"自由联合体"的雏形,以世界人民的幸福为宗旨,是新时代中国共产党为世界大同发展不懈努力的生动写照。理论与实践证明,历史与实践证明,融入世界发展的潮流,实现共同发展共同繁荣,是中国共产党的必然选择,是世界各国人民的福祉。

五、结语

人民观是《宣言》这一伟大著作的出发点与落脚点,更是其价值内核,同时是所有共产党人、全部共产主义运动彰显的核心特性。《宣言》中的人民观从工业革命时代的呼唤中产生形成科学的理论体系,进而指导无产阶级的革命解放运动,在当代中国展现了丰富的时代价值,并为中国与世界发展提供了重要指导。中国共产党人定会在人民思想的引领下,探索马克思主义理论与中国实践结合的新高度,实现全体人民全面发展,社会的全面进步。

论共产主义运动的终极目标与过程性特点*

王宏波

摘　要：马克思、恩格斯共同撰写的《共产党宣言》描述了共产主义的崇高理想，阐释了实现共产主义的现实路径。但是，要深刻理解其中的伟大思想，必须结合马克思、恩格斯的相关著作，运用整体思维与辩证思维相统一、历史与逻辑相统一、理想与现实相统一的思维方式，把握共产主义的终极目标与过程性特点的内在关联，才能体会到它的当代意义。共产主义的终极目标是实现人的自由而全面的发展，建立一个没有剥削、没有压迫，人能够自由自主活动的"自由人联合体"。然而，这要通过社会关系的革命和不断变革来实现，是一个长期的、艰苦卓绝的、复杂而又神奇的、不怕牺牲的、接力奋斗的共产主义运动过程。这个过程中的不同社会形态是与社会基本矛盾运动特点紧密地结合在一起的。它们都是奔向共产主义社会崇高理想的不同阶段。中国特色社会主义是共产主义运动过程中的一个重要形态，建设好中国特色社会主义，就是共产主义运动的现实实践。

关键词："自由人联合体"；社会基本矛盾；现实运动

马克思、恩格斯共同撰写的《共产党宣言》（以下简称《宣言》）是无产阶级求解放的纲领性文件，自从《宣言》问世以来距今已经170余年了。今天重读《宣言》，把握共产主义的终极目标与过程性特点的内在关联，对于坚持和发展新时代中国特色社会主义具有重要的现实意义。

如何理解共产主义的终极目标和实现这个终极目标的现实过程是理解《宣言》精神实质的一个十分重要的问题。弄清楚了这个问题可以帮助人们理解共产主义运动与共产主义社会、社会主义、中国特色社会主义的必然关系，更进

---

*　本文系国家社会科学基金重点项目"党的领导与依法治国相统一的法理基础研究"（15AKS006）阶段性成果。

一步从历史和现实的视角考察共产主义的崇高理想和远大目标的历史根据和现实基础。弄清楚这个问题，可以帮助我们将各种各样的空想社会主义和教条主义与科学社会主义区别开来。弄清楚这个问题，可以帮助我们发现和确信我们共产党人正在做的各种事情，我们昨天进行的革命斗争和今天正在着力建设的中国特色社会主义与共产主义的必然联系。弄清这个问题可以帮助我们回应各种共产主义"渺茫论"的谬论，坚定人们共产主义的理想信念，走好中国特色社会主义的发展道路。

一、"自由人联合体"是共产主义运动的终极目标

对共产主义社会最本质的理解，就是马克思、恩格斯提出的"自由人联合体"范畴，也是共产主义运动的终极目标。马克思和恩格斯在《宣言》明确指出：共产主义社会是一个"代替那存在着阶级和阶级对立的资产阶级社会的，将是这样一个联合体，在那里，每个人的自由发展是一切人的自由发展的条件"①。马克思、恩格斯的这个表述应当是共产主义社会的根本特征，马克思简括地表述为"自由人联合体"②。这个根本特征是从人的发展状态上描述共产主义特征的。社会是由人组成的，社会上人的存在与发展的状态最能说明社会的状态。马克思、恩格斯在这里紧紧抓住"人"这个核心，从人的状态说明未来共产主义社会的特征展示了历史唯物主义的方法论特点。

（一）如何理解"自由人联合体"

要理解"自由人联合体"，首先要理解什么是"自由人"。

马克思和恩格斯理解的"自由人"，是从生产关系与社会关系的角度界定自由人的内涵的。一个人只有在社会关系与生产关系领域内是自由的，才能确保他在精神领域内的自由。这个历史唯物主义的出发点，与青年黑格尔派是截然不同的，并且是对立的。马克思明确地指出，资产阶级社会不存在"自由人"，因为这个社会存在着阶级和阶级对立。自由人只能存在于"代替存在着阶级和阶级对立的资产阶级社会"的未来社会，这个未来社会就是共产主义社会。另外，要深入理解"自由人"的含义，还需要结合马克思、恩格斯合著的《德意志意识形态》与其他相关著作来学习和领会。这本著作马克思和恩格斯写于1845—1846年，而《宣言》则写于1847—1848年。

可以说，《德意志意识形态》是理解《宣言》中所表述的共产主义原理的

---

① 马克思，恩格斯. 共产党宣言（单行本）[M]. 北京：人民出版社，1997：50.
② 马克思. 资本论：第1卷[M]. 北京：人民出版社，1975：95.

哲学基础。一个自由的人，是摆脱了阶级剥削和阶级压迫的人。马克思、恩格斯在《宣言》中明确指出："共产党人可以把自己的理论概括为一句话：消灭私有制。"在资本主义私有制条件下"工人仅仅为增值资本而活着，只有在统治阶级的利益需要他活着的时候才能活着"①。由于资本主义私有制是人类历史上私有制形态的最高形态或最后形态，消灭了资本主义私有制就彻底消灭了一切私有制。在资本主义私有制的条件下，工人只是资本家追求剩余价值的工具。在资本主义制度下，人异化为物。马克思在《1844年经济学哲学手稿》中深刻地分析了这种现象。

一个自由的人，是摆脱了社会分工制约的人，是一个全面发展的人。人的社会分工是一个自然历史现象，分工的发展程度也标志着社会生产力的发展程度，同时社会分工也是阶级形成的基础，体力劳动与脑力劳动的分离的前提，更是人的片面发展的形式。马克思、恩格斯在《德意志意识形态》中详细分析了分工的作用与发展过程时指出："因为分工不仅使精神活动和物质活动、享受和劳动、生产和消费由不同的个人来分担成为可能，而且成为现实，而要使这三个因素彼此不发生矛盾，则只有再消灭分工。"② 在生产力相对不发达、同时又处于私有制社会的条件下，社会分工不是出于人们的自愿，而是被逼迫参与分工的。马克思、恩格斯指出："只要分工还不是出自愿，而是自然形成的，那么人本身的活动对人来说就成为一种异己的、同他对立的力量。"马克思、恩格斯进一步分析道："原来当分工一出现之后，任何人都有自己一定的特殊的活动范围，这个范围是强加于他的，他不能超出这个范围：他是一个猎人、渔夫或牧人，或者是一个批判的批判者，只要他不想失去自己的生活资料，他就始终应该是这样的人。"在马克思、恩格斯看来，在共产主义社会里，不是存在不存在分工的问题，而是人们与分工的关系问题。马克思、恩格斯没有直接否认共产主义社会里存在分工，而是指出在共产主义社会里人们对于分工是出自自愿。马克思、恩格斯指出："在共产主义社会里，任何人都没有特殊的活动范围，而且都可以在任何部门内发展，社会调节着整个生产，因而使我们有可能随自己的兴趣，今天干这事，明天干那事，上午打猎，下午捕鱼，傍晚从事畜牧，晚饭后从事批判，这样就不会使我老是一个猎人、渔夫、牧人或批判者。"马克思、恩格斯并不是否定共产主义社会里的领域和行业以及生产部门的区别，而是强调共产主义社会里的人是全面的人，是一个想从事什么事情都可以实现的

---

① 马克思，恩格斯. 共产党宣言（单行本）[M]. 北京：人民出版社，1997：42.
② 马克思恩格斯选集：第1卷 [M]. 北京：人民出版社，1995：83.

人。这里要强调两点，一是人的能力是全面的，想做什么事情都可以做得成，二是社会提供的机会是全面的，想做什么事情都能够有机会去做。所以，在共产主义的社会里，人不是分工的奴隶，而是分工的主人。人们对待分工是出于自觉自愿的选择。

一个自由的人，是一个自主活动的人。自主活动是人的自由的重要特征。

自主活动就是自己决定自己行动目标和行为方式。人类社会的发展历史证明，作为社会的个人，能否实现自主活动与社会制度密切相关。在资本主义社会，资本的逻辑支配一切，"资本具有独立性和个性"①，资本主义社会里的个人，特别是劳动工人，"仅仅为增殖资本而活着"②，不是具有独立性和个性的人，其劳动并不体现自主活动的性质。马克思、恩格斯在《宣言》中，深刻地分析了资本主义发展的两个对立的结果。"资产阶级在它的不到一百年的阶级统治中所创造的生产力，比过去一切世代创造的全部生产力还要多，还要大"，同时产生和发展了一个无产阶级；但是，"随着资产阶级即资本的发展，无产阶级即现代工人阶级也在同一程度上得到发展；现代的工人只有当他们找到工作的时候才能生存，而且只有当他们的劳动增殖资本的时候才能找到工作。这些不得不把自己零星出卖的工人，像其他任何货物一样，也是一种商品，所以他们同样地受到竞争的一切变化、市场的一切波动的影响"③。所以，在资本主义生产方式中的劳动"已经失去了任何自主活动的假象，而且只能用摧残生命的方式来维持他们的生命"。所以，在资本主义社会，工人的劳动不具有自主活动的性质，而是在资本的奴役下的一种强迫性劳动。如果要使劳动具有自主活动的性质，使劳动者成为一个自主活动的人，其必要条件是在生产力体系中的每一个人必须占有现有的生产力总和。而要实现这个必要条件，唯一的条件是推翻资本主义社会。马克思、恩格斯说："只有在这个阶段上，自主活动才同物质生活一致起来，而这又是同各个人向完全的个人的发展以及一切自发性的消除相适应的。同样，劳动向自主活动的转化，同过去受制约的交往向个人本身的交往的转化，也是相互适应的。随着联合起来的个人对全部生产力的占有，私有制也就终结了。"④ 这就是说，只有在共产主义社会里，无产阶级才能实现对自己所创造的全部生产力总和的占有，只有在这个阶段中，自主活动才能同物质生活一致起来，它是联合起来的个人对全部生产力的占有，同时也就终结了私

---

① 马克思，恩格斯.共产党宣言（单行本）[M].北京：人民出版社，1997：43.
② 马克思，恩格斯.共产党宣言（单行本）[M].北京：人民出版社，1997：42.
③ 马克思，恩格斯.马克思恩格斯选集：第1卷[M].北京：人民出版社，2012：407.
④ 马克思恩格斯选集：第1卷[M].北京：人民出版社，2012：210.

有制。

理解了"自由人"的规定，才能进一步理解"自由人联合体"。在马克思、恩格斯的思想境界中，"自由人"是摆脱了阶级剥削与阶级压迫的人，是摆脱了分工约束的人，是一个自主活动的人。但是要使人的存在发展达到"自由人"的状态，首先需要进行社会革命与社会变革，推翻资产阶级社会，实现无产阶级的统治，一句话，就是推翻资本主义制度，实现共产主义。对此，马克思、恩格斯曾经作过明确的论述。他们在《德意志意识形态》中指出："共产主义和所有过去的运动不同的地方在于：它推翻一切旧的生产关系和交往关系的基础，并且第一次自觉地把一切自发形成的前提看作前人的创造，消除这些前提的自发性，使他们受联合起来的个人的支配。"[①] 马克思、恩格斯在这里所指的旧的生产关系和交往关系的基础，就是资产阶级社会及其一切剥削制度。共产主义社会是"联合起来的个人"的社会。所谓"联合起来的个人"就是指在人与人之间不存阶级差别与阶级压迫的情况下的联合，这种联合体是一个不存在私有制的社会。这样的社会就是"自由人联合体"。马克思在他的鸿篇巨制《资本论》中指出："让我们设想一个自由人联合体，他们用公共的生产资料进行劳动，并且按照预先商定的计划，把他们许多个人的劳动力当作一个社会劳动力来使用。"[②] 在马克思看来，只有在消灭私有制的前提下，实现了生产资料的公有制，才能实现所有个体能够占有全部社会生产力的总和，社会上任何一个人都是自由的人。

（二）"每个人的自由发展是一切人自由发展的条件"是"自由人联合体"的社会机制

马克思、恩格斯在《宣言》中指出，共产主义社会的根本特征是"自由人联合体"，而"自由人联合体"的内在机制是"每一个人的自由发展是一切人自由发展的条件"。在这里，马克思、恩格斯明确强调每一个人的自由发展，他们着眼于每一个个体的人的自由发展，并且把每一个个体的人的自由发展看作一切人自由发展的条件。这一思想体现了马克思主义从人的立场出发的社会观和历史唯物主义的人本观。马克思、恩格斯创立历史唯物主义的前提是"现实的个人"，不是在思想王国里的抽象的个人或者一般的人。现实的个人都是具体的个人，从现实的个人出发研究和分析社会发展的现状与未来，必须着眼于一个一个的具体的个人。如果离开具体的个人的现实状况去谈论社会发展问题是

---

① 马克思恩格斯选集：第 1 卷 [M]．北京：人民出版社，1995：122．
② 马克思．资本论：第 1 卷 [M]．北京：人民出版社，1975：95．

一种虚幻的和抽象的分析方法。马克思、恩格斯历来反对离开具体社会现实中的现实的个人的状况，而用抽象的人的性质或特点去分析社会。把这种思想贯彻在自由人联合体的本质特征分析中，也必须落实到具体的个人身上。另外，一切人是由每一个人所组成的，如果有一个人或者一些人不能实现自由发展；或者只有部分人能得到自由发展，那么一切人的自由发展就不能实现，那么，这就不是"自由人联合体"。

事实上，自阶级存在以来，所谓的人的社会自由，都是部分人的自由。例如，奴隶制社会只有奴隶主的自由，奴隶是会说话的工具；封建社会只有封建贵族和地主阶级的自由，农民只有缴纳地租和赋税的义务；资本主义社会里所谓的自由只是资产阶级的自由，工人只是资本家追求剩余价值的工具。所以，马克思、恩格斯在《宣言》中明确宣告："代替那存在着阶级和阶级对立的资产阶级旧社会的，将是这样一个联合体，在那里，每个人的自由发展是一切人的自由发展的条件。"①

马克思、恩格斯也把"自由人联合体"称为"真正的共同体"。马克思、恩格斯指出："在真正的共同体的条件下，各个人在自己的联合中并通过这个联合获得自己的自由。"② 相对于真正的共同体，马克思、恩格斯把建立在阶级对立基础上的社会共同体称为"虚假共同体"。根据马克思的观点，"人的本质不是单个人所固有的抽象物，在其现实性上，它是一切社会关系的总和"③。这种社会关系的总和在人类社会历史上表现为社会共同体的形式。马克思主义认为，现实的个人一定要容纳进一定的社会共同体，才会具有自己的社会现实性，没有共同体，任何孤立的个人是不能实现其任何社会需要的。个人只有在共同体中，才可能实现人的诸多社会特征，才能从社会获得一定的物质生活资料。但是马克思、恩格斯同时指出，自有人类历史以来，长期存在着一种虚假的共同体。这种虚假的共同体不能给每一个共同体成员提供自由发展的条件。这是因为，人类社会的发展伴随着分工的发展过程。随着分工的发展、阶级的分化，也产生了单个人的利益与所有相互交往者的个人的共同利益的矛盾。马克思说："正是由于特殊利益和共同利益之间的这种矛盾，共同利益才采取国家这种与实际的单个利益和全体利益相脱离的独立的形式，同时采取了虚幻的共同体的形式。"在虚幻的共同体中，统治阶级总是把自己本阶级的特殊利益说成全社会的

---

① 马克思，恩格斯. 共产党宣言（单行本）[M]. 北京：人民出版社，1997：50.
② 马克思恩格斯选集：第1卷 [M]. 北京：人民出版社，1995：119.
③ 马克思恩格斯选集：第1卷 [M]. 北京：人民出版社，1995：56.

共同利益。马克思、恩格斯指出:"在过去的种种冒充的共同体中,如在国家等等中,个人自由只是对那些在统治阶级范围内发展的个人来说是存在的,他们之所以有个人自由,只是因为他们是这一阶级的个人。从前各个人联合而成的虚假的共同体,总是相对于各个人而独立的;由于这种共同体是一个阶级反对另一个阶级的联合,因此对于被统治阶级来说,它不仅是完全虚幻的共同体,而且是新的桎梏。"①

所以,共产主义是人类社会"真正的共同体",它是能提供每一个人自由发展的条件,从而确保一切人全面自由发展的社会。如何才能提供这样一个保证社会上的每一个人自由发展的条件呢?第一,彻底消灭私有制,特别是资本主义私有制,因为资本主义私有制是人类社会历史上私有制的最高形式和最后一个形式。第二,实行生产资料在全社会范围内的公有制,从而保证每一个人都能享受和占有全部生产力的总和。第三,劳动是摆脱了强制性的分工约束的社会劳动者自主自觉的社会活动。第四,也是最根本的目标,即实现人的自由而全面的发展。因此,当我们说到"社会共同体"问题时,不要把一般共同体与真正的共同体,即"自由人联合体"相混淆。

二、共产主义是远大理想和现实运动的有机统一

如何理解共产主义?首先需要从人类社会发展的远大前途、终极目标上理解,更需要从人类社会历史的发展过程,无产阶级推进人类社会发展的历史进程,共产主义运动过程的不同阶段来理解。在我们理解什么是共产主义的时候,必须弄清楚三个紧密联系而有区别的概念。这就是"共产主义社会""共产主义运动""共产主义"是三个相对独立的概念,不能混为一谈,但是这三个概念却是相互交叉和相互包含的。共产主义社会,是一个明确的社会形态概念,它指的是代替资本主义社会的,能够实现人的自由全面发展的一个独立的社会形态;共产主义运动是指为实现共产主义社会展开的一系列社会革命、社会运动及其社会改革与社会工程。但是,共产主义社会和共产主义运动都包含在共产主义这个一般概念中。所以,当人们理解共产主义的时候,既包括共产主义社会,也包含共产主义运动,还包含这两者的内在联系,即通过不断展开的共产主义运动实现共产主义社会。

关于共产主义社会的基本特征,马克思、恩格斯在《宣言》中的"无产者和共产党人"这一部分回答资产阶级的质疑与歪曲性批判时,明确地进行了宣

---

① 马克思恩格斯选集:第 1 卷 [M].北京:人民出版社,1995:119.

告式陈述。这里不妨列举如下。第一，"共产党人的最近目的和其他一切无产阶级政党的最近目的是一样的：使无产阶级形成为阶级，推翻资产阶级的统治，由无产阶级夺取政权"。第二，"共产党人可以把自己的理论概括为一句话：消灭私有制"。第三，"把资本变为公共的、属于全体社会成员的财产"。第四，"共产主义并不剥夺任何人占有社会产品的权力，它只剥夺利用这种占有去奴役他人劳动的权力"。第五，"工人革命的第一步就是使无产阶级上升为统治阶级，争得民主"。第六，"无产阶级将利用自己的政治统治，一步一步地夺取资产阶级的全部资本，把一切生产工具集中在国家即组织成为统治阶级的无产阶级手里，并且尽可能快地增加生产力的总量"①。由此可见，马克思、恩格斯的上述论点无疑是对共产主义社会基本特征的一般陈述。这种陈述是与"自由人联合体"的解释完全一致，区别在于，"自由人联合体"的界定是从人的发展的角度进行规定的，而这里是从未来社会的社会制度特征的角度进行界定的。很显然，这两个角度的界定在本质上是完全一致的。只有在社会制度方面具备这些基本特征，才能实现人的全面而自由的发展，建成"自由人联合体"。

马克思、恩格斯关于未来共产主义社会特征的描述，应当是共产主义者、共产党人为之奋斗的社会理想。但是应当看到，在国际共产主义运动中，在中国特色社会主义的建设中，出现了对共产主义理想的一些误解甚至是一些非解。他们简单地割裂了远大理想与现实奋斗之间的关系，把共产主义理解为遥远的未来而与现实关系不大。特别是在改革开放的过程中，出现了只强调改革和开放，淡化或者忘记了共产主义的远大目标的情况。还有的只强调现实社会发展的阶段性特点，忽略或淡化社会发展的未来目标。在这种种误解、非解和淡化中，也存在一种对马克思、恩格斯共产主义思想的不系统、不彻底、不清楚的理解和把握问题。其中最值得注意的是对马克思、恩格斯在《德意志意识形态》中关于共产主义的理想与现实运动的关系的表述之理解总有不清楚之处。

马克思、恩格斯曾经深刻指出："对于实践的唯物主义者即共产主义者来说，全部问题都在于使现存世界革命化，实际地反对并改变现存的事物。"② 接着又指出，"共产主义对我们来说不是应当确立的状况，不是现实应当与之相适应的理想。我们称为共产主义的是那种消灭现存状况的现实的运动"③。有人据此论说，马克思、恩格斯都曾经认为，不应当从理想层面理解共产主义，而是

---

① 马克思，恩格斯．共产党宣言（单行本）[M]．北京：人民出版社，1997：40-48.
② 马克思恩格斯选集：第1卷 [M]．北京：人民出版社，1995：75.
③ 马克思恩格斯选集：第1卷 [M]．北京：人民出版社，1995：87.

要强调现实的运动。还有人据此进一步引申说，共产主义社会的特征和要求是关于未来社会的基本特征，只有未来的人才能说得清楚，我们最好做好当下的事情。这些都是一些糊涂的理论认识，之所以产生这些糊涂认识，是由于缺乏对马克思主义基本理论的整体性理解，他们不能系统地、从整体性的视角来看待马克思主义的一些重要论点。

为什么马克思、恩格斯在写作《德意志意识形态》这篇历史唯物主义重要文献中指出，不要把共产主义理解为现实应当与之相适应的"理想"，而是强调把共产主义理解为消灭现存状况的运动呢？

首先我们应该知道，马克思、恩格斯写作《德意志意识形态》的一个重要背景，是批判当时德国的哲学意识形态，当时的德国思想界，以青年黑格尔派为主要代表的德国哲学，颠倒意识和存在、思想与现实的关系，以纯思想的批判代替反对现存制度的实际斗争。这是当时德国意识形态的主要特点。另外，历史上的空想社会主义者在资本主义发展的初期，揭示不了资本主义生产方式的秘密，发现不了社会运动的规律，所以"他们只能这样，他们不得不从头脑中构想出新社会的要素，因为这些要素在旧社会本身中还没有普遍地明显地表现出来；他们只能求助于理性来构想自己的新建筑的基本特征，因为他们还不能求助于同时代的历史"①。所以，从空想社会主义者到德国的青年黑格尔派的共同特征是离开社会现存的矛盾状况，从思维的理性出发去构想社会的未来。正是针对德国意识形态的这个特点，在论述到共产主义的时候，马克思、恩格斯才强调指出："共产主义对我们来说不是应当确立的状况，不是现实应当与之相适应的理想。"这句话所要表达的思想是，马克思、恩格斯所主张的共产主义，不是像空想社会主义者那样，仅仅根据资本主义社会所显露出来的弊端去设计和构想未来社会所应当确立的状况；也不是像青年黑格尔者那样，仅仅通过自己头脑的理性原则去设想社会模式，通过纯粹思想的批判，使社会现实适应自己的理性原则。马克思、恩格斯在此强调，他们主张的共产主义是人类社会规律的历史必然，但它必然通过消灭现存社会的阶级压迫状况的现实的革命运动来实现。了解了这个背景，我们就不会简单地根据字面意思，误以为马克思、恩格斯认为共产主义不适用于理想思维。

马克思、恩格斯是明确承认社会理想的，整部《宣言》就是在论证共产主义作为人类未来理想社会的客观依据。马克思、恩格斯创立的历史唯物主义阐释了人类社会发展客观规律，《宣言》就是应用人类社会发展规律，分析资本主

---

① 恩格斯. 反杜林论 [M]. 北京：人民出版社，1999：283.

义社会基本矛盾的运动状况，从资产阶级的进步作用经过经济危机发展到资产阶级的政治危机；从单个的工人到工人阶级的形成及其历史使命的建构，从而得出一条著名的结论："资产阶级的灭亡和无产阶级的胜利是同样不可避免的。"①"两个必然"指出了人类社会的发展前途，深刻阐明共产主义社会的理想特征是无产阶级统治的"自由人联合体"。

马克思、恩格斯所阐发的共产主义理想是建立在人类社会发展规律的客观基础上的。共产主义是人类社会基本矛盾运动的必然产物，因此，共产主义既是人类社会发展的未来，更是一种现实的运动过程。如果共产主义没有现实的运动过程的基础，也不会成为人类社会的未来。共产主义作为社会基本矛盾运动的产物，首先表现为在阶级对立和阶级矛盾冲突中展现出来的社会革命、社会运动和社会变革。所以，马克思、恩格斯才重点强调："我们所称为共产主义的是那种消灭现存状况的现实的运动。"纵观世界历史，法国巴黎公社、俄国十月革命、中国革命都是共产主义的历史运动，也是历史上的共产主义的现实运动。第二次世界大战以后曾经出现的社会主义阵营都是共产主义运动的表现。我国目前正在进行的中国特色社会主义事业更是共产主义运动的形式，它是在无产阶级和人民群众当家作主的前提下的共产主义运动形式。

马克思、恩格斯的共产主义思想和空想社会主义者不同，它建立在社会发展客观规律的基础上，必然与社会基本矛盾的展开过程相一致，是一个不断解决社会基本矛盾、推动社会基本矛盾运动的过程，所以它既是社会基本矛盾运动的终极目标，也必然是现实的社会基本矛盾运动过程。共产主义的目标和运动是建立在无产阶级的阶级意识和阶级力量的基础上的。无产阶级和广大劳动人民是共产主义的实践主体。空想社会主义者离开社会历史规律、离开历史规律的主体承担者即无产阶级的历史使命和奋斗过程，尽管其对资本主义的批判是尖刻的，却是苍白无力的。我们理解的共产主义是无产阶级和广大人民群众自己解放自己的革命事业，所以，共产党人一定要依靠和动员无产阶级和人民群众，密切联系人民群众，投入人民群众的实践活动，为人民的解放事业而努力奋斗。我们理解的共产主义是共产主义理想目标与共产主义运动的有机统一。理想目标规定现实运动的基本方向，现实运动推进理想目标的实现过程；离开现实的革命运动过程去谈理想就是空想，离开理想目标去谈现实运动特点，就没有方向。如果我们离开共产主义的目标规定，或者淡化这个目标规定，把终极理想与当前正在做的事情割裂开来，我们就会忘掉初心，迷失在繁忙的事务

---

① 马克思，恩格斯. 共产党宣言（单行本）[M]. 北京：人民出版社，1997：40.

之中；如果离开我们正在做的事情高谈理想，远大理想就会成为无绳的风筝没有根基，失去大地的依托，脱离人民群众火热的生活与共产党人生动的实践。

三、共产主义是自然历史过程与革命者奋斗过程的统一

共产主义作为社会发展规律的实现形式，是一个自然历史过程，是客观的、必然的发展过程；同时，这个客观必然的自然历史过程却是通过无产阶级和共产党人的主观能动性与拼搏奋斗的精神展现出来的。共产主义作为一种社会理想，它是"自由人联合体"。共产主义作为一种现实的运动，是无产阶级争取自身解放，从而实现人类解放的现实的社会运动。这种崇高理想与现实运动的统一是建立在人类社会发展运动规律的基础之上的。也就是说，作为一种未来的社会状态，共产主义是人类社会矛盾运动的必然结果，这是不以任何个人、任何阶级的意志为转移的；同时，无产阶级求解放的革命运动正是这种客观规律的社会表现形式；无产阶级夺得政权以后推进共产主义实现的进程也必须反映社会基本矛盾运动的特点和要求。所以，共产主义作为无产阶级解放与人类解放的过程是自然历史过程与革命者奋斗过程的统一。

（一）"两个必然"与"两个决不会"规定了共产主义运动的过程性空间

马克思、恩格斯在《宣言》中明确宣告，资本主义必然灭亡和共产主义必然胜利，这通常被概括为"两个必然"的思想。这个思想是共产党人理想信念的核心，没有对这个核心思想的坚定信念，就不可能成为共产主义的奋斗者，而是会成为共产主义的投机者，甚至会成为共产主义的变节分子。但是，我们也必须深刻理解马克思在《〈政治经济学批判〉序言》中指出的另外一个重要思想，即"无论哪一个社会形态，在它所能容纳的全部生产力发挥出来以前，是决不会灭亡的；而新的更高的生产关系，在它的物质存在条件在旧社会的胎胞里成熟以前，是决不会出现的。所以，人类始终只提出自己能够解决的任务，因为只要仔细考察就可以发现，任务本身，只有在解决它的物质条件已经存在或者至少是在生成过程中的时候，才会产生。"[①] 这就告诉人们，共产主义虽然是人类社会的光明前途，但是，它的实现过程是社会基本矛盾运动所支配的自然历史过程。这个过程的基本特点是生产力的发展状况决定社会变革的时机和条件。

对于这一点，马克思在论述共产主义实现的条件时曾强调过生产力条件的基础性作用，明确指出生产力的巨大增长和高度发展是共产主义实现的前提条

---

① 马克思恩格斯选集：第2卷[M]．北京：人民出版社，1995：33.

件。马克思、恩格斯深刻指出:"生产力的这种发展(随着这种发展,人们的世界历史性地而不是地域性地存在同时已经是经验性的存在了)之所以是绝对必需的实际前提,还因为如果没有这种发展,那就只会有贫穷、极端贫困的普遍化;而在极端贫困的情况下必须重新开始争夺必需品的斗争,全部陈腐污浊的东西又要死灰复燃。"①马克思、恩格斯进一步论证说,生产力的这种发展之所以是绝对必需的实际前提,还因为只有随着生产力的这种普遍发展,人们的普遍交往才能建立起来,各民族之间相互依赖的变革才能形成,并且地域性的个人才能成为世界历史性的个人。只有如此,共产主义的根本前提才能具备。

通过这些论述,我们可以认识到,从现实的生产力水平与状况到未来的共产主义社会,存在着一种宏大的过程性空间,其间伴随着社会矛盾运动而不断进行的社会革命与社会变革过程就是共产主义的运动过程,同时也是一个伴随着生产力不断发展的社会经济过程。我们既要看到共产主义的远大前途,更要理解社会革命的条件和时机,还要理解夺取政权以后发展社会生产力的根本任务,从而理解共产主义运动过程的长期性与复杂性。

(二)社会革命的发生是社会矛盾激化的产物,是革命者革命意识的实践方式

马克思在《〈政治经济学批判〉序言》中曾对社会矛盾激化与社会革命的关系作了深刻的分析。他说:"人们在自己生活的社会生产中发生一定的、必然的、不以他们的意志为转移的关系,即同他们的物质生产力的一定发展阶段相适合的生产关系。这些生产关系的总和构成社会的经济结构,即有法律的和政治的上层建筑竖立其上并有一定的社会意识形式与之相适应的现实基础。物质生活的生产方式制约着整个社会生活、政治生活和精神生活的过程。……社会的物质生产力发展到一定阶段,便同它们一直在其中运动的现存生产关系或财产关系(这只是生产关系的法律用语)发生矛盾。于是这些关系便由生产力的发展形式变成生产力的桎梏。那时社会革命的时代 就到来了。随着经济基础的变更,全部庞大的上层建筑也或慢或 快地发生变革。"②马克思在这里强调,当生产关系由生产力发展的形式变为发展的桎梏,即变为发展的障碍、阻力,甚至破坏生产力发展时,社会革命的时代就到来了。进一步说,当旧的生产关系已经转变为生产力进一步发展的桎梏时,维护旧生产关系的统治阶级必然同代表生产力发展要求的先进阶级形成激烈的对抗。其矛盾尖锐化程度的标志是,统

---

① 马克思恩格斯文集:第1卷[M].北京:人民出版社,2009:538.
② 马克思恩格斯选集:第2卷[M].北京:人民出版社,2012:2-3.

治阶级无法照旧统治下去，被压迫阶级也不能照旧生活下去的时候，发生社会革命的形势就在客观上形成了。但是，能否洞察这一客观的革命形势，还需要在先进思想的武装下，用推动革命运动的思想去武装群众、领导群众、组织群众，并形成科学的、正确的革命策略才能实现革命的成功，达到改变现存制度的目的。

（三）共产主义社会发展的阶段性是共产党人自觉运用历史规律的过程特征

按照马克思、恩格斯的观点，无产阶级取得政权后所建立的共产主义社会有阶段性的发展特点，这是无产阶级取得政权以后，共产党人自觉运用社会历史规律领导人民群众在新的历史条件下推进共产主义运动的过程。马克思、恩格斯指出，共产主义社会是在资本主义社会矛盾的长期发展及其尖锐化的基础上产生的，作为资本主义社会的替代形态，也有它发展的不同阶段和不同形态。这一点马克思在《哥达纲领批判》中作了分析。

马克思首先认为，"我们这里所说的是这样的共产主义社会，它不是在它自身基础上已经发展了的，恰恰相反，是刚刚从资本主义社会中产生出来的，因此它在各方面，在经济、道德和精神方面都还带着它脱胎出来的那个旧社会的痕迹"。马克思认为这是共产主义的第一阶段，在这个阶段还带着它脱胎出来的旧社会的弊病。马克思说："但是这些弊病，在共产主义社会第一阶段，在它经过长久的阵痛刚刚从资本主义社会里产生出来的形态中，是不可避免的。"①

但是"在共产主义社会高级阶段，在迫使个人奴隶般地服从分工的情形已经消失，从而脑力劳动与体力劳动的对立也随之消失之后；在劳动已经不仅仅是谋生的手段，而且本身成为生活的第一需要之后；在随着个人的全面发展，他们的生产力也增长起来，而集体财富的一切源泉都充分涌流之后，——只有在那个时候，才能完全超出资产阶级权利的狭隘界限，社会才能在自己的旗帜上写上：各尽所能，按需分配！"②

社会主义制度的建立开辟了共产主义运动的新境界。无产阶级革命胜利以后，建立了无产阶级的国家，开始了新型国家与社会各方面的建设，真正开始了在新的历史境界中的共产主义运动。在这个阶段，无产阶级和广大人民群众实现了当家作主，开始了共产主义社会建设的历史时代，进入共产主义运动的新境界。但由于它刚刚脱胎于旧社会，所以在经济、道德和精神方面还带有旧

---

① 马克思恩格斯文集：第 3 卷 [M]．北京：人民出版社，2009：435．
② 马克思恩格斯选集：第 3 卷 [M]．北京：人民出版社，1995：305-306．

社会的痕迹，尤其是社会分工带来的劳动约束还不能根除。所以，这个阶段的首要任务是发展生产力。另外，还要在着力推进生产力发展的同时进行思想文化建设。马克思所说的共产主义第一阶段，后来被称为社会主义阶段。如果说共产党人为夺得无产阶级政权，建立无产阶级的国家的革命斗争是共产主义运动的表现形式和实践方式，那么，夺取政权以后所进行社会主义社会建设就更是共产主义运动的内容了。但是，值得令人深思的是，在我们今天建设社会主义的阶段，不少人的头脑思维跟不上身体运动，在我们实际从事的共产主义运动过程中，却淡化甚至忘记了共产主义的目标。

（四）中国特色社会主义事业是共产主义运动的重要组成部分

中国共产党人的创造性实践，开创了共产主义运动的独特形式，给共产主义思想增添了新的内容。中国的社会主义建设不是在资本主义社会所创造的社会生产力的基础上进行的，而是在一个经济文化落后的国度里进行的，并创立了中国特色社会主义理论，成功地推进着中国特色社会主义事业顺利发展，它仍然是共产主义事业的重要组成部分。

中国特色社会主义事业是共产主义运动的中国形式。中国共产党人对于马克思主义的重大发展是在社会主义阶段又提出了社会主义初级阶段理论，顺利地推进着中国特色社会主义建设事业。在社会主义初级阶段，要通过共产党的坚强领导，充分体现人民当家作主的主权地位，同时根据社会生产力发展相对不足的状况，采取与社会生产力水平相适应的生产关系形式，实行以公有制为主体的混合经济制度，实行社会主义市场经济制度，融入和推进经济全球化，不断推进世界历史进程，不断增强着社会主义力量，不断增加着共产主义因素，不断推进着共产主义进程。

中国特色社会主义的本质特征体现了共产主义思想和共产主义运动的根本要求。毛泽东同志在新中国成立初期就指出："现在我们实行这么一种制度，这么一种计划，是可以一年一年走向更富更强的，一年一年可以看到更富更强些。而这个富是共同的富，这个强是共同的强，大家都有份。"① 邓小平同志在说到社会主义本质时说："社会主义的本质是解放和发展生产力，消灭剥削、消除两极分化，最终实现共同富裕。"② 毛泽东同志指出共同富裕是社会主义制度的优势和本质；邓小平的论断进一步从生产关系的功能与作用和经济基础性质方面阐发社会主义本质。习近平总书记在十九大报告中又进一步强调"中国特色社

---

① 毛泽东文集：第6卷［M］．北京：人民出版社，1999.
② 邓小平文选：第3卷［M］．北京：人民出版社，1995：373.

会主义最本质的特征是中国共产党的领导"①，这是从上层建筑的领域，从领导机制的层面，阐明了中国特色社会主义的本质。如果从社会基本矛盾结构的内在机制上讲，生产关系、经济基础层面的本质特征是上层建筑层面的本质特征的基础，上层建筑层面的本质特征是对经济基础层面的本质特征的有力保证。这两方面的有机统一就从结构特征说明了中国特色社会主义的本质规定，同时进一步深化和发展了毛泽东关于社会主义制度优势与本质的论断，体现了社会主义的制度特征与结构特征的高度统一。

如果从制度特征与结构特征相统一的总体性视角来看中国特色社会主义本质，它是科学社会主义思想的具体体现，是与《宣言》的基本精神完全一致的。共产主义的终极目标是建立"自由人联合体"，但在社会主义初级阶段首先要实现共同富裕。在今天，我们理解中国特色的社会主义，一定要抓住中国特色社会主义的本质的总体规定：坚持共产党的领导，解放和发展生产力、消灭剥削、消除两极分化，最终实现共同富裕。只有坚持这个本质的总体规定性，才能最终实现人的全面而自由的发展。基于此，我们今天所理解和所推进的中国特色社会主义，是共产主义在当代中国的实践形式，如果离开共产主义的核心思想理解中国特色社会主义，我们的改革开放就会迷失方向，我们的社会发展就会偏离社会主义的航道！

新时代中国特色社会主义事业，是21世纪中国共产党人领导中国人民为共产主义奋斗的生动实践，我们一定要像习近平总书记要求的那样，坚守共产主义的理想信念，才能使中国特色社会主义奔向共产主义。对于共产党人来说，任何淡化、忘却、歪曲，甚至丢掉共产主义的理想，不管是对于国家和社会发展，还是对于具体领域建设，甚至对于个人的发展都是不利的。如果这样，就会偏离人类社会发展的大趋势、国家与社会发展的大趋势，重则给国家与社会造成损失，轻则会影响个人发展前程，甚至会毁掉个人发展前程。在我们建设中国特色社会主义的过程中出现的腐败分子，从根本上说就是看不清中国特色社会主义事业与共产主义前途的内在联系，丢掉了共产党人的理想信念。所以，我们一定要在习近平新时代中国特色社会主义思想引领下，不忘初心，强化使命，为中华民族的伟大复兴、为21世纪的马克思主义发展作出应有的贡献。

---

① 习近平.决胜全面建成小康社会 夺取新时代中国特色社会主义伟大胜利——在中国共产党第十九次全国代表大会上的报告［N］.人民日报，2017-10-28（01）.

参考文献

[1] 马克思, 恩格斯. 共产党宣言（单行本）[M]. 北京: 人民出版社, 1997.

[2] 马克思. 资本论: 第1卷 [M]. 北京: 人民出版社, 1975.

[3] 马克思恩格斯选集: 第1卷 [M]. 北京: 人民出版社, 1995.

[4] 恩格斯. 反杜林论 [M]. 北京: 人民出版社, 1999.

[5] 马克思恩格斯选集: 第2卷 [M]. 北京: 人民出版社, 1995.

[6] 马克思恩格斯选集: 第3卷 [M]. 北京: 人民出版社, 1995.

[7] 毛泽东文集: 第6卷 [M]. 北京: 人民出版社, 1999.

[8] 邓小平文选: 第3卷 [M]. 北京: 人民出版社, 1995.

[9] 习近平. 决胜全面建成小康社会 夺取新时代中国特色社会主义伟大胜利——在中国共产党第十九次全国代表大会上的报告 [N]. 人民日报, 2017-10-28 (01).

道德虚无主义的学理批判*
——兼论恩格斯《反杜林论》中的马克思主义道德观

卢黎歌　武星星

摘　要： 恩格斯在《反杜林论》中既通过批判杜林的永恒真理观阐述了道德的历史继承性，又通过批判杜林的抽象人性论阐述了道德的现实社会性，从而为批判道德虚无主义奠定了理论前提。作为一种否认道德的客观实在性、消解一切道德文化传统、否定道德之于生活的意义、反对任何道德规范并将道德信仰"祛魅"的思潮，道德虚无主义与马克思主义道德观的相悖之处在于：一是将道德的现实意义置换为自我价值，与道德的客观现实性相悖；二是割裂了道德传统与道德发展，与道德的历史继承性相悖；三是忽视了道德的意识形态性，与道德的阶级性和人民性相悖。为此，在新时代道德建设中，我们应回归道德的本真意义，创新传统道德资源转化的"五德"体系，并推动道德利他超越道德利己，纠偏道德信仰，实现道德建设意识形态性与适度超越性的有机统一。

关键词： 道德虚无主义；恩格斯；《反杜林论》；马克思主义道德观

《新时代公民道德建设实施纲要》指出："在国际国内形势深刻变化、我国经济社会深刻变革的大背景下……受不良思想文化侵蚀和网络有害信息影响，道德领域依然存在不少问题。"① 当前，耻言理想、蔑视道德、躲避崇高在一定程度上已经成为道德领域存在的突出问题，新时代道德建设面临着"道德虚无主义"的挑战。当前，学界主要从历史虚无主义、哲学价值论和道德重建论的视角对道德虚无主义进行相关研究，取得了一些成果。然而，学界对道德虚无

---

* 本文系教育部人文社科专项任务项目"推进新时代意识形态工作创新研究"（18JD710084）和西安交通大学马克思主义学院2020年基金项目"道德虚无主义的学理研究"（MY02020011）的阶段性成果。

① 新时代公民道德建设实施纲要［M］．北京：人民出版社，2019：2.

主义的内涵、特征及表现尚没有系统的论述,从马克思主义道德观的视角对道德虚无主义的反思批判更是微乎其微。为此,系统阐释《反杜林论》中的马克思主义道德观,研究恩格斯批判永恒道德观和抽象道德观的方法,不仅对于完整、准确地理解马克思主义道德观具有重要的理论意义,而且对于剖析和破解道德领域的"虚无"状况、推进新时代道德建设具有重要的方法论意义。

一、道德虚无主义的学理审视

"虚无主义"一词来源于拉丁语中的"nihil",意为"什么都没有"。根据《大不列颠百科辞典》的解释,虚无主义特指产生于19世纪俄国亚历山大二世统治时期的一种怀疑主义哲学。如今,虚无主义已不再简单地指对上帝及神圣意识的怀疑,而是逐渐演变成对人的各种规定性及其存在方式的否定,道德虚无主义就是其中一种重要形式。

(一)道德虚无主义的思想渊源

道德虚无主义的思想渊源可以追溯到古希腊哲学的智者时期。柏拉图在《理想国》中借苏格拉底之口对智者色拉叙马霍斯"正义无非是强者的利益"的观点进行了全面的批判。柏拉图认为,正义作为一种德性和规则,普遍适用于每个人。但是,色拉叙马霍斯却在"正义无非是强者的利益"这一观点的指引下,只对弱者提出道德上的正义要求,对强者没有任何要求,即强者可以选择性地将道德上的正义虚无化。对此,柏拉图指出,正义作为一种道德,对城邦和个人不仅是必需的,而且具有存在的道德价值,因而不能人为地进行选择性"虚无"。与此同时,柏拉图还通过"洞喻"和"日喻"论证说明了宇宙和人生的意义,从价值论的视角进一步阐明了道德直接指向人的现实生活,指明道德对世界和人生具有超出局部利益的性质。可见,柏拉图对色拉叙马霍斯狭隘正义观的批判和对道德现实意义的强调,初步揭露了道德虚无主义的虚无本性,为后世批判道德虚无主义奠定了元伦理理论基础。

继柏拉图之后,怀疑论为道德虚无主义的产生奠定了重要的哲学基础。怀疑论作为认识论虚无主义的一种,主张否定一切确定性和真理性,即"把一切确定的东西都消解了,指出了确定的东西是虚妄无实的"①。可以说,怀疑论主张消解和否定一切确定的真理,必然使人类社会历史中各种确定的观念陷入虚妄无实之中,而道德规范和道德原则作为一种确定的社会规范也就不可避免地

---

① 黑格尔.哲学史讲演录:第1卷[M].贺麟,等译.上海:上海人民出版社,2013:106.

落入了怀疑论"为怀疑而怀疑"的逻辑循环中。

除怀疑论之外，通常被人们看作虚无主义者的尼采却对虚无主义有着深刻的洞见。尼采在讨论虚无主义产生的思想根源时，一针见血地指出：虚无主义是传统形而上学的必然结果。① 事实上，自柏拉图的理念论奠定了西方哲学形而上学的基本框架伊始，虚无主义便成了形而上学的一种预设。尼采认为，形而上学所确立的理念世界只不过是一种理性的虚构。"形而上学否定感性世界的实在性，同时也就是否定它的价值，即它将实在虚无化的同时，也将实在的价值虚无化了。"② 对此，尼采用一句"上帝死了"从哲学意义上给虚无主义作出了解释：虚无主义意味着最高价值的自行贬值。③ 实质上，无论是传统形而上学舍弃对现实感性世界的关怀，还是尼采认为的最高价值的自行贬值与废黜，都将使现实社会中的道德理念、道德价值失去存在的根基和合理性。因此，尼采以价值论虚无主义对传统形而上学虚无主义的批判，不仅未能走出虚无主义的藩篱，反而为道德虚无主义的产生和发展提供了价值论上的"理由"和"借口"。

此外，自由至上主义也在道德虚无主义的产生过程中起了推波助澜的作用。一方面，自由至上主义过度崇尚个人自由，主张个人权利至上，其自我优先于目的，所以权利优先于善④的逻辑为利己主义的产生提供了理论借口，并导致"精致的利己主义"现象的滋生。因缺失普遍的社会道德标准来裁决道德观念之间的冲突，利己主义的"高级化"最终会滑入道德虚无主义的误区。另一方面，基于个人权利至上价值取向的自由至上主义，其核心问题是"制度正义问题"。在自由至上主义设计的社会秩序里，任何社会道德等统一的设计都是对个人权利至上的侵犯，都是对个人自由空间的限制。依此逻辑，自由至上主义必然会人为地剪除对道德价值和道德人格的追问，因为"按照自由至上主义的观点，灌输任何一种道德观都绝非政府的合法功能"⑤。由此，自由至上主义打着所谓维护个人利益的价值中立旗号，事实上消解了人对道德理想的追求，在价值论上坠入了道德虚无主义的误区。

值得一提的是，随着海德格尔将虚无主义的"价值"之思推进到"存在"

---

① 马丁·海德格尔. 尼采（下）[M]. 孙周兴，译. 北京：商务印书馆，2010：1036.
② 胡玻. 形而上学的虚无性——论尼采对传统形而上学的解构[J]. 探索，2002（6）：99-102.
③ 尼采. 看哪，这人[M]. 张念东，凌素心，译. 北京：中央编译出版社，2000：280.
④ 迈克尔·桑德尔. 自由主义与正义的局限[M]. 万俊人，等译. 南京：译林出版社，2001：228.
⑤ 麦金太尔. 追寻美德[M]. 宋继杰，译. 南京：译林出版社，2003：247.

之思，人对价值的追求本身成为需要被追问的事情。为此，海德格尔指出："虚无主义的本质根本就不是人的事情，而倒是存在本身的事情。"①"如果人所归属的世界本身并不具有某种价值、某种意义和目的、某种统一性和真理性……那么，他如何能为自己谋得一种价值呢？"② 换言之，海德格尔认为虚无主义本质上是对存在的遗忘，因此，关于道德、意义、价值及真理的思考都应回到对存在本身的追问。然而，存在论虚无主义认为一切不能被感觉和科学所证明的东西实际上都是不存在的。如果产生道德的现实基础无法得到验证，那么道德本身也不存在。庆幸的是，海德格尔在《存在与时间》中用人的在场来探索存在的种种意义，这就为批判道德虚无主义提供了一种"病理学"的分析资源。

总之，从思想渊源来看，道德虚无主义发端于古希腊哲学中柏拉图与色拉叙马霍斯对"正义观"的争论，在认识论虚无主义的怀疑论中否认裁决道德冲突的方式与普遍标准；在价值论虚无主义的"唯我"论中坚执一种利己的道德立场，在存在论虚无主义的"无化"状态中否认道德存在的现实基础。这就为分析道德虚无主义的内涵和特征奠定了良好的思想基础。

(二) 道德虚无主义的内涵和特征

在厘清道德虚无主义思想渊源的基础上，总结并提炼道德虚无主义的内涵及具体特征，是洞察道德虚无主义的实质，并对其进行批判和破解的理论前提。

有关道德虚无主义的阐述，较为典型的说法主要有两种：一是美国劳特利奇出版社出版的《哲学百科全书》提及，道德虚无主义强调任何证明或批评道德判断的可能性都不存在，理由是道德不过是寻求自我利益的借口；二是尼采从个人权利至上的视角主张，个人为了获得自由，就要消灭道德和一切道德传统，且每一种道德原则"都是既违背'天性'也违背'理性'的强制"③；三是《伦理学小词典》中的释义指出，道德虚无主义是指"否认一切人类社会道德价值的理论和态度"④。事实上，关于道德虚无主义的内涵，学界并无统一的认识。对道德虚无主义进行定义，需要置于现代性对道德意义不断解构而产生的道德悖论、道德危机与道德困境的背景下加以考虑。综观道德虚无主义的思想渊源及现代性引发的种种反道德、非道德现象，不难得出，所谓道德虚无主义，是指在现代化进程中由于物化逻辑和资本逻辑的影响而产生的一种否认道德的客观实在性、消解一切道德文化传统、否定道德之于生活的意义、反对任

---

① 海德格尔. 尼采（下）[M]. 孙周兴，译. 北京：商务印书馆，2002：994.
② 海德格尔. 尼采（下）[M]. 孙周兴，译. 北京：商务印书馆，2002：735.
③ 尼采. 上帝死了——尼采文选[M]. 威仁，译. 上海：上海三联书店，1989：125.
④ 朱贻庭. 伦理学小词典[M]. 上海：上海辞书出版社，2004：19.

何道德规范并将道德信仰"祛魅"的思潮。

道德虚无主义具有以下5个特征：一是否认道德本质的物质内容。"物质生活的生产方式制约着整个社会生活、政治生活和精神生活的过程"①，道德作为观念上层建筑的重要组成部分，必然受到一定的经济基础的制约。因此，道德本质上是反映社会经济关系的特殊意识形态，故而否认、虚无化道德就是否认和虚无化道德得以产生的经济社会关系，即否认和虚无化道德本质的物质内容。二是消解和虚无化一切道德传统。道德虚无主义特别表现为一种否定和虚无化一切道德传统的态度，这就使得道德建设赖以依托的传统道德价值体系发生断裂，道德建设的根基不断被抽空。在社会自由度不断增大、社会价值逐渐多元化的现代化进程中，消解和虚无化一切道德传统容易导致道德茫然、道德沦丧、道德"祛魅"等道德虚无化的"真空"出现。三是混淆道德判断的善恶标准。由于道德虚无主义既否认道德本质的物质内容，又消解一切道德传统，因此，在逻辑上，道德虚无主义必然会陷入"非道德"的立场——即通过摒弃道德判断尺度的客观标准，从而抛弃对善恶的衡量标准，导致社会生活被"无道德""非道德"所误导，出现道德判断标准的混乱、混淆，甚至形成一股有悖于公认的道德标准来重新认识和"改造"世界的逆流。四是将道德信仰"祛魅"，从而陷入道德信仰危机。道德虚无主义不仅造成了道德意义世界和道德关怀的失落，同时也引发了道德理想与信仰的沉沦，从而使道德失去对人生和社会发展的价值引领作用，崇高的道德人格遭到扭曲，神圣的道德良心受到冲击，一切稳定的道德信念必然变得不确定了。可见，对道德信仰、道德崇高、道德敬畏的"祛魅"，是道德虚无主义的重要特征之一。五是道德虚无化的呈现方式具有隐蔽性和复杂性。虚无主义作为一种理论、一种思潮，具有多种表现形式。道德虚无主义与历史虚无主义、文化虚无主义、价值虚无主义等互相勾连、复杂交织；与商品拜物教、极端个人主义、功利主义和相对主义等价值观念相互聚合；与无政府主义、民粹主义等意识形态彼此支撑，因此，道德虚无化的呈现方式具有较强的隐蔽性和复杂性特征。

（三）道德虚无主义的主要表现

洞察道德虚无主义在现实生活中的表现，是对其进行批判的重要抓手。根据道德虚无主义的上述特征，结合现实生活中道德虚无主义的不同呈现方式，我们可以归纳出道德虚无主义的四种主要表现。

一是鼓吹"去道德化"。由于道德虚无主义具有否认道德本质的物质内容的

---

① 马克思恩格斯文集：第2卷[M]．北京：人民出版社，2009：591.

特征，因此，在逻辑上，道德赖以产生和发展的物质基础被抽空，这就为打着所谓"道德解放"的旗号，进而反对任何道德规范的约束、主张放任自流甚至彻底释放个性和本能的道德虚无主义提供了借口和"温床"。诸如"没有什么本质上是道德或不道德的"的"雷语"时有发生，甚至主张隐退道德、摒弃有德性的生活的论调也逐渐浮出水面。

二是断裂传统道德价值。道德虚无主义消解和虚无化一切道德传统的本性，使得传统的道德价值体系发生断裂，并逐渐脱离现实的社会道德生活。具体来看，传统儒家道德价值体系在经历了现代化的多次冲击后，其"重义轻利"的核心价值和讲"仁爱"的道德精神逐步被消解；新中国成立以来，社会主义集体主义道德形成了当代中国社会新的道德传统，然而，以讲奉献的利他价值为旨归的社会主义、集体主义道德在个人主义、新自由主义、民粹主义等多元社会思潮的冲击下也面临着被消解的危机。因此，就传统道德价值的断裂来看，道德虚无主义落入了价值虚无的藩篱，而身处"破碎而失衡的道德体系结构中"①的人们，难免在现实的道德生活中出现道德选择困境导致的道德焦虑和价值迷茫。由此，因传统道德价值的断裂，社会道德生活缺乏道德精神的延续，使得"那些终极的、最高贵的价值，已从公共生活中销声匿迹"②。

三是反对既有道德评价标准。一方面，道德虚无主义主张从根本上反对既有的道德规范和标准，反对任何道德规范的约束，鼓吹放任自流，甚至认为现实生活中根本不可能作出道德判断，因为任何证明或批判道德判断的可能性都不存在，理由是道德不过是寻求自身利益的借口。另一方面，从根本上反对既有的道德评价标准，导致的直接后果便是道德主体不再以善恶作为道德评判的根本标准。在交换价值的逻辑下，善性道德观、德性道德观被欢乐道德观、消费道德观所取代，个人发展过程中的道德人格完善和道德精神需要被边缘化，人生价值实现的奉献标准被利己标准所僭越，进而道德责任感淡漠、道德冷漠现象频频发生，社会公德遭到漠视和践踏，人际情感关系逐渐疏远。

四是消解道德信仰。道德信仰是一种对社会主流道德价值体系的笃信、遵守和敬畏。道德虚无主义对道德价值和道德意义的"祛魅"，不可避免地会动摇道德信仰的基础。现实生活中蔑视英雄、唱衰楷模、矮化崇高、亵渎道德人格等诸多现象的出现就是道德虚无主义所表现出的道德信仰危机。这种道德信仰

---

① 陈凤. 跨越断裂 回归传统——道德教育的历史之基［J］. 湖北社会科学，2008（3）：179-181.

② 马克斯·韦伯. 学术与政治［M］. 冯克利，译. 北京：三联书店，1998：48.

危机的出现，使得社会道德的正当性资源不断被消解并出现亏空。进一步来看，道德虚无主义导致的道德信仰危机实质上是道德信仰的私人化和世俗化危机。一方面，道德信仰的私人化主要是对个体而言，道德信仰在虚无化的过程中逐渐表现为一种自利型道德人格信仰而非奉献型道德人格信仰。另一方面，道德信仰的世俗化则主要是对整个社会而言，社会群体对崇高、楷模、高尚嗤之以鼻，对既有的社会主导性道德价值体系产生怀疑，但又因找不到一种新的道德心灵"家园"而产生一种道德迷茫、焦虑和冷漠现象，如对各种缺德事的"集体失语""集体失声"甚至"集体失忆"现象。

此外，随着科学技术特别是人工智能的发展给人类带来征服自然的惊人力量，一些人坚信科学技术能解决人和社会的一切问题。基于这一逻辑，科技越发展，道德越无用武之地，逻辑上也自当归于虚无，这是道德虚无主义的又一现实表现。

二、道德虚无主义的反思批判

回归恩格斯在《反杜林论》中对马克思主义道德观的正面论述，将道德虚无主义置于辩证唯物主义和历史唯物主义的视域下进行审视，是我们从马克思主义的视角对道德虚无主义进行反思和批判的理论要求。

（一）割裂道德传统与道德发展，与道德的历史继承性相悖

恩格斯在批判杜林的道德论时，最先批判的是杜林的永恒真理说。杜林通过论述人的思维具有绝对至上性的特征，指出道德可以类似于数学等自然科学，一旦被认知便具有真理的普适性和永恒性。为此，恩格斯从数学、生物学等自然科学的视角对杜林的永恒真理论进行了批判，得出既然我们不能从自然科学中抽象出永恒真理，自然也得不出永恒道德的结论。恩格斯通过批判杜林的永恒真理观彻底拆解了杜林永恒道德论的理论前提。既然道德不是永恒的，那么道德必然是动态的、历史的。为论证这一观点，恩格斯进一步指出："善恶观念……从一个时代到另一个时代变更得这样厉害，以至于它们常常是直接矛盾的。"因此，"我们拒绝想把任何道德教条当作永恒终极的、从此不变的伦理规律"，道德世界也没有"凌驾于历史和民族差别之上的不变的原则"[1]。

既然道德具有历史性，是一个历史范畴，那么在逻辑上它就必然具有继承性。虽然当时恩格斯主要是为了反对杜林的永恒道德论，并未专门论述道德的继承性，但是，在恩格斯的具体论述中却暗含了道德的这一特性："对同样的或

---

[1] 马克思恩格斯选集：第3卷[M]．北京：人民出版社，2012：469-471．

差不多同样的经济发展阶段来说,道德论必然是或多或少地互相一致的。"① 为此,恩格斯列举了在私有制社会里"切勿偷盗"是共同的道德戒律加以说明。由此来看,大致相同的经济发展阶段决定了"共同道德"的存在,而共同道德的存在又恰恰证明了道德发展的继承性。可见,恩格斯通过批判杜林永恒真理的荒谬性,由真理推及道德,指出道德具有不可辩驳的历史继承性。

毋庸置疑,道德的生成不仅是一个社会历史的过程,更是一种道德经验的归纳和道德知识积累的过程。无论生活在哪个时代、哪个经济发展阶段的人们,其道德生活都受道德观念、行为规范、社会习俗和伦理禁忌的约束,而这些道德观念、行为规范、社会习俗和伦理禁忌是从历史上传承下来的,并在所在时代或阶段得到认可、修正和补充。同理,道德传统作为一种经过长期的道德发展而积淀下来的道德理念、道德原则、道德心理和道德习惯,同样具有历史继承性和相对稳定性。然而,道德虚无主义特别表现为一种全盘否定道德传统的极端倾向,其认为中华民族历史上形成的道德传统在今天已经失去其存在的价值,因而必须从整体上予以全盘否定。这种全盘否定道德传统的时代意义的观点,实质上人为地割裂了道德的历史与发展的关系,与道德发展的历史继承性相悖。如果任其流行并成为时代的表征,最终导致的结果便是"一切……素被尊崇的观念和见解都被消除了……一切等级的和固定的东西都烟消云散了,一切神圣的东西都被亵渎了"②。

当然,如果我们仅仅从道德传统中"抽象的道德观念"来"审判"今天市场经济条件下人们的道德生活,自然会得出传统的道德规范不再适应现代社会的深刻变革,甚至以往的道德传统失去其现实约束力的结论。但是,恩格斯在论证道德的历史继承性时所秉持的方法论原则是不能仅仅从一些抽象的道德原则出发来分析和评价人们的社会道德行为,而应在道德与经济社会普遍联系和互动的历史动态中,深入分析道德现象和道德问题,这才是对道德历史继承性的正确注解。因此,道德虚无主义所主张的用"抽象的道德观念"来审视"现实的道德生活"的观点,本质上依然是对道德传统与道德发展的隐形割裂。

(二)将道德的现实意义置换为自我价值,与道德的客观现实性相悖

杜林关于道德的观点基本上是在抽象人性论基础上的衍生。在杜林看来,人天生就具有道德耻辱感、道德善恶感和先验的理性。因此,道德应被看作人的自然本性,与此同时,善恶的标准自然就成了抽象的"悟性"或"理性",

---

① 马克思恩格斯选集:第3卷[M].北京:人民出版社,2012:471.
② 马克思恩格斯选集:第1卷[M].北京:人民出版社,2012:403.

而不是社会历史的标准。这是典型的以抽象人性论对道德的起源进行阐释。照此逻辑，建立在抽象人性论基础之上的道德必然"有其恒久的原则和单纯的要素"，且必然会陷入"无论如何善不是恶，恶不是善"① 这样的抽象概念的思辨。

对此，恩格斯指出："一切以往的道德归根到底都是当时的社会经济状况的产物。"② 可见，在恩格斯看来，道德的起源不应寄托于人的思维的至上性或人的本能的自发调节，而只能从人的现实生活中去寻找。人的现实生活，主要是指人的实践活动及其在实践中形成的各种关系。由此，人们的生产实践自然成为探寻道德起源的出发点，而基于一定的生产实践所产生的道德，自然具有明显的社会现实性。

可见，恩格斯通过批判杜林的抽象人性论阐述了道德的现实社会性。而道德虚无主义之所以否认道德存在的客观标准、否认一切道德传统、否认道德之于生活的意义，是因为在道德虚无主义者看来，道德的意义不是客观存在的，而是被主体赋予或设定的。既然如此，任何人都可以根据道德对于自己的有用性，来设定道德的价值大小。易言之，道德有无价值全凭主体的主观判断，这不仅是"抽象人性论"的渊薮，更是将道德意义随意价值化的表现，其导致的直接结果便是道德本真意义的丧失。依此逻辑，由于缺乏客观统一的道德评价标准，处于现实道德生活中的人之生存本性将最终演变成原子式的存在，出现丹尼尔·贝尔所说的"精神危机"③。总之，道德虚无主义将道德的现实意义置换为道德"为我服务"的自我价值，这本身就是对马克思主义所倡导的道德为现实经济基础服务的规范功能和调节功能的违背，与道德的现实社会性相悖。

（三）超越道德的意识形态性，与道德的阶级性和人民性相悖

恩格斯在通过批判杜林的永恒真理说和抽象人性论来阐述道德的历史继承性和客观现实性的同时，指出："人们自觉或不自觉地，归根到底总是从他们阶级地位所依据的实际关系中——从他们进行生产和交换的经济关系中，获得自己的伦理观念。"由此，建立在一定经济基础之上的道德必然具有阶级性的特征。在恩格斯看来，人们在生产和交换等经济关系中所处的地位不同，决定了人们在社会阶级关系上的地位也不尽相同。作为在经济基础上产生的一种具有阶级性的意识形态，道德被深深地打上了阶级的烙印。可以说，在阶级社会中

---

① 马克思恩格斯选集：第3卷［M］．北京：人民出版社，2012：461，470．
② 马克思恩格斯选集：第3卷［M］．北京：人民出版社，2012：471．
③ 丹尼尔·贝尔．资本主义文化矛盾［M］．赵一凡，等译．北京：三联书店，1989：74．

有多少种阶级就有多少种道德观和道德标准。"社会直到现在是在阶级对立中运动的，所以道德始终是阶级的道德"，而"只有在不仅消灭了阶级对立，而且在实际生活中也忘却了这种对立的社会发展阶段上，超越阶级对立和超越对这种对立的回忆的、真正人的道德才成为可能"①。

需要说明的是，虽然恩格斯曾指出，"对同样的或差不多同样的经济发展阶段来说，道德论必然是或多或少地互相一致的"②，但他所强调的这种相似经济基础上的某些道德原则的"普遍性"，与杜林永恒道德论中的"普适性"有着根本的区别。杜林的道德论是超验的形而上学的思想产品，强调从主观思想中创立一种超越阶级和利益的普适性的永恒道德；而恩格斯所指出的道德"普遍性"则建立在人们"阶级地位所依据的实际关系"即"大致相同的经济基础"之上，是以阶级性为前提对道德发展普遍规律的揭示。

反观道德虚无主义，其在消解和虚无道德传统的同时，还主张道德建设和道德教育应该超越人们生活的现实环境。这种超越一方面强调要从人的可能的、理想的生活方式出发，去探寻理想主义的道德，而非"对现实行为、现实关系的肯定、复制和重现"；另一方面，强调道德建设应超越其意识形态性，主张道德建设应摆脱统治阶级而去追寻普适的善、至高无上的善，并以终极意义的善去重塑对善的信仰，并认为唯有如此，才能使人超越"物质主义、个人主义、消费主义，使人的精神、人的生活从物的束缚下，从自私自利中解放出来"③。道德的历史进步在这一过程中也得以实现。

道德虚无主义这种倡导道德超越性的观点，实质上是在否定道德的阶级性即意识形态性，并致力于从理念上去寻找"高尚纯洁"的"道德律令"。这种道德追求表面来看很有吸引力和感染力，但就其实质来看，超越道德作为上层建筑的意识形态性，本质上却回到了杜林"善就是善，恶就是恶"的窠臼，并且对于社会主义道德建设来说，超越道德的意识形态性，实质上是对道德建设的人民性的背离。

当然，我们并不是说要完全否认道德的超越性，道德建设的旨归就是要通过实现现实社会道德的个体内化来引导人们过现实的道德生活，而现实的道德生活受到占统治地位的经济利益关系的制约。因此，道德的超越性应该仅仅局限在那些失去了现实的经济社会基础和合理性的方面，如若脱离道德赖以产生

---

① 马克思恩格斯选集：第3卷[M]．北京：人民出版社，2012：470，471．
② 马克思恩格斯选集：第3卷[M]．北京：人民出版社，2012：471．
③ 石中英，尚致远．《反杜林论》与当前的道德评价和道德教育本质问题[J]．清华大学教育研究，1998（2）：91-97．

的现实经济社会基础，片面强调道德的超越性，则道德必然会发展成脱离现实的"无源之水""无本之木"，势必会落入"普世价值"设定的圈套。可见，消解道德的意识形态性，将使新时代社会主义道德建设失去为经济社会服务的价值，导致道德精神力量的下降、没落以致衰竭①，不利于社会的发展和道德的进步。

三、道德虚无主义的破解之道

马克思主义道德观的基本立场和观点，不仅是辨析和批判道德虚无主义不可或缺的视域，而且可以为破解道德虚无主义的迷障、推进新时代道德建设提供现实启迪。

（一）回归道德的本真意义，树立科学的道德理性

道德虚无主义将道德的现实意义置换为自我价值，有悖于马克思主义道德观的现实社会性。实际上，道德唯有与人格的发展和完善相统一，唯有与人际关系达到高度的和谐，我们所奉行的道德准则才有实际意义，"道德之为道德即本体意义上的道德才是可能的或现实的"②。

破解道德虚无主义，首先就是要在理念上回归道德的本真意义。只有以马克思主义道德观为指导，从社会关系中寻找道德产生和发展的依据，才能真正厘清并回归道德的本真意义。为此，回归道德的本真意义，核心就是要"使人的世界即各种关系回归于人自身"③，而要使各种关系回归于人自身，就要平衡道德的现实意义和自我价值之间的关系，并使二者达到和谐统一的状态。

一方面，社会性是人的本质属性，因此，受制于现实社会关系的每一个个体理应为自身所处社会的发展注入积极的道德力量，这也是一名合格的"社会人"所应肩负的道德理性和道德自觉。另一方面，社会也应逐步完善道德建设的目标，建立健全全方位、多领域、多层次的道德规范制度和体系，营造良好的道德文化氛围，实现道德从"应然"向"实然"的回归，增强道德对现实问题与社会关切的回应力度，从而为"每个人都能自由地发展他的人的本性"，过着"能满足一切生活条件和生活需要的真正的人的生活"④，创造良好的道德环境，最终实现道德现实意义和自我价值的和谐统一。

---

① 尼采. 权力意志 [M]. 张念东，等译. 北京：商务印书馆，1991：280.
② 王小锡. 论道德之应该的逻辑回归 [J]. 道德与文明，2016（3）：45-48.
③ 马克思恩格斯文集：第1卷 [M]. 北京：人民出版社，2009：46.
④ 马克思恩格斯全集：第2卷 [M]. 北京：人民出版社，1957：626.

（二）把握道德传统的精髓和规律，创新传统道德资源的转化体系

虽然道德产生于一定的经济社会关系，具有阶级性，但道德作为社会意识的相对独立性和历史延续性决定了不同经济社会发展阶段的道德具有一定程度的共通性和相似性。从这个意义上说，中华民族在历史上形成的优良道德传统，是我们推进新时代道德建设的丰富思想养料。因此，应以发展的眼光和道德历史动态变迁的视角对中华民族的道德传统进行科学审视，在把握"去粗取精、去伪存真"和"古为今用、推陈出新"方法论原则的基础上，洞察中华民族优良道德传统形成和发展的规律，总结优秀传统道德文化为现实经济社会发展服务的具体经验，立根塑魂、正本清源，探索并构建传统道德资源创造性转化、创新性发展的体系和路径。

为此，一是需要从理论上进一步阐明社会主义核心价值观与中华民族优良道德传统之间的关系，探索中国优秀传统道德文化资源厚植社会主义核心价值观的可行性方案；二是对中国传统道德的发展脉络进行历史考察，系统、科学揭示中华民族优良道德传统的历史变迁，结合新时代社会主要矛盾的转化，把握规律，积极创新，融通优良道德传统与新时代经济社会生活；三是处理好中华优秀传统道德、中国革命道德、社会主义先进道德三者之间的关系，构建三者相互支撑、相互融合的"道德文化共同体"，从而在新时代社会主义道德体系中继承中华优秀传统道德的"精神基因"，拓展中国革命道德的适用范围，提升社会主义道德的理论高度。

此外，为走出道德虚无主义割裂道德传统与道德发展的误区，还需在构建传统道德资源的转化体系上下功夫。为此，超越那种碎片式、功用性的转化方式，创造性构建以立德、尚德、遵德、载德和润德为核心的传统道德资源转化体系，全面科学地把握优秀道德传统蕴含的道德发展的普遍规律至关重要。具体来看，一是明确"立德"是传统道德资源创造性转化的根本目标，着力通过优良道德传统的正面教育来引导人、感化人、激励人；二是明确"尚德"是传统道德资源创造性转化的价值引领，通过优秀传统道德文化的价值引领，在全社会形成"明理尚德"的社会氛围，通过优良道德传统的价值力量引领人民群众见贤思齐；三是明确"遵德"是传统道德资源创造性转化的制度保障，通过健全传统道德文化传承和发展的制度设计，不断完善相关道德约束机制，以此建立起民众对中华民族优良道德传统的信任、尊重和敬畏，锻铸出民众对传统道德资源自我感悟和自我转化的道德自觉；四是明确"载德"是传统道德资源创造性转化的实践路径，通过贯通个体和群体不同场合、不同层次的道德传承实践，构建出融社会公德、职业道德、家庭美德、个人品德为一体的传统道

资源转化的实践模式和平台；五是明确"润德"是传统道德资源创造性转化的文化氛围，通过弘扬古圣先贤、民族英雄、志士仁人的嘉言懿行和挖掘文化经典、历史遗存、文物古迹承载的丰富道德文化资源，创新传统道德文化的弘扬和宣传方式，营造全媒体时代传统道德资源创新发展的舆论氛围。

总之，只有从根本目标、价值引领、制度保障、实践路径及文化氛围等方面多管齐下，构建自发性与导向性并存、渗透性与驱动性共生以及直观性与感染性互动的传统道德资源转化体系，才能从根本上杜绝割裂道德传统与道德发展的道德虚无主义的滋生和蔓延。

（三）坚持道德建设意识形态性与适度超越性的有机统一

道德建设的超越性，源于对道德赖以产生的现实经济利益关系的超越，表现为对道德的阶级性和人民性的超越，本质上是对道德建设的意识形态性的超越。坚持道德建设意识形态性与适度超越性的有机统一，前提是将道德的意识形态性置于更广阔的视域加以考虑，即不仅需要从代表社会整体利益的集体道德意识形态和代表个人利益的个体道德意识形态的横向比较中实现集体道德对个体道德的超越，而且需要在纵向发展中实现代表先进生产方式的道德意识形态向代表旧的生产方式的道德意识形态的超越。与此同时，新时代推进社会主义道德建设，还要警惕某些持"过度超越论""道德理想化"等论调而弱化道德建设的意识形态性，并最终走向所谓"普世道德"的极端观点和做法。

为此，我们需要从两个方面明确道德建设意识形态性与适度超越性的统一。第一，始终坚持集体道德超越个体道德的方向，实现道德利他超越道德利己的效果。道德主体不仅仅是个人，也包含集体，集体由个体组成，个体要实现道德利己的需要，必须正确处理好个人与他人、个人与集体的关系。正如马克思所言，人的本质是一切社会关系的总和，而集体道德恰恰代表着整个社会的价值理想和前进目标，反映着作为总和的经济社会关系的意识形态。因此，坚持集体道德超越个体道德的方向，实际上反映着马克思所倡导的"人的个体本质向人的类本质递进的客观要求"[①]。故而，唯有坚持集体道德超越个体道德的方向，才能"始终保持公民道德建设的社会主义方向"[②]，才能始终引领利他超越利己，并在持续的利他过程中起到"修养德性，消解有无之私、物欲之蔽"[③]

---

① 彭焕彬. 论道德建设的规律性和道德超越性的实现 [J]. 广西社会科学，2004（5）：26-28.
② 新时代公民道德建设实施纲要 [M]. 北京：人民出版社，2019：4.
③ 周文彰，郭蓉. 论儒家传统文化及其当代价值 [J]. 北京联合大学学报（人文社会科学版），2019，17（1）：1-6.

的效果，最终实现人的社会关系的本质回归。

第二，始终坚持价值理性道德超越工具理性道德的方向，以道德自律超越道德他律。道德虚无主义功利化道德评判的善恶标准，导致消解道德崇高、藐视道德信仰逐渐成为一种游离于主流道德文化之外的"亚道德"现象。坚持价值理性道德引领道德建设的意识形态性，对道德主体道德信仰的塑造或纠正具有重要的意义。这是因为，从价值论的视角来看，价值理性反映了行为者的行为和信仰与社会最高理想的一致性，工具理性更多地反映的是行为者对自身利益的追求。由此可见，基于工具理性的道德实质上是一种底线型道德，而基于价值理性的道德是一种理想型道德。再者，基于工具理性的道德形成于既有的经济社会关系，且维护着旧的生产关系，这是它被超越的客观现实基础。"现在代表着现状的变革、代表着未来的那种道德"，"肯定拥有最多的能够长久保持的因素"①。实现基于价值理性的道德对基于工具理性的道德的超越，在客观上会有自律性道德超越他律性道德的效果。道德主体唯有进入自觉且自由的道德自律阶段，其在道德实践中才会生发出无限的道德幸福感。彼时，道德主体得到充分自由全面的发展，且在此过程中道德信仰得以逐步确立并稳定，道德主体实现共产主义社会所畅想的"具有高度文明的人"的境界的可能性和现实性也逐步增加。

因此，我们在推进新时代社会主义道德建设时，要着力建构一种以道德发展的社会价值取向和人民价值取向为导向的新时代社会主义道德体系。面对传统消解、价值贬值、过度超越等道德虚无危机，唯有引导人们遵从以为人民服务为核心、以集体主义为原则的社会主义道德，强化社会主义核心价值观在道德建设中的价值引领地位，并形成崇尚英雄、尊重模范、学习先进的见贤思齐、争当先进的生动局面，才能从根本上推动道德建设回归人的生活世界和本真意义，引导人们努力实现高层次的道德发展，最终纠偏人的道德信仰，实现作为道德主体的人的道德自由。

总之，只有从思想渊源和内涵特征中厘清道德虚无主义的本质，在现实生活中洞察道德虚无主义的表现，并从马克思主义道德观来审视和批判道德虚无主义，才能提出破解道德虚无主义的可行之策。

参考文献

[1] 马克思恩格斯选集：第3卷[M]．北京：人民出版社，2012.

---

① 马克思恩格斯选集：第3卷[M]．北京：人民出版社，2012：470.

[2] 刘丙元. 当代道德教育的价值危机与真实回归 [M]. 北京：北京师范大学出版社, 2012.

[3] 姚颖. 恩格斯《反杜林论》研究读本 [M]. 北京：中央编译出版社, 2014.

[4] 邹诗鹏. 虚无主义研究 [M]. 北京：人民出版社, 2017.

[5] 刘时工. 道德虚无主义和柏拉图的对策 [J]. 华东师范大学学报（哲学社会科学版), 2003 (6): 57-62.

抵制历史虚无主义的路径探析

苏玉波 李 靖

摘 要：历史虚无主义是企图颠覆国家政权和社会基础的错误的、反动的社会思潮。其打着言论自由、重新考证、娱乐戏说的幌子，影响人们对历史的认识和判断。当前，其与现实问题交错、与互联网交织、与泛娱乐化碰撞的现状，给抵制历史虚无主义带来了新的挑战。要有效抵制历史虚无主义，必须通过多维路径，在多个层面精准施策、协同联动，包括提高思想认识，注重价值指导与知识引领；改善社会氛围，营造良好环境；丰富表达方式，创作高质量文艺作品；完善技术平台建设，加强监督管理；健全法律法规，提供制度保障；等等。

关键词：历史虚无主义；抵制路径；互联网；意识形态

历史虚无主义对客观存在的历史事件、历史人物进行盲目否定、歪曲解说或者凭空捏造，目的是扰乱国家的凝聚力、社会的风尚、个人的信念。究其本质，历史虚无主义是虚无历史史实与价值，否定马克思主义、中国特色社会主义、中国共产党，企图颠覆国家政权和社会基础的一种错误的、反动的社会思潮，其用心险恶。基于此，揭开历史虚无主义的虚伪外衣、探索抵制历史虚无主义的路径具有非常重要的意义。

一、历史虚无主义的表现形式

（一）假借言论自由，歪曲历史

历史虚无主义打着"言论自由""表达自由"的幌子，肆意发表荒谬观点，其所持观点并非根据客观存在的史实，而是源于错误的价值判断和主观臆断，是对社会存在决定社会意识的唯物史观的颠覆。在错误观念先行的情况下，历史虚无主义罔顾史实，对历史进行丑化和妖魔化，歪曲中国共产党领导中国人民进行革命、建设、改革的奋斗史，别有用心地称其为党的权术史、民族的受难史等，鼓吹西方的普世价值，以达到否定马克思主义、中国特色社会主义、中国共产党的目的，妄图误导大众的认知和判断。

（二）假借重新考证，颠覆历史

所谓"重新考证"历史，即历史虚无主义假借学术的外衣掩人耳目，标榜"重视证据""还原历史"，辩称"有理有据"，实则是抓住历史的细枝末节，机械地罗列无关的史料数据，挖掘荒唐至极的野史加以佐证，甚至伪造史料，与史实强行联系起来。历史虚无主义舍本逐末，用现象代替本质，用支流代替主流，用片面的解释置换全面的分析，歪曲客观历史，影响人们的历史观。

（三）假借娱乐戏说，调侃历史

"历史虚无主义迎合人们希望了解历史全景的心理和愿望"①，从极为刁钻的视角对已有定论的历史事件或历史人物进行所谓的重新解说、重新评价。用细碎的、诙谐的叙事方式解读和解构宏大的、肃穆的历史史实；对正面历史人物不谈功绩，过分放大、揶揄存在的问题；对负面人物，大肆地美化，颠倒黑白。除此之外，还将历史人物与当时的历史背景完全割裂，否定革命烈士在危难时刻挺身而出的英勇事迹，进行调侃，娱乐戏说，冲击了历史的肃穆与庄严，贬低了精神的伟大与崇高。

二、抵制历史虚无主义的必要性

（一）实现中华民族伟大复兴和社会主义现代化建设的需要

习近平总书记审时度势，对我们所处的时代进行了深刻分析，"我们比历史上任何时期都更接近、更有信心和能力实现中华民族伟大复兴的目标"②。他在庆祝中国共产党成立100周年大会上的讲话中指出："中国共产党和中国人民以英勇顽强的奋斗向世界庄严宣告，中华民族迎来了从站起来、富起来到强起来的伟大飞跃，实现中华民族伟大复兴进入了不可逆转的历史进程！"③ 这些重要论述激励着全体中华儿女满怀信心致力于实现中华民族伟大复兴、建设社会主义现代化强国的伟大事业。在伟大的事业面前，一方面我们面临着前所未有的机遇，另一方面我们也面临着可以预见和难以预见的挑战，机遇与挑战都容不

---

① 杨中华．自觉抵制历史虚无主义［J］．红旗文稿，2021（8）：39-41．
② 习近平．习近平谈治国理政：第3卷［M］．北京：外文出版社，2020：12．
③ 习近平．在庆祝中国共产党成立一百周年大会上的讲话［N］．人民日报，2021-07-02（02）．

得任何停留、迟疑、观望。历史虚无主义带来的错误思潮和价值观念企图通过歪曲党史、国史、革命史和军史,否定中国特色社会主义的历史必然性,虚无化中华民族优秀传统文化及主流价值观,进而达到否定马克思主义、中国特色社会主义、中国共产党的目的。因此,在起航新征程的历史关键期,防止历史虚无主义的掣肘、抵制历史虚无主义至关重要。只有抵制历史虚无主义,揭穿和击破它所炮制的谎言,我们才能正本清源,让人们了解真实的历史,从党史、新中国史、改革开放史、社会主义发展史中了解以马克思主义为指导思想的中国共产党如何带领中华儿女栉风沐雨从站起来、富起来到强起来,进而在新征程上紧密团结在以习近平同志为核心的党中央周围,对实现中华民族伟大复兴、建设社会主义现代化强国充满信心、坚定决心,以实际行动投身于党和人民的伟大事业中去。

(二) 增强民族凝聚力和树立崇尚英雄良好风尚的需要

中华民族伟大复兴的实现需要强大的民族凝聚力。强大民族凝聚力的重要来源之一是集体记忆,即群体里人们所共享、传承以及一起建构的事或物。历史作为集体记忆中极为重要的部分,凝结了民族共同的经历和情感,是强大凝聚力形成的关键前提。历史虚无主义歪曲历史,妄想借此打断整个民族对历史的追寻追问,腐蚀甚至抹去民族的集体记忆,削弱民族凝聚力。只有抵制历史虚无主义对民族集体记忆的侵害,人们才能正确认识历史,牢记我们与谁同来、从何处来、为何而来,这样整个民族才能更加团结。因此,必须抵制历史虚无主义,巩固集体记忆,增强民族凝聚力和向心力。

当前,伟大领袖、革命英雄成为历史虚无主义抹黑和诋毁的重要对象。近年来,互联网上不尊重历史、诋毁革命英烈的事件时有发生,令人愤怒和心寒。英雄者,国之干。习近平总书记曾说:"一个有希望的民族不能没有英雄,一个有前途的国家不能没有先锋"[①],"祖国是人民最坚实的依靠,英雄是民族最闪亮的坐标"[②]。为了不让忠骨染尘埃,不让英雄失尊严,必须抵制历史虚无主义,重击历史虚无主义诋毁伟大领袖和革命英雄的行为。唯此,才能更好地营造和培育"崇尚英雄,捍卫英雄,学习英雄,关爱英雄"的良好氛围,才会涌现出更多的榜样模范、时代先锋,这样的国家和民族才更有希望和前途。

---

① 习近平. 在颁发"中国人民抗日战争胜利70周年"纪念章仪式上的讲话[N]. 人民日报,2015-09-03(02).
② 中共中央党史和文献研究院. 十八大以来重要文献选编:下卷[M]. 北京:中央文献出版社,2018:476.

(三) 培育优秀品德和树立正确历史观的需要

正确理解历史,不仅能知先贤治政之本、朝代兴废之由,还能知个人修身之要。党史、新中国史、改革开放史、社会主义发展史中包含了很多可歌可颂的历史故事,体现了永垂不朽的革命精神,其中凝结着中华优秀传统美德与中国革命道德,如热爱祖国、无私奉献、不惧艰难、勤俭节约、敢为人先等优秀品德。而历史虚无主义用夸张、嘲讽、诋毁的方式,解构着这些优秀品德,"它反对宏大叙事,嘲笑崇高和献身,蔑视党的伟大事业,对于革命英雄主义的壮举多是负面的评价"[①]。因此,必须抵制历史虚无主义,继续传承和发扬中华优秀传统美德与中国革命道德,发挥历史资政育人的重要作用,培育个体的优秀品德。李大钊先生曾说:"故历史观者,实为人生的准据,欲得一正确的人生观,必先得一正确的历史观。"[②] 历史虚无主义意图歪曲个体的历史观,影响个体清晰地认识历史史实与理解历史意义,扰乱个体的价值判断。所以,必须抵制历史虚无主义,帮助人们树立正确的历史观以及世界观、人生观、价值观,分清历史的主流与支流、本质与现象,在正确历史观的引导下做到知史爱党、知史爱国,做到明理、增信、崇德、力行。

三、抵制历史虚无主义面临的挑战

随着国际形势的变化、科技的发展、社会的变迁,抵制历史虚无主义面临着新的挑战,主要表现为:历史虚无主义与现实问题交错,增强了斗争的激烈性,便捷的网络打破了历史虚无主义渗透的时空限制,泛娱乐化的存在与发展为历史虚无主义滋生蔓延提供了温床。

(一) 斗争的激烈性:历史虚无主义与现实问题交错

意识形态的斗争从未消失,西方世界霸权主义、强权政治的思维从未改变,企图让我国颠覆政权、走向资本主义的险恶用心从未改变。特别是近年来,我国在政治、经济、科技、外交等方面取得了巨大成就,一些西方国家不愿看到我国的迅速发展,仇视和攻击我国,在经济上打贸易战,在科技上卡脖子,在外交上搞联盟,在意识形态上更是不断地进行扰乱和破坏,其手段之一就是利用历史虚无主义制造现实问题,与境内分裂势力、反动势力勾结,妄图分化和

---

① 张有奎. 三种类型的历史虚无主义及其批判 [J]. 马克思主义与现实, 2019 (1): 152-156.
② 中国李大钊研究会, 编注. 李大钊文集: 第3卷 [M]. 北京: 人民出版社, 1999: 227.

西化中国。意识形态领域的斗争是激烈的，历史虚无主义的危害是巨大的，争夺意识形态阵地、抵制历史虚无主义是必须的。

（二）环境的复杂性：历史虚无主义与互联网交织

当前历史虚无主义多将网络作为其滋生蔓延的温床，凭借网络打破了传统传播媒介在时间、空间、载体上的限制，与互联网交织在一起的历史虚无主义传播得广而快。首先，其利用了互联网覆盖面广的特点。CNNIC（中国互联网络信息中心）第47次《中国互联网络发展状况统计报告》显示，截至2020年12月，我国网民规模达9.89亿人，较2020年3月增长8540万人，互联网普及率达70.4%。① 互联网覆盖面之广，易使得历史虚无主义的渗透搭上顺风车。其次，其利用了互联网传播速度快的特点。互联网技术成熟、网络平台种类丰富，微信、微博、抖音、今日头条、Bilibili等App具有多种性能，适合不同年龄段使用，深度嵌入了人们的日常生活，每个人既是信息的接受者、创作者又是传播者，随时随地可以浏览、转发、评论各种信息，信息的传播速度、舆情的发酵速度极快，历史虚无主义也会趁机混入。最后，其利用了互联网传播媒介多的特点。媒介多种多样，如社交型媒介、算法型媒介等，它们扮演着不同的角色。当历史虚无主义披着"学术""娱乐"的外衣混入海量信息中时，存在部分网民难以区分信息正确与否的情况，他们可能点击浏览隐含历史虚无主义的信息，而算法型媒介接下来可能会不断推荐隐含历史虚无主义的信息，潜移默化地影响人们的历史认知和价值判断。随后，信息的受众也有可能转化角色，成为信息的传播者，将隐含历史虚无主义的信息分享至社交型媒介，进行再次传播和发酵。

（三）传播的隐蔽性：历史虚无主义与泛娱乐化碰撞

休闲娱乐是人的需要，应推崇具有创造性和精神追求的休闲娱乐，使人们通过休闲娱乐充实和提升自我。泛娱乐化既在涉及的范围上溢出了边界，也在涉及的价值上出现了歪曲，在对内容进行恶搞和戏谑的前提下获取快感，毫无营养与意义。将历史归之于娱乐，就会给历史虚无主义的渗透提供外衣和捷径。历史虚无主义与泛娱乐化的勾连与碰撞，依托广播、电视、网络等载体，以文字、图片、音乐、影视剧、直播等多种形式存在。比如，给革命英雄配上故意丑化、恶意抹黑的文字，做成搞笑的表情包。拥有百万粉丝的网络主播在直播平台调侃南京大屠杀、篡改国歌曲谱，并以娱乐的方式表达国歌内容。除此之

---

① 中国互联网络信息中心. CNNIC发布第47次《中国互联网络发展状况统计报告》[EB/OL]. 中国互联网络信息中心网站，2021-02-03.

外,还有一些历史题材电视剧,利用偶像剧的套路,进行缺乏事实依据的情节设定,故事内容与浴血奋战、艰苦卓绝的抗日史实相背离,很容易误导观众特别是青少年观众,使他们难以洞悉历史真相。

四、抵制历史虚无主义的路径

历史虚无主义是一些资本逐利的工具,是西方价值渗透的武器。前者生产牟利需要的"产品",从而获得利益和关注;后者企图利用这一思潮扰乱和腐蚀人们的价值观与理想信念,否定马克思主义、中国特色社会主义、中国共产党。为此,我们必须通过多维路径,在多个层面精准施策、协同联动,抵制历史虚无主义。

(一)提高思想认识,注重价值指导与知识引领

抵制历史虚无主义的任务是艰巨的,历史虚无主义企图通过误导人们的认知与观念,扭曲人们的价值判断,动摇人们的理想信仰,达到其不可告人的目的。抵制历史虚无主义必须提高人们的思想认识,加强在价值上的指导与知识上的引领。首先,要坚持马克思主义的指导地位,坚持正确的政治方向不动摇。一方面,要让人们深刻领悟和运用唯物史观的观点和方法看待历史,秉承整体性原则、客观性原则、历史性原则,正确认识和评价历史事件与历史人物。另一方面,要坚持以我们党关于历史问题的两个决议和党中央有关精神为依据,坚持以习近平总书记具有哲学智慧的认识和评价历史的方法为指导,帮助人们树立正确的历史观。其次,要发挥社会主义核心价值观的引领作用。面对历史虚无主义的渗透与传播,要积极弘扬和培育社会主义核心价值观,传播主流价值,抢占意识形态高地,用其强大的生命力、感召力凝聚共识,抵御西方资本主义国家意识形态的渗透和挑战,让人们认识到何为真善美、何为假恶丑,使历史虚无主义的谎言无处可藏。最后,要推进"四史"学习教育。"灭人之国,必先去其史",历史是"教科书""营养剂""清醒剂",我们要重视教育引导,正如习近平总书记所说,"准确、权威的信息不及时传播,虚假、歪曲的信息就会搞乱人心;积极、正确的思想舆论不发展壮大,消极、错误的言论观点就会肆虐泛滥"[1]。因此,我们要先声夺人,牢牢掌握话语权,深化"四史"学习教育,讲好"四史"故事,让"四史"深入群众、深入人心,使人们从中获取丰富的历史知识和深刻的历史感悟,让虚无止于智者,从而不断压缩历史虚无主义生存和渗透的空间,有效地抵制历史虚无主义。

---

[1] 习近平. 习近平谈治国理政:第3卷[M]. 北京:外文出版社,2020:319.

(二) 弘扬英雄事迹，营造良好氛围

"蓬生麻中，不扶而直"，环境对人会产生重要影响。历史虚无主义歪曲历史、中伤英雄的行径污浊社会氛围，影响人们崇尚英雄、学习英雄，易助长贬低、抹黑英雄之风气，形成恶性循环。我们要积极营造良好的社会氛围，坚持思想政治教育的激励原则，灵活运用榜样示范法，维护英雄形象，推崇英雄精神，向贬低、抹黑英雄的历史虚无主义亮剑。正如习近平总书记所指出的，"我们要在全社会树立崇尚英雄、缅怀先烈的良好风尚。对为国牺牲、为民牺牲的英雄烈士，我们要永远怀念他们，给予他们极大的荣誉和敬仰"[1]。党的十八大以来，习近平总书记十分重视在全社会树立崇尚英雄的风尚，在重要会议、重大国事活动以及考察红色圣地、革命老区、爱国主义教育基地时都围绕崇尚英雄作出重要论述，并多次开展党和国家功勋荣誉表彰活动，如2015年颁发"中国人民抗日战争胜利70周年"纪念章、2018年改革开放40周年表彰百名杰出贡献对象、2019年颁授中华人民共和国国家勋章和国家荣誉称号、2021年颁授"七一勋章"等。这些活动的开展，赞扬了英雄模范事迹，弘扬了英雄模范精神，维护了英雄模范尊严，发挥了英雄模范精神引领、典型示范的作用，取得了良好的社会效果。为此，社会各界要广泛开展学习英模活动，充分开发与利用红色教育基地，加强对英雄事迹的宣传报道，做好英雄人物表彰工作，弘扬英雄的伟大精神和优秀品格，使人们认识到他们的事迹可学可做，他们的精神可追可及，从而推动全社会正确认识英雄，形成崇尚英雄、学习英雄、捍卫英雄、关爱英雄、见贤思齐的良好社会氛围。

(三) 掌握话语权，发挥好网络意见领袖的正确导向作用

互联网的复杂性使其成为历史虚无主义渗透的重要场所，网民深度卷入其中且具有不稳定性的群体思想特征，使有关历史虚无主义的内容易于传播、发酵。为此，抵制历史虚无主义必须占领网络意识形态阵地，争夺并牢牢掌握网络话语权，积极培养网络意见领袖。网络意见领袖是指网络中能够影响多数人态度倾向的少数人，如网络中的公众人物、官方微博、知名自媒体人等，他们很有可能成为部分信息和受众的中间环节，具有传播、解释、引导等二次创造的功能。要鼓励网络意见领袖主动作为，发挥积极作用，包括引导公众人物坚定正确的立场，发表正确的观点，为其粉丝、受众等树立尊重历史、捍卫英雄的榜样，等等。鼓励官方微博积极主动，敢于向历史虚无主义亮剑，做好知识

---

[1] 新华网.崇尚英雄、缅怀先烈，习近平这十句话必须铭记[EB/OL].新华网，2018-05-21.

普及、认识纠偏、价值引领等工作。比如,中国历史研究院的官方微博发起"人民历史课堂"的微博话题,发动网友合力出击历史虚无主义,对历史类营销账号发布的扭曲历史、抹黑英烈、洗白负面历史人物等相关微博内容进行集中揭批,对内容一一考证并强力辟谣,得到网友强烈支持。再如,有的画家认为传递和输出意识形态是艺术作品和艺术家的责任之一,创作了不少针砭时弊、深入人心的画作,有力地抨击日本参拜靖国神社、否认侵略历史的无耻行径,引起了广泛的关注和讨论,发挥了重要的宣传、引领作用。因此,抵制历史虚无主义必须掌握话语权,发挥网络意见领袖的正确导向作用。

(四)依托活动载体,办好纪念仪式

抵制历史虚无主义除了要注重理论指导,还要与具体的实践相结合,依托好活动载体。其中,办好纪念仪式便是抵制历史虚无主义的重要载体。纪念仪式是为纪念国家和民族的重大历史事件而举办的仪式,包括在中国共产党成立纪念日、中国人民抗日战争胜利纪念日、国庆日、抗美援朝纪念日、南京大屠杀死难者国家公祭日等特殊节点举办纪念活动。纪念仪式的开展能够普及历史知识,包括重大历史事件发生的时间、历史背景、代表性历史故事、典型历史人物以及蕴含的深层次历史意义与现代价值等,能够使人们在具体活动的所见、所闻、所感中正确认识和感受历史。一方面,纪念仪式具有规范性、庄严性和鲜明的意识形态性,能有力回击历史虚无主义娱乐历史、戏说历史的行为。另一方面,纪念仪式具有象征性、主题性、实践性、参与性,容易让人们融入其中,帮助人们树立正确的历史观,感受浓厚的历史氛围,从仪式中激发和凝聚民族情感,击溃历史虚无主义妄图分散人心的阴谋。因此,要办好纪念仪式,发挥思想政治教育活动载体的作用,使人们在周期性重复的纪念仪式中正确认识历史,揭开历史虚无主义的虚伪面纱,使受众明晰把握纪念仪式所宣介的重大历史事件背后更深层次的意义,让受众"知其然"且"知其所以然",使人们能够达到历史知识清楚掌握、历史意义印象深刻、民族情感油然而生,从而抵御和抵制历史虚无主义。

(五)丰富表达方式,创作高质量文艺作品

文艺作品潜移默化地影响着人们的认知和观念,具有极强的吸引力、影响力。因此,必须丰富表达方式,不断创作高质量的文艺作品,要在文艺作品中客观真实地体现、富有情感地叙述党史、新中国史、改革开放史、社会主义发展史,讲好伟大领袖、革命烈士、英雄模范的故事,使人们能够从文艺作品中感受历史事件的震撼和历史人物的魅力。例如,近年来深受人民群众欢迎的文艺作品,如电影《我和我的祖国》《建党伟业》,电视剧《觉醒年代》《跨过鸭绿江》，综艺《故事里的中国》，动漫《那年那兔那些事儿》等，通过多种形式演绎历史中的经典片段，再现历史故事及历史人物背后的情感力量，是有筋骨、有温度的文艺作品。文艺战线是党和人民的重要战线，抵制历史虚无主义，文艺阵地要守土有责、守土尽责，坚决拒绝粗糙的、迂腐的、夹带历史虚无主义毒害的文艺作品，创作出众多人民喜闻乐见、制作精良、富有营养、启人深思的高质量历史题材文艺作品，让观众能在文艺作品中感悟历史、学习英雄、启迪思想、温润心灵。

（六）完善技术平台建设，加强监督管理

抵制历史虚无主义，除了要做好宣传引领工作，还要完善技术平台建设，加强监督管理。首先，要充分发挥技术监管的作用，利用智能技术细化网络中有关历史虚无主义关键词、图片、视频的样本筛选，完善过滤系统，做到"能够及时鉴别历史虚无主义网络话语变体，及时捕捉历史虚无主义思潮踪迹"[①]，对有害内容进行拦截。同时，加强人工审核，织密过滤网。其次，要加大对网络社区的整改力度，敦促网络社区将常态整治与历史虚无主义专项整治紧密结合起来，要严格根据国家相关法律对含有历史虚无主义有害信息、歪曲历史、诋毁革命领袖和英雄烈士的违规内容及账号进行严肃清理。最后，要推进监督举报平台建设。比如，为营造建党百年良好舆论氛围，中央网信办违法和不良信息举报中心、河北省违法和不良信息举报中心，在官网开设了"涉历史虚无主义有害信息"举报专区，专项受理公众举报。地方政府与网络社区应积极推进监督举报平台建设，设置举报历史虚无主义信息的专区，充分利用举报电话、举报网址、官方微博、微信公众号、电脑客户端等多种方式，消除历史虚无主义信息。此外，还需要加强宣传，调动人们参与监督的积极性，坚决清理历史虚无主义。

（七）健全法律法规，提供制度保障

"法者，治之端也。"抵制历史虚无主义法律不能缺位，要用好法律这一重要武器。比如，在抵御历史虚无主义侵害英雄烈士方面，《中华人民共和国英雄烈士保护法》是为加强对英雄烈士的保护而制定的法律，规定要维护英雄烈士的尊严和合法权益。《中华人民共和国民法典》明确规定，侵害英雄烈士等的姓名、肖像、名誉、荣誉，损害社会公共利益的，应当承担民事责任。《中华人民共和国刑法修正案（十一）》中，将侮辱、诽谤英雄烈士的行为正式入刑，并

[①] 叶玉华，叶飞霞. 消解历史虚无主义传播影响的应对策略 [J]. 管理观察，2019 (21)：99-101.

将罪名定为侵害英雄烈士名誉、荣誉罪。法立,有犯而必施。上述法律法规能够有效制约和惩治历史虚无主义者侮辱、诽谤英烈的恶劣行为。要坚决织紧法治的约束网,完善打击历史虚无主义的法治体系,提高打击历史虚无主义的法治能力,推进打击历史虚无主义的法治进程,增强法治思维和法律意识,用好、宣传好、完善好相关法律法规,做到有法可依、有法必依,把法律法规落到实处,运用法律的武器警示、查处、惩罚虚无历史的无耻行径,坚决痛击历史虚无主义。

批判"经验批判主义"捍卫和阐发物质观思想
——列宁《唯物主义和经验批判主义》的精神实质及其当代意义

王宏波 曹 睿

摘 要:《唯物主义和经验批判主义》是马克思主义理论宝库中的一本重要著作,它深刻阐明了马克思主义哲学物质观及其相关基本原理,标志着马克思主义哲学发展到列宁主义阶段。这是一部论战性的哲学著作,体现了列宁在驳斥马赫主义及其经验批判主义的过程中,捍卫和阐发马克思主义哲学原理的批判性建构的哲学思维特点。

关键词: 物质;客观实在;客观真理;物质运动

经验批判主义,也称为马赫主义,是19世纪末到20世纪初的一种国际化的哲学流派。这个流派的代表人物是奥地利物理学家、哲学家马赫和德国哲学家阿芬那留斯。马赫的代表性哲学著作是《感觉的分析》《认识与谬误》。另外,阿芬那留斯也自称批判的经验主义者,还曾写过一本题为《纯粹经验批判》的书。这两个人的哲学思想的共同特点是否认经验之外的客观实在,从所谓的纯粹经验本身讨论哲学认识论和本体论问题。由于马赫在自然科学和哲学两个领域都有影响,所以这种经验批判主义的哲学流派也叫马赫主义。马赫主义哲学流派的学术特点是对经验进行批判,批判的结果否定了经验产生的物质前提,所以本质上是一种唯心主义的经验论。列宁为了揭示和批判它的唯心主义实质,将书名确定为"唯物主义"和"经验批判主义",以彰显这本著作的论战性质。

一、物质观思想是《唯物主义和经验批判主义》的理论重点和逻辑轴线

列宁这本书的理论重点是直面马赫主义和经验批判主义对唯物主义物质观的攻击,阐述马克思主义的物质观思想,并以物质观为理论基础,阐发马克思主义哲学的一些基本问题。为了实现这个理论目的,列宁将辩证唯物主义物质观思想作为一个逻辑轴线,贯通到批判马赫主义和经验批判主义的相关问题中,

贯穿到各个哲学问题和相应的各个章节中。

列宁首先在《代绪论》中对马赫主义哲学的核心观点进行了"揭老底"式的批判。列宁抓住马赫的"物是感觉的复合"的观点,与贝克莱的"存在就是被感知"的观点进行比较,从哲学史的角度揭示出马赫主义哲学是欧洲16世纪英国主观唯心主义哲学家贝克莱的思想在20世纪的翻版,从而展示出贝克莱哲学、马赫主义、俄国马赫主义这祖孙三代之间的血缘关系,它们的共同特点都是否认唯物主义的物质概念。这一比较就客观地揭露出马赫主义者唯心主义的本来面目。

列宁在第一章以物质观为思想武器,重点批判马赫主义"感觉第一"的唯心主义思想,阐释和强调"客观实在"是感觉的来源,阐发了"物质第一"的思想。

在第二章,列宁重点以物质观为基础讨论了客观真理问题,批判马赫主义者的主观真理论,并从哲学基本问题的两个方面出发,阐发认识对象的客观性以及认识的可能性问题。这一章的重点是批判马赫主义不可知论的哲学本质,阐释和论证"客观真理"的存在性以及认识客观真理过程的辩证法,强调实践在"自在之物"向"为我之物"转化过程中的基础作用。

在第三章,列宁重点批判马赫主义的"纯粹经验"论和对"物质"范畴的错误理解,深刻论证了马克思主义哲学的物质观思想,并对物质概念作了新的阐发,深化了物质范畴的内涵;批判了马赫主义的"思维经济原则"的实质是放弃唯物主义物质观;深刻揭示了物质观对于认识论的重要意义,还结合"因果性与必然性""时间和空间""自由与必然"等重大理论问题阐发了世界的物质统一性思想。

在第四章,列宁集中考察了经验批判主义的历史发展以及同其他唯心主义学派的联系,着重分析了经验批判主义如何从康德出发走向贝克莱和休谟,还主要批判了马赫主义和经验批判主义在俄国思想界和理论界的表现。

在第五章,列宁主要是针对19世纪末20世纪初物理学新发现所引起的"物理学危机"中的"物理学唯心主义",进一步揭露"物理学唯心主义"的实质是要否定哲学唯物主义物质范畴所表达的客观实在性的思想。为了揭穿唯心主义者的阴谋,列宁深入批判了"物理学唯心主义"的两个错误命题——"物质消失了"和"没有物质的运动",并进一步揭露了这些错误观点的认识论根源,同时科学地阐发了辩证唯物主义关于物质运动的观点。

第六章以"经验批判主义和历史唯物主义"为标题,集中考察和批判了经验批判主义者及其在俄国的衣钵继承者,即俄国马赫主义者及经验批判主义者

111

的唯心主义社会历史观点。列宁把物质观思想贯彻到社会历史领域，批判了俄国马赫主义者对马克思主义历史唯物主义的修正，阐明了历史唯物主义和辩证唯物主义的内在有机性，强调了哲学的党性原则，也说明了马克思主义的理论发展特点。

二、批判性建构是列宁阐发物质观思想之理论逻辑的展开方式

列宁写作这本著作的历史环境是俄国革命暂时处于低潮时期。这个时期被称为沙皇统治的"斯托雷平时期"。在这一革命低潮时期，思想理论领域的形势异常严峻和复杂：一方面，反革命势力在思想战线上大举进攻。一大群时髦作家涌现出来，他们"批评"和"谴责"马克思主义，对马克思主义的"批评"已经成为一种时髦。另一方面，革命阵营中的一些知识分子，利用"马赫主义"对马克思主义哲学基本原理进行否定和批判，妄图修正马克思主义哲学。他们"引证'现代认识论'，引证'最新哲学'（或'最新实证论'），引证'现代自然科学的哲学'，或者甚至引证'20世纪的自然科学的哲学'"①，去否定马克思主义哲学的基本原理。特别应当指出的是，当时很多批判马克思主义的人，讨伐马克思主义哲学基本原理的人，却以马克思主义者的作家自居。他们在哲学上否定辩证唯物主义和历史唯物主义，却自命为马克思主义者。

这些时代背景决定了列宁的这本著作具有极强的批判性和战斗性，它通过批判和战斗捍卫马克思主义，通过批判和战斗阐发和建构马克思主义哲学的基本原理。同时，这个历史任务和列宁所要实现的理论目的，决定了列宁在写作《唯物主义和经验批判主义》一书时运用了批判性建构的哲学思维方式，即通过深刻尖锐地批判当时流行的错误观点，展开他的理论思维和内容结构及其逻辑特点，进而阐发马克思主义哲学的基本原理。

（一）批判马赫主义的"感觉第一性"的主观唯心主义思想，坚持"物质第一性"哲学原则，提出认识论上两条根本对立的哲学路线

马赫坚持认为人的感觉之外没有引起感觉的客观事物。马赫曾经明确地表明，物理学的对象是"感觉之间的联系"，而不是物或者物体之间的联系。马赫又进一步把"感觉之间的联系"定义为"感觉复合"。在马赫所呈现的所谓最新哲学的思想中，把科学研究的对象规定为"感觉要素"和由"感觉要素"构成的"复合产物"，而把这种"复合产物"简称为"感觉复合"。所以，在马赫看来，科学研究的对象不是存在于感觉之外、引起感觉的"物"或者"物体"，

---

① 列宁选集：第2卷[M]．北京：人民出版社，2012：13．

而只是"感觉"本身,并且否认引起感觉的外部物体或者物质现象。

列宁深刻地指出了马赫主义的实质就是否认"物质第一性",坚持"感觉第一性"的主观唯心主义。

马赫主义者为了迷惑人们又提出了两种不同的说法:一个是"世界要素说",另一个是"原则同格说"。其实,这两个不同的说法都是"感觉第一"的翻版。

第一,"世界要素说"的实质就是指"感觉"和"感觉的要素"。列宁首先指出,马赫的"要素说"是"感觉第一性"思想的另一种表达方式。列宁说,所谓的"要素说",或者说"世界要素",其理论要点是:宣称一切存在的东西都是感觉;把感觉称为要素;要素可以分为物理的东西和心理的东西,但是只有在物理要素与身体要素相联系的情况下,我们才把物理要素称为感觉的复合,因为心理要素是物理要素的根据。马赫认为,"要素"是一种非心非物,或者说是超出心物对立的中性的东西。列宁进一步指出,玩弄"要素"这个字眼是一种最可怜的诡辩。因为人们在读到马赫主义者的哲学书籍,看到"要素"这个词时,一定会问:"要素"是什么呢?以为造出一个新字眼就可以躲开哲学上的基本派别,那真是小孩子的想法。列宁深刻地指出:如果"要素"是感觉,那么就是妄图用一个比较"客观的"的术语来掩盖唯我论真面目的唯心主义;如果"要素"不是感觉,那么所造出来的这个新字眼根本就没有什么意思,它不过是大肆吹嘘的空话而已。

第二,"原则同格说"的实质是否认认识对象的客观独立性。马赫主义的一个重要的代表人物阿芬那留斯,他在《人的世界的概念》和《关于心理学对象的概念的考察》两本书中阐述了他的"原则同格说"。所谓"原则同格说"的意思是关于"我们的自我和环境的不可分割的同格(同格即相互关联的意思)"的原理。阿芬那留斯认为,"中心项"与"对立项"是不可分割地联系在一起的,同时存在、同时灭亡,没有先后之说。阿芬那留斯强调说,他的这个"原则同格说"不去追究我们自己以及外部世界是不是真的存在,谁先谁后、谁决定谁之类纯粹的哲学问题。列宁指出,阿芬那留斯的哲学错误是用认识过程的特点否认认识对象的客观实在性,否认认识对象对于认识主体的客观独立性,他把对物体与环境的描述同物体与环境的实际存在混同起来,企图用认识的相对性去否认客观事物不以人的存在为转移的基本性质。

列宁在批判了马赫主义以"物是感觉的复合"及其翻版"世界要素论"和"原则同格论"作为理论核心的"感觉第一"唯心主义观点以后,明确地提出了哲学上两条对立的认识论路线。列宁说:"我们现在不是谈唯物主义的这种说法或那种说法，而是谈唯物主义和唯心主义的对立，哲学上两条基本路线的区别。从物到感觉到思想，还是从思想感觉到物？恩格斯主张第一条路线，即唯物主义的路线，马赫主张第二条路线，即唯心主义路线。"①

（二）区别"自在之物"的不同含义，阐释"自在之物"的物质内涵，阐释认识客观真理的辩证法

首先，列宁关于"自在之物"的唯物主义解释。关于自在之物，不同的哲学派别有不同的理解。作为不可知论者的著名代表——德国哲学家康德提出不可认识的"自在之物"。在康德看来，"自在之物"是存在的，却是不可知的。人们认识到的都是通过感觉获得的关于"自在之物"的现象，而不可能达到"自在之物"本身或本体。还有一种怀疑论，其实也是另一种形式的不可知论。怀疑论的代表人物是英国的哲学家休谟。休谟和康德不同，他对人的思维和感觉之外是否存在"自在之物"不置可否，因为关于思维和感觉之外，有没有"自在之物"存在那是不可能知道的事情，不可能回答的问题。在休谟看来，人的一切知识都通过感觉而来，人们只知道自己的感觉，感觉之外的东西、支撑感觉的东西、作为感觉来源的东西，人们是无法感知的；由于无法感知引起感知的存在，所以对引起感觉的那个"自在之物"表示怀疑，因为它无法感知和无法证明，因而表示怀疑。总而言之，休谟的怀疑论还是建立在无法感知的不可知论的基础上的。

为了诠释马克思主义的"自在之物"观点，列宁首先依据恩格斯在《费尔巴哈论》中关于哲学基本问题回答的唯物主义思想，把不依赖人、人的思维、人的意识而存在的物质存在叫作"自在之物"。而且这个"自在之物"是可以认识的。恩格斯反对休谟的怀疑论，承认感觉之外有引起感觉的"自在之物"，同时反对康德"自在之物"不可知的不可知论，认为感觉之外不仅存在"自在之物"，而且这个"自在之物"是可以被认识的。

列宁在对"自在之物"作了唯物主义的规定以后，总结了反映人类认识的本质和特点的三个重要结论。第一，物是不依赖于我们的意识、我们的感觉而在我们之外存在着的。第二，在"现象"和"自在之物"之间，没有而且也不可能有任何原则的差别；差别只存在于已经认识的东西和尚未认识的东西之间。第三，认识的发展是一个辩证的过程。人的认识过程就是从"自在之物"到"为我之物"的过程。

列宁进一步强调了实践在"自在之物"向"为我之物"转化过程中的客观

---

① 列宁. 唯物主义和经验批判主义 [M]. 北京：人民出版社，1960：28.

作用。为此,列宁引用了恩格斯著作中的原话。恩格斯说:"对这些以及其他一切哲学上的怪论(或谬论,Schrullen)的最令人信服的驳斥是实践,即实验和工业。既然我们自己能够制造出某一自然现象,按照它的条件把它生产出来,并使它为我们的目的服务,从而证明我们对这一现象的理解是正确的,那么康德的不可捉摸的(或不可理解……)'自在之物'就完结了。"① 列宁引用恩格斯这一段著名的论述,就在于说明实践在"自在之物"向"为我之物"转化过程中的作用:"自在之物"是不依赖于人而存在的,是人还没有认识的客观存在的客观事物,也是实践未曾变革的客观事物。一旦这个"自在之物"进入人的认识领域,成为人的认识对象和实践对象,经过实践的变革,人们就会发现"自在之物"的本性和规律,然后人们再根据已经发现和认识的本性和规律,把"自在之物"按照人的方式又制造出来,为人服务、满足人的目的,那么这个时候,"自在之物"就转变为"为我之物"。

其次,揭示了"自在之物"的物质内涵。"自在之物"是什么?为了同唯心主义,特别是同康德的"自在之物"明确区别,用物质概念替代"自在之物",给"自在之物"以物质的规定性,在强调用"是否承认'客观实在'"作为区分主观唯心主义以及马赫主义与唯物主义的理论原则以后,进一步用"客观实在性"揭示哲学上的物质概念的特点和基本内涵,深刻地阐释了"自在之物"的客观本性。列宁说:"物质是标志客观实在的哲学范畴,这种客观实在是人通过感觉感知的,它不依赖于我们的感觉而存在,为我们的感觉所复写、摄影、反映。"② 列宁的物质定义言简意赅,以深刻的科学抽象和高度的哲学概括,包含了极为丰富的内容。它指明了物质范畴不仅具有本体论的意义,也具有认识论的意义,为人们正确把握辩证唯物主义物质观的精神实质和丰富内容指明了方向。

列宁认为,是否承认物质实在性的思想是区分唯心主义和唯物主义的哲学标准。列宁指出:对于感觉现象,一定要问人们是否感觉到客观实在吗?这是一个老而又老的哲学问题,但是被马赫主义者搞乱了。如果你认为人没有感觉到客观实在,那么你就必然和马赫一起陷入主观主义和不可知论;如果你认为感觉到了客观实在,那么就需要有关于这个客观实在的哲学概念,而这个概念很早以前就制定出来了,它就是物质概念。列宁进一步指出:接受或抛弃物质概念的问题,是人对他的感官的提示是否相信的问题,是关于我们的认识的源

---

① 列宁选集:第 2 卷 [M]. 北京:人民出版社,2012:75.
② 列宁选集:第 2 卷 [M]. 北京:人民出版社,2012:89.

泉的问题。这一问题从哲学肇始之日就被提出来讨论了,虽然各种唯心主义者千方百计地把这个问题改头换面,但是,只要有唯心主义和唯物主义思想的斗争,物质概念就不会是陈腐的。

最后,只有承认和坚持物质概念,才能坚持绝对真理与相对真理的辩证法。第一,列宁正是在真理的客观性意义上理解和定义真理的绝对性,他强调指出:"当一个唯物主义者,就要承认感官给我们揭示的客观真理。承认客观的即不依赖于人和人类的真理,也就是这样或那样地承认绝对真理。"① 第二,列宁指出相对主义的实质是否认客观真理。第三,阐述了绝对真理与相对真理的辩证关系。为了论述绝对真理与相对真理的辩证关系,列宁强调,绝对真理是由相对真理构成的,相对真理的总和构成绝对真理;相对真理和绝对真理之间没有不可逾越的鸿沟;相对真理和绝对真理的区分既是确定的又是不确定的。列宁进一步强调,如果不了解相对真理与绝对真理之间的区分的不确定性,就会把真理看成只有绝对性而没有相对性的东西,只承认绝对真理而不承认相对真理,就会把真理变成僵死的、凝固的、不发展变化的教条。如果不了解绝对真理与相对真理之间区分的确定性,就会把真理看成只有相对性而没有绝对性的东西,只承认相对真理不承认绝对真理。这样就会陷入相对主义,从而否认认识世界的可能性。

列宁在阐述了绝对真理与相对真理的辩证关系以后,还进一步阐述了实践标准是确定性和不确定性的辩证统一思想。

列宁认为:坚持实践问题上的唯物论,就是要坚定地主张实践是检验真理的唯一标准,这是确定无疑的;同时强调,理论不能作为检验理论真假的标准,多数人的看法不能作为检验理论真理性的标准,客观事物无法作为检验理论真理性的标准。列宁还认为,坚持实践标准问题上的辩证法,就是要承认实践是一个具体的历史的过程,因而某些认识的真理性并不是一次实践就可以证明的;同样,某些认识的荒谬性也不是一次实践就可以轻易驳倒的,这就需要经过多次实践反复检验。如果不懂得这个辩证法,把实践标准绝对化,那就很可能单凭一两次实践而否定真理或肯定谬误,或者,由于一两次检验的不准确而对实践是否能够作为检验真理的标准产生怀疑。

---

① 列宁选集:第2卷[M].北京:人民出版社,2012:92.

(三)批判"纯粹经验"论及其"思维经济原则",阐释世界物质统一性思想

马赫主义用"纯粹经验"论否定"物质"范畴,并提出了匪夷所思的"思维经济原则"。列宁在深刻批判这些错误命题的同时,深刻阐发了马克思主义哲学的物质概念,围绕"因果性与必然性""时间和空间""自由与必然"等重大理论问题论述了世界物质统一性思想。

第一,批判"纯粹经验",深刻阐发物质内涵及意义。物质范畴是唯物主义哲学的基石。各种各样的唯心主义也十分了解物质范畴对于整个唯物主义哲学的意义和作用。因此,他们或者用最恶毒、最肮脏的语言来攻击物质,如咒骂物质为"虚无",或者从唯心主义前提出发歪曲物质概念的内涵,例如,把物质说成观念。经验批判主义者也否认物质范畴,他们认为只谈"纯粹经验",不谈"物质实体",就体现了"思维经济原则"。经验批判主义者也和他们的唯心主义鼻祖一样,企图用"经验"概念替代"物质"概念,用"经验"这个词语掩盖唯物主义和唯心主义的根本分歧。

列宁对物质概念作了重点解释并对其深刻内涵进行了新的阐发。列宁说"物质是标志客观实在性的哲学范畴"。这就是强调物质的唯一"特性"是客观存在,它标志着存在于我们的意识之外,能够为意识所反映的东西。哲学唯物主义是同承认这个特性分不开的。列宁像恩格斯一样,重申"物质"是一个哲学范畴。"客观实在"就是物质范畴的基本内涵。列宁认为物质范畴的核心就是"客观实在"。如何理解客观实在呢?这是理解列宁的物质观的关键所在。客观实在是物质的唯一特性,说明了人与世界的关系、思维与世界的关系。它是从总体上统指人们意识之外的存在性,这是可感知的物质东西的共性,是无限多样的具体事物的根本特性。它作为世界的最一般本质也具有最广泛的概括性。

在列宁的物质概念中,客观实在从两种意义上与人的感觉、意识发生关系。一方面,客观实在不依赖于人的感觉,存在于人的意识之外;另一方面,它可为人的感觉所感知,为人的意识所反映。这样,通过客观实在来规定物质,可以转换成为在物质和意识的关系中来确定物质。所以,列宁关于物质概念的定义便成了马克思主义哲学解决哲学基本问题的缩写。

第二,进一步深刻阐发了世界的物质统一性思想。运用物质的唯一特性即客观实在性,去说明世界万事万物的共同本质,就是世界的物质统一性问题。为了深入批判那些马赫主义者及其在俄国的信徒,列宁以"自然界的因果性""时间和空间""自由与必然"等这些重要的哲学问题为理论对象,既批判了在这些问题上的马赫主义的错误观点,又进一步深刻阐发了"世界的物质统一性"

原理。

首先，阐发了自然界的因果性与必然性的客观实在性。由于因果性与必然性都是物质世界自身内部的本质联系，所以阐述世界的物质统一性问题，必然涉及因果性与必然性的物质性问题。列宁明确论述了关于整个外部世界的客观实在性的思想，还引证了恩格斯经常讲到的"自然界的规律""自然界的必然性"思想，强调不容许对自然界的客观规律性、因果性、必然性存在丝毫的怀疑。

列宁在正面阐述因果性和必然性的客观性的同时批判了马赫主义者的唯心主义观点。一是批判了马赫用"函数依存关系"替代因果性，否认因果性的客观性的思想观念，揭露马赫在因果问题上的怀疑主义立场。二是批判了阿芬那留斯的所谓必然性，只是人们对于他所主观期待的某一种结果出现的或然率的程度的主观主义因果观，阐述因果必然性的客观性。三是批判了毕尔生的"必然性属于概念的世界"是不属于物质世界的唯心主义观点，指出其走向信仰主义的本质，并更加深刻地指出，毕尔生所谓的"人把规律给予自然界"这个说法与"上帝把规律给予自然界"的说法都是一致的，都否认自然界自身的运动是有规律的，否认规律是自然界自身具有的规律，其所表达的思想是一致的：自然界的规律是自然以外的力量强加给自然界的。四是批判了彼得楚尔特的否定自然界规律性的观念，揭露其"逻辑的先天"的唯心主义实质。列宁尖锐地指出，彼得楚尔特的"逻辑的先天"思想是康德主义的变种。五是批判了彭加勒的"经验符号论"。彭加勒坚持和维护"自然规律是人为了方便而创造出的符号、记号"这样的观点。列宁指出："新术语一点也没有改变不可知论的陈旧不堪的哲学路线，因为彭加勒的'独创的'理论的本质就是否认（虽然他远不彻底）自然界的客观实在性和客观规律性。"①

其次，阐述了关于时间与空间的客观实在性。时间和空间的本性问题是物质统一性的一个重要问题。唯物主义者承认客观实在及运动着的物质不依赖于我们的意识而存在，也就必然要承认时间和空间的客观实在性。而唯心主义者否认世界的物质本性，也就必然否认时间和空间的客观实在性。列宁强调了这样几点。一是正如物或者物体不是感觉的复合，不是简单的现象，而是作用于我们的感官的客观实在一样，空间和时间也不是现象的简单形式，而是存在的客观实在形式；二是世界上除了运动着的物质什么也没有，而运动着的物质只有在时间和空间之内才能运动；三是人类的时空观念是相对的，但是关于时间

---

① 列宁选集：第2卷［M］．北京：人民出版社，2012：127.

空间的绝对真理是由这些相对的观念构成的。正如关于物质构造和运动形式的科学知识的可变性并没有推翻外部世界的客观实在性一样，人类的时空观念的可变性也没有推翻空间和时间的客观实在性。

列宁针对马赫主义者之流只谈时间、空间概念的变化，不谈时间、空间的客观实在性的主观唯心主义时空观，指出其走向信仰主义的本质。列宁说，如果只谈时间、空间概念，不问时间本性，否认时间空间的客观实在性，否认时间和空间是物质运动的基本形式，必然会滚到"终极原因"和"第一次推动"中去，① 必然会导致信仰主义。

最后，深刻阐发了自由与必然的对立统一性。自由和必然的关系问题，最能反映世界的物质规定性、客观必然性、客观实在性与人的主观能动性的关系问题，因而是哲学上长期讨论的问题，也是各派哲学争论不休的问题。列宁为了批驳经验批判主义者否认客观必然性、夸大主观意志作用的主观唯心主义观点，考察了在自由和必然问题上辩证唯物主义和经验批判主义的根本对立，阐明了恩格斯关于自由和必然的思想，进一步论述了理解自由和必然关系的辩证法。

列宁所引述的恩格斯的基本思想是："自由不在于在幻想中摆脱自然规律而独立，而在于认识这些规律，从而能够有计划地使自然规律为一定的目的服务。……自由就在于根据对自然界的必然性的认识来支配我们自己和外部自然。"② 列宁对这一段话所蕴含的思想作了具体的分析和阐释。一是恩格斯关于自由与必然关系的论述强调了必然性、规律的客观性。二是恩格斯关于自由和必然关系的论述强调了自然界的必然性是第一性的，人的意志、意识是第二性的。三是从恩格斯承认"盲目的必然性"出发，深刻阐述认识的过程是"自在的必然性"向"为我的必然性"转化的过程。四是恩格斯关于自由和必然的对立统一关系的思想，是以实践为基础的辩证法，强调了从认识必然性到支配必然性的飞跃，从理论到实践的飞跃。

（四）批判"物理学唯心主义"，坚持物质实在论

19世纪与20世纪之交的物理学新发现，不仅引起了"物理学危机"，而且引发了深刻而又广泛的哲学反响。"电子"等新的物质微粒和放射性等新的物理学现象的发现，超出了经典物理学理论的解释范围，引发了一场经典物理学理论的危机。同时，围绕物理学新发现也展开了哲学争论产生了"物理学唯心主

---

① 列宁选集：第2卷［M］．北京：人民出版社，2012：139.
② 列宁选集：第2卷［M］．北京：人民出版社，2012：150-151.

义"。对此列宁进行了深刻的分析和尖锐的批判。

列宁分析了由"物理学危机"产生的唯心主义特点：第一，以"物理学危机"为缘由，以讨论物理学知识的价值与界限为论题，否认科学认识物质客体的可能性。第二，以"物理学危机"为缘由，否定唯物主义的物质实在观。第三，以"物理学危机"为缘由，主张功利主义的科学观，使科学失去了客观标准，成为功利主义者的艺术品，否定科学探索真理的本性。第四，"物理学危机"给神秘主义的东西提供了可以借机还魂的逻辑空间，还为信仰主义的传播开辟道路。

列宁对物理学危机实质的深刻揭示和总体评价是：第一，现代物理学中新学派与旧观点的对立，实质上是唯物主义思想与唯心主义思想的对立，他们斗争的焦点依然是承认或不承认意识之外的客观存在。列宁指出："现代物理学危机的实质就是旧定律和基本原理被推翻，意识之外的客观实在被抛弃，这就是说，唯物主义被唯心主义和不可知论代替了。"① 第二，所谓"物理学危机"并不是物理学发展的危机，而是对物理学新发现的哲学解释危机。由物理学新发现引起的真正危机是哲学危机，是由传统物理学所自发接受的"物质实在"的哲学思想被有些科学家所怀疑，被一些物理学家所抛弃，得出了"物质消失了"的结论。而各种唯心主义、不可知论者、怀疑论者、信仰主义者也借此大行其道。所以，所谓"物理学危机"并不是物理学的发展遇到了危机，而是对物理学新发现得出了唯心主义的哲学结论，产生了"物理学唯心主义"，这就是"物理学危机"的实质。

三、当代科技发展与哲学物质观

科学把握列宁的哲学物质观思想是理解科学发现的哲学意义的重要前提。物质与物质的东西是不同的两个概念，要把作为哲学范畴的物质概念与作为科学范畴的物质形态概念区别开来。紧紧把握"物质"是一种哲学抽象，它所揭示的世界的本质只能存在于所有的种种不同的事物之中，没有脱离各种具体事物而独立存在的某种"物质自身"，但是，"物质自身"又是和"物质的东西"不同的东西。其次，要准确把握物质的唯一特性是"客观实在性"。这个客观实在的含义就是独立于意识之外、不以意识为转移的、能够为意识所反映的东西。所以，物质的内涵是在物质与意识的对立统一关系中被定义的。如果我们把握了哲学物质概念的根本特性、理解了物质概念形成的方法论原则，就不难理解

---

① 列宁选集：第 2 卷 [M]. 北京：人民出版社，2012：189.

当代各种新的科学技术进展和新的科学发现的哲学意义。

(一) 信息是物质显示其运动状态的表现形式

人类社会进入了 21 世纪,科学技术发展的一个重要特征是信息科学技术的飞速发展和广泛应用,以至于人们用信息社会来描述当代社会的基本特征。科学技术界已达成共识,把信息作为与物质、能量相并列的一种存在形态,强调信息就是信息,既不是物质,也不是能量,是一种相对独立的存在形态。从而,信息问题也成为哲学上讨论的一个重要问题,就是信息的本质是什么的问题。

信息概念的含义十分广泛,表现在各种不同的学科和各种不同的领域中,首先要区分信息概念使用的不同层次和相应的不同的领域。第一,日常经验中理解的信息概念。在人们的日常生活中,信息指的就是具有新内容、新知识的消息,其载体诸如新闻、情报、资料、数据、图像、密码、语言、文字等。第二,信息科学技术领域的信息概念。在信息科技领域有两种学术定义是比较典型的。第一个是信息论创立者香农的信息定义。他说"信息是消除了的不确定性"。其含义是由于通信过程的完成,收信者对于某种事物存在状态知识的不确定性得以部分或全部消除。所以,信息就是消除了的不确定性。第二个是控制论创始人维纳的信息定义。他认为"信息就是负熵"。在热力学中熵值是表示系统的不确定性程度或者混乱程度的概念。熵值的减少就意味着不确定性的消除,所以信息就被理解为负熵。由此,也派生出信息就是标志系统的组织性程度,即有序性、秩序性的概念。这两种定义都是从实用信息科学的角度对信息的功能、意义和量化特征的描述。第三,哲学层面的信息定义。从哲学层面讨论信息的本质,一要超出日常生活领域和具体信息科学领域,从世界观层面上进行理解;二要从物质和意识的相互关系上进行理解和分析。这就要应用列宁曾经论述过的物质观思想,把物质的唯一特性和物质的具体表现形式区分开来。

从信息的存在方式来看,信息并不是一个直接的、具体的物质存在形式,信息是在表征、表现、外化、显示事物及其特征的意义的过程中存在的。这就是说信息不是绝对独立存在的,是在信源、信道、信宿的相互作用过程中产生的。首先,它是信源(某种客观实在的具体的事物)的属性或特征,同时通过信道(传递途径)传递的,最后是由信宿(信息接受者)接收的。尽管信息接受者可以对所接受的信息进行再加工处理,但是原始信息是独立于接受者的大脑和意识的,这都是信息的客观性。所以,不管是对于信源还是对于信宿来说,信息都不是第一性的。对于信源来说,信息是信源的属性;对于信宿来说,信息独立于信宿而存在，信息到达信宿，只是改变了信宿的信息状态，不管对于人还是机器都是如此。对于信宿来说，接收到信息可以改变自身的信息状态和应对外部事件的方式，却不能全部改变信宿的整体状态，它只能改变信宿的信息状态。如果要改变信宿的全部的整体的状态，只能通过所接受的信息和信宿的其他部分相互作用以后，借助于信宿的物质、能量与信息的相互作用而逐步实现。但是，能够和所接受的信息相互作用的信宿的其他主要部分是先于所接受的信息存在的，不以所要接受的信息状态和性质为转移，相反却是加工和处理所接收信息的主体。所以，不管是对于信源还是信宿，信息都是非实体性的存在，不是实体性的存在。

信息不是实体性的外部存在，也不是特定的物质形态和能量状态，那么信息到底是什么？按照世界物质性原理，信息是物质显示自身运动状态的表现形式。物质的相互作用，必然引起作用双方的内在结构、运动状态和性质的某种改变，这种改变的"痕迹"就显示了作用双方的性质和特点。由于运动是物质的存在方式，在运动过程中的物质必然会显示自身状态改变的特点，因此信息就是物质显示自身运动状态的表现形式。简单地说，信息就是物质显示自身运动状态的表现形式。这样在辩证唯物主义的物质观中就存在这样几个相关的命题。首先，世界是物质的世界；其次，运动是物质的存在形式；最后，物质运动有两种同时存在的表现形式，一个是能量，一个是信息。作为能量，它是物质运动的表现形式；作为信息，它是物质显示自身运动状态的表现形式。

暗物质是关于未知的物质形态的一种科学假说。暗物质（Darkmatter）是理论上提出的可能存在于宇宙中的一种不可见的物质，它可能是宇宙物质的主要组成部分，但又不属于构成可见天体的任何一种目前已知的物质。诺贝尔物理学奖获得者李政道教授曾指出："暗物质是笼罩20世纪末和21世纪初现代物理学的最大乌云，它将预示着物理学的又一次革命。"暗物质的本质还是个谜。科学家认为，整个宇宙有84.5%是由暗物质构成，但一直未能证明其存在。已有不少天文学家认为，宇宙中90%以上的物质以"暗物质"的方式隐藏着。天文学家们称，根据当前一些统计资料，我们平常看不见的暗物质很可能占宇宙所有物质总量的95%，而人类可以看到的物质甚至不能达到宇宙总物质量的10%。

对于暗物质，目前科学家采用的探测手段可以分为三类：一是"直接探测"。如果暗物质是由微观粒子构成的，那么每时每刻都应该有大量的暗物质粒子穿过地球。如果其中一个粒子撞击了探测器物质中的原子核，那么探测器就能检测到原子核能量的变化并通过分析撞击的性质了解暗物质属性。目前尚未有直接探测试验发现暗物质粒子存在的确凿证据。二是"间接探测",如果在银河系中存在着大量的暗物质粒子,那么应该可以探测到它们湮灭或衰变所产生的常规基本粒子,间接探测就是在天文观测中寻找这种湮灭或衰变信号。当前对宇宙线的产生与传播过程的理解尚不全面,这给在宇宙线中寻找暗物质信号带来了挑战。三是"加速器探测",探寻粒子对撞机中人为产生的暗物质粒子。在高能粒子对撞实验中,可能会有尚未被发现的粒子,包括暗物质粒子产生出来。如果对撞产生了暗物质粒子,再结合直接或间接的探测手段,就可以帮助确定对撞机中产生的粒子是否为暗物质粒子。

综上,暗物质是关于世界的物质构成的科学假说。理论推论这种不可见的物质形态可能是存在的,但尚未被科学实验的探测完全证实。辩证唯物主义的物质观对于这种研究和探索具有重要的指导意义。辩证唯物主义物质观告诉人们,物质的唯一特性是客观实在性,它坚信客观的物质世界是独立于人的意识的,并且成为科学研究的对象。暗物质就是关于世界物质结构形态的科学假说。要检验这种科学假说是否成立,必须坚信这种暗物质是一种具有客观实在性的东西。科学理论的第一步是形成假说,然后再证实这个假说,最终形成科学的理论。科学实验的证实过程就是寻找与科学假说相一致的客观事实,证明假说和预见的客观实在性。目前,相关科学观察实验还没有最后证实暗物质的存在。但是,科学家们坚信,科学假说所预见的"暗物质",虽然截至目前还只是科学推论的结果,但它一定不单纯是科学家头脑主观臆断的产物,这个结果一定不依赖于科学家的意识而存在。科学家的推论是建立在科学家的头脑与意识之外存在着的东西的基础之上。如果它是真实的,一定是科学家头脑之外的客观事实,就一定能通过各种方式找到它。正是这种唯物主义的科学精神推动着科学不断发展进步。

(二)量子现象是物质运动的一种存在形式

量子(Quantum)是现代物理学的重要概念,表示物质世界物理量的不可连续分割的最小单位,它最早由普朗克在1900年提出。"量子"一词最初代表能量的最小单位。后来发现,能量表现出这种不连续的分离化性质,在其他诸如角动量、自旋、电荷等物理量中也存在。

量子力学研究发现,"量子"是一个不变的常数,微观粒子的能量只能是它的整数倍。对于量子运动的解释,可以用矩阵力学描述其不连续的运动,也可以用波动力学方法描述其连续性的运动。另外,如果对微观粒子进行测量,还会发生所谓的"测不准现象"。这就是说,一个微观粒子的某些成对的物理量不可能同时具有确定的数值,例如位置与动量,其中一个量越确定,另一个量就越不确定。另外,微观世界的亚原子粒子,如电子或者光子可以同时处于两种或两种以上的态,也就是说,一个微观粒子在同一时间可以处于好几个不同的位置。而且在多粒子系统中,两个曾经相互作用过的粒子,在分开之后,不管相距多远,还都彼此神秘地联系在一起,其中,一方发生变化,另一方也会发生相应的变化。这种现象被称为量子纠缠。

微观世界的量子现象改变了人们关于物质运动的物理图象。经典物理学认为物质运动是连续的,量子论却告诉人们微观粒子的运动是不连续的;经典物理学在测量物质的物理量时,可以同时获得位置与动量这类相关物理量的准确度量,而量子世界却存在"测不准现象";此外,经典物理学认为一个物体在某个时间点只能处于某一个确定的位置,并且曾经相互作用的两个物体在分离后不会相互影响,但在量子领域以上论断都被推翻。经典物理学中这些关于宏观世界的物理图象在微观世界里发生了如此"奇异"的变化,以至于会颠覆人们的世界观。

爱因斯坦认为这些现象的出现是物理学发展不完备的表现。他在1948年所写的《量子力学与实在》一文中表示,如果不假定彼此远离的客体存在的独立性,那么惯常意义上的物理思维就不可能了,也很难看出有什么办法可以建立和检验物理定律。量子世界之所以出现这些"奇异"现象,说明量子力学是不完备的,很可能成为以后某种理论的一部分,就像相对论力学把牛顿力学看作其内在的一部分一样。

波姆与爱因斯坦不同,他认为任何测量的结果都包含着测量工具及其测量环境的效应,不过在宏观测量中这种环境效应中的量子效应可以忽略不计。波姆认为,量子测量过程不再像经典测量那样,是对被研究对象客观特性的一种揭示,而是依赖于整个测量环境的量子现象的显现过程。他认为,在微观测量中,微观粒子的某些特性的呈现是与测量的方式、方法和手段相关的一种共生现象。所以,微观世界的测量结果是测量对象与测量方式共生的产物。

按照量子力学的理论和研究方法的特征,有人认为,在微观世界中微观粒子的基本属性不总是先验地存在着,而是与测量设置相关,是测量语境中的一种共生现象,而不是测量对象内在特性的独立呈现。也有人概括了几种不同的量子实在观,提出了自在实在、理论实在和对象性实在三个概念。[①] 如果根据辩证唯物主义的物质观思想,对这三种不同层次的实在,可以有更深刻、更科学的理解。第一,作为自在实在的微观粒子,是物质构成的最小单位,是独立于

---

① 成素梅. 论量子实在观 [J]. 江西社会科学,2010 (7):21.

物理学家的抽象思维并能够作为物理学家的研究对象而存在的客观实在，这是科学客观性的基本前提。第二，作为理论实在的微观粒子，是指量子物理学家根据已有的实验资料和科学理论，依靠数学逻辑预言新的实验结果或者实验现象，并且这种理论预言能够被证实或者证伪的理论模型。这种由抽象的理论模型描绘出来的实在称为理论实在。第三，作为对象性实在的微观粒子，之所以说是对象性实在，是指运用特定的测量工具和测量方法观测到的微观粒子的某种属性和特性，它依赖于测量工具的使用，所测到的结果带有测量方法的因素。

根据辩证唯物主义的物质观，物质是标志客观实在性的哲学范畴，它所强调的是物质世界是独立于人的意识的这一特性。物质世界可以分为宏观世界与微观世界，不管微观世界的存在状态多么复杂，不管人们对它的认识带有多少实验方式和测量工具的影响，这类微观粒子是独立于人的意识而存在的，虽然认识和描述这种微观粒子带有理论框架和试验方法的特点，但是这种测量工具的影响不能否定测量对象的存在。爱因斯坦曾强调了这种微观粒子的客观独立性，认为这是物理学存在与发展的前提。波姆的共生理论是从测量对象、测量过程与结果相互作用的角度分析其构成因素，但并不能因此否定微观粒子独立存在性；进一步说，如果没有微观粒子独立于测量工具而存在的客观实在性，那就没有测量问题与测量过程。所以，认识微观世界的客观实在性，还是要坚持辩证唯物主义的物质观，要把对微观粒子的实验观察和理论描述同微观粒子的客观实在性严格区别开来。如果从观察实验结果受到观察工具影响，且这种影响极其重要、无法消除的观点出发，进而把观察对象说成实验工具的唯一产物，那就是把科学研究的对象理解成了主观意识的产物，从而取消了科学研究对象的客观实在性，也就取消了科学研究的对象，取消了科学检验的标准，最终取消了科学本身。

物理学的发展已经深入微观领域，亚原子、电子、光子等现象的客观存在已经是不容争辩的事实。这再一次证明了列宁所揭示的辩证唯物主义物质范畴的哲学内涵的正确性，也再一次印证了恩格斯曾指出的物质概念需要科学的长期发展来证明的论断。量子现象再一次表明：世界是物质的，运动是物质的存在方式，量子是物质运动的一种特殊形式。至于对量子现象如何描述和测量，形成什么样的量子理论，量子科学的研究方法有什么特点，研究结论和研究方法之间有什么联系，这是量子科学的问题，需要通过量子科学的发展来回答。在这个问题上，哲学不能取代科学。但是，量子科学的发展却不能违背辩证唯物主义哲学物质观的基本原则，不能取消量子或者其他什么微观粒子的客观实在性。因为是否承认科学研究对象的客观实在性正是科学与伪科学的根本界限。

参考文献

［1］列宁选集：第2卷［M］.北京：人民出版社，2012.

［2］列宁.唯物主义和经验批判主义［M］.北京：人民出版社，1960.

［3］成素梅.论量子实在观［J］.江西社会科学，2010（7）.

列宁关于工农检查院改组的思考及启示

陈建兵　贺　娜

摘　要：列宁晚年以彻底打碎旧的国家机器、建立名副其实的人民政权为政治保证在苏联建设和发展社会主义，对工农检查院改组和建设问题进行了深邃思考。围绕"建设什么样的工农检查院、怎样建设工农检查院"这一根本问题提出了一系列具有内在逻辑关联的思想观点，即提高工农检查院的权威和地位、实现工农检查院和中央监察委员会合并、明确监察事项和监督程序、加强工农检查院队伍建设。系统研究和把握列宁关于工农检查院改组的丰富思想，对于新时代健全和完善党和国家监督治理体系、以此为基础推进国家监督治理能力现代化建设、提高党的自我革命能力、开展具有许多新的历史特点的伟大斗争并在斗争中巩固和发展中国特色社会主义具有重要启示。

关键词：列宁；工农检查院；改组；中国共产党；自我革命

工农检查院是十月革命后建立起来的承担监督、监察职能的苏维埃国家政权机关。列宁在晚年特别是在生命垂危之际围绕工农检查院及其改组问题留下了内容丰富的系列谈话和思考，构成了其"政治遗嘱"的重要组成部分。系统梳理列宁关于工农检查院及其改组的思考，不仅对深度挖掘列宁关于国家监督和无产阶级专政思想具有重要价值，而且对新时代完善党和国家监督治理体系、进行党的自我革命和开展许多具有新的历史特点的伟大斗争并取得胜利具有重要启示。

一、列宁高度重视工农检查院改组问题及其缘由

1922 年，列宁健康状况恶化，尤其是经历了 5 月和 12 月两次中风后，生命进入倒计时。在弥留之际，列宁十分关注社会主义苏联的前途命运，以惊人的毅力和顽强的意志力，口授了"最后的八篇书信和文章"，为苏联社会主义建设和世界社会主义运动留下弥足珍贵的遗产。其中，占有相当大篇幅和比重的

《我们怎样改组工农检查院》和《宁肯少些，但要好些》两篇文章集中探讨了工农检查院改组问题，充分表达了列宁对工农检查院改组的深切忧思，也折射出工农检查院及其改组问题在苏维埃政权建设以及苏联社会主义建设中的特殊作用。

事实上，列宁对工农检查院及其改组问题的思索由来已久。随着1917年十月革命的胜利，建立无产阶级专政的国家政权提上议事日程。为了实现对党和国家的监督，1918年1月苏维埃俄国设立了国家监察人民委员部，但在旧的沙俄国家政权机关的基础上进行简单改造而建立起来的监察人民委员部，与无产阶级专政条件下对监督监察工作提出的新要求，尤其是党的工作重心转向建设之后的新要求不相适应。根据列宁的提议，1920年1月，国家监察人民委员部改组为工农检查人民委员部（又称工农检查院），吸收更多工农群众参与监督监察工作，实现国家监察机关的人民性和民主化。但是在实际工作中，工农检查院日益演变成一个机构臃肿、效率低下、官僚作风浓厚的机构。面对这一问题，列宁指出，"我们应当把作为改善我们机关的工具的工农检查院改造成真正的模范机关"①。

随着1921年从战时共产主义政策向新经济政策的转变，列宁着眼于社会主义建设新的环境以及面临的风险挑战来思考工农检查院及其改组问题。新经济政策的实施提出了一系列新的重大理论和现实问题：一方面，无产阶级必须掌握国家政权、坚持无产阶级专政的国家性质，才能防止商品经济自发性产生的资本主义因素对国家政权机关、工作人员的腐蚀以及对社会主义发展方向的腐蚀。另一方面，只有加强对苏维埃国家政权机关及工作人员的教育、监督和检查，才能始终保持新经济政策沿着社会主义方向和道路前进。列宁思考工农检查院改组问题不仅仅是为了消灭苏维埃国家机关的官僚主义作风，而且将工农检查院改组问题同新经济政策沿着社会主义方向发展的重大问题联系在一起。

列宁之所以高度重视工农检查院改组问题，是因为这一问题关系到苏联能否彻底打碎旧的国家机器。彻底"打碎资本主义国家机器"是马克思在1848年欧洲革命，特别是1871年巴黎公社后提出的关于无产阶级国家政权建设的重要观点。沙皇俄国是一个带有浓烈封建军事帝国色彩的资本主义国家，十月革命胜利后对旧式国家机关采取了简单改造，没有进行彻底的革命洗涤，一些国家机关中依然存在着旧式国家机器的痕迹，官僚主义不仅存在于苏维埃国家机关中，也蔓延到了党的机关。针对这种情形，列宁尖锐地指出："我们应当把沙皇

---

① 列宁选集：第4卷 [M]．北京：人民出版社，2012：786.

俄国及其资本主义官僚机关大量遗留在我们国家机关中的一切浪费现象的痕迹铲除干净。"① 只有以工农检查院改组为着力点、加强工农检查院对苏维埃国家机关及其工作人员作风的监督检查，才能彻底"打碎资本主义国家机器"，建立起真正的无产阶级专政的国家政权机关。

列宁之所以高度重视工农检查院改组问题，还在于这一问题关系到苏联一国能否巩固和建成社会主义。苏联是在经济文化十分落后的基础上通过暴力革命建立起了世界上第一个社会主义国家，小农经济林立、新经济政策条件下商品经济复苏发展、处在帝国主义包围中，面对这一系列强大压力和重重包围，如何把一个经济文化落后、历经战争创伤的苏维埃俄国过渡到社会主义并最终建成社会主义国家？如何建设和巩固社会主义并等到世界社会主义革命总爆发？这就需要以工农检查院改组和建设为抓手来加强苏维埃国家政权建设，以此为政治保障来巩固工农联盟、加速社会主义工业化。从这个角度审视，工农检查院不仅仅是一个履行监督监察、惩治腐败、反对官僚主义的监察机构，而是与社会主义苏联的前途命运紧密相连，关系到苏联一国能否巩固和建成社会主义的重大问题。

二、列宁关于工农检查院改组思考的内在逻辑和主要观点

列宁对于工农检查院改组的思考和探索散见于他的讲话、信件以及相关文件之中，尤其是晚年在病榻上通过口授方式对工农检查院改组进行了深邃思考，紧紧围绕"建设什么样的工农检查院、怎样建设工农检查院"这一根本问题提出了一系列具有内在逻辑关联的思想观点。

（一）提高工农检查院的权威和地位

苏维埃国家政权创建初期，工农检查院的权威和地位较低，监督监察作用未能得到有效发挥。在这种形势下，列宁强调对工农检查院进行改组，而改组的首要任务和事项就在于提高工农检查院的权威和地位。

提高工农检查院的权威和地位，必须使其至少不低于其他各人民委员部的地位。苏维埃各人民委员部由负责外交、军事、对外贸易、交通、邮电的统一全联盟人民委员部，以及负责粮食、劳动、财政、监察的联合人民委员部组成。在各人民委员部机构中，工农检查人民委员部（又称工农检查院）是负责监督和监察职能的部门，按照规定有权对其他各人民委员部的一切工作和活动，以及各人民委员部的所有领导干部和工作人员进行监督监察。但是由于种种原因，

---

① 列宁选集：第4卷［M］.北京：人民出版社，2012：787.

工农检查人民委员部应有的监督、监察职能和作用没有充分发挥出来，工农检查人民委员部的权威和地位远低于像外交人员委员部这样的平行部门。因此，要使工农检查人民委员部切实履行监督监察职能，成为名副其实的苏维埃国家监察机关，就必须保证工农检查人民委员部的权威和地位不低于其他各人民委员部的地位，在列宁看来，要至少不亚于外交人民委员部的权威和地位。

提高工农检查院的权威和地位，关键在于人员质量而不在于数量。为提高工农检查院的权威和地位，一个最直接的办法似乎就是增加工农检查院的编制、扩大机构规模，作为工农检查院人民委员的斯大林就持这种观点，"要求为他所负责的工农检查院增加1000~1200名新工作人员，至少也要250名"①。事实上，大规模增加人员的数量，会导致机构臃肿、人浮于事，监督监察的效果也会大打折扣。因此，问题的关键不在于增加人员数量，而在于提高人员素质。列宁明确指出："我们应该把真正合乎标准的质量这一点看得比一切计算更重要"②，在人员设置上不应只追求数量和急于求成，而应坚持"宁可数量少些，但要质量高些"③的原则，"把工农检查院的职员缩减到300~400人"④。

（二）实现工农检查院和中央监察委员会合并

苏维埃国家监察机关和党的监督机构有机合并是提高工农检查院权威和地位的重要保障。在列宁看来，工农检查院和中央监察委员会合并，形成党政统一的监督模式，能够从体制机制上整合监督资源、形成监督合力、提高监督效能。

工农检查院和中央监察委员会合并能够整合监督力量、提高监督效能。苏维埃国家政权建立后存在着党和苏维埃国家两套并行的监督体系——中央监察委员会和工农检查院。前者属于党的纪律检查和监督机关，主要负责对党的机构和党员领导干部进行监督；后者属于苏维埃国家的监察机关，主要负责对国家机关及其部门进行监督。这种分设并行的监督模式和体制使得监督力量分散、监督效率低下，党内和苏维埃国家政权机关官僚主义风气蔓延。列宁在深思熟虑后决定将工农检查院和中央监察委员会合而为一，建立统一、协调、高效的党和国家监督体系。将两套监督机构进行合并，一方面能够提高工农检查院的权威和地位；另一方面，能够搭建起中央监察委员与人民群众密切联系的桥梁，使中央监察委员会委员真正深入基层、深入群众。根据列宁的建议，1923年召

---

① 李小珊. 列宁改组工农检查院的思想及其现实意义 [J]. 江汉论坛，2016（5）.
② 列宁选集：第4卷 [M]. 北京：人民出版社，2012：787.
③ 列宁选集：第4卷 [M]. 北京：人民出版社，2012：786.
④ 列宁选集：第4卷 [M]. 北京：人民出版社，2012：780.

开的联共（布）第十二次代表大会正式通过了工农检查院和中央监察委员会合并的决议。

实现工农检查院和中央监察委员会合并需要发扬革命精神。尽管列宁对工农检查院和中央监察委员会的合并有着深入思考，但是二者合并是前所未有的"创举"，合并过程中面临着诸多困难。工农检查院和中央监察委员会隶属于两套不同的监督体系，如何使这两套并行的监督机构和体系合而为一，实现有机合并、职能整合、有效运转，需要打破已有的体制机制和工作模式，创造性地重构新的体制机制和工作模式，而且在合并过程中，会触及机构设置、职能调整、人员去留等涉及当事人直接利害的问题，因此，在合并问题上不仅出现了畏难情绪，还出现了一些质疑和反对的声音。在这种情形下，列宁认为实现二者的合并是党和苏维埃国家机关改革中的一场深刻革命，需要发扬革命精神，要以革命战争年代的革命胆识和英雄气概打碎旧的国家机器、彻底与旧式国家政权机关进行决裂、清除党和国家机关中的官僚主义；同时，还需要勇于进行自我革命，敢于对旧的惯性思维进行"革命"、对旧的体制机制进行"革命"，以大无畏的"革命勇气"和"革命精神"推进工农检查院和中央监察委员会的合并。

（三）明确监察事项和监督程序

监察哪些事项、如何开展监察，是切实有效发挥监察作用的重要基础。列宁对工农检查院的监察事项和监督程序问题进行了深入、系统的思考，为工农检查院开展监察工作提供了基本遵循。

明确监察事项是有效开展监察工作的重要前提。列宁对"监察什么？"这一问题的认识经历了一个由浅及深、由笼统到清晰的过程。十月革命胜利后，为尽快恢复和发展经济、巩固新生政权，列宁十分重视对经济领域的监督，他在《对〈工农检查院条例〉草案的意见和补充》中谈道，"应该使工农检查机构特别注意（还应该制定严密的条例）并扩大对于产品、商品、仓库、工具、材料、燃料等（特别是食堂等单位的）的计算的监督"[①]。这一时期工农检查院监察的事项主要集中在经济领域，侧重于对产品、仓库、材料、燃料等产品和物资进行监督。1921年实行新经济政策后，随着商品经济的发展，出现了权钱交易和贪污腐败现象，并呈蔓延之势，对一切国家机关及工作人员、对经济社会的各个领域和方面进行监督成了遏制官僚主义作风和贪污腐败蔓延的必然选择。列宁明确指出，工农检查院的"活动应毫无例外地涉及所有一切国家机构：地方

---

① 列宁全集：第42卷［M］．北京：人民出版社，2017：161．

的、中央的、商业的、纯公务的、教育的、档案的、戏剧的等等——总之，各机关一无例外"①。这一阶段，列宁将工农检查院的监察范围扩大到一切履行国家公共权力的苏维埃机关和个人，以及经济社会的各个领域和方面，实现了监督监察的全覆盖。

规范监督程序是顺利开展监察工作的有力支撑。在明确监察事项的基础之上，列宁还设想出一整套系统化、规范化的监督监察程序，以此来进一步保证工农检查院履行职责。首先，中央监察委员会由党的最高代表大会选举产生，和党的中央委员会平行地行使职权并向党的代表大会和代表会议报告工作。在政治局会议召开前，"凡与政治局会议有关的文件，一律应在会议前24小时送交中央委员会和中央监察委员会的各委员"②，以便各参会委员能够提前阅读会议文件、充分了解会议内容。其次，在监督过程中，中央监察委员会有权审查政治局会议的一切文件、有权参与对重大政策和决议的监督、有权对政治局委员和中央委员提出质询并用党和苏维埃的报刊揭发他们的严重错误和犯罪行为。最后，凡是经中央监察委员会通过的决议，党的中央委员会不得随意推翻或者撤销，如有异议，应把问题提交联席会议解决。通过构建系统完备的监督程序，工农检查院不仅能够监督基层党组织和干部，而且能够监督党的各级机关和领导干部，从而使工农检查院成为让大家真正信任的模范机关。

（四）加强工农检查院队伍建设

强有力的监察队伍是工农检查院充分发挥监察作用的重要保证。列宁对工农检查院队伍建设十分重视，并对怎样建设高素质监察队伍进行了系统思考。

加强监察队伍建设需要注重人员"素质关"。在列宁看来，工农检查院在苏维埃国家政权建设中发挥着特殊作用，它的工作人员不同于苏维埃国家机关的一般工作人员，不仅要熟通监督业务、做好监督监察工作，而且要具备政治立场坚定、作风过硬、敢于斗争等政治素质。熟通业务是工农检查院工作人员必须具备的基本功，除了会做常规性的"学院式"监督工作之外，还要懂业务、重实践，善于运用高效灵活的方法来应对各种监察难题，不断提高监督业务能力；同时，工农检查院工作人员要锤炼过硬的政治素质，要有坚定的政治立场和为苏维埃国家服务的理想信念。面对党和国家机关内部存在的官僚作风和贪污腐败现象，要有敢于斗争的勇气、掌握斗争的艺术，"不留情面"地清除苏维埃国家和党内的渣滓。

---

① 列宁选集：第4卷[M]. 北京：人民出版社，2012：792.
② 列宁选集：第4卷[M]. 北京：人民出版社，2012：782.

加强监察队伍建设需要严把人员"遴选关"。对工农检查院工作人员进行严格遴选是建设高素质监察队伍的重要环节。列宁认为，工农检查院工作人员的来源主要有两种，一种是全心全意为苏维埃社会主义服务的优秀工人和农民，另一种是受过教育和训练的先进知识分子。在列宁看来，腐败问题和官僚主义盛行的一个重要原因在于没有将工人和农民大量吸收进国家政权机关。在国内革命战争时期，为了抵御外部干涉、尽快恢复国内秩序，不得不从沙皇旧机关中"挖掘"干部以解燃眉之急，这一举措的"后遗症"就是苏维埃国家机关人满为患、官僚主义作风严重，"到1922年3月，苏维埃中央政府管辖的部级工作机关达到120个，莫斯科的国家机关人员达到24.3万人"①。因此，列宁提议精简工农检查院人员数量，并"从工人和农民中选出75~100（这当然是大致的数字）新的中央监察委员"②加入工农检查院。成为工农检查院职员的工人和农民必须是优秀的共产党员，必须具备良好的专业素质和业务水平，必须通过国家机关组织的有关考试和层层选拔；另外，还要"把具有真正现代素质的人才，即同西欧优秀人才相比并不逊色的人才集中到工农检查院里来"③，使这些受过教育和训练的先进知识分子成为工农检查院建设的优秀后备军力量。

加强监察队伍建设还需要加强人员"培训关"。为了使工农检查院工作人员胜任工作，必须进行经常性的严格培训。首先，进入工农检查院的工作人员必须经过严格考查和考验，在政治上考查他们"是否认真负责，是否了解我们的国家机关"④，在业务上考验他们"是否了解科学组织劳动特别是管理、办公等方面劳动的原理"⑤。其次，要经常组织工农检查院工作人员去高级研究所参加学习培训，增强他们学习和检查的本领，将学到的东西真正学懂学透，切实有效地运用到监察工作。最后，要积极学习国外的监察经验，列宁建议"派几个有学问的切实可靠的人到德国或英国去搜集图书和研究这个问题"⑥，将西欧国家机关建设经验带回来，有鉴别地运用到苏维埃国家机关的建设和改革中去。

三、列宁关于工农检查院改组思考的现实启示

列宁对工农检查院改组和建设问题进行了深邃思考，留下了极其宝贵的思

---

① 俞良早. 深入发掘列宁关于机关改革的思想[J]. 社会科学研究，2002（5）.
② 列宁选集：第4卷[M]. 北京：人民出版社，2012：780.
③ 列宁选集：第4卷[M]. 北京：人民出版社，2012：784.
④ 列宁选集：第4卷[M]. 北京：人民出版社，2012：780.
⑤ 列宁选集：第4卷[M]. 北京：人民出版社，2012：780.
⑥ 列宁选集：第4卷[M]. 北京：人民出版社，2012：789.

想遗产。这些思想遗产不仅丰富、发展了马克思、恩格斯关于国家监督和无产阶级专政的思想，而且对新时代健全和完善党和国家监督治理体系作出了贡献，在此基础上推进了国家监督治理能力现代化建设、提高了党自我革命的能力、开展了具有许多新的历史特点的伟大斗争并在斗争中巩固和发展了中国特色社会主义。

健全和完善党和国家监督治理体系，推进监督治理能力现代化建设。中国共产党自成立起就十分重视党的自身发展和党内监督，在坚持马克思、恩格斯、列宁监督思想的基础上，不断在革命、建设和改革实践中探索、完善党和国家监督治理体系。新民主主义革命时期，中国共产党先后设立了监察委员会、审查委员会和党务委员会等监督机构来加强党的纪律和党内监督，这对于革命战争年代加强党的纯洁性建设、凝聚党内力量、夺取革命胜利发挥了重要作用。新中国成立后，中国共产党的历史方位发生了重大变化，由过去领导人民长期开展革命斗争的党转变为掌握全国政权并在执政条件下领导人民进行建设的党，党的自身建设和自我监督的环境、条件发生了重大变化，人民民主专政的国家政权建设以及监督问题也随即提上日程。1949年9月27日，中国人民政治协商会议第一届全体会议决定设立人民监察委员会，以此加强对政府机关和公务人员的监督；1949年11月9日，中共中央政治局会议决定成立中央及各级党的纪律检查委员会，主要负责对党员领导干部进行监督，党内监督有了专责机构；1954年9月，人民监察委员会调整为中华人民共和国监察部，形成以党的纪律检查委员会、中华人民共和国监察部为组织依托和并列运行的党和国家监督体系。"文化大革命"时期，社会主义民主法制遭受破坏，党和国家的监督工作处于停滞状态。党的十一届三中全会后，恢复重建了党的纪律检查委员会和各级监察部门。1993年，为解决党的纪律检查委员会与国家监察部门在职能分工上交叉重叠、效率低下问题，中央纪律检查委员会与监察部合署办公，整合了监督监察力量，提高了党和国家监督监察的整体效能。党的十八大以来，国家监察体制改革被纳入国家治理体系和治理能力现代化建设总体架构，在坚持和发展中国特色社会主义制度、推进国家治理体系和治理能力现代化建设的实践探索中，不断完善监察体制改革，在部分省市开展监察体制改革试点的基础上向全国推广。2018年3月，十三届全国人大一次会议设立中华人民共和国国家监察委员会，明确国家监察委员会是由全国人民代表大会产生，并对全国人大负责，提高了监察委员会的地位；决定监察委员会和纪律检查委员会合署办公，实现了监督全覆盖；通过了《中华人民共和国监察法》，为国家和各级监察委员会履行职能、开展监察活动提供了法律依据。这一系列监察体制改革提高了监察委员会的权威和地位、理顺了党的纪律检查部门与国家监察机关的关系、明确了国家监察机构与国家行政机关监督与被监督的关系、实现了对党员领导干部和所有公职人员监督的全覆盖。党和国家监督治理体系的不断完善，为推进国家治理体系和治理能力现代化、巩固人民民主专政的国家政权发挥了积极作用。

健全和完善党和国家监督治理体系，提高中国共产党自我革命的能力。"勇于自我革命、从严管党治党是我们党最鲜明的品格。"① 在长期革命、建设和改革的实践中，中国共产党始终保持以自我革命的精神和勇气不断加强自身建设，以党的自我革命推进伟大社会革命。党的十八大以来，面对新形势和新挑战，着力推进全面从严治党，将思想建党与制度治党紧密结合，全方位扎紧党规党纪的笼子，出台了《中国共产党廉洁自律准则》《中国共产党纪律处分条例》《中国共产党巡视工作条例》等党内法规和制度，基本形成了全面从严治党的党内法规和制度体系。在党内法规和制度的约束下，党的自我革命变得更加自觉、党内政治生态明显改善、反腐败斗争取得压倒性胜利。其中，党内监督制度在推进全面从严治党、实现党自我革命常态化方面发挥着重要作用。新时代全面从严治党向纵深推进，要彻底解决党内存在的思想不纯、组织不纯、作风不纯等问题，必须不断健全和完善党和国家监督体系，将监督制度及其建设贯穿于全面从严治党和自我革命的全过程，通过监督制约来保证我们党永葆自我革命精神、不断提高自我革命能力。党的十九届四中全会立足发展、完善中国特色社会主义制度和治理体系是一项重要战略任务的高度，对党和国家监督治理体系与党自我革命的理论逻辑、历史逻辑、实践逻辑进行了深刻揭示。《决定》指出："党和国家监督体系是党在长期执政条件下实现自我净化、自我完善、自我革新、自我提高的重要制度保障。"② 新时代全面从严治党，要切实把健全和完善党和国家监督治理体系放在突出重要位置，在充分发挥好党和国家监督作用中使我们党永葆革命精神，从而跳出兴衰更替的"历史周期率"。

健全和完善党和国家监督治理体系，开展具有许多新的历史特点的伟大斗争并取得胜利。事物总是在矛盾运动中前进，有矛盾就会有斗争，党领导人民进行的伟大奋斗史就是一部艰苦卓绝的斗争史。"建立中国共产党、成立中华人

---

① 中共中央宣传部. 习近平新时代中国特色社会主义思想学习纲要［M］. 北京：学习出版社，人民出版社，2019：222.

② 中共中央关于坚持和完善中国特色社会主义制度推进国家治理体系和治理能力现代化若干重大问题的决议［N］. 人民日报，2019-11-06（01）.

民共和国、实行改革开放、推进新时代中国特色社会主义事业,都是在斗争中诞生、在斗争中发展、在斗争中壮大的。"① 经过长期不懈努力,中国特色社会主义进入了新时代,开展具有许多新的历史特点的伟大斗争成为新时代坚持和发展中国特色社会主义的重要内容。从人类社会形态演变的大时代背景来看,当今人类社会处于资本主义向社会主义、共产主义转变的伟大历史时代,发达资本主义国家在经济、科技、文化等方面仍然占据优势,代表社会历史发展前进方向和总体趋势的社会主义与资本主义进行长期斗争;从我国社会历史发展的演进历程来看,封建社会思想残余的影响仍然存在,代表着先进文化前进方向的社会主义意识形态与封建主义、资本主义的腐朽思想观念进行长期斗争;从我国长期处于社会主义初级阶段的实际状态来看,一方面需要通过发展非公有制经济、发展社会主义市场经济来解放和发展生产力,另一方面又面临着同非公有制经济和市场经济自身所带有的自利性、自发性、盲目性进行长期斗争;从深化认识社会主义建设规律和共产党执政规律的目标追求与过程来看,始终面临是与非、正确与错误的斗争。这些复杂的矛盾和斗争相互交织,反映和延伸到人们的思想、社会、政治等领域,对坚持和发展中国特色社会主义产生了不利影响。因此,要不断健全和完善党和国家监督治理体系,以此为保障同错误言行进行不懈斗争,增强斗争意识、提高斗争本领,在斗争中巩固和发展中国特色社会主义,高高举起科学社会主义的旗帜。

参考文献

[1] 列宁选集:第4卷 [M].北京:人民出版社,2012.

[2] 李小珊.列宁改组工农检查院的思想及其现实意义 [J].江汉论坛,2016(5).

[3] 列宁全集:第42卷 [M].北京:人民出版社,2017.

[4] 俞良早.深入发掘列宁关于机关改革的思想 [J].社会科学研究,2002(5).

[5] 中共中央宣传部.习近平新时代中国特色社会主义思想学习纲要 [M].北京:学习出版社、人民出版社,2019.

[6] 中共中央、关于坚持和完善中国特色社会主义制度推进国家治理体系

---

① 习近平在中央党校(国家行政学院)中青年干部培训班开班式上发表重要讲话强调:发扬斗争精神增强斗争本领为实现"两个一百年"奋斗目标而顽强奋斗 [N].人民日报,2019-09-04(01).

和治理能力现代化若干重大问题的决议［N］.人民日报,2019-11-06（01）.

［7］习近平在中央党校（国家行政学院）中青年干部培训班开班式上发表重要讲话强调：发扬斗争精神增强斗争本领为实现"两个一百年"奋斗目标而顽强奋斗［N］.人民日报,2019-09-04（01）.

"改变世界"视域中青年卢卡奇对马克思的继承和发展
——以《关于费尔巴哈的提纲》和《什么是正统马克思主义?》为中心的考察

李　楠　杨　栋

摘　要：马克思在《关于费尔巴哈的提纲》中提出哲学家的任务应从"解释世界"向"改变世界"转换，这一观点体现了实践辩证法的核心要义。半个多世纪之后，卢卡奇在《什么是正统马克思主义?》中表明，总体性辩证法的中心任务在于"改变现实"。在"改变世界"视域中，青年卢卡奇继承了马克思早期文本的合理内核，重新凸显了辩证法的实践和历史向度。然而，双方实质上呈现了两种不同的运思路径。实践是马克思主义哲学首要且基本的维度，而青年卢卡奇虽然承认实践的优先性，但他把辩证的方法视作马克思主义的核心，走上了一条有别于传统马克思主义的道路。将双方的思想置于同一问题域下加以比照，有助于深化马克思主义的实践本质，发掘其中蕴含的人文关怀，同时也为创新发展马克思主义辩证法提供了宝贵的经验。

关键词：改变世界；实践；总体性；辩证法

一、从"解释世界"到"改变世界"

《关于费尔巴哈的提纲》（下文简称《提纲》）是马克思于1845年春季写成的一篇手稿，它虽然仅由11条构成，却体现了马克思"新唯物主义"的总体构思，对其唯物史观的形成具有决定性意义，故被恩格斯称为"包含着新世界观的天才萌芽的第一个文件"。基于对黑格尔和费尔巴哈思想的全面清算与批判，马克思在《提纲》中阐发了较为成熟的实践辩证法。

实践的观点是马克思主义哲学首要的、基本的观点，由此出发，马克思对旧唯物主义和唯心主义进行了批判。在《1844年经济学哲学手稿》中，马克思对以黑格尔为代表的唯心主义哲学作出了较为彻底的批判。此后，马克思在

《提纲》中指出，唯心主义的缺陷是"不知道现实的、感性的活动本身"①，对主体能动作用的探讨只能停留在抽象层面。也就是说，黑格尔等唯心主义者看到了人的主观能动性，却把人的能动的（tätige）特性归结于精神，这实际上颠倒了思维和存在的关系。而对于以费尔巴哈为代表的旧唯物主义哲学家，马克思指出，他们"对对象、现实、感性，只是从客体的或者直观的形式去理解，而不是把它们当作人的感性活动，当作实践去理解，不是从主体方面去理解"②。费尔巴哈的"感性直观"坚持了唯物主义的基本立场，但他没有意识到，从属于"感性直观"的人的活动同时也是对象性的（gegenständliche）活动的一部分，是作为主体的人改造客观对象的实践活动。基于此，马克思强调，人对环境的改变以及人的自我改变"只能被看做是并合理地理解为革命的实践（revolutionäre Praxis）"③。费尔巴哈不仅对实践采取贬低态度，把实践活动简单理解为犹太人从事的商业活动，而且用脱离历史发展进程的眼光来看待人，把人看作孤立的个体，继而把人的（menschliche）本质归结为自然界中的一个"类"。针对费尔巴哈对人的本质的直观理解，马克思反驳道："人的本质不是单个人所固有的抽象物，在其现实性上，它是一切社会关系的总和。"④ 此处的"一切社会关系"包括家庭、地域、生产、阶级、民族、历史、道德、宗教等个人在其生存活动中缔结的一切社会关系。他强调，不能把人归结为某种"普遍的本质"，把人抽象化的结果是人的现实性和个体性的丧失。

马克思在《提纲》中更加着重探讨社会历史维度下的人的活动，即结成社会关系的人的实践活动。他认为要基于人的现实生存境遇，特别是从社会关系视角去理解和规定人的本质，借此说明"全部社会生活在本质上是实践的"⑤。人的物质生产实践是人区别于动物的最基本的社会生活方式，人与自然的关系唯有通过人在社会中从事的物质生产活动才能获得其现实性。通过《提纲》第二条至第九条的阐释，马克思强调了实践在其哲学体系中的核心地位。第一，实践是人改造世界的基本方式，"人应该在实践中证明自己思维的真理性"⑥。第二，实践具有"革命的""实践批判的（praktisch-kritischen）"意义，它包含人的目的性与意向性。第三，实践是检验真理的唯一标准，作为联结主客观

---

① 马克思，恩格斯. 马克思恩格斯选集：第1卷 [M]. 北京：人民出版社，2012：133.
② 马克思，恩格斯. 马克思恩格斯选集：第1卷 [M]. 北京：人民出版社，2012：133.
③ 马克思，恩格斯. 马克思恩格斯选集：第1卷 [M]. 北京：人民出版社，2012：134.
④ 马克思，恩格斯. 马克思恩格斯选集：第1卷 [M]. 北京：人民出版社，2012：135.
⑤ 马克思，恩格斯. 马克思恩格斯选集：第1卷 [M]. 北京：人民出版社，2012：135.
⑥ 马克思，恩格斯. 马克思恩格斯选集：第1卷 [M]. 北京：人民出版社，2012：134.

的纽带，实践能够判断主观认识是否符合客观实际，从而实现对认识的深化与对现实的指导。此外，马克思还在具体的、历史的向度中理解实践。包括费尔巴哈唯物主义在内的一切旧唯物主义普遍未能把感性活动理解为实践活动，在马克思看来，这"至多也只能达到对单个人和市民社会（bürgerlichen Gesellschaft）的直观"①。因此，唯心主义和旧唯物主义在分析资本主义的本质时，只能看到被异化为物的关系的表象，丧失了发掘个人特殊性的能力，更无法看出商品拜物教假象后的人的社会属性。

"哲学家们只是用不同的方式解释世界，问题在于改变（verändern）世界。"②《提纲》第十一条宣告了马克思主义的历史使命——用实践的观点考察人类社会，观照人类自身，凭借革命的实践寻求无产阶级乃至全人类解放的道路。实践是社会生活的本质，这是马克思实践辩证法的基本内涵，也是马克思将唯物主义世界观用于观察人类社会历史所得出的重要结论。人作为历史活动的主体，只有结成一定的社会关系，才能从事实践活动，由此可见，人类历史并不是由神秘主义的精神力量创造的，而是由人的实践构成，并推动其不断发展。马克思从实践出发考察人与社会的关系，指出物质资料生产方式是社会发展的决定力量，真正揭示了社会生活的本质及其发展变化的规律。更进一步，马克思揭示出人类社会的真正矛盾是生产资料与劳动者相分离所导致的阶级矛盾，无产阶级只有诉诸革命的实践，方可真正克服这一矛盾，实现人的自由全面发展。

二、在总体性辩证法下"改变现实"

面对庸俗唯物主义者和修正主义者将马克思主义教条化的方法论缺陷，卢卡奇于1919年写作了《什么是正统马克思主义?》，首次阐明辩证的方法（Methode）在马克思主义体系中的重要地位。文章开篇即引用《提纲》第十一条，旨在说明唯物主义辩证法的本质不在于"纯科学"层面上的直观反思，而在于在统一的历史过程中把握具体现实、揭示社会矛盾，历史地（historischen）完成"改变现实（Verändern der Wirklichkeit）"这一中心任务。卢卡奇认为，正统马克思主义"不是对这个或那个论点的'信仰'，也不是对某本'圣'书

---

① 马克思，恩格斯. 马克思恩格斯选集：第1卷 [M]. 北京：人民出版社，2012：136.
② 马克思，恩格斯. 马克思恩格斯选集：第1卷 [M]. 北京：人民出版社，2012：136.

的注解,恰恰相反,马克思主义问题中的正统仅仅是指方法"①。

在卢卡奇看来,庸俗唯物主义、马赫主义等采用"批判的(kritisch)"方法把马克思主义理论限制在自然科学领域,通过观察、抽象、经验等方法对"纯"事实进行研究,据此得出的结论反而是不科学的。这种非辩证的(undialektiche)和非历史的(unhistorische)观点表面上是为了把握"事实(Tatsachen)"背后的不变规律,克服资本主义社会存在的矛盾和对抗,但这类看法却忽略了一点,即事实始终作为历史过程中的"现实(Wirklichkeit)"而存在。也就是说,资本主义的存在具有其时代和历史语境,不论是对其制度的认识,还是对其危机的解决,都立足于历史发展的整体进程。强调规律的抽象性不过是因为"资本主义的发展本身倾向于产生出一种非常迎合这种看法的社会结构"②,以此来抵抗辩证法中的实践因素,使被统治阶级在被固化的"事实"与思想的双重意义上加剧其物化(Verdinglichung),从而维护资产阶级自身的利益。出于种种原因,庸俗马克思主义的理论家们对世界进行了抽象的、命定的解释,而卢卡奇在"改变世界"问题上仍然遵循马克思的基本立场,他高扬马克思主义辩证法中的革命性,用"武器的批判"来摧毁资本主义社会中的物质力量。

卢卡奇指出,只有明确"方法"作为中介的重要性,才能够将"理论方法"改造为"革命工具"。当时的一部分"正统"马克思主义者对辩证法的认识没有超出康德的历史哲学视域,将方法与现实、思想与存在严格对立开来,仅在思维层面上空谈马克思主义的优越性,背离了辩证法的核心本质;还有一部分理论家看到了概念及其对象在辩证法与"形而上学"当中的矛盾运动,却没有从根本上触及"历史过程中的主体和客体之间的辩证关系(die dialektiche Beziehung des Subjekts und Objekts im Geschichtsprozeß)"③,把马克思的辩证法当作"一门实证科学",模糊了辩证法的基本含义。他们的思想必然无法抵达资本主义在现实意义下的经济表现和政治表现。卢卡奇自身则以"理论—方法—实践"的思维范型为着眼点,强调用辩证方法统一理论与实践,让理论在实践领域发挥作用,进而为无产阶级进行社会变革提供物质力量。他认为与经常滞

---

① 卢卡奇.历史与阶级意识[M].杜章智,任立,燕宏远,译.北京:商务印书馆,1999:47.
② 卢卡奇.历史与阶级意识[M].杜章智,任立,燕宏远,译.北京:商务印书馆,1999:49.
③ 卢卡奇.历史与阶级意识[M].杜章智,任立,燕宏远,译.北京:商务印书馆,1999:47.

后于实际发展的理论相比，辩证的方法更能体现出马克思主义的实践精神，因为辩证的方法与现实息息相关，这种方法能够深入历史进程中"具体的总体（konkrete Totalität）"，透过资本主义社会的假象看到其历史暂时性。

把马克思的辩证方法呈现在现实领域，关键在于把社会关系作为历史发展的环节，置于"各阶段与整个社会的关系的历史总过程"① 中。这就需要认识"现象的真正的对象性（der wirklichen Gegenständlichkeit eines Phänomens）"，从主客体的动态的辩证关系中认识"具体的总体"。当然，二者的相互作用并非指主体去认识客体之间简单的因果关系，而是指认识客体的对象性形式（Gegenständlichkeitsform）对整个社会演历（gesellschaftliches Geschehen）的影响。例如，对资本主义的批判不能仅关注笼罩在资本主义社会现象上的拜物教假象，而要看到工业社会这一对象性形式掩盖了的"人和人之间的关系"。卢卡奇表明，能让意识与行动产生联系，真正揭示资本主义制度实质的社会力量是作为阶级的人，并且该阶级必须"既是认识的主体，又是认识的客体"②，这样才能在认识的过程中坚持历史的统一性，在认识自身状况的同时认识整个社会的发展路径，而"这种局面实际上随着无产阶级进入历史出现了"③。

在提取黑格尔哲学中的主体性向度之后，卢卡奇表明，历史唯物主义来源于无产阶级的生活原则，从而得出结论：只有具备阶级意识的无产阶级才能用"方法"指导自身，实现解放人类的历史使命。他认为马克思在思想上直接衔接着黑格尔，这体现在马克思批判继承了黑格尔的思想成果，在采纳其辩证法的同时发扬了其方法论中的历史性倾向，又从辩证法当中清除掉了唯心主义特有的抽象性。接下来，根据马克思在《提纲》中对现实的理解，卢卡奇进一步提到，无产阶级诞生的根本原因是经济发展，其阶级意识的形成来自它特有的阶级立场。它在自身被压迫的现实条件下，以及与资产阶级进行斗争的总体进程中实现了自在阶级向自为阶级的转变，从而在明确自身地位的同时认清了资本主义社会的发展历史。由此，无产阶级才有条件运用马克思主义的方法这一"阶级斗争的产物"，从而一以贯之地坚持用马克思主义的辩证方法指导自身的革命行动，与修正主义和空想主义等资产阶级意识形态斗争到底。

---

① 卢卡奇. 历史与阶级意识［M］. 杜章智，任立，燕宏远，译. 北京：商务印书馆，1999：53.

② 卢卡奇. 历史与阶级意识［M］. 杜章智，任立，燕宏远，译. 北京：商务印书馆，1999：46.

③ 卢卡奇. 历史与阶级意识［M］. 杜章智，任立，燕宏远，译. 北京：商务印书馆，1999：46.

三、马克思之后的马克思

站在"解释世界"与"改变世界"的岔路口,马克思在《提纲》中率先表明,哲学家应当通过实践与现实发生关联。过了半个多世纪,走向马克思道路上的青年卢卡奇在《什么是正统马克思主义?》中再次强调了"改变现实"的重要性。基于"改变世界"这一视域进行分析,青年卢卡奇与马克思可谓殊途同归。

事实上,卢卡奇一生都在追寻马克思的理论踪迹,正如他自身所说,对马克思著作的不断深入"成了我的思想发展的历史,甚至成了我的整个一生的历史"①。他在青年时期便具备高度的洞察力与革命情怀,在马克思的《1844年经济学哲学手稿》尚未出版的前提下阐发了与"异化(Entfremdung)"理论异曲同工的"物化"理论。此外,他还提出了主客体统一的总体性辩证法,重建了正统马克思主义的哲学范式,挽救了第二国际理论家将马克思主义庸俗化的危机。不过,卢卡奇在自身思想的形成过程中借鉴了康德、黑格尔、齐美尔、韦伯等人的理论构架,加之其思想日后偏离了传统马克思主义的发展脉络,如今的他更多作为"西方马克思主义的创始人"进入大众视野。由于青年卢卡奇受到多种思想意识的影响,且该时期马克思的部分著作还未发表问世,他虽然在总体上继承了马克思主义的显性旨趣,但其早期思想仍然带有黑格尔学说的痕迹,体现出一些唯心主义倾向。比如,写作《什么是正统马克思主义?》时的卢卡奇认为,辩证的方法才是正统马克思主义的至高原则。而且,尽管他当时"已经有意识地试图用马克思来克服和'扬弃'黑格尔"②,但他夸大了黑格尔辩证法中人本因素的重要性,认为辩证法的革命本质是人通过自由自觉的实践活动改造对象。他后期对这种倾向作了反思,认为自己早年对辩证法的理解"还是按唯心主义方式解决的(自然辩证法、反映论等)"③。

卢卡奇因其过分强调意识而遭到批判,但毋庸置疑的是,他是一位对马克思主义做出独特贡献的思想家。如今谈论马克思与青年卢卡奇在"改变世界"视域中持有的不同观点,也并非单纯为了批判以卢卡奇为代表的西方马克思主

---

① 卢卡奇. 卢卡奇自传[M]. 李渚青,莫立知,译. 北京:社会科学文献出版社,1986:215.

② 卢卡奇. 卢卡奇自传[M]. 李渚青,莫立知,译. 北京:社会科学文献出版社,1986:213.

③ 卢卡奇. 卢卡奇自传[M]. 李渚青,莫立知,译. 北京:社会科学文献出版社,1986:213.

义意识形态，而是对现阶段马克思主义的发展提供可供参考的经验。青年卢卡奇在走向马克思主义的道路上，不仅重申了辩证法的价值，也发展了传统马克思主义的主体性向度，这表明马克思主义不仅具有高度的科学性与革命性，而且无处不蕴含着对人的关切。马克思主义实践观正是从"现实的世界"和"人本身"出发，在实践当中证明人的思维的此岸性，其最终目的是实现人的解放和自由全面发展。另外，青年卢卡奇理解的"马克思之后的马克思"也从侧面上说明了马克思主义实践观的重要地位，而任何脱离实践活动的研究都会不可避免地陷入歧途。更重要的是，卢卡奇构建"总体性辩证法"的创新性尝试表明，马克思的辩证方法绝不是僵化的概念，而是一种批判的、发展的原则。针对不同的历史环境，构建马克思主义哲学方法论的新形态，将马克思主义方法论植根于时代的、民族的文化土壤，是充分把握辩证思维深刻内涵的必由之路。

参考文献

［1］卢卡奇．历史与阶级意识［M］．杜章智，任立，燕宏远，译．北京：商务印书馆，1999：46-59．

［2］马克思，恩格斯．马克思恩格斯选集：第1卷［M］．北京：人民出版社，2012：133-136．

具体哲学与历史科学
——对马尔库塞早期哲学构想的思考

何 静 杨 栋

摘 要：面对20世纪初期的政治社会危机和马克思主义认识论危机，受卢卡奇的启发，马尔库塞不仅批判反思了第二国际的马克思主义，还进一步领会到了海德格尔生存论哲学与马克思主义之间的"亲缘性"。在马尔库塞看来，要想真正解决当下的危机，落脚点必然是公开的行动。据此，他将马克思主义和现象学存在主义综合为一种新的具体的哲学，提出只有根据此在与特定历史处境的存在关系来重建哲学，才能从理论上恰当地分析具体的人的生存斗争和生存困境问题、从有关历史必然性的知识即历史唯物主义出发去开辟实践，最终实现此在自身的本真存在——历史性存在。在这个意义上，马克思主义无可辩驳是一种"实践的"知识——科学，其理论的内在必然性也已经先行规定了它是理论和实践直接统一的历史科学。

关键词：此在；历史性；具体哲学；历史科学

自《存在与时间》问世以来，海德格尔将哲学的中心问题定位于人自身的问题，毫无疑问，其"生存—存在论"哲学为西方哲学的生存论转向奠定了深厚的根基。同为传统形而上学的反对者，马克思主义哲学的存在论倾向则在《德意志意识形态》中逐渐鲜明。如果我们试图比较马克思和海德格尔各自的存在论哲学，那么就不能绕过马尔库塞。

作为海德格尔的学生，马尔库塞也尤为关注人的生存。他基本继承了海德格尔对于此在的生存困境和本真生存状态的表述，并更进一步地提出了自己的面向现实和行动的具体哲学。作为指导此在的行动纲领，贯穿具体哲学始终的是历史性问题，无论是哲学的主体——人类此在，还是哲学活动本身都无法脱离具体的历史处境。同时，作为一名终身的马克思主义者，马尔库塞也高度重视马克思的"历史性生存"概念和辩证法，在他看来，马克思不仅让辩证法彻底恢复到其原初领域——此在的历史性生存领域,还借以阐释了人之此在的本真历史性。透过早期马尔库塞对海德格尔生存论哲学和马克思主义的有机结合,不难看出,人的存在和历史性问题正是三者的内在关联及其共通之处。并且,在某种程度上,三者是一个递进阐发的关系:具体哲学是生存哲学的进一步发展,马克思主义作为一种历史科学则是具体哲学的深层次展开。

一、哲学所关涉的人类此在——历史性生存

(一) 此在概念之澄清

此在(Dasein)是海德格尔"生存—存在论"的核心概念,意指人这种存在者,"就是我们自己向来所是的存在者,就是除了其他可能的存在方式以外能够对存在发问的存在者"①。此在与其他存在者的不同之处在于:它并非仅仅简单地在存在者层次上存在着(ontisch-seiend),而是以对存在有所领会的方式存在着——此在总是从它的生存来领会自己本身,因而就其本身而言此在是"存在论的(ontologisch)"。

首先须明确的是,"哲学所关涉的人类此在,不是抽象的'可交换的'主体或客体,而是存在于某种特定活动、特定社会状况及民族共同体中的特定地位上的具体的个体"②。此在的具体生存就是演历(Geschehen),后者被把握为"历史"。人类此在作为历史性此在,本质上是与他人共在的、社会存在的统一体。因而,人类此在每时每刻都处于某种特定的历史性处境之中,也正是这一历史性处境先行勾画出了其生存的诸种可能性。"在严格意义上谈论哲学对此在的忧虑(Bekümmerung),就意味着要将这一状况看作此在的本真命运,看作对生存本身的具体充实。"③

(二) 历史性生存

按照海德格尔的看法,历史(Geschichte)不同于历史学(Historie),历史性(Geschichtlichkeit)不同于历史学性(Historizität)。严格说来,真正的历史是且只能是人自身活动的产物,是此在的具体生存,是在演历过程中展开的人与人、人与自然之间的社会关系的变迁。一言以蔽之,"历史恰恰就是人的具体生存形式不断彻底变化的历史"④。历史性是一种此在之演历(Geschehen)的

---

① 海德格尔. 存在与时间 [M]. 陈嘉映,王庆节,译. 北京:三联书店,1999:9.
② 马尔库塞. 论具体哲学 [J]. 王宏健,译. 哲学分析,2017,8(1):28.
③ 马尔库塞. 论具体哲学 [J]. 王宏健,译. 哲学分析,2017,8(1):28.
④ 卢卡奇. 历史与阶级意识 [M]. 杜章智,任立,燕宏远,译. 北京:商务印书馆,1996:274-275.

存在建构，是此在本身的时间性（Zeitlichkeit）的存在方式。而时间性是此在的构成要素，它涵盖了"曾在""此在"与"将在"，是历史性之所以可能的条件，此在的存在在时间性中才有其意义。"人类此在的生存都是某种与世界的关联行为——主动的行动与回应的行动。"① 此在一向如它曾是的那样并一直作为它早已曾是的东西存在着。大致说来，海德格尔的出发点是存在的意义问题，通过对此在的"生存论分析"，阐述了此在通过时间性和历史性特征摆脱沉沦状态，最终实现本真的存在。海德格尔不仅为澄清存在的意义找到一条暂时路径，而且打开了将历史性证明为此在的根本规定性的道路。

在马克思看来，人既是历史的剧作者，又是历史的剧中人。历史就是人在具体社会环境中不断自觉生成着的现实进程。"历史的生存"是马克思在《德意志意识形态》中提出的概念，他从人的感性活动出发把握历史，认为历史的现实前提就是"一些现实的个人，是他们的活动和他们的物质生活条件，包括他们已有的和由他们自己的活动创造出来的生活条件"②，因此"全部人类历史的第一个前提无疑是具有生命的个人存在"③。马尔库塞称其是一种"本真的（eigentliche）""有意义的（sinnvolle）""真的（wahre）"生存。严格意义上讲，只有人类此在才能被称为历史的。但这并不是说在任何时候此在都有这种"历史的生存"，与之相对的"非历史的"生存状态才是资本主义社会中的那些被物化的人的日常生活状态。事实上，只有克服了物化和异化，关于此在自身的历史性认识和自觉的历史性生存才得以可能。

从此在的历史性处境出发，马尔库塞论证了哲学思考的必要性和当前此在的生存困境，他强调必须以现象学还原为主导线索来考察这一处境（现象学的哲学活动不限于现象学还原，但必然伴随现象学还原的乃是哲学的历史化 [Geschichtlichwerden der Philosophie]）。他认为，演历与历史本质上乃是现实性的（在超越设定的意义上），通过现象学方法得到的知识具有"超时间的"有效性。正是在对生存意义的实现这一方面，现象学方法既存在着与马克思历史辩证法进行沟通的可能，又暴露了其历史理解中可能具有的抽象性特征。马尔库塞正是看到了现象学方法和历史唯物主义辩证法在历史性这一关键主题上保持的内在关联性和一致性，进而提出了历史唯物主义现象学。

---

① 马尔库塞. 论具体哲学 [J]. 王宏健, 译. 哲学分析, 2017, 8 (1)：26.
② 马克思恩格斯文集：第1卷 [M]. 北京：人民出版社，2009：519.
③ 马克思恩格斯文集：第1卷 [M]. 北京：人民出版社，2009：519.

二、生存论意义上的具体之哲学

（一）哲学的生存论转向

西方哲学虽然直到 17 世纪时才出现 ontologia（本体论）一词，但本体论的源流则可一直追溯到古希腊时期。本体论的开端始于柏拉图的理念论，亚里士多德说哲学是"寻求最高原因的基本原理"的学科，将形而上学称为"第一哲学"，自此本体论（论述各种抽象的、完全普遍的哲学范畴）成为西方哲学的中心。近代以后，认识论成了西方哲学关注的主要问题。康德哲学系统地批判形而上学，彻底舍弃过去西方哲学的本体论方向。到了黑格尔，虽然他用"逻辑学"而不是"本体论"一词称呼自己的哲学，但就其唯心论的实质而言，其"逻辑学"与"旧本体论"仍然是一脉相承的，本体论在黑格尔的逻辑学这里登上了顶峰。

在系统批判了黑格尔哲学之后，恩格斯说"哲学终结了"，尼采高呼"上帝死了"。进入 20 世纪，承袭了经验主义传统的分析哲学阵营曾提出要"清除形而上学"。而从现象学获得方法的海德格尔则抓住"哲学的终结和思想的任务"，超越了旧本体论的界限，把哲学的中心问题定位于人自身的问题。在他的《存在与时间》问世之后，毫无疑问，当代哲学的"生存论转向"就已经越发鲜明了。哲学的对象不再是抽象的形而上的理念和原则，而是人的生存、人的条件。处在具体历史处境中的具体的人成了所有哲学思考的基础。

海德格尔将哲学明确规定为哲学活动（philosophieren）——此在的生存方式，以突出哲学与此在生存之间的原初关联。第一，"哲学是原则性地指向存在着的存在者（存在的意义）的认识行为"。第二，作为存在者的认识行为的哲学是此在自身的一种行为方式，"一种根本不同的生存论践行的基本方式"①。

马尔库塞基本肯定并继承了海德格尔的生存哲学，主张哲学活动必须通过对此在进行"生存论分析"进而达到对存在的"生存论的领会（existenziale Verständnis）"，揭开此在被遮蔽的"本己的生存可能性"。"哲学之意义乃是生存上的（existenziell）。"② 为此，马尔库塞提出此在必须真正地占有真理，唯有如此才能真正让人能够以一种"本真的"方式去存在。因为从哲思的原初意义来看，一切真正的哲思的意义都先行被规定为真理的显现。"真理之真实形态是

---

① 海德格尔. 对亚里士多德的现象学解释——现象学研究导论［M］. 赵卫国，译. 北京：华夏出版社，2012：39-54.
② 马尔库塞. 论具体哲学［J］. 王宏健，译. 哲学分析，2017，8（1）：27.

一个科学的真理体系。"① 而在对真理的认识中，重要的是对真理的居有（Aneignung）——人类此在具体地知悉和拥有真理。这即是说，哲学对真理的居有关乎生存的某种现实运动，人类通过居有真理才得以实现真正的生存。因此，哲学便不能仅仅停留于对真理的认识，还应对现实性（涉及历史性生存及其世界的结构）进行某种有意识的改变。而这就使得哲学在最深刻的意义上成了"实践科学"。

(二) 哲学的具体化

黑格尔曾说过："哲学是最敌视抽象的，它引导我们回复到具体。"② 这里所说的"具体"和"抽象"都是感官无法直接感触的东西，"抽象"指的是思想上的片面性、局部性，"具体"是指思想上的全面性、整体性。但在这里，我们强调的并非是黑格尔所言的全面的整体之具体，而是马尔库塞于《论具体哲学》一文中所谈及的面向现实和行动的具体。

哲学的具体化（Konkretwerden der Philosophie）是马尔库塞为使哲学重新恢复其"第一科学"之名称而提出的一种新的哲学开端。面对20世纪初期魏玛共和国的政治社会危机和马克思主义认识论危机，马尔库塞试图将马克思主义和现象学存在主义综合为一种新的具体的哲学，提出只有始终把人的问题放进关于社会历史发展的思考中，并根据此在与特定历史处境的存在关系来重建真理，"才能从理论上为具体的人超越现实困境、实现人自身的真实性提供行之有效的行动纲领"③。具体哲学以具体的人的存在为出发点和落脚点，采取现象学方法，根据总体性原则，来实现哲学的具体化、历史化和公开化，使之在行动和实践领域发挥作用，将人类生存带入真理之中。

作为此在存在的基本生存论规定，特定的历史处境向来已经先行规定了哲学活动的方向和任务。哲学活动本身归属于特定的历史处境，自然就拥有自己的历史。同样，人类此在，即哲学的主体，向来也处在一种特定的历史环境中。

具体而言，马尔库塞认为哲学与某种具体此在处于共时性（Gleichzeitigkeit）之中，这即是说，二者是共同生存（Miteinander-Existieren），共处于一个特定的历史处境中，是某种命运的共同体。共时性是一种面向现实的"张力"，事实上，共时此在所行动和生存的领域才是哲学思考的真正领域。因而哲学就必然

---

① 黑格尔. 精神现象学 [M]. 先刚, 译. 北京: 人民出版社, 2013: 3.
② 黑格尔. 哲学史讲演录 [M]. 贺麟, 王太庆, 译. 北京: 商务印书馆, 1977: 33.
③ 黄璇, 张莉. 哲学的真理性与人的自由——对马尔库塞《关于具体的哲学》的思考 [J]. 马克思主义与现实, 2013 (3): 100-106.

关心"此在的全部具体斗争和困境"①,并承载着对此在的生活(以此种方式而不是以其他方式生存着的生活)的操心(Sorge)。"哲学必须根据它所能通达的知识,介入共时之生存的困境,根据其历史可能性推进生存。如果哲学真的关乎生存,那么它必须将生存纳为己有,与生存一道、在共时性中生存着为真理而斗争。"②

在马尔库塞看来,要想真正解决当下由资本主义的危机所导致的存在的整体性危机,落脚点必然是公开的行动。他认为,在这种情况下,科学和哲学能够"认识到这一危机,认识其原因,其发展趋势"③。这样一来,哲学便不能仅仅停留于用形而上学术语来描述危机,还应致力于"走向现实",把自己置于社会实践的责任之中。

三、马克思主义是现实的历史科学

卢卡奇的《历史与阶级意识》一书为马尔库塞打开了一种解释马克思主义的崭新视角,自此马尔库塞才将存在主义同马克思主义联系起来。同时,他也接纳和继承了由德罗伊森在《史学概论》提出、狄尔泰推动、海德格尔最终解答的历史性问题,这为他后来提出的历史唯物主义现象学等诸多构想奠定了基础。根据早期马尔库塞对黑格尔辩证法的考察,他认为黑格尔辩证法本质上也是一种历史性的理论,其原初基础正是生命范畴及社会历史生命的运动。马克思批判继承了黑格尔的辩证法,不仅让辩证法彻底回到其原初领域——此在的历史性生存领域,并借以阐释了人之此在的本真历史性。

正如马克思在《德意志意识形态》中指出的:"我们只知道一种科学,历史的科学。"④ 事实上,马尔库塞从一开始就将马克思主义规定为一种本质上是"科学"的历史理论。在他看来,马克思主义的基本处境是由"激进行动(radikalen Tat)""历史性的生存(geschichtlichen Existenz)""阶级"等决定性要素构成的一个活的统一体。在这个层面上,"历史唯物主义标明那样一些涉及历史性知识的总体领域——即涉及演历活动的存在、结构和动变性(Bewegtheit)"⑤。

---

① 马尔库塞. 论具体哲学 [J]. 王宏健, 译. 哲学分析, 2017, 8 (1): 34.
② 马尔库塞. 论具体哲学 [J]. 王宏健, 译. 哲学分析, 2017, 8 (1): 37.
③ 马尔库塞. 论具体哲学 [J]. 王宏健, 译. 哲学分析, 2017, 8 (1): 31.
④ 马克思恩格斯文集: 第1卷 [M]. 北京: 人民出版社, 2009: 516.
⑤ MARCUSE H. Beiträge zu einer Phänomenologie des Historischen Materialismus [J]. Philosophische Hefte, 1928, 1 (1): 45-68.

如果说"历史科学"中的历史（Geschichte）是一种演历或事件发生的总体性处境和人的存在的根本范畴，那么"历史科学"所强调的"科学"就是以社会活动的、历史行为的形式表现出的理论与实践、科学与行动相统一的辩证知识体系。马克思从现实的个人角度出发，将历史理解为具体的个人的实践活动的发生过程。正如他在批判黑格尔《精神现象学》时所指出的那样："他只是为历史的运动找到抽象的、逻辑的、思辨的表达，这种历史还不是作为既定的主体的人的现实的历史。"①

通过对物质生活的生产与理念的生活的生产两者的关系考察，马克思得出了自己的历史发展理论——首先，历史不是"某种特别的、与人相区别的东西"，而是"追求着自己的目的的人的活动"②；科学也并非抽象的、超越历史存在而存在的领域，而是根植于某个具体社会的具体存在的事物并由此发展而来的。换言之，科学是关于历史的存在科学。人们的精神生活总是根植于其物质生活，特定的历史处境（历史现实）本身是作为具体的历史的社会统一体展开的，是一个"具体的总体（konkrete Totalität）"。其次，作为历史性的生存，具体此在向来已经处在特定的历史处境之中，只有当此在认识到他身处其中的特定历史处境，并根据这种认识去行动的时候，此在才能真正成为历史的主体。那么，人的此在的历史"不外是各个世代的依次交替"③。历史发生的真实主体是社会，而不是孤立的个人。因而被给予的永远只是作为历史的在世存在的此在（包含了精神和物质、意识和存在），人类的生存方式自然就随着特定历史处境的变化而改变。

作为一种具体的历史的辩证法，马克思的历史性理论本身就包含着"具体化"的要求。只有在这种具体化的过程中，马克思主义才能实现理论与实践的统一。与海德格尔不同的是，马尔库塞从未把历史性与历史对立起来。相反，他始终认为这两个方面有着不可分割的内在联系，历史性是具体历史的前提，历史则是历史性在具体历史处境中的具体化。据此，他将马克思主义本身规定为一种双重意义的历史理论：一方面，它是一种激进行动的理论，即建立在资本主义社会批判基础上的无产阶级革命理论。作为马克思主义基本处境的中心，激进行为不仅要改变人的此在的生活环境，还要同时从根本上转变人的生存，这种行为被把握为"生存论的"，是人的此在的本质行为方式。用马克思的话

---

① 马克思恩格斯文集：第1卷［M］．北京：人民出版社，2009：201.
② 马克思恩格斯文集：第1卷［M］．北京：人民出版社，2009：295.
③ 马克思恩格斯文集：第1卷［M］．北京：人民出版社，2009：540.

说，它是"革命的实践"。另一方面，就革命行动需要洞见自身的历史必然性——对革命行动之存在的这个真理而言，马克思主义的诸种真理不是认识活动（Erkennen）的真理，而是演历活动（Geschehen）的真理。在这个意义上，马克思主义就是"科学"。

发展 21 世纪马克思主义的四维探碛

刘占虎

摘　要：马克思主义真理性是在具体的时空维度上出场的，并通过变革时代的总体实践转化为强大的物质力量。发展 21 世纪马克思主义，既是推进马克思主义时代化的内在诉求，也是从高位优势上破解综合性时代问题的现实需要。为此，需要从历史逻辑和发展视野上对时代问题进行多维审思，并以强烈的问题意识对经典命题和时代课题作出双重回应。当代中国的马克思主义是马克思主义中国化、时代化的理论成果，是发展 21 世纪马克思主义的中国样本，在解决中国特色社会主义建设课题的同时拓展了发展中国家走向现代化的途径，在守正创新中孕育着引领未来时代发展的理论范式。

关键词：马克思主义；21 世纪马克思主义；当代中国马克思主义

什么是马克思主义，如何发展马克思主义，是学习和运用马克思主义立场、观点、方法必须明确的基本前提。时代的发展需要代表人类文明进步的普遍真理在理论逻辑上的支撑，也需要作为具象化的地方性知识在实践逻辑上的拓新。在社会主义从空想到科学的发展进程中，马克思主义以"新世界观"的哲学变革实现人类解放学说的出场，为把握人类社会发展规律、化解时代发展矛盾提供了基于经济社会结构予以辩证调适的整体性范式。在社会主义 500 余年的历史基点上，人类思想史的变革图景有了新的坐标，建构政治共同体和人类命运共同体的思想资源也有了更为彻底的方法论坐标。发展 21 世纪马克思主义，则是重思时代境遇和引领时代发展的理论自觉。

一、问题意识：经典命题与时代课题的双重回应

马克思主义作为实现"人的解放"的"历史科学"，本身就是回应和破解人类社会结构性问题的科学理论和方法视界。其真理性恰在于通过探索和遵循人类社会发展的一般规律和特殊逻辑而体现为合乎规律与合乎目的的实践统一

性。就经典命题的问题域而言，马克思主义是以解答"历史之谜"和实现人类社会可持续发展作为基本研究对象，通过人与自然、人与社会、人与自身在更高级别上的和解，来实现人的自由和全面发展。可以说，在研究域上具有宏大叙事的总体性特征，在核心经典命题的阐释上也具有纵观"世界历史"的普遍性逻辑，因而要高于一般的社会科学。就时代课题的问题域而言，马克思主义作为科学真理，从来都是具体的：一方面通过对特殊逻辑的整体考察，以寻求从具体到一般的认知视野，意在更好地解释变化的世界和社会诸象；一方面聚焦特定时空的条件要素和发展诉求，通过把握从抽象上升为具体的实践境遇和条件约束，旨在做出化解结构性矛盾和解决特殊问题的有力对策。

作为这一科学理论的主要创始人，马克思正是运用辩证唯物主义和历史唯物主义的世界观和方法论揭示资本主义社会的经济运行规律及其内在矛盾，进而对人类社会发展中的结构性问题及其变革逻辑给予历史分析和总体建构，奠定了科学社会主义的理论基础。可以说，马克思主义经典作家对时代问题的观察不是借助"化学试剂"和"显微镜"，而是以总体性问题意识为基点而形成的理论抽象力。这种抽象力超越了传统形而上学的窠臼，以辩证实践基础上的理性自觉来把握不断变化的社会现实，建构让人成为其为人的此岸世界。马克思主义是既定时代语境的理论成果，也是贯通历史时空并回应时代问题的发展科学。经典命题的普遍性是通过时代课题的特殊逻辑表现出来的，具有历时性、地域性、差异性。时代在发展中涌现出多元复杂的新课题、新挑战，在时空要素往往超越出了经典命题的既定论域。然而，求解时代新课题的结构要素并没有发生质的变化，习近平总书记明确指出："从世界社会主义 500 年的大视野来看，我们依然处在马克思主义所指明的历史时代。"[①] 时代问题的特殊因素需要经典命题的理论再出场。为此，需要发展着的理论对经典命题与时代课题做出双重回应——基于对复杂性时代问题的动态审视和总体把握，以及对既有地方性知识的理论萃取和提炼，形成发展 21 世纪马克思主义的新的问题域。

二、时代场域：历史逻辑与发展逻辑的多维审视

马克思主义的真理性蕴含在时代发展的脉搏之中，变化的时代场域需要创新和发展 21 世纪马克思主义的物质载体。真理是事物及其规律的科学揭示和反映，具有客观性、绝对性、相对性、具体性。世界上没有放之四海而无所不能的科学理论，同样，马克思主义也不可能直接地解决所有时代和领域中的具体

---

① 习近平谈治国理政：第 2 卷 [M]．北京：外文出版社，2017：66.

问题，并直接给出一劳永逸的"调味单"。马克思主义是在社会主义从空想到科学的转化中出场的，也是在社会主义从科学到多国的具体实践中发展的。马克思主义发展至今天，就是在对综合性时代问题的历史性把握中体现其理论阐释力的，因而蕴含着不同时代烙印的历史逻辑，沉淀于历史唯物主义的理论范式当中。当今世界格局处在大发展、大变革、大调整中，具有多元复合的时空要素。在这一场域中发展21世纪马克思主义，在生成论视野上也具有历史逻辑和发展逻辑的双重特征。

从巴黎公社到俄国十月革命，从苏联模式的社会主义到中国特色社会主义，可以视为科学社会主义在不同时空场域的实践出场。尽管作为具体的时空要素在新的发展场域中已经发生了历时性的变化，但马克思主义作为理论范式的出场本身内含着不同时空的要素。这些要素既包括社会主义建设中的成功范例，也包括实践探索的失败教训。科学理论内在的批判性使其在"一正一反"的辩证实践中调适着马克思主义科学真理的出场方式。20世纪的马克思主义与全球化进程相伴随，并融会于民族国家的解放和现代化建设中。以往将现代化等同于西方化的主导逻辑，在遭遇"非西方化"的阻碍时，开始呼唤超越单向度现代化模式的理论自觉意识。中国作为20世纪社会主义实践化出场的主要代表之一，承载着理论发展和实践创新的多重使命。习近平总书记指出："当代中国的伟大社会变革，不是简单延续我国历史文化的母版，不是简单套用马克思主义经典作家设想的模板，不是其他国家社会主义实践的再版，也不是国外现代化发展的翻版，不可能找到现成的教科书。"[①] 21世纪中国发展社会主义事业，需要聚焦这一时代场域来找准创新理论的历史逻辑与发展逻辑。

三、实践变革：解释世界与改变世界的高位引领

马克思主义的科学性正是因为揭示和遵循事物运行的规律而具有彻底的解释力，并以理论上的成熟来引领变革时代的创新实践。当代中国发展道路之所以不能简单套用马克思主义经典作家设想的模板，也不是其他国家社会主义既有实践的再版，就是因为既有时空语境下的理论形态难以有效解释变革时代的内在机理，也不能以高位优势的思想力引领时代的前进。观念迷雾的澄清和实践方式的调整，终究需要回应时代之问题的呼声，并通过变革的实践来淬炼和检验。发展21世纪马克思主义，需要以新的问题域来展开新的实践变革。如果说以往的哲学家的局限是以不同的方式"解释世界"且不能科学地解释，那么，

---

① 习近平谈治国理政：第2卷[M]．北京：外文出版社，2017：344．

理论的彻底性就在于抓住变革时代发展的人本身，牢牢扭住社会变革中的结构性矛盾和复杂性问题，找到科学理论贯通变革实践的内在逻辑，激活科学理论潜在的阐释力。

马克思主义本身就是思想把握时代的理论结晶，是在实践变革和理论批判中产生的。发展21世纪马克思主义的关键，不在于对概念和词素的刻意创造，而是从人类社会既有文明成果和当代中国既有"地方性知识"的基础上提炼出既有实质性内涵的标志性概念，也不在于单纯地延续"我注经典"或"经典注我"，而是在变革实践中彰显马克思主义科学真理在回应时代复杂性课题的综合阐释力。习近平总书记指出："一种理论的产生，源泉只能是丰富生动的现实生活，动力只能是解决社会矛盾和问题的现实要求。"① 21世纪的时代境遇和人类发展困境，是理论创新的源头活水。一方面，发展当代中国的马克思主义，需要紧密围绕我们正在做的事情，聚焦主要社会矛盾和突出问题，不断推动经济社会的平衡发展和充分发展，满足人民群众日益增长的美好生活需要。另一方面，发展21世纪马克思主义，需要聚焦世界经济秩序和政治格局的新变化，尤其是纵观资本主义制度在自我调整中的生命力以及难以克服的结构性矛盾，比较不同地域社会主义建设中的"地方性知识"对经典命题的具体化诠释，以作为发展着的理论要素来拓展经典命题的问题域和阐释力。如此，"解决好民族性问题，就有更强能力去解决世界性问题；把中国实践总结好，就有更强能力为解决世界性问题提供思路和办法"②。通过综合比较社会主义与资本主义在价值逻辑、制度逻辑、实践逻辑上的差异，探索由特殊性到普遍性的发展规律，在未来学视野上彰显21世纪马克思主义在解释世界与改变世界的高位引领优势。

四、国际视野：中国样本与世界范式的守正创新

马克思主义是具有国际视野的"历史科学"，其真理性是通过不同国家社会主义道路实践集中体现出来的。社会主义"在中国"的时代出场本身孕育着发展马克思主义的中国样本，表现为中国道路、中国理论、中国模式。人类进入21世纪，中国特色社会主义也在守正创新中进入新时代，中国化马克思主义的辩证实践是对经典马克思主义时代化的地域性表征和时代化表达，以真理逻辑和道义根基孕育着作为"世界历史"的社会主义的发展指向。2016年5月17日，习近平总书记在哲学社会科学工作座谈会上的讲话中指出："当代中国正经

---

① 习近平谈治国理政：第3卷[M]．北京：外文出版社，2020：63．
② 习近平谈治国理政：第2卷[M]．北京：外文出版社，2017：340．

历着我国历史上最为广泛而深刻的社会变革,也正在进行着人类历史上最为宏大而独特的实践创新。这种前无古人的伟大实践,必将给理论创造、学术繁荣提供强大动力和广阔空间。"① 社会主义中国道路的成功实践,既是在理论逻辑上对马克思主义基本原理的遵循和创新发展,也是在实践逻辑上对中国"古今中西"时代境遇的聚焦和实践自觉。

发展当代中国马克思主义是对21世纪马克思主义的内涵式拓展。中国建设社会主义现代化的时代场域具有"古今中西"综合性的复杂要素,伴随着"中国问题世界化"与"世界问题中国化"的双重语境,破解中国问题就需要有发展马克思主义的国际视野和未来视界。发展中的中国特色社会主义为世界社会主义运动注入新的活力。发展21世纪马克思主义,需要以宽广的国际视野把握社会主义发展的本质和内在联系,以开放包容的姿态借鉴吸收人类一切优秀文明成果,不断回答时代和实践给我们提出的新的重大课题。经过了20世纪社会主义运动中的风风雨雨,世界人民对全球治理中的诸多难题以及涌现出的逆全球化、霸凌主义、单边主义的取向会持有清醒而深刻的认知,如何实现民族国家的特色化发展与世界的可持续发展日益成为国际社会普遍关心的共同课题。"世界怎么了、我们怎么办?"② 不仅是对中国未来发展的思考,也是对世界未来发展的省思。中国共产党是为中国人民谋幸福的马克思主义政党,也是为人类进步事业而奋斗的无产阶级政党,带领中国人民在探索发展社会主义中国方案的同时,也为求解"世界之问"贡献着中国智慧,着力倡导和积极共建人类命运共同体,以发展21世纪马克思主义的国际视野推动实现世界各国的共同繁荣。

---

① 习近平. 在哲学社会科学工作座谈会上的讲话 [M]. 北京:人民出版社,2016:8.
② 习近平谈治国理政:第2卷 [M]. 北京:外文出版社,2017:537.

第三编 03

坚持党的全面领导与治理现代化研究

新型城镇化进程中的工程与社会：
关系变迁、存在问题及实践路径

梁 军 黄星星

摘 要：伴随新型城镇化建设的推进，"工程"与"社会"各自"独白"的状态已经无法满足经济社会高质量发展的要求，日益需要加强二者之间的有效"对话"，从而建构工程活动与社会发展之间的新型关系。当前，新型城镇化进程中主要存在的多元主体关系协调、系统性不足、整体推进不协调等问题是影响经济社会高质量发展的关键。本文围绕这些问题，立足微观、中观与宏观三个层面，通过关系变迁、现实问题与实践路径的分析，提出统筹多元主体关系，强化顶层设计的系统性，构建工程活动与社会协调并进的创新范式，进而推进新型城镇化高质量发展的对策。

关键词：工程与社会；新型城镇化；工程活动共同体；高质量发展

约瑟夫·斯蒂格利茨（Joseph E. Stiglitz）在21世纪初即预言，在21世纪对世界影响最大的有两件事：一是美国高科技产业，二是中国的城镇化。[①] 新型城镇化进程中，作为物质基础的工程及工程活动必须突破原有的"独白"模式，与工程系统中的社会要素进行充分的"对话"，才能实现新型城镇化的高质量发展。工程职业共同体与社会多元主体间的"对话"互动是推进"工程"与"社会"间关系深刻变革，实现经济社会高质量发展的重要任务。

一、城镇化进程中"工程"与"社会"的关系变迁

（一）工程活动推动社会格局变革

工程活动是人类有目的、有计划地改变自然界的活动，从事工程活动是人

---

① 李伯聪，等. 工程社会学导论：工程演化论［M］. 杭州：浙江大学出版社，2010：314.

的本质力量和本质特点的表现。改革开放以来，中国总体发展格局的演变大致是由城乡分割逐渐走向城乡融合发展，形成了具有中国特色的城镇化发展道路。在这个历史进程中，工程活动发挥了决定性的作用。

工程是直接的生产力，这同时表现在自然和社会两个方面。正如马克思所指出："工业的历史和工业已经产生的对象性存在，是一本打开了的关于人的本质力量的书。"① 现代文明从未如此紧密地和工程以及工程活动结合在一起。一方面，大量的自然工程成为人化自然的主要物质承担者，改变着人类生存的物质面貌。另一方面，现代社会的系统性、复杂性特征使得社会运行日益表现出工程的特质。随着科学技术发展进步，大量的新技术、新工艺被集成在工程活动中，这样造成工程与社会的联系范围扩大，从而造成社会格局发生明显的变化。高铁、高楼、公路、桥梁等都是通过工程活动建立的，工程活动直接形成了中国城镇化的物质基础。不唯如此，现代城镇的水电、通信以及物流、交通等活动不仅仅需要工程作为其硬件支撑，还需要运用工程理念和工程思维。从一定意义上说，一部城镇化发展的过程，就是一部工程活动推动社会格局日新月异的过程。

(二) 工程活动的社会性特征日渐突出

社会性主要包括协作性、联系性、交往性等。从工程活动主体方面来看，工程活动的主体日益突破工程职业的藩篱而扩展至社会共同体的层面。今天工程活动的主体已经扩展至投资人、银行家、会计师、律师、政府公务员以及众多的利益相关群体。早期的工程活动由于规模有限，其影响范围有限，社会性处于"隐性状态"。随着技术的进步，现代工程活动的投资、规模日益扩大，工程影响的范围也随之增大，社会性日渐呈现"显性状态"。从工程活动的成果来看，随着人类改造自然能力的增强，工程活动的结果对人类生活的影响越来越大。如，农耕时代在一条小河上建造一座小桥，仅仅能给附近几个村庄的居民带来便捷，而现在长江大桥、黄河大桥以及港珠澳大桥等的落成，则能对一个区域、几个城市数百万乃至上千万人的生活、工作产生深远的影响。工程造物之"物"的属性和经济属性扩展至更大的社会层面，如城镇化进程中失地农民的直接和间接利益，可能产生环境问题的工程所带来的"邻避效应"，移民搬迁工程中涉及的文化传承等问题，这些由于工程活动产生的问题，如果仅仅局限于工程领域寻找解决方案，就会成为无解的难题，只有突破工程领域，在工程

---

① 马克思，恩格斯.1844年经济学哲学手稿［M］.中共中央马克思恩格斯列宁斯大林著作编译局，编译.北京：人民出版社，2018：85.

与社会的"对话"中，才能协调各种矛盾冲突，实现工程活动经济效益和社会效益的统一。

（三）工程活动对社会的双重影响

一方面，工程及工程活动是推动社会发展的物质基础。现代城市是由无数的大楼、厂房、道路、桥梁、水电热等能源管网以及通信、公交、地铁等工程载体构成的互联互通网络，是各种工程形成的"有机集合体"。工程活动的发展是城市发展的动力，利用工程技术提升现代工业化水平，提高劳动生产率，极大地提高了人们的物质生活水平。

另一方面，工程活动可能引发环境生态及社会问题。一些工程活动的开发只为工程用户的利益，而没有顾及社会公众利益及自然环境的保护。随着城市执法力度加大和污染控制标准更加严格，一些重污染企业便打着"加快农村城镇化进程"的旗号将污染物和废弃物转移到农村。① 一些地方一味将城市"摊大饼"式地扩大，对于城市拥堵和生活成本的激增却束手无策。一些开发商为了追逐商业利益只顾将楼盖得更高、更密，完全不顾及消防和阻碍城市风道对雾霾的加重。再比如，由于土地价格的原因，廉租房选址普遍远离主城区，人为形成低收入阶层和中高收入阶层的疏离，形成贫富差距，等等。

二、新型城镇化进程中面临的主要问题

（一）微观层面：新型城镇化进程中多元主体关系协调问题

新型城镇化的核心是人的城镇化。马克思、恩格斯提出关于人的全面发展学说，称为"每个人的自由而全面的发展"②，对人的全面发展学说应至少从以下几个方面把握其含义。第一，个人的自由、充分发展，包括人全部才能的自由发展，以彰显人的个性与才能。第二，人类整体性的发展，个人的自由全面发展与整个社会成员全面发展保持一致，个人全面发展是所有社会成员全面发展的前提。第三，人是在社会关系中生存和发展，人的全面发展也就是社会关系的全面发展。我们必须看到，城镇化进程中工程活动所产生的问题，在工程职业共同体内部已经无法有效解决，我们必须把工程活动所产生的问题放到工程与社会"对话"的范式之中，要让更多的利益相关者参与到实现工程向

---

① 马克思，恩格斯. 共产党宣言［M］. 中共中央马克思恩格斯列宁斯大林著作编译局，编译. 北京：人民出版社，2014：51.
② 王军，何云，胡啸，徐慧娟. 农村城镇化进程中的主要环境问题及其对策探讨［J］. 中国人口·资源与环境，2015（5）.

"善"的价值重构之中。

（二）中观层面：新型城镇化进程系统性不足

城镇发展是一个自然历史过程，有其自身规律，需要保证人口和用地相匹配、城镇规模同资源环境承载能力相适应。有的地方城镇规划脱离经济社会发展规律和当地实际，很难做到生产空间、生活空间和生态空间的协调统一。

城镇化的建设是对自然界的改造，从马克思主义哲学的观点来看，工程活动和生态环境作为人类社会生存发展的两个重要方面，其间存在着辩证统一关系，二者相互影响、相互依存。由于没有正确认识工程与生态环境之间的关系，缺乏科学工程理念的指导，工程给生态环境带来的问题越来越多。如近年来我国水利水电工程的建设，在给农业的发展、航运带来更多便利的同时，对生态环境也产生了一定的影响，一些工程与生态环境之间的问题越来越明显，甚至会影响社会的可持续发展。再如，城市规模的无限扩大导致城市病严重，严重的拥堵和环境问题无法满足人民对美好生活的需求。

工程是社会的工程，社会是工程的社会，不同的工程与地方性的历史传统、地方性知识之间的联系和默契非常重要。在城镇化建设中，割裂工程与历史文化之间联系的现象频发，不同的城市在城市的建设与规划方面比较相似，导致千城一面，形成城市建设中高度的同质化现象。工程与历史文化之间是相互联系、共同发展的。工程共同体应将历史文化作为开发城市、建设城市的因素之一。正确对待文化遗址，适度开发与利用历史文化遗址，既能提升其当代价值，也能成为发展城市特色的新路径。上述问题，都是城镇化发展顶层设计的系统性不足及其表现，需要着重予以改进。

（三）宏观层面：新型城镇化整体推进不协调

在我国城镇化发展的进程中，存在一定的空间布局规划不合理问题。相对而言，我国东部地区城镇化发展相对成熟，而中西部地区城市还存在发展缓慢、城镇化水平较低的问题。由于城镇化发展空间分布不均衡，导致人口、资源向东部地区的流动，这对中西部地区的城镇化发展带来许多困难，特别是产业发展对城镇人口的带动作用弱小。在"双循环"的大战略下，要实现以国内大循环为主的经济发展，必然要加大中西部战略新兴产业的布局，以此带动城镇化在宏观上的布局优化。

还有一些地方把推进城镇化简单地等同于城市建设，没有将城镇化与新农村建设衔接起来，导致一方面出现"城市病"，另一方面农村逐步衰落、"空心村"大量产生等"农村病"问题。随着2020年中国规划的"四纵四横"高铁网络的建成，中国现有城镇的92%将进入10小时经济圈内。① 尤其是干线城镇的交通通达性将得到显著的改善。但过分注重城市建成区规模的扩张，忽视农村的建设发展，出现资源要素向城镇流动，农业的转移人员作为生产者、劳动力向城市涌入，这为推进新型城镇化与乡村振兴协同发展带来一定困难。高质量发展一定离不开城乡协同发展，如果农村留守老人、妇女、儿童大量增加，其迁移效应必将带来一系列社会问题，这些社会问题必然会影响经济社会的高质量发展。

三、新型城镇化进程中工程与社会协调发展的实践路径

（一）统筹协调工程活动中的多元主体关系

工程现代化是实现社会现代化的重要内容，而对于前进中的当代中国，如果说过去工程活动的"独白"状态积聚了诸多社会问题，那么，在今后的新型城镇化过程中，如何真正实现科学发展，亦即工程与人、与自然、与我们民族特定的文化传统及其需求相契合，则是工程主体面临的迫切任务。在实现这个转型的时候，我们更要清醒地认识到，现代意义上的工程主体，不仅仅是工程师和工人，更包括政府、投资者、管理者以及其他利益相关者。工程活动的形式、功能及具体内容，归根结底都依赖人与人之间的互动。

首先，推动从工程职业共同体向工程活动共同体的理念转变，同时促进"工程活动共同体"主体关系协调。新型城镇化进程中，建设好的工程必然不仅仅是有限的工程职业共同体的事情，还需要从工程活动全流程的维度协调诸多利益相关者的关系，因此，工程向善的价值追求必然要求从工程活动共同体层面，亦即更大主体范围内来协调主体间的关系。同时，工程活动在具体实施过程中难免因分工不当、利益分配不均等产生矛盾与冲突，这就要深入认识工程活动共同体内部的潜在冲突问题的合理性，解决这些矛盾的过程，实际上就是实现工程价值的过程。李伯聪先生强调工程活动共同体"要特别注意合理处理工程价值负荷中的冲突，包括人与自然间的冲突，各种分工之间的冲突，不同参与主体之间的冲突，统一工程项目的多个方案之间的冲突，工程目的与结果之间的冲突"② 等，就是考虑到工程活动中矛盾冲突的普遍性特征。

---

① 钟少颖，郭叶波．中国高速铁路建设对城市通达性影响的研究［J］．地域研究与开发，2013（2）．
② 王军，何云，胡啸，徐慧娟．农村城镇化进程中的主要环境问题及其对策探讨［J］．中国人口·资源与环境，2015（5）．

其次，加强工程职业共同体与利益相关者间关系协调。工程职业共同体与工程活动利益相关者包括不同职业主体，但不可忽视的是它们二者之间的共同特性都包含在工程活动共同体这个大范畴之中，这便为二者之间关系协调提供了现实可能。一方面，我们要强化工程职业共同体内部的伦理规范。工程活动并非恒善的，它既可为善，也可为恶，归根结底，这离不开工程活动决策者的社会责任观念，即工程活动的内在伦理价值，而这需要加强工程决策者、设计者、实施者的伦理道德。基于此，工程职业共同体内部应制定相应伦理道德规范，并加强对其成员的道德审查，增强成员对于社会责任的自觉意识，若发现内部成员有损害社会利益的行为，应给予惩罚。另一方面，加强对工程活动利益相关者的道德约束。工程活动利益相关者既包括投资人、监理者、供应商等与企业经济利益相挂钩的主体，也包括政府、媒体、公众等与工程活动社会利益直接挂钩的关系主体。我们要采取依法治国与以德治国相结合的原则，把权力关进制度的笼子，严厉惩处工程活动中侵害人民利益的行为。

最后，要积极发展工程教育和工程文化，建立工程活动与社会治理互相融合的体制机制。工程活动共同体每一主体活动均与公众利益息息相关，推动新型城镇化建设中，工程活动由"独白"转向"对话"离不开公众的工程文化素养，也离不开公众与工程之间的良好互动与互相建构。某种意义上，工程活动中也需要"从群众中来，到群众中去"，实际上，党的十九大提出的共建、共治、共享的社会治理新格局，它的逻辑起点就是共建，而共建就是最大限度地集中最大多数群众的集体智慧，这就需要持续地发展全社会的工程文化教育，提升全民的工程常识。同时，还要探索建立工程风险预防和工程矛盾冲突等调节机制，一旦发生相关问题，要及时沟通协调，避免工程矛盾激化而引发社会问题。

（二）强化工程活动顶层设计的系统性

首先，强化工程职业共同体内部的顶层设计的系统性。现代工程活动日益呈现出鲜明的社会属性，也就是说，任何工程活动都不再是单线条的纵向关系，而是纵横交叉的网状结构。不是单调的独奏，而是复调的交响乐。城镇化进程中涉及结构工程、道路工程、通信工程、供水工程、电力工程等，每一个工程活动内部，也涉及极为复杂的供应链及流程管理。这些工程活动的顺利进行，必须依靠整体系统的互相配合。如果没有工程职业共同体内部的顶层设计，只靠"看不见的手"自发调节，很容易由于信息不对称导致工程资源的错配、误配。在城镇化进程中，强化工程职业共同体内部顶层设计的系统性，必须加大对规划的审查监督力度，要科学制定规划，提升规划的科学性、合理性，同时要依法监督规划的落实，要一张蓝图管到底，防止局部利益、短期利益对于规划系统性的侵蚀。

其次，在工程活动共同体层面强化工程活动顶层设计的系统性。新型城镇化是一项时间长、范围广、体量巨大的复杂系统工程，城镇化进程的进展不仅仅是工程职业共同体内部的事情，它涉及社会各个部分，从中央政府到地方各级政府、企业、银行、学校、医院、工厂、铁路、公路、机场以及各种基础设施的建设，因此，这个过程既需要摸着石头过河，更需要加强顶层设计。站在工程活动共同体的高度，就必须整合工程活动中利益相关方，要充分考虑到各种资源要素的匹配和工程系统的结构，实现"1+1>2"的系统效能。在早期城镇化的过程中，各种重复建设、资源浪费和闲置，包括日益突出的城市病实际上都是没有把工程活动放在社会总体格局中规划和推进。如果在经济社会发展的大视野中开展工程活动，工程主体就不仅仅是投资者、工程师以及工人，而是涵盖了社会治理相关主体和利益群体的综合系统，这时候的工程规划和设计要与工程活动的全生命周期结合起来，要更加富有前瞻性和系统性，在强调共建的同时，就要考虑到共治和共享。

最后，强化工程活动与社会治理融合的系统性。新型城镇化是一个动态的过程，这个过程也是经济社会发展的过程，因此必须把新型城镇化进程中的工程活动与社会治理有机融合，在一个系统中统筹规划。不仅仅工程活动本身需要社会各个方面的资源进行配合，工程造物完成之后，工程本身也需要嵌入社会运行的大系统中才能体现工程的价值。例如，大型的水电站建成之后，航运、并网发电、灌溉等；枢纽机场建成之后，需要通过航线开发与国际、国内的城市连接起来等。从本质上看，强调工程活动的系统性，也就是强调工程活动的社会性特征。工程与社会之间的"对话"，既有微观层次，也有中观和宏观层次。

（三）构建与社会协调发展的工程创新范式

首先，工程项目要立足工程与社会协调发展创新规划设计。新型城镇化进程中要立足工程与社会的协调发展进行工程活动建设的总体布局，其工程设计方案应包含城镇基本布局和形态、综合交通运输网络、基本公共服务等内容，在此基础上不断创新工程活动规划理念，完善工程活动实施程序，形成系统完备的城镇化工程活动建设方案。同时，要完善新型城镇化建设中相关工程活动的体制机制建设，从决策、实施、管理等多方面入手，建立健全工程决策机制、工程实施与信息交流机制、公众参与和沟通协调机制、工程评估以及监察反馈机制。要制订系统的基础设施建设规划，加强城镇交通运输网络、信息服务网络、城镇公用设施建设、教育、医疗卫生等方面的基础设施建设,确保基础设施建设能够满足人民群众对美好生活的需求。

其次,工程活动要立足工程与社会融合发展创新工程形态。"工程活动始于社会需求,满足人的社会需求是工程建造最直接的动因。"① 社会主要矛盾转变凸显了人民日益增长的美好生活需要已越加广泛,新型城镇化进程中,工程活动的实施不仅要求提供更好的功能性需要,而且更加注重追求舒适度、美观性、资源节约及环境和谐等要求。新型城镇化进程中工程形态创新需注重各方关系协调,满足人对工程的多重维度需求,即不但要建好工程,还要建设好的工程,促进工程活动更高质量推进,充分发挥科学技术在工程活动中的重要作用。

最后,工程活动的伦理规范要充分体现以人为本的价值追求。新型城镇化最终要通过大规模的工程建设完成硬件架构,要实现这些工程推进经济社会高质量发展的要求,就要在这些硬件建设的过程中,充分体现以人为本的工程伦理规范。工程与社会的嵌入与对话,最终要落实在建设工程、使用工程、享用工程价值的人群上,因此,如果背离了以人为本的工程伦理规范,工程的社会价值必然受到质疑。要充分发动相关利益者参与到工程方案的讨论与完善之中,要善于把专家意见和群众意见相结合,要动员和组织最广泛的利益相关者对工程细节进行最大限度的优化提升。

总之,新型城镇化是时间长、跨度大、规模宏大的复杂系统性工程,仅仅从工程师、工人为主的工程职业共同体出发推进新型城镇化,很容易只见树木不见森林。作为与中国社会现代化进程密切相关的宏大战略,需要从工程与社会相互"对话"的角度进行研究,需要从问题出发,持续探索新型城镇化进程中工程活动的最优模式。

---

① 李伯聪,等. 工程社会学导论:工程演化论[M]. 杭州:浙江大学出版社,2010:314.

马克思主义空间理论视域下
我国城市社区治理创新探究

王维国　李翰林

摘　要：治国惠民，重在基层，社区是城市治理的"最后一公里"，社区治理的出发点和落脚点都是人民。马克思主义认为，空间是社会关系的产物，作为人的"寄居"之所，既非孑然独立，亦非空洞背景，而是物质实践的能动组合。从空间角度重新审视城市社区治理的特点与规律，有助于我们正确认识这一特定场域的矛盾根源，科学研判其内涵和未来走向，制定有针对性的政策和策略，使人民可以在社区中实现对美好生活的向往，促进精神和物质的同步发展，为第二个百年奋斗目标的实现提供稳定的社会环境。

关键词：马克思主义；空间理论；社区治理

作为城市治理的基本单元，社区治理既关乎人民福祉，也关乎第二个百年奋斗目标的实现。以往，学者们通常从社会学、政治学、管理学等角度来研究社区治理。空间作为物质实践与社会关系相互作用的产物，具有多元复合的特征。人在空间中生产实践，空间则凝结并承载着生产关系，空间和秩序密切相关。人口迅速聚集，规模不断扩大，作为现代空间理论的主要研究对象，城市社区发展越来越成为各界关注的焦点。

德国社会学家F.滕尼斯曾指出，"社区"是一种社会群体，其内的同质人口分享着相同的价值理念，相互之间关系和谐、互帮互助、富于情感。美国芝加哥学派的罗伯特·E.帕克和E.W.伯吉斯等人认为，社区是人所生活的环境，社区即人的汇聚，又是组织制度的凝聚；社区与其他社群的本质区别在于组织制度。1933年，吴文藻、费孝通等人将"Community"意译为"社区"，指在一定空间中的由人聚居而成的社会生活共同体。华裔地理学家段义孚从恋地情节的角度指出，人对于作为家园和记忆储藏之地的社区具有更为持久和难以表达的依恋。因此，社区具有四种特征：一是它依托于一定范围的空间；二是它能为居民提供丰富多样的公共产品；三是它是居民的情感寄托，并被居民予以认同和接受；四是它存在着多元的社会关系和利益诉求。

一、马克思主义空间理论

马克思、恩格斯从哲学角度进一步论述了时间、空间与物质运动之间的关系，指出时间、空间是物质运动的载体，其中空间具有三维性，是有限与无限的统一。在《共产党宣言》《英国工人阶级现状》《论住宅问题》《政治经济学批判》及《德意志意识形态》等著作中，他们就资本与城市的关系进行了深刻阐述，认为随着资本主义生产方式的确立以及社会分工进一步扩大，人类可以在更广阔的空间领域进行协作，资本为了节约成本，缩短循环时间，便将包括人在内的所有生产要素进行空间聚集，这种聚集则促进了城市的发展。分工和聚集的发展产生了涂尔干所说的"道德密度"和"物质密度"的增加（虽然有时并非完全同步），"道德密度"是指"人们的相互结合及其所产生的非常活跃的交换关系"①，"物质密度"是指一定空间内的人口数量。城市人口的增加和分工的细化导致人们自身的生存越发需要依靠他人提供的产品与服务，这种需要促使人们之间的联系越来越密切，催生了新型的有机团结，生产领域的协作方式复制到社会过程的各个领域，整个社会便形成以生产协作为基础的相互作用的网络，由于分工、协作的存在，这种构成必然体现出各部分之间相互协调、高度依赖的系统性特征，此时便需要社会治理。

在肯定了空间聚集对城市发挥积极作用的同时，马克思、恩格斯指出资本主义城市空间的异化性，即工人阶级建造了城市、为城市提供了物质必需品，却被城市排挤、压迫到边缘或者负空间，生活在拥挤、脏乱的独特区域。资本对空间积聚与空间隔离的作用，根源于空间的排他性特征，即特定时间具体空间的唯一性。空间的这种特性，使得不同空间之间存在着差异，由此可以推导出三个观点：第一，空间是同期性的。多样空间处在单一的线性时间中，以过程的形式存在着。第二，空间是异质性的。多元差异是空间存在的基本状态，表现为主体差异、结构差异、规则差异等。第三，空间是关系性的。异质产生了联系的要求，是通过物质实践、社会关系来构造的，并且将关系理解为具有功能性的差异。在此，空间是社会和政治问题的维度。这就表明在工业化市场化条件下的城市空间建设要注重公共性、人民性。

---

① 涂尔干. 社会分工论［M］. 渠敬东，译. 北京：生活·读书·新知三联书店，2017：214.

二、我国城市社区建设的历史进程及现实挑战

研究城市社区治理，必须立足于城市空间结构演变，从历史的脉络中探寻经验与特色。新中国成立70余年来，我国城市基层治理经历了"街居—单位"模式到"社区"模式的演变。

从新中国成立到改革开放前，城市基层治理实行了"街居—单位"双轨并行，尤以"单位"为主。1954年颁布的《城市街道办事处组织条例》《城市居民委员会组织条例》①，旨在加强党的领导，促进经济恢复，稳定生产秩序和人民日常生活。随着计划经济的实施，掌握了大量公共资源的企事业单位，成了满足群众衣食住行、求学就医、休闲娱乐等公共产品的重要提供者。促进"街居—单位"双轨制迅速发展的主要原因有两个方面：第一，城市居民数量的快速增长及从业结构分布特点。我国城镇人口占总人口比重从1949年的10.64%增加到了1978年的17.92%。1949年城镇就业人员仅占全国就业人数的8.5%，到1978年就达到23.7%。② 因此，在单位体制内的人口占了城镇人口的较大比重。第二，独特的资源分配模式。在计划经济条件下，资源由国家进行指令性配置，国家与生产单位之间就形成了上下垂直关系。另外，在计划经济条件下，企事业单位是居民生产生活的主要依托和收入来源，国家旨在提高人民生活质量的再分配也要通过生产单位来实现，生产单位成为国家与人民之间的重要桥梁，地位十分重要。物资短缺以及生产单位在资源占有和分配方面的独特优势，大大增强了生产单位的社会控制力，城市社区稳定程度较强。

改革开放后特别是随着国有企业改革深化，经济体制由单纯计划经济向中国特色社会主义市场经济过渡，原有的单一生产企业治理模式开始松动。一方面，随着单位制转型。社会和市场逐渐替代单位成为社会成员资源与机会的主要提供者。另一方面，社会流动性增强。我国的流动人口从1982年的657万人，增加到了1990年的2135万人；随后经历了快速增长期，其中2000年当年突破1亿人，而后用10年时间达到2.21亿人，在2014年达到峰值2.53亿人，此时已占全国总人口的18.5%。③ 社会流动性增强客观上使原有的"熟人社会"发

---

① 国家统计局. 城市街道办事处组织条例 城市居委会组织条例 人民调解委员会暂行组织通则 治安保卫委员会暂行组织条例 [M]. 北京：人民出版社，1979：1-3.
② 就业规模不断扩大 就业形势长期稳定——新中国成立70周年经济社会发展成就系列报告之十九 [R/OL]. 国家统计局网站，2019-08-20.
③ 人口总量平稳增长 人口素质显著提升——新中国成立70周年经济社会发展成就系列报告之二十 [R/OL]. 国家统计局网站，2019-08-22.

生变化，因此以空间划定范围的"社区制"成为城市基层治理的基础。

在1979年11月通过的《全国人民代表大会常务委员关于中华人民共和国建国以来制定的法律、法令效力问题的决议》中，中央重新颁布实施了有关街居制的4个法规：《城市居民委员会组织条例》《城市街道办事处组织条例》《人民调解委员会暂行组织条例》《治安保卫委员会暂行条例》。1982年颁布的《中华人民共和国宪法》的第111条①首次以根本大法的形式就基层自治的组织、性质、任务给予了明确规定。1989年颁布实施的《中华人民共和国城市居民委员会组织法》，又把城市基层治理向法治化、制度化推进了一步。1993年发布的《中共中央关于建立社会主义市场经济体制若干问题的决定》提出"社会管理"概念，并提出要加强政府的社会管理和公共服务职能。上海市政府于1997年颁布了《上海街道办事处条例》，正式确立了如今已在全国推广的"两级政府，三级管理"的城市基层管理体制。1998年的《国务院机构改革方案》正式将"社会管理""宏观调控""公共服务"一起列为政府的基本职能。

中国特色社会主义进入新时代，城市社区治理也迎来了新发展。党的十八届三中全会通过的《中共中央关于全面深化改革若干重大问题的决定》提出"社会治理"。党的十九大进一步提出了"打造共建共治共享的社会治理格局"并且指出，"有事好商量，众人的事情由众人商量，是人民民主的真谛"。因此，新时期城市基层治理改革的重点就是党在建立社区自治组织体系的基础上，更关注人民的参与式治理。近年来，诸如青岛浮山后社区、武汉市百步亭花园社区等社区在撤销街道后，一方面选举产生社区委员会，并根据工作需要设立细化的工作委员会；另一方面设立社区公共服务中心，把涉及社区秩序和居民日常生活的事务集中在起来进行"一站式"窗口办公，大大便利了居民。

经过70余年的不懈努力，我们探索出了一条适合国情的城市社区治理的道路。但随着我国经济社会主要矛盾的变化，城市社会也出现一些新的变化，给社区治理提出了新的要求。

第一，个人需求与维护社区和谐稳定之间的矛盾。在社会主义市场经济条件下，交换依赖于时间和空间的差异，个人被鼓励拥有多元、自主的选择，形成了不同的社会利益群体，个人的政治参与热情因自身权益日趋增多。而现有的诉求表达机制与政治参与机制发展相对滞后，加上一些干部懒政、惰政和官僚主义影响，人民群众的一些需要未能得到及时满足。城市社区作为个人公共参与和社会行动的重要空间，有时会出现不和谐。这就要求加强治理主体之间

---

① 中华人民共和国宪法（1982年12月4日）［EB/OL］. 中国人大网，2014-12-03.

的协商沟通。

第二，居民对社会公共产品的多元需求与有效供给不足之间的矛盾。社区空间对于居民而言，不仅是一个居住空间，更是劳动力再生产的空间，社会关系、休闲娱乐的空间。社区应当为居民的生产生活提供优质的公共产品。但随着国企改革的推进，原先隐含在企业内部的社会政策逐渐退出，市场又一时难以提供满足全体民众需求的多样化公共产品。如何在社区实施公共产品的"供给侧"改革，从而满足居民高品质、多元化的服务需求，是城市社区治理必须解决的问题。

第三，社区秩序与社会融合之间的矛盾。在社会主义市场经济条件下，城市居民生活水平大幅提高，但随之而来的是社会阶层分化，形成了基于房价、职业、环境的社区空间分化，形成了大量异质性空间，社会融合度有所降低。人类具有的地缘特点，使群众对生活空间产生特殊的情感。为了维护社区空间的秩序，不同社区可能会利用门禁或检查制度。这种办法在一定程度上降低了不同阶层、不同职业、不同生活水平之间人群的接触，进而造成阶层、群体在社区空间内再生产。这有可能带来不同阶层、不同群体之间的冲突与矛盾，对社会融合产生消极影响。

三、准确定位，深化认识，推进城市社区治理现代化

城市社区人口密集、利益关系复杂，社区治理中不确定、不稳定性因素依然会出现，为了实现共建、共治、共享的社会治理新格局，必须在加强党的领导、推动居民自治、开展协商共治三个方面深入推进社区治理现代化。

第一，加强党对城市社区治理的全面领导。一是发挥引领作用。从空间规划开始，社区党组织就要充分征求居民意见、尊重居民诉求，考虑阶层、职业、群体构成与空间布局，特别是要在提供充足公共空间方面下功夫，从物质层面打破可能出现的阶层隔阂，为形成具有较强凝聚力的社会网络提供支撑。二是发挥凝聚作用。党通过大力培育社会组织，按照"政府扶持、社会承接、专业支持、项目运作"的思路，为其在社区开展各类活动提供经费、人力、场地及相关组织协调，并对经费使用情况和活动效能进行监管。形成互相支持，互利互惠的良性合作关系。将社区内各类治理主体团结在自己周围，发挥差异优势，共同服务社区。三是发挥"战斗堡垒"作用。实践证明，在面对新冠肺炎疫情时社区基层党支部的战斗堡垒作用十分突出，充分体现了社会主义制度优势，因此在继续发挥好领导协调、快速处置、引导舆情等作用的同时，要进一步扎根社区，在应急处置、扶危济困、促进就业、保护环境等方面发挥应有作用。

第二，推进政府领导和居民自治的有机统一。居民是社区的主人，要以法律形式赋予居民自我管理权，厘清政府治理与群众自治的权责边界。逐步实现培育法治意识、调动治理热情、提升自治能力的目标。将分散的个体通过社区组织重新融合，畅通民意表达渠道，维护自身权利，让社区居民自己对社区的内部事务有决定权，这样才能提升社区亲和力，培育居民的主人翁意识，发挥主体作用。

第三，实现治理主体的协商共治。马克思主义空间理论强调差异性主体之间的分工与协作，因此，既要尊重法律赋予公民个人的意见表达权，又要尊重人民群众所享有的共识决策权。因此，党和政府要关注社会政治参与的诉求，按照互惠互利原则，通过多种方式与社区居民、驻区单位（企业）、专家学者等各类社会力量一同参与基层社区公共决策与社区治理，以满足多元社区治理主体的利益诉求；通过各级人大代表扎根社区，充分了解民心民意，促进社区治理主体间的互信，培植社区社会资本，构建党引领下的"共建、共治、共享"。

"三次伟大飞跃"论断生成的四重逻辑

何志敏　杨招英

摘　要： 中国共产党领导人民经过长期斗争，实现了由"站起来""富起来"到"强起来"的三次伟大飞跃，经历了新民主主义革命、社会主义建设和改革开放、社会主义新时代新征程三个阶段，回答了"中国特色社会主义何以可能"这个时代之问，中国社会主要矛盾发生了历史性的变化。在新的历史方位上，根据时代特点和现实要求，通过历史与逻辑的分析与考察，可以将"三次伟大飞跃"论断生成进路概括为：来源于马克思主义理论的科学指引的理论逻辑、形成于中国特色社会主义的伟大实践的实践逻辑、体现于中国共产党的初心与使命的价值逻辑、发展于世界百年未有之大变局的现实逻辑。

关键词： 三次伟大飞跃；理论逻辑；实践逻辑；价值逻辑；现实逻辑

"三次伟大飞跃"是马克思主义与中国的具体实际相结合的产物。中国共产党建党百年，一共有三次伟大飞跃。第一次伟大飞跃是指中华民族从积贫积弱到站起来的伟大飞跃。"站起来"是近代中国人民革命斗争的时代主题。中国共产党自成立伊始就拿起马克思主义这个思想武器，进行了新民主主义革命，开辟了中国特色社会主义道路，建立了新中国。第二次伟大飞跃指的是中华民族从"站起来"到"富起来"的伟大飞跃。这一伟大成就表征了只有中国特色社会主义才能发展中国，只有中国特色社会主义旗帜才能引领中国经济一路高歌。"富起来"是经济层面建设中国特色社会主义的战略性目标，是继而"强起来"的经济基础，是实现中华民族伟大复兴的中国梦的关键一环。第三次伟大飞跃是指中华民族从"富起来"到"强起来"的伟大飞跃。不断奋进的中国共产党人致力于社会主义建设，不管是横向还是纵向，"五位一体"还是"四个全面"，都取得了全方位、深层次的发展和变革，实现了中华民族从不断衰落转而扭转命运、大步走向繁荣富强的伟大飞跃。知古鉴今，以史咨政，分析"三次伟大飞跃"论断生成的历史演变逻辑和发展规律，有利于为实现新时代中国共产党的历史使命提供理论支撑和在新的历史起点上不断奋进提供强大精神动力。

一、理论逻辑：来源于马克思主义理论的科学指引

（一）历史唯物主义是"三次伟大飞跃"取得胜利的理论基础

我国"三次伟大飞跃"取得胜利的理论逻辑是指在中国共产党带领下的中国人民实现"三次伟大飞跃"的实践进程中所体现的内在关联性，或是指导"三次伟大飞跃"实践的本质规定性。① 马克思和恩格斯创立的历史唯物主义，从根本上揭示了人类社会发展的直接推动力和根本规律，决定了中国特色社会主义道路和方向的正确性和科学性，马克思主义也是"三次伟大飞跃"论断生成的理论逻辑。发挥理论优势是应对变局开拓新局的重要法宝。马克思曾明确指出："人类解放不能没有理论，没有哲学。"② 历史唯物主义是中国共产党人从国家利益出发、以人民意愿为依据，合乎中国特色社会主义事业发展要求，立足中国现状，着眼长远发展选择的理论。不管是中国共产党人在建党以来就始终坚持"人民群众是历史创造者"的观点，不断地在履职为民上下功夫，还是着重关注社会意识对社会存在具有反作用的观点，由此高度重视思想教育和意识形态工作，还是对于中国社会主要矛盾变化的深刻把握和发挥政党自身优势，在完善建言资政方面上下功夫，都体现了对理论指导的重视。

（二）中国化的马克思主义是"三次伟大飞跃"的理论指南

恩格斯在致友人的一封信中说："我们的理论是发展着的理论，而不是必须背得烂熟并机械地加以重复的教条。"③ 任何科学的理论都是集中体现时代精神和人民集体智慧的理论升华。新时代呼唤新理论，新征程需要新理论，每一个时代的理论思维都各不相同，有不同的形式和内容，马克思主义从根本上就不是僵化死板的教条主义，并不是原封不动没有发展的。中国共产党不断经历批评和自我批评，不断迎接新的挑战和考验，不断学习有利于我国发展的"作业"，致力于挖掘真正符合中国实际，紧扣时代命题，开放包容发展中创立的新思维，是不断更新和递进的。马克思主义在中国的发展先后形成了毛泽东思想、邓小平理论、"三个代表"重要思想、科学发展观以及习近平新时代中国特色社会主义思想，每一阶段都有阶段性定格发展与后续性指引发展的特征，即从

---

① 罗建文，石巧红.论我国脱贫攻坚战取得全面胜利的理论逻辑和实践逻辑［J］.重庆工商大学学报（社会科学版），2021（1）：1-12.
② 马克思恩格斯文集：第1卷［M］.北京：人民出版社，2009：460.
③ 马克思恩格斯文集：第10卷［M］.北京：人民出版社，2009：562.

"站起来"到"富起来"再到"强起来"①,这三者的关系是相互联系、层层递进的。"强起来"从本质上看,是"站起来""富起来"的基础上的"强起来",是第三阶段,不是一步登天、与生俱来的。习近平总书记立足于全面从严治党的整体布局,不断发展、直面、解决和思考问题,不断推进马克思主义中国化进程,从理论层面看,就是对马克思主义理论学说的继承和发展。根据习近平总书记关于"三次伟大飞跃"的论述,分析"三次伟大飞跃"作为一个整体,经历了正、反、合的辩证发展过程,三个阶段是实现"自由人联合体"的必经阶段。在这个新的历史起点上,习近平新时代中国特色社会主义思想继续扛起中国梦这面大旗,在整个中国化马克思主义的思想体系之中,依然是指导思想,是文化内蕴,是方向指引。

二、实践逻辑:形成于中国特色社会主义的伟大实践

"三次伟大飞跃"的实践逻辑是确保"三次伟大飞跃"胜利循序渐进、有条不紊进行的重要保障。"三次伟大飞跃"是中国共产党不懈努力、勇于拼搏,不断在实践中寻求真理的结果,是从中国革命、建设和改革实践中,总结历程、状况和不断变化的现实国情中得出的科学结论,具有丰富的现实性和实践特质。探寻一条具有中国特色、时刻表征人民愿望的中国道路,是中国共产党百年接续发展历程轨迹中的一条关键逻辑主线。中华民族能够在内忧外患之后屹立于世界民族之林,中国人民从水深火热到实现全面小康,中国从满目疮痍到逐渐走向世界舞台中央,这些伟大转折,都是在中国共产党引领中国不断实践奋进、不断回答时代之问的百年创新实践历程中实现的。

(一)救国:新民主主义革命时期,围绕"救国"这一历史任务,中国共产党成功开辟中国特色的革命道路,回答"何以站起来"的时代之问

实现中华民族伟大复兴目标的首要条件就是中国人民真正意义上"站起来",而国家独立、民族解放、人民幸福是一个真正意义上的主权国家建立的最基本的前提。"站起来"的"站"虽然只是一个简单的动作,但对于鸦片战争后逐步沦为半殖民地半封建社会的中华民族与中国人民来说,却经历了近代百年历史,从"站起来"到"站直""站正""站稳"的一个过程。"站起来"是无数中华儿女的共同夙愿,这一过程,注定是不凡的。这一切从马克思主义开始传入中国、中国共产党成立开始转变。以毛泽东同志为代表的共产党人从中

---

① 李捷.在学"国史"中做到"学史明理、学史增信、学史崇德、学史力行"[J].思想理论教育导刊,2021(4):4-11.

国的具体国情出发,把马克思主义同中国革命实践这两个重要逻辑主项所处的现实实际相联系,在领导中国革命、建设的进程中,开辟了农村包围城市武装夺取政权的革命道路,通过阶级斗争手段解决人民群众与"三座大山"之间的矛盾,完成了新民主主义革命,建立了中华人民共和国,真正意义上领导中国人民"站起来"。新中国成立之后,又进行了社会主义三大改造,创造性地完成了从新民主主义到社会主义的转变,确立了社会主义制度。在此基础上进行的具有中国独特色彩的社会主义建设,不仅仅在政治上求得独立,同样值得重视的是在经济上也赢得独立,在马克思主义与中国具体实际相结合的实践中积累了丰富的经验,全方位适用于中国国情,为"富起来"确立了新的发展起点。

(二)富国:新中国成立后,围绕"富国"这一历史任务,中国共产党成功开辟中国特色社会主义建设和改革开放之路,回答了"何以富起来"的时代之问

党的十一届三中全会之后,中国特色社会主义建设进入新时期。中国共产党带领全国各族人民开启新的建设历程,在回答"何以富起来"的时代之问过程中,凸显开放富国时代和中华民族共同体构建的实践探索。改革开放以来,国家更加注重贫困问题的解决。贫穷是社会不稳定的最大根源,而经济发展可以帮助消灭贫穷,带来社会稳定。社会主义有没有发展到一定阶段的一个强力指向标就是经济领域是否高质量发展。"高质量"意味着不仅发展要快,还要好,与此同时,"高质量"也是实现中国梦所有要素中的关键物质基础。从中国的国情出发,建设中国特色社会主义的经济价值目标是"富起来"。"富起来"是"强起来"的经济基础,"富起来"最根本的逻辑就是实事求是的逻辑,"富起来"是社会主义初级阶段转向更高级别的必经阶段。当代中国最为突出的特征就是改革开放,最为突出的特色就是开创了中国特色社会主义新阶段,最为突出的成绩就是中国实现了经济快速增长与在总体上实现全面小康。一个"富"字,从本质上还原了历史的真实。改革开放找到了中国特色社会主义的正确道路,拨乱反正、解放思想,从一开始就从理论与实践上批判了"四人帮"形而上学地将"穷"与社会主义相联系的极端反动思想。社会主义不是"贫穷的虚假的社会主义",而"富"也不等于资本主义。根据这一思想认识,邓小平同志指出"贫穷不是社会主义,社会主义要消灭贫穷"。邓小平同志将全党的工作中心转移到社会主义的经济建设上来,确定了"三步走"发展战略和"两个一百年"奋斗目标,核心问题就是践行"一切为了人民"。不脚踏实地从实际出发,再好的愿望也难以实现,让人民富裕、幸福,这是中国革命和建设实践经验告诉我们的真理,"富起来"成为现实。

（三）强国：全面深化改革的新时代，围绕"强国"这一历史任务，中国共产党带领人民开启全面建设社会主义现代化国家新征程，回答"何以强起来"的时代之问

"强起来"是近代以来中华民族的不懈追求。中国共产党十九届五中全会大刀阔斧擘画了中华民族伟大复兴中国梦的战略目标和推进路径，开启全面建设社会主义现代化国家新征程，为中国实现强国建设的目标奠定更为坚实的基础。中国特色社会主义发展的历史性成就是"强起来"的实践旨归。"苟日新，日日新，又日新。""强起来"的具体要求随着不断的深化改革和满足人民新的更高层次的需要，常变常新。中国共产党不断地积极回应从"站起来"到"富起来"衍生的时代之问，正确把握社会矛盾运动规律，从世情、国情、党情入手，练就过硬本领，稳固了强国坐标。"强起来"是"富起来"的"升级版"，"富、强"历来就是连在一起的"姊妹篇"，富离不开强，强的基础是富，"强起来"是在"富起来"的基础上的全方位的提升和整合。经历40多年的改革开放，尤其是党的十八大以来不断的实践探索，越来越丰富了"强国"的深刻内涵，提出一系列新理念、新思想、新战略，目标更加精准，覆盖更广泛、更高远，推动改革实践实现全面发力、多点突破、纵深推进的崭新局面，推动党和国家事业取得历史性成就，发生历史性变革。

三、价值逻辑：体现于中国共产党的初心和使命

"初心"是指最最本源的本心，"使命"通常指比较重大的责任。跳出阶级局限性，中国共产党从成立之初就已经旗帜鲜明站在中华民族和中国人民的利益和立场上，始终践行"为中华民族谋复兴，为中国人民谋幸福"的初心使命。十九大报告提出"使命呼唤担当，使命引领未来"的庄严宣告，中国共产党始终秉持人民至上的价值情怀，在思想上进行检视、剖析和不断反思；在实践上不断去杂质、除病毒、防污染，不断面向未来、规划蓝图、承担使命、指引方向，完成两道历史性考题，不断诊治过往时代发展过程中的种种历史遗留问题和一些沉疴痼疾，这是马克思主义使命型政党之本质特征。从历史多维谱系和价值视角出发，把中国近现代史作为主要节点，置身于各种社会阶级关系中，以当时当地具体境况考量和探析中国共产党的初心和使命，中国共产党"不忘初心、牢记使命"，就是以国家富强、民族独立、人民幸福、社会发展等为内核

的初心使命，是对"人民是阅卷人"① 这个定义做出的精准诠释。

(一) 初心宗旨：贵在矢志不渝，历久弥坚强担当

在人类历史发展长河中，个人的价值取向一直都表现出一个鲜明特征，那就是往往映射其奋斗目标。因此，一个政党的价值所向，不仅会激励和坚定其所持目标，还会在无形中映射出这个政党所持的政治理想。在传统的农牧文明转向现代工业文明的变革进程中，寻找一个跳出"历史周期律"，遵循马克思主义的价值表征，实现政治解放和劳动解放，建立一个新型国家政权，提高社会生产力的新型政党非常有必要，所以中国人民选择了中国共产党。勇于自我革命是中国共产党最鲜明的品格和最为卓越的优势。不管是从建党伊始浩浩荡荡的整风和整党运动，还是"三讲"教育，一直到新时代党的十八大以来，我们党一直沿袭实践的群众路线的教育，开展"三严三实""两学一做""不忘初心、牢记使命"等学习教育活动，都取得了巨大的成效。中国共产党的初心和使命从"站起来""富起来"到"强起来"的不断求变中，始终不变。初心是什么？个人、团体、组织以至于国家对初心的定义都不相同。但中国共产党的初心永不改变，从建党以来，我们党一心为国家、一心为人民的初心始终不移。"初心使命"是总结党的全部发展历程的关键词、主题句和统领段。回溯我们党的历史，是贯穿百年的"为民造福史"。百年来，无论所遇是风险还是挑战，我们党之所以能够由小及大、由弱转强，于变局中开新局，在危机中育新机，不断从胜利走向新的胜利，不断克敌制胜的最大法宝就是始终坚持和践行初心使命。党的历史就是由初心使命统领的历史。

(二) 百年征程：破在守正创新，鉴往知来担使命

守正创新，就是在把握本质、遵循规律的基础上进行推陈出新，以创造性的实践活动推动事物发展。守正是根本、是前提、是保障，在这个角度下解决的是中国共产党去哪里的问题。创新是动，是注脚，是第一动力，是能力，是潜力，是守正的实现途径，解决的是中国共产党如何去的问题。"一个民族要想站在科学的最高峰，就一刻也不能没有理论思维。"② 永葆初心，牢记使命，正是以习近平同志为主要代表的新时代中国共产党人，立足时代潮头，根据我国发展的基点，站在中国历史的原初语境之中，提出的符合我们党治理理论的大胆的实践创新。中国共产党提出"不忘初心、牢记使命"思想并不是空穴来风，

---

① 习近平. 开创新时代中国特色社会主义事业新局面 [N]. 光明日报, 2018-01-06 (01).

② 马克思恩格斯文集：第9卷 [M]. 北京：人民出版社, 2009: 437.

而是对中国共产党建党以来所作所为、所思所想精练地总结和提高,是对以往模式的守正创新。守正创新者进,知常明变者赢。"守正"并不等同于"守旧",更不是守旧的护身符和强身药。强调"守正",是为了更好地"创新",中国共产党立足人民,主动作为,不断在实践中提高全心全意为人民服务的效能,不断地对"人民"这一核心进行进一步的完善和重构,"守正创新"充分体现了新形势下中国共产党工作不变与变的辩证规律。我们需要紧紧把握时代脉动,深深扎根于中国大地,保持对"初心和使命"思想守正的坚定和创新的激情,强调"实际""实事"和"实践",走出新路、正路。

（三）奋楫笃行：成在人民幸福，击鼓催征显初心

世界上的政党类型繁杂多样、政治多元,难以尽述于兹。衡量一个政党是否具有先进性和人民性,一方面需要从最本原的维度把握其政治逻辑,另一方面则需要回到其本心定位和行动纲领上来比较研判。为广大劳动者求解放、为人民群众谋福祉是马克思主义政党的初心和使命。中国共产党自成立伊始,奋斗的目的就是让广大人民群众翻身当家作主,精神上由被动转为主动,主张建立一个没有阶级差别、没有阶级剥削的新型社会,为人民谋取幸福生活的社会主义社会。恩格斯指出:"追求幸福的欲望是人生来就有的,因而应当是一切道德的基础。"[1] 经历了一百年的革命、建设和改革开放,中国共产党带领全体人民,不仅翻身做了国家的主人,更以自我革命的勇气和决心跳出"历史周期率",并且带领中国人民走向富强。中国共产党不仅谋求人民在劳动、政治、社会方面的解放,还要争取带领全体人民群众过上体面的劳动和幸福的生活。百年中国的社会主义建设实践向人民证明了不管是在何时何地,人民永远都是社会主义建设和发展的中心,人民对美好生活的向往即是我们奋斗的目标,依靠人民才能铸就历史伟业。不断改善和提高人民群众的生活水平和生活质量,满足广大人民群众对美好生活的向往和追求,就是党的全心全意为人民服务的宗旨。只有把人民幸福放在首位,才能确保党的事业取得不断胜利,如若反向行之,党的事业就没有"道德的基础"。牢记党的初心使命,深刻领会其生成机理和价值取向,持续弘扬中国共产党的光荣传统,赓续优良作风,才能得到人民的支持和拥护。

四、现实逻辑：发展于世界百年未有之大变局

"三次伟大飞跃"的形成、发展和创新,是社会主义中国在不断学习"经典

---

[1] 马克思恩格斯选集：第4卷［M］．北京：人民出版社,2009:238.

文本"与揭示"现实逻辑"的互动中逐步推进的,马克思主义和中国化的马克思主义就是将理论与现实共同构筑的典范。"三次伟大飞跃"的现实逻辑在于靶向世界和中国发展的重大改革和重大创新,围绕机遇和挑战、矛盾和问题,为其注入强大动能,彰显不同的表现和应对形式,不断调整自身的发展战略,抓住机遇,勇于求变,为人类进步提供中国智慧和中国方案。中国现代整体结构转型和社会力量博弈以及由此衍生的其他问题,是当代中国发展的现实逻辑。

(一)解决矛盾:社会主义主要矛盾转化不可逆转

随着中国特色社会主义进入新时代,中国日益走近世界舞台中央,由"富起来"到"强起来",由大国走向强国。中华民族伟大复兴,定然不是轻轻松松、敲锣打鼓就能实现的。实现强国梦必须克服重大阻力、解决重大矛盾。习近平总书记在党的十九大报告中指出:"中国特色社会主义进入新时代,我国社会主要矛盾已经转化为人民日益增长的美好生活需要和不平衡不充分的发展之间的矛盾。"① 社会主义初级阶段绝对不是一成不变的,我国处于并将长期处于的社会主义初级阶段,可划分为"发展起来之前"和"发展起来以后"两个步骤,一定要准确理解这种"变"与"不变"的唯物辩证法,准确地把握社会主义初级阶段不断变化的特点。抓住社会主要矛盾这个划分时代的主要参照位,社会主要矛盾变化则代表着解决矛盾的方向、重点、路径、机理等都有了新的内涵和要求,在社会历史的发展进程中具有主导、支配和决定作用。新中国成立以来,从求独立到求富足,再到求强大,从求温饱到求环保,从求生存到求生态,人民需要的拓展提高一层、经济社会发展的前进更进一步。现如今我国总体上处于"发展起来以后"的历史方位,我们被赋予的历史任务是不断增强我国综合实力,解决大而不强、富而不强问题,使社会主义的中国从大国成为强国,实现强起来的伟大目标。解决新时代的社会主要矛盾也要在新时代中国特色社会主义的丰富实践中进行。我国社会的主要矛盾"是整体性视域中的主要矛盾","必须通过矛盾双方的协同发展过程来解决"②。

我国在全面建设社会主义现代化过程中突出的关键点,就是虽然存在经济总量剧增的发展阶段,但仍然存在不可忽视的掣肘。对社会主要矛盾的分析不能脱离特定的时代境遇和相应的辩证逻辑。准确把握我国社会主要矛盾变化的信号,需要从两个角度来分析:一方面,发展不平衡这一着力点迟滞美好生活

---

① 习近平. 决胜全面建成小康社会 夺取新时代中国特色社会主义伟大胜利——在中国共产党第十九次全国代表大会上的报告 [N]. 人民日报,2017-10-28 (01).
② 廖小琴. 新时代我国社会主要矛盾的逻辑生成与实践指向 [J]. 马克思主义与现实,2018 (2): 189-190, 193.

建设，要深刻认识到人民日益增长的美好生活需要；另一方面，虽然中国现如今发展呈现积极向上的态势，但中国正处于转变经济增长方式的关键时间点，各方面都需要一步一个脚印地落实，不平衡不充分的问题仍然是突出问题。从发展状况看，不平衡不充分问题是以经济领域为轴心支点，辐射至社会多个领域。经济领域本身就存在许多不和谐的地方和因素。在产业结构层面多依靠传统制造业和一些资源消耗性企业求得发展，不仅在创新能力建设上远低于一些发达国家，而且在先进制造业、服务业水平等方面也较落后，缺乏向心力和核心竞争力，发展质量和效益略低，实体经济水平有待提高，不同地区之间经济发展水平有很大的差异；经济领域与别的领域之间也存在着明显的发展的不平衡不充分问题；社会主义民主体制、机制不够完善，社会文明水平尚需提高；人民群众的法治观念和权利意识都有很大的提升空间；中西部地区发展缓慢、民生领域还有不少短板；人民群众对更高层次的精神文明需求越发旺盛，文化产业作为文化建设的一个重要方面，是当代文化发展情境的"朝阳产业"，发展远远没有达到满足需求的程度；生态环境保护工作更是任重道远；等等。可以说，发展不平衡不充分问题对于美好生活建设形成了严重阻隔，但我们坚信，多个方面的矛盾是可以通过社会不断发展得到解决的矛盾，是良性循环的矛盾。

（二）聚焦现状：国内发展坚实有力，机遇挑战并存

第一，改革开放以来，经济快速发展为中国从"富起来"到"强起来"提供了坚实的物质基础。"三次伟大飞跃"是在充分认识中国共产党建党以来中国国内外形势和实施条件下，针对我国经济社会发展客观现状总结出来的。改革开放初期，我国 GDP 总量只有 4062.6 亿元，中国人均 GDP 约 224 美元，仅为世界人均 GDP 2180 美元的十分之一左右，当时中国经济的落后程度可见一斑。到 2020 年，中国的经济总量首次迈上 100 万亿元新台阶，人均 GDP 连续两年超过 1 万美元。自改革开放以来，中国就致力于推行出口导向型经济发展战略，不仅积极参与国际分工、国际贸易，与此同时，积极利用劳动力、原材料资源优势开发国际市场，借鉴国外最先进的技术，借鉴发达国家曾经经历过的挫折教训，获得比较利益和开放经济中的溢出效应，实现了跨越式发展，中国逐渐实现了由"站起来"走向"富起来"，并正在"强起来"的伟大历史飞跃。

第二，立足于现实国情，迎接新挑战，把握新机遇。历史证明，社会主义的发展建设具有鲜明的阶段性，是实现新时代远大目标的逻辑起点。虽然我们党执政环境、任务使命有所变化，但我国仍然处于并将长期处于社会主义初级

阶段的基本国情没有变，我国是世界最大的发展中国家的国际地位没有变①，这是当代中国最大的现实。新时代的中国在回答时代之问、交发展之卷的实践中，生成中国优势的同时，旧的治理体制和国际秩序已经不能解决中国发展所面临的新问题、新矛盾和新需求。全球性挑战也越发增多，因此优化内外部环境需要国家自觉行动，把握现实，在新一轮大发展、大变革、大调整中，强起来的中国需要主动参与、主动担当应尽的国际责任，积极推动新一轮的国际秩序改革，营造了"合作共赢"的国际氛围，使新的国际秩序融入"中国智慧"和"中国方案"。

（三）以人为本："以人民为中心"发展思想不可动摇

人民至上，以人为本，始终把人民放在心中最高位置。人民性是中国共产党的鲜明品格。无论是教育、就业、社保，还是其他相关事项，竭力解决发展不平衡不充分的问题，都是围绕人民日常生活中最为关切的切身利益问题。从邓小平提出"三个有利于"的评价标准，到习近平提出"人民是我们党的工作的最高裁决者和最终评判者"，人民是党的路线方针政策的具体实践者，也是党执政的最终评判者，共产党人对自身执政水平和执政绩效的前后评判依据的传承，即在以人民为本内在一致的基础上越来越聚焦，这也充分体现了"人民满意"的根本和最高标准。这个经验就是要秉承"既尽力而为，又量力而行"的原则，不能"只着力表面工作，不讲人民主体"，不能"只要工作结果，不强调工作态度，不问工作过程"，以实际行动充分印证执政党为人民谋幸福并不是停留在口头上、止步于思想环节的价值目标。

人民主体，人民共享，依靠人民创造历史伟业。历史活动是群众的活动，人民对美好生活的向往是一个不断持续发展变化、不断持续推进的过程，社会主义现代化建设也是需要向前、递进、逐步提升的过程。人民是创造历史的动力，新时代解决社会主要矛盾、促进生产力发展和生产关系完善需要人民不断完成。"治国之道，富民为始"，物质层面和精神层面的双重满足，久久为功、勤耕不辍，人民才有获得感、幸福感、安全感，人民共享才能成为现实。

---

① 习近平. 决胜全面建成小康社会 夺取新时代中国特色社会主义伟大胜利——在中国共产党第十九次全国代表大会上的报告［N］. 人民日报，2017-10-28（01）.

新常态下乡村振兴的思路

樊晓燕　张　琦

摘　要："新常态"意味着中国进入了改革和发展的新阶段，乡村振兴在经济、社会、文化三个方面都面临着严峻的挑战。增加经济发展的包容性，健全自治、法治、德治相结合的乡村治理体系，以社会主义核心价值观重塑乡村文化才能更好地破解经济新常态中出现的问题，实现乡村振兴。

关键词：新常态；乡村振兴；困境；出路

一、引言

2002年，"新常态"这一概念首次出现在西方媒体上。2010年，埃里安在《驾驭工业化国家的新常态》的研究报告中用"新常态"一词概括了2008年金融危机后世界经济呈现的特点。国外媒体和知名学者此后频繁使用"新常态"概念描述20世纪80年代以来全球经济增长周期的阶段转换。① 2014年5月在河南进行考察时，习近平总书记首次提出"新常态"概念，2014年的中央经济工作会议上，他分析了中国经济新常态的表现、成因和发展方向并指出："认识新常态，适应新常态，引领新常态，是当前和今后一个时期我国经济发展的大逻辑。"② "新常态"明确了中国经济转型的方向和动力结构，意味着中国进入了改革和发展的新阶段，农村发展同样离不开"新常态"这个"经济发展的大逻辑"。

习近平总书记指出："没有农村的小康，特别是没有贫困地区的小康，就没有全面建成小康社会。"③ 从2004年党的十六届四中全会提出"以工促农、以

---

① 李扬，张晓晶．"新常态"：经济发展的逻辑与前景［J］．经济研究，2015，50（5）：4-19．
② 中央经济工作会议：认识、适应、引领新常态是我国经济发展大逻辑［EB/OL］．人民网，2014-12-11．
③ 河北年鉴编纂委员会．河北年鉴2013［Z］．河北年鉴社，2013，390．

城带乡"的统筹城乡发展基本方略以来，2004—2019年，国家连续颁布了16个涉农一号文件，并出台了一系列惠农政策，表明了对农村发展的高度重视。党的十九大报告专门提出了"实施乡村振兴战略"，明确"坚持农业农村优先发展，按照产业兴旺、生态宜居、乡风文明、治理有效、生活富裕的总要求，建立健全城乡融合发展体制机制和政策体系，加快推进农业农村现代化"①。"新常态"是对中国迈向更高发展阶段的宣示，也是乡村振兴必须面对的条件和环境。马克思说："社会不是坚实的结晶体，而是一个能够变化并且经常处于变化过程中的有机体。"② "新常态"虽然是从经济角度对未来中国发展趋势和发展特点的判断，但是，物质基础是促进社会进步和文化繁荣的根本条件，经济发展水平在一定程度上决定了社会和文化发展的高度，也受到了社会和文化发展的制约。因此，乡村振兴不仅是一个经济问题，也是一个社会问题和文化问题。新常态下的乡村振兴不是单纯的经济发展，而是经济、社会和文化相互影响的动力系统和制度体系的构建。

"新常态"下经济在向形态更高级、分工更复杂、结构更合理的阶段演化③。以人民为中心的发展理念日益深入人心，习近平总书记在党的十八届五中全会上强调："发展不能是城市像欧洲、农村像非洲，或者这一部分像欧洲、那一部分像非洲，而是要城乡协调、地区协调。"④ 如何让农村居民在未来发展进程中利益不再受损，关乎中国发展的前景。乡村振兴是国家从战略高度对农村农业发展的定位，核心在于贯彻共享理念，通过现代科技、经营方式、土地制度、城乡融合等措施改变农村发展滞后的局面，实现农业现代化。因此，乡村振兴应该是一个包括经济、社会和文化的系统工程。

二、提高经济发展的包容性

世界各国的发展历史表明，城市化是不可逆转的趋势。乡村振兴不是建设一个独立于城市的世外桃源，而是正视城乡差距，不断缩小城乡差距。从城乡一体化这个目标出发推动土地、资本、劳动力等要素的合理配置。特别是随着城市化进程的加快，土地增值和溢价是农村在工业化和城市化中实现财富增值的最后机会，必须让农民公平参与这部分收益的分配，杜绝"被市民化"和边

---

① 习近平.决胜全面建成小康社会 夺取新时代中国特色社会主义伟大胜利——在中国共产党第十九次全国代表大会上的报告［M］.北京：人民出版社，2017：32.
② 马克思.资本论：第1卷［M］.北京：人民出版社，2004：10.
③ 中央工作会议在北京举行［EB/OL］.人民网，2015-12-22.
④ 习近平与"十三五"五大发展理念·协调［EB/OL］.央广网，2015-11-02.

缘化。建立城乡统一、衔接紧密的社保体系，实现城乡居民养老、医疗、教育等公共服务的均等化。特别是要提高农村教育水平，改善农村人力资本，使农村人力资源顺利进入城市发挥优势，获得劳动收入，反哺农村。改善农村人口的生活质量，尽力保留和保护农村经济和文化特色。

把共享经济和互联网时代的发展红利应用到农业中，促进传统农业向现代农业的转变。在农业技术推广、农产品种植、农产品销售、扩大生产规模等方面发挥互联网经济的优势，拓展信息渠道和农村电子商务的空间。根据不同地区农村的实际情况探索适合的发展模式。如陕西商洛万湾村"支部+协会+产业示范户"的果业发展模式，解决了当地留守妇女的就业和经济来源问题。陕西铜川照金开发模式则为城乡统筹发展提供了一种思路。①

重点关注农村底层群体的经济状况。在经济新常态条件下，经济放缓对农村低收入群体的影响和冲击比较大，这部分人虽然相对比重不高，但绝对人数不可忽视，他们的经济状况是关乎农村基层社会稳定的大事。这个群体本身具有受教育程度低、社会资本匮乏、可利用资源少等特征，一旦上升机会被剥夺、被边缘化或生计遇到问题，就可能诱发其他问题。因此，帮助底层群体解决经济困难，增强他们走出困境的实际能力，防止社会沉淀和阶层固化非常重要。②可以为他们提供岗前培训，增强就业能力；完善其工资增长机制，让他们拥有改善生活条件的机会。如电子商务在陕西多地果业销售中发挥越来越大的作用，陕西咸阳长武县的精准扶贫把产业扶贫作为重点，使农村经济发展的内生活力不断增强。

大力发展集体经济。2016年12月26日，中共中央、国务院印发《中共中央国务院关于稳步推进农村集体产权制度改革的意见》。确定改革的目标是"逐步构建归属清晰、权能完整、流转顺畅、保护严格的中国特色社会主义农村集体产权制度"，发展新型农村集体经济是实现这个目标的重要路径。目前，全国40%左右的村成立了农村集体经济组织，60%左右的村是由村民委员会代行职能。全国100个县先行先试农村集体产权制度改革。③ 全国共有集体土地总面积65.5亿亩，账面资产6.5万亿元，其中经营性资产3.1万亿元，非经营性资产3.4万亿元，集体所属全资企业超过1.1万家。④ 规模庞大的集体资产数量和农村集体产权制度与维护广大农民的切身利益密切相关。为此，国家提出了坚持

---

① 杜尚儒.红色照金启示录[J].新西部，2017（5）：29-33.
② 王思斌.新常态下积极托底社会政策的建构[J].探索与争鸣，2015（4）：50-54.
③ 高云才.新时代乡村如何振兴[EB/OL].人民日报，2017-11-03.
④ 全国农村集体家底，摸清了[EB/OL].人民日报，2020-07-01.

正确的改革方向，坚守政策法律底线和尊重农民群众意愿的总体原则，也强调了分类实施、试点先行的思路，为乡村振兴指出了经济发展的重要方向。

三、构建法治、德治、自治相结合的乡村治理体系

经过40多年的改革与发展，我国农村治理已经初步进入了制度化、法治化的轨道。① 新常态下的社会治理在三个方面发生着重要的变化：维持社会稳定让位于追求公平正义，单一主体的政府调控过渡为多元主体的社会共治，行政理念与命令向法治思维与方式转变。② 农村则要健全自治、法治、德治相结合的乡村治理体系。

明确基层的经济和管理职能。社会主义市场经济是法治经济，引领经济新常态，要准确把握市场规律，完善政府功能定位，促进经济发展公共理性的不断完善，让有限政府释放更大的公共能量。③ 党的十九大报告指出："巩固和完善农村基本经营制度，深化农村土地制度改革，完善承包地'三权'分置制度。保持土地承包关系稳定并长久不变，第二轮土地承包到期后再延长三十年。"④ 今后农村应将行政主导和乡土文化相混合的治理模式改变为以法治为核心的治理模式，消除农村社会治理中的"过度作为"和"不作为"并存的奇怪现象。所谓"过度作为"体现为与民争利和基层政权过分热衷于追逐经济利益，"不作为"则是指对农村居民的权利保障不够，对侵权行为没有给予及时的制止和干预。

发挥基层党支部的作用。中央组织部最新党内统计数据显示，截至2021年6月5日，中国共产党党员总数为9514.8万名，党的基层组织总数为486.4万个，覆盖全国8942个城市街道、3.0万个乡镇、11.3万个社区（居委会）、49.2万个行政村。⑤ 可见党的组织建设成效显著，基层的组织优势非常明显。如何让党对基层社会的改造在今天得以延续，是农村治理中重要的课题。我们调研发现，精准扶贫的意义不仅在于改善贫困户的经济状况，更大的意义是通过与贫困户的直接交流和联系，了解他们的需求，同时让贫困户关心国家的发

---

① 邱春林. 中国共产党与农村治理的中国特色［J］. 理论学刊, 2017（1）：23.
② 郁建兴. 走向社会治理的新常态［J］. 探索与争鸣, 2015（12）：4-8.
③ 张九童. 中国经济新常态的公共性价值［J］. 东岳论丛, 2015（9）：181-185.
④ 习近平. 决胜全面建成小康社会 夺取新时代中国特色社会主义伟大胜利——在中国共产党第十九次全国代表大会上的报告［M］. 北京：人民出版社, 2017：32.
⑤ 新华社. 最新统计数据显示：中国共产党党员9514.8万名 基层党组织486.4万个［EB/OL］. 新华网, 2021-06-30.

展,让他们了解党和国家的政策,在政治上认同党的领导,积极参与到国家治理中。同样,给予农村居民切实的帮助,增强他们的归属感,是以党支部为堡垒的农村基层的任务和目标。

发挥村民的自治作用。市场和政府之间关系的调整和演变是中国特色社会主义市场经济非常突出的特点,改变了政府和市场单一作用的不足,强调两者的互补和配合。新常态下要有效发挥两者的作用,承认政府和市场在公共服务供给中具有同等重要的作用,把村民自治纳入其中。一方面,在经济增速放缓、经济结构调整的关键时期,发挥财政支出的作用,增加服务性支出所占的比重,降低经济波动的影响。另一方面,调动农民的积极性,使他们在社会治理中发挥更大作用。如农民自发组织形成的村规民约等,能够起到弥合经济与道德之间裂隙的作用。农村与城市在生活和经济发展方面双重对接,改善农村生活环境和基础设施,增强对青年人的吸引力。在经济发展的基础上完善乡村治理,在发展经济的过程中保证家庭结构的完整性,让留守老人、留守儿童问题逐步得到解决,改变城乡分离的局面,实现城乡一体化目标;让农村人口共享经济发展的成果,通过制度建设和政策措施,让城市反哺农村,而不是放任农村资源流向城市。

四、以社会主义核心价值观引领乡村文化建设

习近平总书记在党的十九大报告中明确提出:"文化自信是一个国家、一个民族发展中更基本、更深沉、更持久的力量。"[1] 农村作为经济、政治、文化的多元复合体,在发展经济,改善社会治理的同时,更要保护乡村独特的文化景观,在发展经济的同时发掘农村文化的价值,使之服务于培育和践行社会主义核心价值观。

弘扬传统文化。作为世界上唯一延续至今没有中断的古老文明,中华传统文化在漫长的演变中积淀了大量的思想精华,为中华民族的团结统一和生生不息起着积极的作用。吐故纳新、与时俱进、包容开放是中华文明的突出特点。正确处理中华优秀传统文化、革命文化和社会主义先进文化之间的关系,同样是农村文化建设中应该坚持的基本原则,以更好地帮助人们适应现代化进程中的各种变化与挑战,反思现代化过程中出现的各种问题。因此,以传统文化和习俗为载体,赋予其新的时代价值,是农村文化传承和延续的必然选择。如近

---

[1] 习近平. 决胜全面建成小康社会 夺取新时代中国特色社会主义伟大胜利——在中国共产党第十九次全国代表大会上的报告[M]. 北京:人民出版社,2017:23.

年来影响很大的华阴老腔正是在基层政府推动下在市场化运作中扩大了影响，激发了人们对传统文化的热情，促进了自身发展和文化遗产的保护。

重视宣传教育。习近平总书记在文艺工作座谈会上指出"文艺不能在市场大潮中迷失方向"①。重构现代性社会及其精神生活，离不开物质生活条件的极大改善，更离不开特定社会制度的创新与核心价值体系的建设。② 社会主义核心价值观是在新时期乡村秩序重建的指导性原则，应该对农村居民进行宣传教育，探索以多种形式包括提供农业技术、交流机会、致富信息、法律援助，将社会主义核心价值观融入农村居民日常生活中，引导人们树立自尊、自立、自强的精神。多次随同帮扶干部走进贫困户家中，我们发现，精准扶贫最大的意义在于改变贫困人口的被边缘化心理，提高他们的信心，打开一扇与外部交流的窗。

在文化生活中重建公共精神。物质生活水平提高的同时，农村居民对文化生活的需求更加强烈，文化活动是重建农村居民集体认同和公共精神的重要载体。通过广场舞、戏曲等多种文化娱乐让农村居民保持积极健康的精神状态，可以提高他们自我组织、自我管理的能力。重视女性和儿童在乡村文化教育中的作用，让更多农村家庭在公共文化生活中深化公共价值，通过各种文化活动提升农村居民的认知水平，吸引他们超越狭隘的个人意识，培养公共精神。发挥妇联、共青团等组织的引导和协调作用，吸引青年学子、社会人士等志愿者参与到关爱留守儿童、建设农村公共文化服务体系、振兴乡村的活动中来，在城乡之间建起沟通交流的渠道和桥梁。

---

① 中共中央宣传部. 习近平总书记在文艺工作座谈会上的重要讲话学习读本［M］. 北京：学习出版社，2015：84.
② 庞立生. 历史唯物主义与精神生活的现代性处境［J］. 哲学研究，2012（2）：3-8.

抗击新冠肺炎疫情彰显了中国共产党民生思想的伟大光辉①

范玉仙

摘　要：中国共产党的根本政治立场就是坚持人民立场，就是要更好地保障和改善民生，其中保障人民健康是民生之根本。面对2020年1月暴发的新型冠状病毒肺炎疫情，"人民生命第一，健康优先"是各级部门和各级党政领导干部一切工作的底线。扎实系统的民生工程是有序组织防疫战的物质保障，中国特色社会主义制度的优势是我们战胜这场疫情防控战的根本制度保障。通过这次防控疫情的大考，我们要从分级诊疗、预警体系、立法和市场监管、休假制度、城镇化模式等民生工作的重要问题入手，总结经验教训，更全面系统地落实和践行中国共产党民生思想。

关键词：新冠肺炎疫情；民生思想；人民立场；人民健康；民生工程

从2020年1月下旬开始，我国暴发新冠肺炎疫情。由于病毒本身的特殊性，再加上正值我国的春节假期，人口流动性大，疫情迅速蔓延，确诊患者人数短短十几天扩大到上万人，出现指数式增长，疫区也从武汉市迅速扩大至全国范围。面对突如其来的重大疫情，党中央高度重视，要求把人民群众生命安全和身体健康放在首位，坚决打赢疫情防控阻击战。在重大考验面前，中国共产党充分发挥总揽全局、协调各方的领导核心作用，人民军队奋勇当先，各级部门和党政机关紧急调动人、财、物等资源，全国人民同舟共济，形成强大合力，奋力抗击疫情。高效有序的国家行动背后体现的是中国共产党"一切为了人民、一切依靠人民"的根本政治立场②，是我们党"与人民风雨同舟、生死

---

① 项目来源：教育部重大项目"社会主要矛盾变化背景下人民美好生活需要的内涵研究"（18JZD010）
② 习近平谈治国理政：第2卷［M］. 北京：外文出版社，2017：52.

与共"的真实写照,充分彰显了党的民生思想的伟大光辉。

一、"人民立场"是坚决打赢防疫战的思想基础

中国共产党从一个领导人民进行武装斗争的革命党成长为一个领导人民掌握政权的执政党,清醒地认识到其地位是人民群众赋予的,人民群众才是历史的缔造者。马克思主义理论认为,人类首要的历史活动就是进行物质生活资料的生产,因而人民大众的物质生产生活就成为人类历史发展的渊源,而人民群众作为生产生活的主体也合乎逻辑地成为社会历史的缔造者。以此为依据,中国共产党确立了自己的基本立场,坚持"人民,只有人民,才是创造世界历史的动力"①。人民立场是中国共产党的根本政治立场,要求"全党同志必须把人民放在心中最高位置,坚持全心全意为人民服务的根本宗旨,实现好、维护好、发展好最广大人民根本利益"②。坚持人民立场,就是要更好地保障和改善民生,解决"一切群众的实际生活问题"③,其中保障人民健康是民生之根本。

中国共产党自成立之日起就把人民健康放在优先发展的战略地位,把保障人民健康与民族独立、人民解放的事业紧紧联系在一起。人民健康是民族昌盛和国家富强的重要标志,党和国家提出要全周期、全方位保障人民健康。④ 在新时代,这种精神内化为中国人民的民族气质和核心价值,在每一次重大疫情和重大灾害面前都表现得淋漓尽致,并集中体现为对每一个普通生命的尊重和敬畏。习近平总书记指出,谋划和推进党和国家各项工作,离不开底线思维。而在重大疫情面前,"人民生命第一,健康优先"就是各级部门和各级党政领导干部一切工作的底线。

新冠肺炎疫情暴发后,广大医护人员和健康工作者,特别是卫生行业的共产党员,积极发挥先锋模范作用,他们临危不惧、逆向而行、奋战在抗击疫情第一线。面对重大疫情,亿万党员迅速响应国家号召,在很短的时间内在所有的疫区形成隔离方案,构建有效的防护体系。各地各部门基层党组织充分发挥战斗堡垒作用,深入社区、居民楼进行防疫工作落实和群众生活保障等工作。在抗击疫情的同时,人民的实际困难和生活疾苦是党和国家工作部署定位指向的"导航仪"。哪里有困难,哪里就有党的关怀。除了疫情前线和核心区展开的

---

① 毛泽东选集:第3卷[M].北京:人民出版社,1991:1031.
② 习近平谈治国理政:第2卷[M].北京:外文出版社,2017:40.
③ 毛泽东选集:第1卷[M].北京:人民出版社,1991:137.
④ 习近平谈治国理政:第2卷[M].北京:外文出版社,2017:370.

硬仗和苦仗，党和国家对人民的基本生活保障高度重视，特别是对流落在全国各地的湖北人民给予妥善安排，"祖国接我回家"成为滞留国外的湖北人民最骄傲的口号，充分体现了党对人民"面对面、心贴心"，"把人民群众安危冷暖放在心上"的工作作风。

二、扎实系统的民生工程是有序组织防疫战的物质保障

为了抗击重大疫情，国家和政府需要着重解决的重要问题包括：调度和配置好人、财、物的资源，救助感染病人；通过自下而上仔细排查，采取合理的隔离防护措施，最大限度减小疫情扩散范围；在不加重疫情扩散的情况下，保障社会经济正常运行，确保经济平稳发展。疫情发生以后，党中央成立应对疫情工作组，多次派出指导小组推动地方防控一线工作，先后组建多支、多批医疗队驰援疫区。

俗话说"快锯不如钝斧"，疫情发生时防控工作的有效、有序展开最关键的还是要依赖于多年来我国民生工程的不间断建设和逐步完善。没有多年来党中央始终坚持和推行的基础性、兜底性民生工程建设，就没有危急时刻的临危不乱。改革开放以来，我国在保障和提高民生上下大力气，人民生活水平大幅提高，在住房、教育、医疗、社会保障、基础设施、就业与收入分配等各方面都有了翻天覆地的变化，大大增强了人民群众的幸福感和获得感。相应的，国家和民众的抗风险能力也随之增强。① 可见，民生方面的全面发展是我们应对突发疫情的重要坚实基础：

第一，综合国力的提升。一个国家对重大疫情的防控能力、防控效率以及整体的承受能力都取决于国家社会经济的综合发展水平。从新中国成立之日起，特别是改革开放以来，我们党领导中国人民进行坚持不懈的奋斗，不断推进理论创新、实践创新、制度创新，集中力量搞好经济建设，努力提高人民生活水平。这次严重的疫情持续时间长、影响范围广，导致非紧急物资的工厂停工、商家歇业、学校停学，给我国经济社会发展造成很大损失。在这种严峻形势下，仍然能保障人民生活物资充足、物价平稳、社会安定，未出现物价飞涨、居民抢购等现象，这大大依赖于我国丰厚的物资储备和强大的经济发展实力。在救灾物资储备方面，我国自1953年就成立了国家物资储备局，并在全国26个省、区、市设立管理局和办事处，对物资进行统一管理和统筹运作，无论是储备硬

---

① 王道勇. 改革开放以来我国民生建设的基本经验［J］. 中国特色社会主义研究，2018 (5).

件设施、网络体系建设还是人员配备和组织协调①,都具备高质量、高标准、高效率完成救助任务的条件和能力,使疫区和广大人民的生活必需品、食品、蔬菜、医疗物资供应得到保障。

第二,医疗和公共卫生事业的发展。党的十八大以来,我国加大医疗卫生事业改革,致力于制定中国特色的医疗卫生体制改革方案,努力建设健康中国,帮助人民实现健康梦。党和政府不断增加医疗事业的财政支出,大力推动医疗设施设备、医疗科研技术、药品安全供应等方面的投入,推进医疗保险和保障制度改革,提高医保覆盖率和保障水平,推动实现全民健康和全面小康。② 我国很多大医院设施设备先进,有强大的科研团队和科研能力,病毒研究、测试和应急处置能力增强,极大地降低感染人群的死亡率。为了防疫应急需要,同时也为了未来长远的发展,政府出资修建武汉火神山医院和雷神山医院,仅仅用了10天时间,火神山医院便建成投用,这种"中国速度"让世界震惊。在疫情暴发的特殊时期,国家更是采取了非常规措施,实行对患者"应收尽收"的原则,免费为患者提供医疗救助服务,体现了社会主义"人民医院为人民"的本质属性。

第三,灾难应急、救助和防控体系的完善。我们党历来具有"居安思危,知危图安"的优良传统和忧患意识,工作中始终保持紧迫感和使命感。习近平总书记也曾告诫全党同志"要时刻准备应对重大挑战、抵御重大风险、克服重大阻力、解决重大矛盾"③。改革开放以来,我国重大灾害和突发事件救助体系从无到有,从纸上谈兵到实践经验,从孕育萌芽到渐成体系。特别是经过了"非典"和汶川大地震等重大灾害后,我国各级机关、部门在应急预案、预防、救助等方面积累了一定的经验,已形成连续性、综合性的重大公共卫生事件和突发灾害的管理和操作体系,在应急反应和处置能力等方面都有很大提高,目前已初步形成了应急管理体系、应急预案体系、应急检测与预警体系、应急救助体系和事后恢复和重建体系等构成的多位一体应急方案和制度。④

第四,关系国计民生的基础设施建设。畅通的信息渠道和传播效率是应急

---

① 宋龙飞. 国家战略物资储备立法研究 [J]. 北京交通大学学报(社会科学版),2020 (1).
② 杨燕绥,刘懿. 全民医疗保障与社会治理:新中国成立70年的探索 [J]. 行政管理改革,2019(8).
③ 习近平谈治国理政:第2卷 [M]. 北京:外文出版社,2017:32.
④ 孙梅等. 我国突发公共卫生事件应急处置政策变迁:2003—2013年 [J]. 中国卫生政策研究,2014(7).

防控体系发挥作用的关键。在拥有 14 亿人口的大国,从中央、地方到社区、单位和个人,信息沟通和情报命令的上传下达要做到迅速、高效、精准,不仅需要举国一致、万众一心的决心和信心,更要依赖于现代网络信息系统和传播技术。信息技术的应用,不仅加快了信息传播速度,而且在很大程度上避免了日常沟通工作面对面的传统模式,大大避免了不必要的交叉感染。疫情面前,时间就是生命。发达的民生基础设施网络是保障物资、设备和人员等快速抵达疫区的基础,是实现高效救助的关键。在民生工程建设上,我国历来重视道路、交通运输、通讯、水利、供水供电等基础设施的投入和建设,在建设规模、普及范围、现代化和智能化水平等方面都跻身世界领先地位,是全民共享改革开放成果的集中体现。① 这些完善的基础设施,在抗击疫情的关键时期为患者搭起了快速生命通道。

三、社会主义政治经济制度是高效阻击疫情的制度保障

维护人民的根本利益是我国社会主义制度的根本准则,也是党有效执政的动力源泉。只要坚持以人民的利益为中心,以关心人民的疾苦为己任,就一定会获得人民的支持和拥护。在疫情发展的中早期阶段果断封城、封村,并快速执行,不仅得益于我国在过去应对重大疫情中总结出的经验教训,更是体现了广大人民相信党的领导、拥护党的决定的坚强信念。

从中央到地方,"全国一盘棋"的举国体制有利于加强联防联控,群防群控,提高应急作战能力。中国速度、中国规模和中国效率靠什么?靠的是中国特色社会主义基本政治制度和基本经济制度的独特优势。应对突发事件的强大决心和超强能力正是我国社会政治经济制度优越性的集中体现。邓小平同志曾说:"社会主义同资本主义比较,它的优越性就在于能做到全国一盘棋,集中力量,保证重点。"② 中华人民共和国成立 70 多年来的大量事实证明了这一伟大论断,从中华人民共和国成立之初的"两弹一星",到南水北调、西气东输的伟大工程,再到现代中国重器,无不向世人证明社会主义中国具有在短时间内集中力量办大事的能力和气魄,这种制度优势更是突出表现在抵御自然灾害和重大疫情的斗争中。

我国幅员辽阔、人口众多,近年来发生多起重大自然灾害和疫情,包括地

---

① 岑聪,姜巍. 交通基础设施建设、互联网发展与产出效率的空间优化 [J]. 调研世界,2019(12).

② 邓小平文选:第 3 卷 [M]. 北京:人民出版社,1993.

震、冰雪灾害、洪水、"非典"和最近的新冠肺炎疫情。每一次灾害都受到党中央、国务院的高度关注，习近平总书记在 2020 年 2 月 3 日中共中央政治局常委会疫情防控会议上指出，要"把人民群众生命安全和身体健康放在第一位"，要"坚持全国一盘棋"，"各级党委和政府必须坚决服从党中央统一指挥、统一协调、统一调度，做到令行禁止"，"要全力以赴救治患者，保障医疗防护物资供应"，"切实维护正常经济社会秩序"，"各级党委和政府要继续为实现今年经济社会发展目标任务而努力"。充分发挥中国特色社会主义制度的优势是我们战胜这场疫情防控战的根本保证。

在每一次重大战役面前，人民解放军始终冲锋在前。2020 年 1 月 24 日，中国的除夕夜，中央军委紧急派出三支由陆军、空军、海军军医大学组建的医疗队支援武汉，"让党旗飘起来，把党徽戴起来，让党员站出来"成为解放军三支医疗队的共同行动。解放军医疗队到达驻点后连夜完成各项准备工作，短短几小时就投入救治工作，发挥军队能战斗能打硬仗的优良传统。除了人民军队，在物资生产供应、后勤保障、医院建设、交通通信保障等方面，公共事业单位、中央企业、地方国有企业也始终是疫情防控一线的坚强后盾。

紧紧联系人民群众，紧紧依靠人民群众，才能打好这场防控疫情的"人民战役"。"发动群众，依靠群众，与群众在一起"是我们做好每一项工作、打好每一场战役的基本条件。一方面，在全国人民抗击疫情的过程中，一方有难，八方支援，来自全国各地的医疗援助、物资援助都源源不断地涌向武汉。另一方面，各个地区做好本地防控工作，"令行禁止"的要求不仅仅在军队和政府机关做到了，在城市社区、街道和农村也得到全面贯彻和执行。在已经出现大批武汉群众春节返乡，流向全国各地的严峻形势下，基层组织严格执行防控任务，使疫情在全国大部分地区得到有效遏制。

参考文献

[1] 习近平谈治国理政：第 2 卷 [M]．北京：外文出版社，2017．

[2] 毛泽东选集：第 3 卷 [M]．北京：人民出版社，1991．

[3] 毛泽东选集：第 1 卷 [M]．北京：人民出版社，1991．

[4] 王道勇．改革开放以来我国民生建设的基本经验 [J]．中国特色社会主义研究，2018（5）．

[5] 宋龙飞．国家战略物资储备立法研究 [J]．北京交通大学学报（社会科学版），2020（1）．

[6] 杨燕绥，刘懿．全民医疗保障与社会治理：新中国成立 70 年的探索

[J].行政管理改革,2019(8).

[7] 孙梅,等.我国突发公共卫生事件应急处置政策变迁:2003—2013年[J].中国卫生政策研究,2014(7).

[8] 岑聪,姜巍.交通基础设施建设、互联网发展与产出效率的空间优化[J].调研世界,2019(12).

[9] 邓小平文选:第3卷[M].北京:人民出版社,1993.

新时代发展农村新型集体经济的理论逻辑与实践逻辑*

李天姿

摘　要：发展集体经济是新时代实现小农户和现代农业发展有机衔接的关键举措；发展农村新型集体经济是现阶段农村生产力状况和扬弃集体经济初级阶段二重性的实际要求。农村新型集体经济是在家庭联产承包责任制的基础上建立的，以集体所有制为前提、以股份合作为主要产权结构的产权明晰、统一经营的现代经济组织形式。它既能实现、维护和发展好个人利益，又能保证集体持续稳固发展，是扬弃集体经济初级阶段二重性、助推农业农村现代化和全面推进乡村振兴的重要抓手。在实践中，农村新型集体经济建设要坚持集体优越性和个人积极性相结合、人民立场与资本逻辑相协调、基层党组织的领导和尊重农民意愿相统一的三大逻辑，以期将自身理论优势转化为现实效能。

关键词：新时代；全面推进乡村振兴；农村新型集体经济；理论逻辑；实践逻辑

习近平总书记指出："要把好乡村振兴战略的政治方向，坚持农村土地集体所有制性质，发展新型集体经济，走共同富裕道路。"① 发展农村新型集体经济是新时代全面推进乡村振兴、全面建设社会主义现代化国家的应有之义。发展农村新型集体经济，首先需要在学理上彻底回答以下三个问题，即为什么要发展农村集体经济？它的具体实现形式为什么是新型集体经济？怎样发展农村新型集体经济？本文将结合马克思、恩格斯农业合作化思想和习近平总书记相关论述进行分析。

---

* 项目来源：国家社科基金青年项目"农村承包地三权分置改革的理论逻辑与实践模式研究"（20CKS023）。
① 习近平谈治国理政：第3卷［M］. 北京：外文出版社，2020：261.

一、发展壮大农村集体经济是推动新时代农业现代化进程的题中应有之义

农业现代化是关系到全面乡村振兴乃至全面建设社会主义现代化国家的全局性、历史性任务。习近平总书记强调,应"构建现代农业产业体系、生产体系、经营体系,完善农业支持保护制度,发展多种形式适度规模经营,培育新型农业经营主体,健全农业社会化服务体系,实现小农户和现代农业发展有机衔接"①。然而,由于具有"小生产"特点的分户经营与农业市场化发展的矛盾依然突出,小规模农户和现代农业发展脱节,发展集体经济成为实现小农户和现代农业发展有机衔接的关键举措。又因农村整体生产力发展仍不充分,当前集体经济还将长期处在兼具集体因素与私人因素二重性的初级发展阶段。

(一)发展集体经济是实现小农户和现代农业发展有机衔接的关键举措

早在《摆脱贫困》一书中,习近平总书记就分析了集体经济对于农村农业农民发展的重要作用:"发展集体经济实力是坚持社会主义方向,实现共同致富的重要保证……是振兴贫困地区农业的必由之路……是促进农村商品经济发展的推动力……农村精神文明建设的坚强后盾。"② 现阶段,集体经济对于消除分户经营弊端、促进现代农业发展的作用依然突出。

第一,具有"小生产"特点的分户经营难以适应现代农业的发展,更难以继续提升农民生活水平。个体农户作为一定生产资料的实际占有者,总是独立地和家人一起以家庭为单位进行相对孤立的生产,生产资料的占有和物质资料的生产都极其有限,甚至排斥生产的社会化发展。"小块土地所有制按其性质来说就排斥社会劳动生产力的发展、劳动的社会形式、资本的社会积聚、大规模的畜牧和科学的不断扩大应用。"③ 在这样的生产方式下,"一方面,普通农户难以支付进入市场的前期成本。另一方面,分散、孤立的小生产也不足以形成规模效应"④。因此,普通个体农户要进入农业现代化进程,继续提升生活水平,仅仅依靠自身单打独斗是非常困难的。

第二,具有"小生产"特点的分户经营容易引发社会关系的原子化,难以满足农业现代化对于社会、政治环境的要求。近年来,伴随着农户经济在农村

---

① 习近平.决胜全面建成小康社会 夺取新时代中国特色社会主义伟大胜利——在中国共产党第十九次全国代表大会上的报告[R].北京:人民出版社,2017.
② 习近平.摆脱贫困[M].福州:福建人民出版社,1992:193-195.
③ 卡尔·马克思.资本论:第3卷[M].北京:人民出版社,1975:910.
④ 李天姿,王宏波,杨建科.新型集体经济在欠发达地区农村现代化建设中的作用[J].理论月刊,2017(3):135-140.

经济占比的持续上升，集体经营在农村生产中的作用弱化，农民社会联系日益松散，且逐渐在血缘关系、宗族势力和资本联系等的作用下分化为不同的利益群体和社会阶层，在一定程度上造成了农村社会的多元分化，与农业现代化要求的普遍交往相背离。在这种情况下，类似"一袋马铃薯"的农民逐步成为分散的力量，难以形成一个保护自己利益的集体。"由于各个小农彼此间只存在有地域的联系，由于它们利益的同一性并不使他们彼此间形成任何的共同关系，形成任何的全国性的联系，形成任何一种政治组织，所以他们就没有形成一个阶级。"① 这样松散的组合强化了农村成员的理性意识、利益意识和自我意识，使得个体缺乏为集体谋利、参与集体行动的动机，公共物品自供给陷入困境，制约了农业农村现代化进程。

第三，"小规模农户和现代农业发展脱节"的矛盾决定发展集体经济，构建具有利益相关性和身份同质性的共同体，是普通个体农户的恰当选择。一方面，集体经济组织可以为个体农户进入市场提供可靠平台。个体农户通过加入集体经济组织，不但能借助集体积累降低自身加入市场的成本，还可以通过集体的统一经营，实现规模效应，实现抱团取暖。另一方面，建立在整体利益一致性上的集体组织有助于实现集体成员的身份认同，从而造就具有身份同质性的集合体和利益相关性的共同体，为解决当前农村居民普遍存在的社会分化和集体行动困境奠定基础。

（二）发展兼具集体与私人因素的初级集体经济是农村生产力状况的现实要求

虽然中国特色社会主义建设已经进入新时代，但我们依然处在公有制为主体，多种所有制经济共同发展的社会主义初级阶段，生产力发展水平尚未达到彻底消灭私有制的程度。特别是，农村生产力发展依然十分有限，"我国发展最大的不平衡是城乡发展不平衡，最大的不充分是农村发展不充分"②。农村集体经济建设还不能实现完全的生产资料公有制，只能被限制在兼具集体因素和私人因素的初级阶段。

在这个阶段，集体经济的发展需要以承认部分生产资料的私有制度因素为前提。马克思、恩格斯特别指出，对于小生产者，"土地所有权是个人独立的基础，它也是农业本身发展的一个必要的过渡阶段"③。因此，在农业合作建设的

---

① 马克思恩格斯选集：第1卷［M］．北京：人民出版社，2012：762．
② 习近平谈治国理政：第3卷［M］．北京：外文出版社，2020：256．
③ 马克思恩格斯全集：第25卷［M］．北京：人民出版社，1974：909．

初期,需要向小农的个体产权,特别是部分的土地产权作出暂时妥协,将个体产权基础上的联合作为一种过渡形式。恩格斯对于这一阶段的农业合作,进行了更为具体的设计,"应当把自己的土地结合为一个大田庄,共同出力耕种,并按入股土地、预付资金和所出劳动力的比例分配收入……以便逐步把农民合作社转变为更高级的形式,使整个合作社及其社员个人的权利和义务跟整个社会其他部门的权利和义务处于平等的地位"①。可以说,恩格斯在这里提出了以股份合作为核心的新型集体经济雏形。

马克思、恩格斯在对欧洲农村经济社会状况的分析下,根据不同阶段的生产力发展特点,描述了农业合作的两大阶段,刚好对应了在社会主义社会和共产主义社会不同阶段发展集体经济的内容,为当下建设处于初级阶段的、兼具集体与私人因素的集体经济提供了理论支撑。

二、扬弃集体经济初级阶段中的二重性决定必须发展新型集体经济

新时代农村生产力发展的实际状况决定了在今后很长一段时期集体经济建设依然处在初级阶段。这种兼具集体因素和私人因素的集体经济具有鲜明的二重性,在赋予集体组织生命力的同时也隐含着难以调和的内在冲突。扬弃这种二重性,引导它们发挥正向作用,成为新型集体经济的时代任务。

(一) 集体经济初级阶段的二重性及其双向作用

集体经济初级阶段将私有因素和集体因素相结合,使集体兼具了集体性质和私人性质,这种二重性带来的作用是双向的。一方面,二重性赋予了集体组织强大的生命力。"公有制以及公有制所造成的各种社会关系,使公社基础稳固,同时,房屋的私有、耕地的小块耕种和产品的私人占有又使个人获得发展。"② 集体和个体在分别占有部分产权的基础上获得了利益保障,成为集体组织获得强大生命力的根本原因。

另一方面,二重性暗藏着集体组织解体的风险。集体中的私人因素,特别是个人对土地部分产权的占有,成为个人积累动产的基础条件。伴随着私有动产的积累,势必会产生内部分化,并打破集体组织经济和社会的平衡,产生内部冲突。"撇开敌对环境的一切影响不说,仅仅从积累牲畜开始的动产的逐步积累(甚至有像农奴这样的一种财务的积累),动产因素在农业本身中所起的日益重要的作用以及与这种积累密切相关的许多其他情况(如果我要对此加以阐述

---

① 马克思恩格斯选集:第4卷[M].北京:人民出版社,2012:370-371.
② 马克思恩格斯选集:第3卷[M].北京:人民出版社,2012:824.

就会离题太远),都起着破坏经济平等和社会平等的作用,并且在公社内部产生利益冲突……"① 更加值得注意的是,集体组织中的领导者、农业大户,因其在行政或者经济上的特殊权力,更加容易实现私有财产的积累,甚至公有财产的转移和占有。如不对此进行限制,集体内部必将逐步分化,直到组织解体,甚至走上私有化道路。

处于初级阶段的集体经济兼具集体与私有两种因素,必然呈现出两种发展趋势:"或者是它所包含的私有制因素战胜集体因素,或者是后者战胜前者。先验地说,两种结局都是可能的,但是,对于其中任何一种,显然都必须有完全不同的历史环境。"② 决定历史环境的主体在人,也就是集体成员。集体经济组织的双重性赋予了组织成员的双重性。一方面,成员作为独立的个体,以追求自身利益最大化为目标,必然受到资本逐利性规律的约束和裹挟。另一方面,成员作为集体的一分子,还兼具着为集体贡献劳动,谋取集体利益的责任。在这个过程中,如果能有效协调好资本与劳动、个人与集体的关系,集体组织就能实现对双重性的扬弃,成功通向以完全公有制为基础的共产主义;而一旦集体成员,特别是核心领导人物受到资本控制,就有可能变成资本追逐私利的工具,最终导致集体解体。

(二) 农村新型集体经济对集体经济初级阶段二重性的扬弃

习近平总书记指出:"积极发展农民股份合作、赋予集体资产股份权能改革试点的目标方向,是要探索赋予农民更多财产权利,明晰产权归属,建立符合社会主义市场经济要求的农村集体经济运营新机制。要探索集体所有制有效实现形式,发展壮大集体经济。"③ 农村新型集体经济是在家庭联产责任承包制的基础上建立的,以集体所有制为前提、以股份合作为主要产权结构的产权明晰、统一经营的现代经济组织形式。它既能实现、维护和发展好个人利益,又能保证集体持续稳固发展,是扬弃集体经济初级阶段二重性,助推农业农村现代化的合理选择。

一方面,新型集体经济坚持集体所有与承认个体产权相结合,是实现集体与个人利益的有效制度安排。其中,集体所有制是实现集体利益的源泉所在,它不仅赋予了集体获得公共积累的权利,还能促进集体权威的形成,从而可以从资金和组织两个方面有效避免个体因私利"合谋杀死下金蛋的母鸡",保证集

---

① 马克思恩格斯选集:第3卷 [M]. 北京:人民出版社,2012:824.
② 马克思恩格斯选集:第3卷 [M]. 北京:人民出版社,2012:824.
③ 习近平主持召开中央全面深化改革领导小组第五次会议强调严把改革方案质量关督察关确保改革改有所进改有所成 [N]. 人民日报,2014-09-30.

体的持续稳固发展。习近平总书记多次强调："不管怎么改，都不能把农村土地集体所有制改垮了，不能把耕地改少了，不能把粮食生产能力改弱了，不能把农民利益损害了。"① 现实中，农村新型集体经济对集体所有权的坚守集中表现为两种形式：一是土地所有权的绝对占有，如土地股份合作中将土地产权拆解为所有权、承包权和经营权，集体凭借占有土地所有权保障自身利益；二是集体产权的相对控股权，如集体共建的股份合作公司通过完整的集体产权与完整的个体产权进行合作，其中，集体通过占有相对控股优势实现集体所有。股份合作公司跳出了以土地为主要资源的经营业态，并且实现了多元资本的联合，市场化、开放化、专业化程度更高。

在集体所有的前提下，农村新型集体经济还承认个人产权，并将此作为明确个体权责利边界的依据，成为释放经济活力，激发农户积极性的重要源泉。农村新型集体经济对个人产权的承认包含两类情况：第一种情况是承认从集体产权中分解出来的个体部分，如土地承包权。农村新型集体经济承认个人产权的第二种情况是承认集体组织中完整的个体产权部分。如股份合作公司中私人资本、技术、固定资产对应的产权部分，这成为个体农户获得利润分红的法权依据。

另一方面，新型集体经济坚持组织统一经营与实现股份合作相结合，为利益整体增进和内部分配奠定了基础。农村新型集体经济通过统一经营，实现规模效应，能有效提升个体农户进入市场的能力，进而克服小农户与大市场的矛盾，做大集体蛋糕。农村新型集体经济的统一经营呈现的并不是以人民公社为代表的传统集体经济中的行政领导与服从的关系，而表现为一种经济上的股份合作关系。农村新型集体经济实行集体产权与个人产权的股份合作，在组织形式上采用股份制，在组织宗旨上坚持合作制，是"将集体资产量化给农民，或由农民以土地、资金、劳力等生产要素入股联合经营，平均或基本平均持有股份，实行利益共享、风险共担、民主管理"②的新型合作经济组织形式。习近平总书记在党的十八届三中全会就指出："保障农民集体经济组织成员权利，积极发展农民股份合作，赋予农民对集体资产股份占有、收益、有偿退出及抵押、担保、继承权。"在新型集体经济组织中，个体农户以土地、资本、技术入股合作构建产权共同体，实现了产权身份确认，为维

---

① 习近平主持召开中央全面深化改革领导小组第五次会议强调严把改革方案质量关督察关确保改革改有所进改有所成［N］.人民日报，2014-09-30.
② 徐勇，邓大才.土地股份合作与集体经济有效实现形式［M］.北京：中国社会科学出版社，2013：52.

护自身利益、保障生产动力奠定了基础。

三、新时代发展农村新型集体经济的实践逻辑

为将农村新型集体经济在扬弃集体经济初级阶段二重性，助推农业农村市场化、现代化方面的理论优势转化为实践效能。新时代农村新型集体经济的建设发展中，要坚持集体优越性和个人积极性相结合、人民立场与资本逻辑相协调、基层党组织的领导和尊重农民意愿相统一的三大逻辑。

（一）促进集体优越性和个人积极性相结合

习近平总书记指出："社会主义制度优越性在农村经济上的体现，应该是集体优越性和个人积极性的完美结合。"① 要实现集体优越性和个人积极性的结合，就要促进集体利益和个人利益的协调发展。其中，集体利益是集体经济组织产生、存在的基础。个体比较利益是个体参与集体经济组织的动力来源，只有个体参加集体组织获得比自主经营更多的比较利益，才有加入集体的积极性。协调集体利益与个体利益是新型集体经济面临的首要问题，这个问题集中体现在对个体比较利益的分配上。虽然从农民个体的角度来说，获得的个体比较利益越多越好，但是从长远发展来看，对于个体比较利益的分配必须适度。因为集体创造的财富是一定的，如果在利益分配中过度向个体倾斜，那么集体的发展就很有可能得不到保障，而集体实力的弱化也必将会导致个体利益的消减甚至丧失。也就是说，在对于个体利益的分配中，必须遵循这样的原则，即"比较利益的最低限度是产权占有人自主经营获得的平均收益（可以用土地出租的平均租金来代替），最高限额是能够确保集体经济扩大再生产时的利润分配"②。也就是将个体比较利益控制在自主平均收益和集体扩大再生产的区间中。

其中，划定个体获得比较利益的最低限，是为了保证个体农户在加入集体组织后的收益不低于之前的收益，这样农民才有加入组织的动力。同时，给个体农户获得比较利益划定最高限，是为了保证集体自身还有足够的资本支持扩大再生产，这样集体才有足够的能力带领个体实现市场化。例如，人民公社时期，个体收益以工分制为核心制度，农民的实际劳动量和收益不挂钩，"干与不干一个样，干多干少一个样"，个体收益远远低于承包到户、自主经营的水平，

---

① 习近平. 摆脱贫困［M］. 福州：福建人民出版社，1992：195.
② 邓大才. 产权与利益：集体经济有效实现形式的经济基础［J］. 山东社会科学，2014（12）：29-39.

个体逐步丧失加入集体的动力,人民公社最终解散,这是个体收益低于自主经营收益的结果。另外,当前一些地方的集体经济实践还说明了个体收益太高的后果。为体现集体经济建设的先进性,或者应群众要求,部分村落对于集体经济采取了收益均摊的办法,结果集体收益被分光吃尽,集体经济最终因缺乏必要运转资金陷入瘫痪。所以,一般的做法是,在进行个体收益分配之前,以公积金、公益金等村提留形式和集体股份分红保证集体收益,这些一方面可以促进集体经济持续发展,另一方面也是应对市场风险、保障农民个体利益的重要手段。

(二)推动人民立场与资本逻辑相协调

农村新型集体经济的本质是在中国特色社会主义市场经济条件下进行集体资本运营,面临着这样的两个价值逻辑:

一是适应社会主义市场经济条件的资本逻辑,即资本不断增值的逻辑。资本一般的、自然的属性表现为资本逻辑,是"资本在市场交易中基于价值规律而追求利润和价值增值最大化的规则"①,它与社会主义市场经济相连,是发展农村新型集体经济、使集体资本在市场机制运行中实现增值要遵循的首要经济规律。这要求农村集体资本的投资、运作、经营要遵守等价交换、供求平衡、价格机制等规律,以求以最小投入获得最大产出。

二是凸显社会主义原则的"人民立场",即以人民群众作为资本运作和收益社会主体,实现人民根本利益。资本是能够产生剩余价值的价值,是马克思批判资本主义社会关系的核心范畴,体现了资本家与工人的剥削和被剥削关系。但是,伴随着经济全球化进程不断加快,中国特色社会主义市场经济制度的建立开辟了资本为社会主义服务的道路,特别是国有资本、集体资本的存在、运行启示我们资本不一定是剥削的。我们逐渐认识到,"资本是一种客观的存在,只要市场经济存在,企业作为市场经济的活动主体存在,就必然存在着资本现象"②。资本自身是中性的,它是自然属性和社会属性的集合体。

"人民立场"是集体资本运行的社会属性,这主要是由资本运行和收益的社会主体决定的。在资本主义社会,资本运行和收益的社会主体是占有生产资料的资本家,他们通过剥削无产阶级剩余价值实现资本增值。在这样的社会,人成为资本增值的客体与手段,资本表现出"吃人"的本性。然而,在公有制为

---

① 胡敏中.论作为经济手段的资本逻辑[J].学习与探索,2015(1):18-21.
② 王宏波.资本的双重属性与经济全球化的两种走向[J].教学与研究,2002(8):34-39.

基础的社会主义社会，资本的社会属性发生了质的变化，公有资本的运行和收益主体均转变为人民群众，"以人民为中心的发展思想，一切为了人民，一切依靠人民，把人民根本利益当作尺度，坚持人民至上"的"人民立场"成为我们驾驭资本逻辑的价值原则。这一原则表现在农村新型集体经济建设中，就是集体资本的运作以集体成员的根本利益为取向。

在农村集体资本的运行中，资本逻辑是它的自然属性，"人民立场"是它的社会属性，也是本质属性。前者决定了集体资本运行的增值原则，后者决定了集体资本运行的运作主体和受益主体。在处理这两个价值逻辑中，必须坚持社会属性驾驭自然属性，始终坚持"以人民为中心"的发展思想，实现"人民立场"与"资本逻辑"的协调统一，通过利用、限制、监管集体资本，让资本成为服务集体成员的手段，实现社会主义原则与市场经济机制的结合。

（三）坚持基层党组织的领导和尊重农民意愿相统一

"能人权威"是当前农村新型集体经济的主要领导方式。在农村，特别是欠发达地区农村，这些"能人"往往是党员及其领导干部。这说明了党的基层组织依然是农村先进生产力的代表和领导经济建设的核心力量，也说明了继续发挥党领导基层经济工作这一优良传统的重要意义，这是在我国进行农村集体经济建设一以贯之、一脉相承的经验和优势所在。

习近平总书记多次强调基层党组织在农村经济建设中的领导核心作用。他指出："党管农村工作是我们的传统，这个传统不能丢……各级领导干部要多到农村走一走、多到农民家里看一看，了解农民诉求和期盼，化解农村社会矛盾，真心实意帮助农民解决生产生活中的实际问题，做广大农民贴心人。要把农村基层党组织建设成为落实党的政策、带领农民致富、密切联系群众、维护农村稳定的坚强领导核心。"[①]

党员及其领导干部这些"能人"作用的发挥，需要以尊重农民意愿为前提。习近平总书记也指出："要尊重农民意愿，坚持依法自愿有偿流转土地经营权，不能搞强迫命令，不能搞行政瞎指挥。"[②] 为保证农民意愿受到应有尊重，就需要建立基层民主制度，让党员干部的领导在合理框架内进行。毛泽东同志在农业合作化运动早期就注意到了民主问题，他指出："一切合作社，均应做一个几

---

① 习近平在农村改革座谈会上强调 加大推进新形势下农村改革力度 促进农业基础稳固农民安居乐业［N］.人民日报，2016-04-26.
② 习近平：严把改革方案质量关督察关　确保改革改有所进改有所成［EB/OL］.新华网，2014-09-29.

年的生产规划，经过社员多次讨论，加以修改，然后付之实施。"① 在农村新型集体经济的实践中，应从避免"能人"扩大、滥用特权，防止资本控制、"能人"权威与村企合一的纠合入手，约束"能人"权力、保障农民权益。由于"能人"几乎都是党员领导干部，为此，必须促进基层组织建设和制度建设相结合，防止集体利益被特权侵蚀。

---

① 建国以来毛泽东文稿：第 7 册［M］．北京：中央文献出版社，1992：219．

第四编 04
党的百年历史进程及经验

启示研究
学党史　明大理　辨是非
——延安时期党史学习教育的历史回顾及其启示

马金玲　王二琴

摘　要：党史教育是中国共产党自我教育的重要手段。延安时期，我党十分重视党史学习教育。通过党史学习教育活动，党员干部从党自身发展成败的经验教训中汲取养分，分清是非、辨明方向、不断前行。抗日战争进入相持阶段为党的高级领导干部聚集延安、在全党范围内开展党史学习教育提供了外部环境；通过党史学习，总结党在大革命和土地革命时期的历史经验，清除党内长期存在的路线错误，为召开党的七大做好历史准备；《六大以来》等一系列"党书"的编撰为党史学习教育提供重要文本；鲜活的党史教育方式方法，增强了学习的实效性。这些都为新时期党史学习教育提供了经验与借鉴。

关键词：党史教育；路线是非；《六大以来》

2021年2月20日，在党史学习教育动员大会上，习近平总书记强调："学史明理、学史增信、学史崇德、学史力行；学党史、悟思想、办实事、开新局，以昂扬姿态奋力开启全面建设社会主义现代化国家新征程，以优异成绩迎接建党一百周年。"[1]

学史明理，如何"明"？明什么"理"？就是以马克思主义的唯物史观，用理论思维和历史思维深化对"三大规律"的认识。只有认识了客观规律，才能将其内化为政治自觉。

毛泽东在其名篇《论持久战》中指出："武器是战争的重要因素，但不是决定因素，决定的因素是人不是物。力量对比不但是军力和经济力的对比，而且

---

[1] 习近平. 在党史学习教育动员大会上的讲话[M]. 北京：人民出版社，2021：1.

是人力和人心的对比。"① 在人民解放战争中,武器装备落后的人民解放军之所以战胜由美国鼎力支持下的国民党军队,是人的力量战胜了物的力量。深究其原因,与延安时期开展的党史学习教育活动密切相关。大规模的学习活动,极大提高了广大党员干部的理论素养和政治判断力,为人民解放战争的胜利打下了坚实的思想政治基础。在新时期,回顾延安时期的党史教育,有助于我们深刻感悟习近平总书记在党史学习教育动员大会上的讲话精神。

一、延安时期开展党史教育的背景

(一) 为七大召开做准备

1928年7月,党的六大在莫斯科召开后不久,党就开始着手召开七大的准备工作。据陆定一回忆,1929年7月,中共中央准备于1930年召开党的七大,但当时负责起草纲领的代表团在莫斯科处境艰难,这一想法并未实现。此后,中共中央虽多次筹谋七大的召开,但由于第五次反"围剿"失败、中共中央战略转移、日军加速侵华、党内政治生态的复杂性等诸多因素,仍未能如期举行。1937年12月,中央政治局指出:"在最近时期内召集党的第七次全国代表大会,对于中国人民解放战争和党的工作,均有最严重的意义",其中心任务之一是"应当对于自党六次大会以来的革命斗争经验作一个基本的总结"②。

总结党的六大以来的经验,成为七大筹备工作的一个重要内容。胡乔木曾提及:"《六大以来》的资料收集工作,在1940年下半年就已经开始。但当时党中央并不是为了编印《六大以来》这么一本书,而是为召开七大准备材料。因为预定于1941年上半年召开的七大的一个重要议程就是总结党的第六次代表大会以来的历史经验。"③ 收集党史文献、总结历史经验、统一党内思想认识,是党的七大胜利召开的重要保障。

(二) 党内重大错误根源亟待澄清

1. "左"倾路线的错误

土地革命时期,王明的"左"倾错误造成中央红军第五次反"围剿"失利,被迫长征。1935年1月遵义会议召开,事实上确立了毛泽东在党内的领导地位,解决了组织和军事问题。但此时的党,没有条件也没有能力解决复杂的

---

① 毛泽东选集[M]. 北京:人民出版社,1991:469.
② 中共中央文献研究室,等编. 中共中央文件选集:第14册[M]. 北京:中央文献出版社,2011:736-737.
③ 胡乔木. 胡乔木回忆毛泽东[M]. 北京:人民出版社,2003:174.

思想问题和政治问题。

2. 右倾路线的错误

1937年11月29日，王明飞抵延安。随即在12月9日至14日召开的会议上（十二月会议），王明做了《如何继续全国抗战和争取抗战胜利呢》的报告，指出"目前的中心问题是一切为了抗日，一切经过抗日民族统一战线，一切服从抗日"。他公开批评中央在洛川会议上确立的在抗日民族统一战线上坚持独立自主的正确方针和政策。① 由于王明和毛泽东在关于抗日民族统一战线的理解上存在分歧，使得参会的前线指挥员在贯彻执行相关决策的时候不得要领。彭德怀曾表示，（王明与毛泽东）两人所传达的会议精神不一致，他越听越糊涂，实在不好传达。大多数党的高级领导干部也有类似于彭德怀的这种感觉。由于王明是共产国际特使，带回来的是"国际精神"，缺乏政治判断力，就不能分清路线是非。

十二月会议后，王明在其把持的长江局继续推行其右倾路线，与中央"分庭抗礼"。1940年3月，王明再版了他在1931年所写的《两条路线》，并将其更名为《为使中共更加布尔塞维克化而斗争》。王明声称这本小册子中记载着党的历史，广大新党员干部应该对这段历史有所了解。刘少奇读完以后批注："这个罪恶的小册子记载着党内斗争的资料不少。"②

1941年1月4日，"皖南事变"发生。在扩大的六届六中全会（1938年）后，党中央决心终结王明对华中地区的错误领导，撤销长江局，改设南方局和中原局。但王明右的错误思想的影响并没有立即停止，其危害也没有立即止损。受长江局直接领导的项英，就没有贯彻执行统一战线中的独立自主原则，使新四军在"皖南事变"中遭到重创。

在这样的历史背景下，全党急需开展一场学习运动，帮助广大党员学习和掌握马克思列宁主义的理论，端正思想，提高认识，分清路线是非。

（三）抗日战争进入相持阶段，为全党开展党史教育提供了客观环境

1938年10月，抗日战争进入相持阶段，中日双方大规模的军事对抗明显减少，党的高级干部可以从前线和各根据地抽调到延安，集中进行学习教育活动。

土地革命时期，由于中国共产党及其领导的革命力量主要分散在各根据地，争取生存、进行武装斗争是这个阶段的主要任务。在长期对敌作战环境下，不论是党的高级干部，还是一般的干部、军事指挥员，都没有一个长期稳定的学

---

① 郭德宏. 王明年谱 [M]. 北京：社会科学文献出版社，2014：350-351.
② 曹仲彬, 戴茂林. 王明传 [M]. 长春：吉林文史出版社，1991：335.

习和提升理论水平的机会,更不要说从全党范围内来提高马克思主义理论水平了。全面抗战后,在国共合作的新形势下,党领导的革命力量迅速发展起来,"到1938年底,全国党员人数从全面抗战爆发时的4万多人增加到了50多万人"①。迅速发展也带来新的问题,李维汉回忆道:"干部队伍不断扩大,也带来了不少新的问题……老干部一般说文化水平不高,甚至还有文盲,都需要进行教育、学习。"② 抗战相持阶段到来后,为党的高级干部及广大党员进行大规模的学习运动提供了不可多得的绝佳时机。

二、编辑党史文献资料

党史文献是党发展脉络的文本体现。我党从成立初期就重视党史资料的收集和整理工作。1926年《中国共产党五年来之政治主张》问世,这是我党首部党史文献集。延安时期,在相对稳定的环境下,党史文献的收集整理工作迎来了高潮。③ 其中最具代表性的就是《六大以来》《六大以前》和《两条路线》等"党书"的刊出。这一系列"党书"的编撰为党史学习教育提供了基础的重要的文本。

(一)《六大以来》的编辑和刊出

《六大以来》党史资料整理及收集过程并不是一帆风顺的。由任弼时主持的资料准备工作始于1940年下半年,原计划10月底完成。但当时收集到的资料十分有限。10月中旬,中央政治局将资料收集工作下发给邓发、陈云等人负责,要求11月完成,由于他们的工作极为繁忙,这项工作就改由中央秘书处承担,毛泽东亲自审核。

资料收集的途径主要有四条:第一,少部分资料是中央从苏区带到延安的。第二,毛泽东自己保管的文稿文件资料。第三,从党的报刊中查找的资料。以上三种方式获得的资料非常有限。第四种方式,即在国民党的报刊书籍中查找的资料。据胡乔木回忆:"国民党出于其反共需要,在三十年代编辑了一套《赤匪反动文件汇编》,有五六本,收集了我党历史上大量的文件资料,这成了当时收集六大以来历史文献的主要途径。"④ 这一文件的来源,必须要认真审核,是

---

① 中共中央党史研究室. 中国共产党九十年(新民主主义革命时期)[M]. 北京:中共党史出版社,2016:244.
② 李维汉. 回忆与研究(上)[M]. 北京:中共党史出版社,2013:330.
③ 郝瑞庭. 简论延安时期的党史文献整理工作[J]. 延安大学学报(社会科版),1988(2).
④ 胡乔木. 胡乔木回忆毛泽东[M]. 北京:人民出版社,2003:177.

否被篡改过。

党史文献资料收集、审核流程非常严肃。秘书处负责档案文献资料的专家裴桐，将资料收集完后交给王首道，再由王首道将资料送毛泽东审核。审核完毕后，才能把文件送去排印。整个过程井然有序，相对比较顺利。

由于毛泽东在遵义会议前处于被边缘化状态，很多党内文件都没有接触过。经过资料审阅工作，他读到许多过去没有接触到的中央文件，对党的历史和中国革命问题有了更加全面和系统的认识。毛泽东意识到教条主义给革命造成了巨大阻碍和损失。在1940年12月4日召开的会议上，毛泽东将右倾和"左"倾错误进行辨析，指出大革命后期，陈独秀主张"联合一切"，苏维埃运动的后期又走到"打倒一切"这条路上。他进而强调："'联合一切''打倒一切'的东西，的确不是马列主义，而当时主持的人认为是马列主义，实际上这都是绝对主义。"① 了解过去的错误，可以使今后不犯重复的错误。"有必要首先在党的高级干部中开展一个学习和研究党的历史的活动。"②

经过不懈努力，《六大以来》于1941年12月中旬刊出。一共有2个版本，即"全集本"和"选集本"。"全集本"共计557篇，"选集本"则是从"全集本"中有针对性地选出了86篇重要材料，以利于干部认清"左"倾错误及其危害。这是党史教育的重要读物。③

（二）《六大以前》和《两条路线》

《六大以来》自刊出后便在党内引起良好的反响，许多同志提议为了更全面地研究党史资料，中央应编辑一本六大以前的党史资料。《六大以前》的编纂工作由胡乔木具体负责。六大以前党内文件很少，时间间隔久，党中央几经转移大多文件散失。因此，主要收编的是中国共产党早期一些领导人的文章，这本书共汇集各类文献资料184篇，且将其分为上下两册，于1942年10月刊出。④

1943年8月，是延安整风运动的高潮阶段。毛泽东以《六大以前》和《六大以来》为基础，编纂了《两条路线》。全书共137篇，分上下两册，分发给高级领导干部。这本书有针对性地选择反映各个时期党内两条路线斗争的文件、领导人讲话、文章等。该书取代《六大以来》选集本，成为延安高级干部的主

---

① 中共中央文献研究室. 毛泽东年谱（1893—1949）：中卷 [M]. 北京：中央文献出版社，2005：267.
② 胡乔木. 胡乔木回忆毛泽东 [M]. 北京：人民出版社，2003：175.
③ 裴淑英. 关于《六大以来》一书的若干情况 [J]. 党的文献，1989（1）.
④ 胡乔木. 胡乔木回忆毛泽东 [M]. 北京：人民出版社，2003：183.

要学习读本。①

三、党史教育的开展

延安整风运动的初期阶段主要是进行党史学习,让党员干部了解来路,才能明确去路。

(一) 理论与实际相结合

毛泽东在《反对主观主义和宗派主义》一文中明确指出,克服主观主义的方法之一是动员全体党员进行学习活动。1941年8月初,我党发布了《关于调查研究的决定》,决定指出:"二十年来,我党对于中国历史、中国社会与国际情况的研究,虽然是逐渐进步的,逐渐增加知识的,但仍然是非常不足……党内许多同志,还不了解没有调查就没有发言权这一真理。"② 该决定要求广大党员干部加深对中国历史的了解,通过实践与历史相结合的方法,达到统一思想认识的结果。朱德、林伯渠等党内领导人主动示范,在全党掀起了调查研究之风。张闻天在总结自身调查体会的《出发归来记》中提道:"真正认识到了理论与实际结合的重要性。"③ 党内兴起的调查之风,有利于帮助党员干部克服主观主义倾向,真正做到了历史与现实、理论与实际相结合。

(二) 学习活动灵活多样

在开展党史教育的方法上,采取多种方式。如在学制上,根据战况,分短期和长期培训,通过办培训班和定期考试来强化干部学习成效。同时,举办学习竞赛,提高广大党员同志参与的积极性和热情。为了有效提高干部的理论水平,中共中央还特别成立了"干部学习节",并将这个活动的日期定在每年的5月5日(马克思诞辰日)。

在1940年6月召开的总结会议上,李维汉着重表扬了陈云小组和张闻天小组。陈云小组应用的学习方法是研读文本的"就书论书"式,每星期读一个章节或半个章节,要求反复研读直到完全理解。做笔记、开讨论会、逐页质疑,然后做报告、全体人员讨论、指导员负责会后总结。张闻天小组则是根据研究提纲和指定的材料开展"探讨辩论"式的学习,且汇报形式更加多样化,其中不乏较为专业的汇报。该小组更看重个人独立思考的能力及针锋相对的辩论,

---

① 胡乔木. 胡乔木回忆毛泽东 [M]. 北京:人民出版社,2003:185-186.
② 中共中央文献研究室. 毛泽东年谱(1893—1949):中卷 [M]. 北京:中央文献出版社,2005:237.
③ 程中原. 张闻天传 [M]. 北京:当代中国出版社,2000:556.

并且少了很多形式上的约束。上述两种方法都取得了良好的效果,都获得模范小组的称号。

1941年,中共中央为进一步提高党员学习热情,于9月26日发布了《关于高级学习组的决定》。决定指出:"成立高级学习组的目的是提高党内高级干部的理论水平与政治水平。研究马、恩、列、斯的思想方法论与我党二十年历史两个题目……以达到克服错误思想(主观主义及形式主义)。"① 通过系统地学习《六大以来》,许多同志思想觉悟得到显著提高,也认识到党的领导机关在苏维埃运动后期存在不正确路线的情况。毛泽东评价道:"从《六大以来》发出到现在,高级干部学习组、中央党校已经读了半年,别的单位现在也已经开始读。这是一件好事,今天已开始看到了好的结果。同志们读了之后恍然大悟,发生了启发思想的作用。"② 杨尚昆回忆说:"系统地读了党书,有一个鲜明的比较,才开始认识到什么是正确路线,什么是错误路线;什么是创造性的马克思主义,什么是教条主义。"③ 由此可见,通过《六大以来》等一系列系统文献的学习,对于促进党的高级干部正确判断党内路线是非起到重大作用。

(三) 深化党史教育

系统地学习理论文本是深化党史教育的重要手段。1942年3月,中共中央宣传部总计发了22个整风文件,毛泽东在《关于整顿三风》学习报告中指出:"二十二个文件是世界革命一百年的经验的总结,是中国共产党诞生以来中国革命二十年的经验总结。"④ 这些整风文件是全党运用马克思主义的观点和方法学习党的历史的重要资料,使广大党员可以更好地结合实际工作,辨别是非,总结经验,以达到统一思想、统一行动的目的。

9月,西北局高干会召开。会议对陕北党史作了明确结论,解决了党内路线认识问题和陕甘宁边区党的一元化领导问题。⑤ 这是党史教育成果的突出表现。

四、启示

延安时期的党史教育清除了党内的错误思想,统一了全党的思想认识,为

---

① 中共中央文献研究室. 毛泽东年谱(1893—1949):中卷[M]. 北京:中央文献出版社,2002:329.
② 毛泽东文集:第2卷[M]. 北京:人民出版社,1996:399.
③ 中共中央党史研究室第一研究部. 杨尚昆延安岁月:整风运动前后 七大代表忆七大(上册)[M]. 上海:上海人民出版社,2006:657.
④ 毛泽东文集:第2卷[M]. 北京:人民出版社,1996:417.
⑤ 中共中央文献研究室. 毛泽东年谱(1893—1949)(中卷)[M]. 北京:中央文献出版社,2005:408.

中共七大的胜利召开奠定了基础,对当代的党史教育有着重要的启迪作用。

(一) 党史教育是提高党员干部思想理论水平的重要手段

我们党进行思想建设的关键就在于坚定思想,同时需要将马克思主义与中国的实际相结合。延安时期,我党面临着领导革命的历史重任,但是当时党的许多领导干部或是知识储备不足,本领恐慌,无法领导各项工作,或是在工作中有主观主义倾向,空谈理论,不懂理论与实际国情的结合。开展党史教育,能够帮助党员干部了解党的发展历程,用中国化的马克思主义武装头脑,补足精神之"钙",增强各项能力。我国正处于两个一百年的交汇期,积极开展党史教育,有利于党员干部在了解党史的过程中,总结历史经验,看清现实与未来,做到开新局、开好局。

(二) 党史教育是党员干部明辨是非的利器

毛泽东曾指出:"我们研究哪些是过去的成功和胜利,哪些是失败,前车之覆,后车之鉴。"① 通过党史教育,以史为鉴,提升党员明辨是非的能力,达到启发思想的效果。习近平总书记多次提及学习党史的重要性,只有通过党史学习教育,不断进行批评与自我批评,不断总结,才能保证党的先进性和纯洁性。只有这样,党员才能坚定如一地坚持马克思主义,保证自己的政治立场和信念不受影响,不惧恶意抹黑和歪曲事实,为党和国家的发展提供政治保障和干部保障。

(三) 充分发挥党史育人的功能

中国共产党百年历史中蕴含着丰富的精神宝藏。党史中,共产党人为理想信仰不断奋斗革命精神,为中华民族谋解放的崇高思想,为中国人民谋幸福的高尚情怀,将抚育一代又一代人。这百年积淀的精神,将化作遗传因子烙在革命事业接班人的基因片段上。习近平总书记指出:"一百年来,中国共产党弘扬伟大建党精神,在长期奋斗中构建起中国共产党人的精神谱系,锤炼出鲜明的政治品格。历史川流不息,精神代代相传。"② 学习党史,获取丰厚的养分,深刻理解伟大的建党精神,充分认识党正确领导的重要性,不断赓续红色血脉,为中华民族的伟大复兴而努力前行。

---

① 毛泽东文集: 第 2 卷 [M]. 北京: 人民出版社, 1996: 399.
② 习近平. 在庆祝中国共产党成立 100 周年大会上的讲话 [M]. 北京: 人民出版社, 2021: 8.

新中国成立以来党的收入分配政策的历史变迁与基本经验

刘 儒

摘 要：收入分配政策是影响人民生活最基本的政策。新中国成立70多年来，我们党以全体人民共同富裕为根本出发点和根本宗旨，不断推进收入分配领域改革和收入分配政策调整，最终形成以按劳分配为主体、多种分配方式并存的社会主义基本分配制度和相应的收入分配政策，我国国民经济持续健康发展，人民生活水平显著提高，全面建成小康社会取得伟大历史性成就，全体人民日渐共同富裕。以新中国承袭而来的落后旧经济体为现实逻辑起点，探究新中国成立以来收入分配政策曲折复杂、波澜壮阔的历史变迁，以及所形成的丰富而鲜活的历史经验，可以为新时代进一步优化收入分配政策、破解新时代社会主要矛盾、践行共享发展新理念提供经验借鉴。

关键词：按劳分配；共同富裕；收入分配政策

一、引言

"收入分配是民生之源，是改善民生、实现发展成果由人民共享最重要最直接的方式。"[1] 新中国成立以来，我们党始终重视收入分配问题，始终从实现人民共同富裕的高度思考和处理收入分配问题。经过70多年收入分配政策的不断调整与创新，我国最终形成了以按劳分配为主体、多种分配方式并存的"社会主义基本分配制度"[2]，极大地丰富和发展了科学社会主义理论与实践。同时，既增强了对

---

[1] 中共中央宣传部. 习近平总书记系列重要讲话读本 [M]. 北京：学习出版社、人民出版社，2016：217.
[2] 立足我国国情和我国发展实践 发展当代中国马克思主义政治经济学 [N]. 人民日报，2015-11-25 (01).

经济行为主体的激励,推动了经济快速发展和国家现代化建设,又历史性地提高了人民收入,推动人民生活由温饱不足迈向全面小康。但是,也应清醒地看到,我国收入分配领域仍然存在诸如社会成员之间收入差距过大、收入分配格局不合理等一系列问题,严重制约人民共享发展成果,也滞碍经济社会发展与稳定。因此,深入研究收入分配问题,探索解决我国收入分配领域突出问题的政策措施,就成为当前理论研究亟待深化的一个重要课题。本文尝试梳理概括新中国成立以来收入分配政策变迁的历史脉络,探寻其创新前行进程中的基本经验,以期为新时代"建设体现效率、促进公平的收入分配体系"提供启示镜鉴。

二、新中国成立以来收入分配政策的演变与经验

新中国成立70多年收入分配政策的演进历程,以新中国承袭而来的经济崩溃、民不聊生、两极分化的旧中国经济体为现实逻辑起点,内生于社会主义生产资料公有制、国家经济社会发展战略和共享发展理念,历经"站起来""富起来"和"强起来"三大时代,其大致可分为如下四个阶段,形成了一系列基本经验。

(一)以集中化、低水平和平均化为特点的政策初创阶段(1949—1977)

新中国成立之初,国民经济整体凋敝萧条。在收入分配领域,多种收入分配方式并存,两极分化鸿沟巨大,广大劳动人民生活十分贫困。面对如此严峻的经济形势,我们党以巨大的政治气魄,迅速恢复战争创伤和国民经济,并进行社会主义改造。到1956年年底,基本上把生产资料私有制改造为社会主义公有制,建立起包括按劳分配在内的社会主义经济制度。由此开启了波澜壮阔的社会主义建设事业。

按劳分配制度的确立,实现了"每个生产者在生活资料中得到的份额是由他的劳动时间决定"① 这一社会主义分配原则,奠定了劳动人民当家作主、逐步实现共同富裕的制度基石。党的八大又提出要破解"人民对于经济文化迅速发展的需要同当前经济文化不能满足人民需要的状况"这一社会主要矛盾。这就从政治地位和经济利益两方面形成持续的激励,极大地激发了人民群众建设社会主义的热情,推动国民经济迅速恢复和社会生产力空前发展,实现居民收入增长和经济发展同步。然而,进入20世纪50年代中后期,囿于国家优先发展重工业战略的要求以及对社会主义建设规律认识不足的局限,按劳分配制度及其收入分配政策在实践中得不到科学、有效的贯彻,逐渐演化为以集中化、

---

① 马克思恩格斯选集:第2卷[M].北京:人民出版社,2012:126-127.

低水平和平均化为特点的收入分配政策。

在农村地区，从 1953 年起中央先后出台文件取缔了原有农产品自由交易市场，由国家以"统购统销"政策组织农产品的购销活动。但在推进过程中，工农产品价格剪刀差的以农促工措施受到农民抵制。为保证工业化发展所需资金的充足供给，1955 年农业"合作化运动高潮"迅速推进，集体经营体制近乎完全取代家庭个体经营体制，社员按工分取酬。这种经营体制未充分激发劳动者生产的生产积极性，再加上补给工业发展的扣除，农业生产者最终收入越发微薄。在城市地区，随着私营部门的消除，绝大多数从业者转为国营企事业单位或集体企业职工，其工资与国家行政人员一道完全被纳入国家统一规制的分配体系中。在当时社会剩余匮乏的情况下，职工工资处于相对较低水平。

可以说，这一时期收入分配政策的历史功绩是显而易见的。首先，建立了按劳分配制度，实现了分配领域的历史性革命。其次，通过形成有效的激励发挥了分配对生产的积极反作用，促进了生产力发展和经济增长，为改革开放后社会主义现代化建设提供了物质基础。最后，维持了全国数亿人口的基本收入和基本生活。然而，这一时期分配政策受到"国不患贫，患不均"的传统观念与"左"的思想和意识形态的制约，逐渐出现平均主义倾向，人民生活水平有所提高，但幅度有限。

（二）以帕累托改进为目标的政策调整阶段（1978—1991）

面对 20 世纪 70 年代中后期日益明显的经济颓势，排斥市场的高度集中的计划经济体制和平均主义的分配格局已难以为继，中国社会孕育着一场巨大的变革与革命。在计划经济的基本框架还不可能马上变革的现实面前，理论和政策首先在科学贯彻按劳分配原则和革除平均主义弊害等方面寻求突破。1978 年 5 月 5 日，《人民日报》彻底否定按劳分配是资产阶级产生基础的"左"的论调，明确提出反对分配上的平均主义。在此基础上，党的十一届三中全会明确要求必须认真执行按劳分配的社会主义原则，按照劳动的数量和质量计算报酬，克服平均主义，在生产迅速发展的基础上显著改善城乡人民生活。[①] 我国以帕累托改进为目标的收入分配政策调整应势铺开。

1979 年 9 月，党的十一届四中全会允许农村地区实行包工到组，在生产队统一经营与核算下按产量计酬。1982 年 1 月，党中央明确指出："联产就需要承包。"[②] 此后，联产承包责任制迅速在全国推广，广大农民的收入与劳动贡献直

---

① 三中全会以来重要文献选编（上）[M]. 北京：中央文献出版社，2011：7.
② 三中全会以来重要文献选编（下）[M]. 北京：中央文献出版社，2011：364.

接挂钩。这一转变极大地刺激了农民生产积极性，促进了农业产出的增长，显著改善和提高了农民生活水平。1984年10月，党的十二届三中全会要求在城市地区推行以承包为主的经济责任制，赋予企业决定职工工资和奖金的自主权。这一政策伴随20世纪80年代中后期国有企业承包制的推行得到较好的贯彻和实施，明显提高了企业的劳动生产率和经济效益，提高和改善了职工收入和生活水平。

1987年，党的十三大全面概括了这一时期我们党的收入分配政策："我们的分配政策，既要有利于善于经营的企业和诚实劳动的个人先富起来，合理拉开收入差距，又要防止贫富悬殊，坚持共同富裕的方向，在促进效率提高的前提下体现社会公平。"[①] 为了进一步优化激励机制和提升经济效率，党的十三大报告还首次提出实行"以按劳分配为主体，其他分配方式为补充"的分配政策。这在一定程度上拓宽了个人收入的来源渠道，为后来实行的按要素分配进行了理论准备和实践探索。

综合来看，这一时期收入分配政策主要致力于消除分配领域长期存在的平均主义弊端，克服过分强调国家集体利益而忽视微观主体利益的倾向，消解长期存在的效率抑制效应。事实上，它也使资源配置效率和经济社会发展潜力得以释放，人民生活水平显著提升。同时，城乡居民收入差距也有所回落，收入分配状况总体持续趋向帕累托改进。然而，进入20世纪80年代中后期，随着农村地区工业化的迅速发展、非公经济的日渐成长以及体制转换引致的价格双轨制的存在，居民收入差距开始进入上升渠道，收入分配不公问题进入公众视野。

（三）以适应社会主义市场经济为主旨的政策赓续阶段（1992—2011）

1992年，邓小平视察南方时的讲话再次拨正我国市场化改革航向，破除了长久以来把市场经济与社会主义对立起来的传统观念，突出强调了共同富裕的社会主义本质。同年，党的十四大将我国经济体制改革目标确立为建立社会主义市场经济体制，并明确指出，"在分配制度上，以按劳分配为主体，其他分配方式为补充，兼顾效率与公平"[②]。自此，党的收入分配政策开始围绕社会主义市场经济体制建立和完善的一系列创新性演变。

党的十四大以后，一方面，随着市场配置资源的作用日益凸显，按劳分配与按要素分配的关系在实践中突破了以往"主体—补充"框架，转向"主体—并存"模式，参与分配的要素逐渐多元化。在十四届三中全会确立并最终形成

---

① 十三大以来重要文献选编（上）[M]．北京：中央文献出版社，2011：28.
② 十四大以来重要文献选编（上）[M]．北京：中央文献出版社，2011：17.

"以按劳分配为主体、多种分配方式并存"的社会主义基本分配制度后，分配政策逐步确立资本、技术、管理等非劳动要素按贡献参与收益分配的合法地位。另一方面，收入分配政策取向持续优化，不仅满足市场经济条件下的效率诉求，更体现社会主义制度下的公平关照。继党的十四大提出"兼顾效率与公平"之后，十六大提出"初次分配注重效率……再分配注重公平"①。十七大又进一步将公平问题延伸至初次分配领域，提出"初次分配和再分配都要处理好效率和公平的关系，再分配更加注重公平"②，实现了效率与公平由板块式结合向有机结合的转变。另外，为了有效遏止收入分配差距持续扩大趋势，再分配政策相继出台并逐渐完善。

这一时期收入分配政策在市场化演进中孕育出重大创新。一是进一步实现按劳分配与市场经济结合，促进分配机制市场化；探索实现按要素分配与社会主义兼容，引致各种生产要素参与经济建设与社会财富创造。二是逐步实现由更加关注效率到更加关注公平的转变。这一系列创新性转变使得经济体制改革形成的激励效应充分显现，在经济增长的同时居民收入得到显著提高。然而，也应看到，这一时期改革发展的红利并未充分惠及全体人民，收入分配非均衡状况不断积累并逐渐凸显，突出表现为居民收入分配差距的扩大趋势以及劳资分配的失衡态势。市场的原生性失灵、资强劳弱的凸显以及再分配政策的逆向调节效应是引致这种收入分配非均衡状态的主要缘由。

（四）以人民共享发展成果为核心的政策深化阶段（2012年至今）

以党的十八大为标志，我国进入发展成果由人民共享的中国特色社会主义新时代。十八大报告明确指出，当前工作中存在的不足之一就是发展不平衡，要"着力解决收入分配差距较大问题，使发展成果更多更公平惠及全体人民，朝着共同富裕方向稳步前进"。③ 党的十八届五中全会更是将"共享"提升至新发展理念的高度。党的十九大指出："我国社会主要矛盾已经转化为人民日益增长的美好生活需要和不平衡不充分的发展之间的矛盾。"④ 这里的"不平衡"所包含的多方面含义当中就包括收入差距过大问题。显然，在由富起来迈向强起来的新时代，实现发展成果全民共享成为分配政策显著的重要任务之一。

党的十八大以来，收入分配政策首先聚焦增加居民收入，推进共同富裕进

---

① 十六大以来重要文献选编（上）[M]．北京：中央文献出版社，2005：21．
② 十七大以来重要文献选编（上）[M]．北京：中央文献出版社，2013：30．
③ 十八大以来重要文献选编（上）[M]．北京：中央文献出版社，2014：13．
④ 习近平．决胜全面建成小康社会 夺取新时代中国特色社会主义伟大胜利——在中国共产党第十九次全国代表大会上的报告[N]．人民日报，2017-10-28（01）．

程。第一，继续巩固按劳分配主体地位。针对劳动报酬份额持续走低问题，党的十八大重申十七大提出的"实现居民收入增长和经济发展同步、劳动报酬增长和劳动生产率提高同步，提高居民收入在国民收入分配中的比重，提高劳动报酬在初次分配中的比重"的收入分配政策。党的十九届四中全会进一步强调着重保护劳动所得，"增加劳动者特别是一线劳动者劳动报酬"①。第二，深化按生产要素分配机制。十八届三中全会、十八届五中全会、十九届四中全会进一步拓宽可参与分配的要素范围，渐次将"知识、土地、数据"增列为参与分配的生产要素。同时，党中央作出市场在配置资源中发挥决定性作用的深刻定位，并提出"完善市场评价要素贡献并按贡献分配的机制"②，更加凸显出市场的主导性和支配性特征，由此将市场机制下生产要素参与分配推向深入。

同时，收入分配政策努力促进分配均衡，保障分配公平。第一，规范分配秩序。党的十八大在十七大的基础上指出："规范收入分配秩序，保护合法收入，增加低收入者收入，调节过高收入，取缔非法收入。"第二，加大再分配调节力度。《关于深化收入分配制度改革的若干意见》从集中更多财力用于保障和改善民生、加大促进教育公平力度、加强个人所得税调节等方面作出具体部署。另外，为了啃下深度贫困这块"硬骨头"，党中央2013年提出精准扶贫，之后相继发布4个中央一号文件，强调要推进落实精准扶贫政策。2015年11月，更是专门出台文件提出产业帮扶、易地搬迁等十余项具体脱贫方略。③ 在脱贫攻坚既定任务完成后，为了巩固拓展脱贫攻坚成果，党中央提出"对摆脱贫困的县，从脱贫之日起设立5年过渡期"，同时作出"全面推进乡村振兴加快农业农村现代化"的重要战略部署，强调脱贫攻坚与乡村振兴有效衔接。④

随着一系列促进发展成果全民共享的收入分配政策的实施，社会公平进一步加强，收入分配失衡状况得到一定缓解，脱贫攻坚战全面胜利，全面建成小康社会取得伟大历史性成就，共同富裕这一中国特色社会主义根本原则得到充分彰显。

---

① 中共中央关于坚持和完善中国特色社会主义制度 推进国家治理体系和治理能力现代化若干重大问题的决定［N］. 人民日报，2019-11-06（01）.
② 中共中央关于制定国民经济和社会发展第十三个五年规划的建议［N］. 人民日报，2015-11-04（01）.
③ 中共中央国务院关于打赢脱贫攻坚战的决定［N］. 人民日报，2015-12-08（01）.
④ 中共中央国务院关于全面推进乡村振兴加快农业农村现代化的意见［N］. 人民日报，2021-02-22（01）.

延安时期中国共产党反贫困实践及当代启示
——以陕甘宁边区为例

王宇颖　王贤鹤

摘　要：反贫困是古今中外治国理政的一件大事，消除贫困、改善民生、逐步实现共同富裕，是社会主义的本质要求。延安时期的中国共产党，密切关注着贫困问题，在陕甘宁边区通过以经济建设为工作中心，以改善人民生活为基本目标，采取大生产运动、劳模运动、救济灾荒等多种形式的经济活动以推动边区反贫困斗争，使边区民众的生活水平得到了逐步改善，这些积累起来的丰富的反贫困实践经验，对于指导当下我国的反贫困事业具有极强的现实意义。

关键词：陕甘宁边区；中国共产党；反贫困实践

一、延安时期中国共产党反贫困实践的历史背景

(一) 提高边区人民生活水平的现实要求

陕甘宁边区是1937—1949年划分的一个区域，是中共中央、中央军委所在地，它包括陕西的北部地区、甘肃东部地区和宁夏的部分区域。由于地处西北，该区土地广袤，已有耕地约12380613亩，但受地形、气候、人力等因素影响，可耕而未耕之地约在2000万亩以上。① 加之土地与人口分布不均，边区东北地区耕地少而人口多，其他区域或人少地多，出现大批荒地，或土地贫瘠，收成不佳，因此边区农户的耕地面积与收获量差距较大，多数土地牲畜集中在地主手中。在农业手工业生产方面，边区曾有大片种棉区域，约50万亩以上耕地可供植棉，但由于封建军阀勒种鸦片和外国棉花进口，棉田全遭破坏②。且边区闭

---

① 陕甘宁边区财政经济史编写组. 抗日战争时期陕甘宁边区财政经济史料摘编：第一编[M]. 西安：陕西人民出版社，1981：12.
② 陕甘宁边区财政经济史编写组. 抗日战争时期陕甘宁边区财政经济史料摘编：第一编[M]. 西安：陕西人民出版社，1981：13.

塞，农业生产技术落后，农业发展水平低下，当地群众的生活需要难以满足。陕甘宁边区政府建立前，边区受封建军阀剥削压榨，课税名目林立、种类繁多，例如：富户捐、牲畜税、白地税、烟亩税、军饷捐、地亩税等，边区人民负担重。边区还有严重的高利贷现象，绥德的债主放债1000元左右，利息3~5分，全年需要偿还的利息高达545.2~925.2元，无法偿还时，则以土地房屋等抵押。① 同时，边区还有严重的流民、难民问题，因此，如何解决上述问题，维护边区社会治安稳定，提高边区军民的生活水平，已成为中国共产党在边区展开反贫困斗争的现实要求。

（二）消除贫困和改善民生是中国共产党初心和使命的内在要求

反贫困是古今中外治国理政的一件大事，消除贫困、改善人民生活、逐步实现共同富裕，是社会主义的本质要求。延安时期，党在陕甘宁边区进行了一系列反贫困探索，这些理论和实践的探索成果不仅是为了改善和提高人民生活水平，更是中国共产党初心和使命的内在要求。1937年8月的洛川会议上，党颁布了抗日战争时期的指导性文件《抗日救国十大纲领》，使党领导经济发展的基本任务得到确立：发展国防生产、充实抗战力量、供给战争、改善人民生活、团结广大民众推行民主政治、参加战时生产、争取抗战的最后胜利。在最终争取战争胜利的目标下，提高人民生活水平、降低人民贫困状况，是党必须完成的任务，也是党群众路线的要求。

（三）战争环境下树立陕甘宁模范区的客观要求

作为敌后抗日根据地总后方的陕甘宁边区，解决了边区的贫困问题，就能为全国各根据地起到示范作用，从而带动反帝反封建斗争向前发展。任弼时曾这样评价边区的地位："陕甘宁边区对于华北华中各抗日根据地来说，是处于一种领袖的地位，即根据地的领袖地位。这个区域里的一切重要设施，对于其他根据地有一种先导的模范的作用，要为其他根据地所效法"，"我们这里的事情办得好办得正确，对于其他各根据地就会有很大的帮助，就会起一种先导的模范作用。假如我们把事情做错了，做坏了，对于其他根据地也就会有不好的影响……我们的政策如果更正确，我们的办法如果更妥当，我们就能起着更大的模范与推动作用"②。作为敌后抗日根据地总后方和其他根据地的学习对象，陕

---

① 陕甘宁边区财政经济史编写组．抗日战争时期陕甘宁边区财政经济史料摘编：第九编[M]．西安：陕西人民出版社，1981：6.
② 中国财政科学研究院．抗日战争时期陕甘宁边区财政经济史料摘编：第一编总论[M]．武汉：长江文艺出版社，2016：59.

甘宁边区只有解决好民众的贫困问题,才能更好更顺利地推行党在根据地的各项政策,为其他根据地的建设提供样本。

二、延安时期中国共产党反贫困实践主要内容

(一) 确立以经济建设为工作中心,为反贫困提供思想指导

马克思主义认为,不论什么样的生产关系和上层建筑,都要随着生产力的发展而发展。由于边区自然条件较差,生产力发展十分落后,边区"除粮食、羊毛外,其他一切日用所需,从棉布到针线,甚至吃饭用的碗,均靠外来"①。为了解决这些问题,在充分考虑实际情况后,中国共产党大胆地提出了边区建设的要求:"要把经济建设当作党与民众团体整个工作的中心,边区党委和政府工作的中心"②,并在具体实践中根据各个时期具体情况,进行有侧重的发展,以实现经济发展这一中心任务。

1937年7月至1940年,陕甘宁边区政府制定了"争取外援,休养民力"政策。所谓"休养民力",就是减轻人民的负担,使边区的经济得到恢复和发展,同时解决贫困问题。全面抗战爆发后,党团结一切可以团结的力量,为抗日民族统一战线的发展做出不懈努力,加之八路军、新四军的英勇表现,使得陕甘宁边区不仅收获了国内外广大爱国人士的同情与拥护,还获得了财力、物力的支持。在这段时期,外来的援助支撑了边区大部分的支出,外来援助主要是国民党拨款和爱国华侨的捐赠。据资料记载,1937年至1940年,仅这两项收入就占到边区财政收入的70%左右。③ 在"争取外援"的同时,边区政府通过鼓励农民开垦荒地、发展农业水利事业,以及发展工商业等恢复经济。为了减轻农民负担,边区政府还对民众实施减免税收,在粮草被服等征收方面实行合理负担、有钱出钱、有力出力等措施,使民有余力。皖南事变发生后,1940年10月起,国民党停发了对边区政府的薪饷和弹药,并且封锁了对边区政府的一切外来支援,边区经济一时陷入困难。为了度过边区的经济危机,坚持抗日民族统一战线,党中央及毛泽东号召边区军民"自力更生,自给自足",鼓励边区人民积极生产,实行自给自足。在鼓励生产的政策下,1941年,边区各部队与各地

---

① 陕甘宁边区财政经济史编写组. 抗日战争时期陕甘宁边区财政经济史料摘编:第三编 [M]. 西安:陕西人民出版社,1981:4.
② 中共中央文献研究室. 毛泽东年谱(1893—1949)修订本:中卷 [M]. 北京:中央文献出版社,2013:209.
③ 陕甘宁边区财政经济史编写组. 抗日战争时期陕甘宁边区财政经济史料摘编:第一编 [M]. 西安:陕西人民出版社,1981:73.

方政府完全自给，解决了经费问题，中央各机关基本都拥有了各自的生产收入。1943年，西北局高干会议上提出了"发展经济，保障供给"的财政经济总方针，方针在边区政府得到了贯彻执行，边区政府制定了以农业为第一位，工业、手工业、运输业、畜牧业为第二位，商业为第三位的方针，同时采取"组织起来，建立合作社""集中领导，分散经营""公私兼顾""军民兼顾"等一系列具体政策，发展经济和减轻人民负担。

总之，陕甘宁边区政府建立后，边区政府始终重视经济建设，积极贯彻以经济建设为中心的指导思想，为边区反贫困斗争提供了思想指引。

（二）以改善人民生活为反贫困基本目标

毛泽东同志曾讲道："我们共产党和共产党所领导的八路军、新四军，是革命的队伍。我们这个队伍完全是为着解放人民的。"① 在中国共产党的反贫困理论中，反贫困的基本目标始终是以人民为中心，改善和提高人民生活。延安时期，陕甘宁边区政府推行了一系列政策解决边区存在的生产生活问题，并取得了较好的成绩。在经济方面，发展农业鼓励生产，组织农民参与合作社，使边区广大人民群众的生活水平得到提高、生产环境与条件得到改善。同时，减租减息土地政策的实施，进一步削弱了地主和富农对贫农、雇农的压榨和奴役。在文化方面，设立学校，鼓励进步青年来延安学习参观，为农民举办识字班、夜校、冬学，帮助群众提高文化水平。在精神方面，奖励表彰边区劳动模范，为民众树立起热爱劳动、劳动光荣的正确劳动观。在民生方面，边区政府努力救助灾民、安置移民和难民以及优待抗日军属，重点解决边区的救灾问题，维护根据地的治安稳定，从而为改善人民生活起到了重要的作用。在医疗卫生领域，边区通过开展普及性的健康教育和宣传，提高医务人员的水平，改善了边区落后的医疗卫生观念。总之，边区政府在各方面的举措都紧紧围绕着人民。在以人民为中心的指引下，边区人民的生活条件和生活质量都有了较大改善，创造了陕甘宁边区欣欣向荣的景象。

（三）开展多种形式经济活动以推动边区反贫困斗争

1. 大生产运动

1941年皖南事变后，边区的经济情况更加严峻。由于国民党在军事上的围追堵截和经济上的严酷封锁，边区能够得到的支援微乎其微。同时，边区负担日益严重，受国民党迫害的爱国民主人士纷纷投奔延安，众多爱国青年慕名来到延安学习参观，而保卫边区的军事需求也使得部分部队调回延安，这些都加

---

① 毛泽东选集：第三卷 [M] . 北京：人民出版社，1991：1004.

重了边区的经济困难,使得解决边区的贫困问题迫在眉睫。因此,动员并组织全体边区人民参与大生产运动,成为边区人民走出贫困、解决经济问题的唯一方式。1939年,边区政府正式提出生产自给的任务。同年1月,陕甘宁边区第一届参议会召开,毛泽东在会上提出"发展生产,自力更生"的口号,随后毛泽东又在陕甘宁边区农产品博览会上号召:"前方努力打仗,后方努力生产,一定能打垮日本帝国主义。在边区,不仅老百姓要如此做,其他如学校、党政机关及部队都要参加生产运动。"① 大生产运动就这样轰轰烈烈地展开了。

大生产运动开展后,边区的机关、部队、工厂、学校、农村各界人民热烈响应中共中央"自己动手,丰衣足食"的号召,积极投身到火热的大生产运动中。"机关、部队、学校的生产运动大体经历了三个阶段。1938年至1940年为休养民力、准备自给的阶段;1941年至1942年是渡过难关、争取自给的阶段;从1943年开始,是实现丰衣足食、建设革命家务的阶段。"② 大生产运动的开展,极大地鼓舞并动员了边区军民。在机关、部队和学校开展大生产运动的同时,普通民众也被动员起来,尤其是贫苦农民群体,在大生产运动中由过去个体分散的状态逐渐被组织起来,共同参与劳动生产互助,呈现出了有组织的自觉状态。边区内农民实行集体劳动互助的组织主要是变工队和扎工队,"变工"是指农民相互间调剂劳动力的方法,即参加变工队的农民,各以自己的劳动力或畜力,轮流地并集体地替本队各家耕种。扎工队一般是由家庭土地不足的农民组成,参加扎工队的农民,除相互变工互助外,主要是集体出雇于需要劳动力的人家。1942年,延安县为了完成8万亩的开荒任务,利用民间的互助形式组织了487个扎工队,另外还吸收了4939个优质劳动力,参加集体生产。这次组织起来的劳动力,占全县劳动力的1/3以上。在20天中,开荒46442亩,完成开荒任务的58%,③ 初次显示了互助合作、集体生产的优越性。1942年12月,在中共中央和毛泽东的号召下,一个以互助合作为中心的农业大生产热潮就这样在陕甘宁边区以及敌后抗日根据地轰轰烈烈地开始了。

经过大生产运动,边区民众的生活状况得到了一定改善,到1945年,陕甘宁边区农民大部分可以做到"耕三余一"④,部分可以做到"耕一余一"。从

---

① 中共中央文献研究室. 毛泽东年谱(1893—1949)修订本:中卷[M]. 北京:中央文献出版社,2013:108.
② 米晓蓉,刘卫平. 陕甘宁边区大生产运动[M]. 西安:陕西人民出版社,2014:9.
③ 米晓蓉,刘卫平. 陕甘宁边区大生产运动[M]. 西安:陕西人民出版社,2014:12.
④ "耕三余一"是指耕种三年,除去消耗,可以剩余一年吃的粮食,而"耕一余一"是指耕种一年,除去消耗,可以剩余一年吃的粮食。

1943年起，各根据地机关一般能做到自给两三个月甚至半年的粮食和蔬菜，人民负担只占总收入的14%左右，按当时的生活水平，已经实现了"自己动手，丰衣足食"的目标。大生产运动，既解决了财政经济困难、减轻了人民负担，又促进了农民生产积极性，使广大的贫困农民逐渐丰衣足食，从而走出了一条全新的反贫困之路。

2. 劳模运动

劳模运动是激发贫困群众靠劳动致富内生动力的重要途径。陕甘宁边区政府的劳模运动是伴随着大生产运动而展开的，与边区党和政府的反贫困事业伴随始终。在大生产运动及其他各项建设事业初始阶段，陕甘宁边区涌现出大批劳动英雄和模范工作者，其数量、类别、规模、影响都超过了此前任何历史时代。因此，在群众史观的指导下，中国共产党创造性地提出并使用了劳动模范、劳动英雄、模范工作者等新的概念，组织开展了向劳动英雄、劳动模范学习的活动。

劳模运动对反贫困事业的帮助是显而易见的。劳模运动在很大程度上调动起了边区民众的劳动热情，使得劳动生产效率大幅提高。在劳模运动的发展阶段，农业领域和工业领域分别开展了学习吴满有运动和学习赵占魁运动。在学习吴满有运动和学习赵占魁运动的带动下，边区农业、工业和其他战线上涌现出大批的劳动英雄和模范工作者，同时边区民众的生产热情也被极大地调动起来，使边区的生产不断发展壮大并逐渐自给自足，人民群众的生活日益改善并走向富裕。通过劳模运动，陕甘宁边区减少了自然灾害带来的损失，摆脱了国民党对边区重重封锁带来的困难局面，既增强了边区抗战的物质力量，又巩固了党的群众基础，使贫困问题的解决更加顺利。更令人欣喜的是，部分边区民众不事生产和偷懒的旧思想、旧习惯得到改变，重新树立起了崇尚劳动、热爱劳动、劳动光荣的新观念。在中国传统观念里，普通的底层工农劳动者是不大被人看得起的。但中国共产党在陕甘宁边区的施政纲领与理念，使老百姓看到了希望，人人平等成为社会的基本规则，民众的基本权利可以得到保障，民众的主人翁意识不断增强。而且这些普通劳动者在生产上取得成绩后，可以得到边区政府的物质和精神奖励，这更加树立了他们热爱劳动的观念。1943年12月16日，边区第一届劳动英雄代表大会上劳动英雄们就表示："在开会期间，毛主席，朱总司令，高司令，贺师长，林、李正副主席和延安各机关的首长，都那么热烈地招待我们，指导我们，和我们握手，请我们吃饭，把我们看的像自家兄弟姊妹一样，我们每个人都实在高兴，实在欢喜。在旧社会里，咱们受苦人是被人看作牛马的，可是现在劳动都变成光荣了，自从共产党领导咱们闹革命,打日本,发展生产,咱们才翻了身,再不受人压迫,还做到丰衣足食,有吃有穿,现在又当了劳动英雄,处处受人尊敬。想想从前,看看现在,咱们怎能不感谢共产党、八路军和边区政府呢?!"① 原本出身寒微的底层劳动者,感受到了劳动的光荣,更加带动边区民众投入生产,争当模范,树立起热爱劳动关心生产的观念,这种模范效应推进了边区的反贫困事业。

3. 救济灾荒

边区政府的反贫困事业,除了大力发展生产,在根本上解决贫困外,还对因灾致贫等问题进行了一系列的救济措施来缓解。延安时期,自然灾害、难民涌入是干扰边区反贫困事业的两大原因,为了解决因灾致困和解决难民问题,保障边区社会稳定和安宁,边区党和政府采取了一系列措施。

在政策方面,党和边区政府颁布了《陕甘宁边区党委、政府关于赈济工作的决定》《陕甘宁边区政府民政厅关于赈济灾难民的指示信》等,这些政策指示用以探索赈灾饥荒的有效方法,使赈灾工作的顺利开展和进行拥有政策保障。在具体的赈灾措施中,边区政府主要采取直接救济,组织灾民兴修道路、水利工程以及设立义仓、建立粮食信用社等救助方式。与此同时,充分考虑工作需要,完善机构设置,边区各级政府设立相关机构专门负责社会救济和赈济灾民难民,通过各种措施办法赈灾,妥善救济安置灾民。1939年到1942年4月,边区政府共拨出救济款80多万元、救济粮7000多石。②

除颁布法令、设立机构负责救灾问题以外,救灾工作还与精兵简政、大生产运动等结合起来,促进农业和各种副业、手工业的良好发展。灾民的基本生活不仅因这些卓有成效的措施得到了保障,也有效应对了灾害带来的各种损失,边区生产的恢复和发展取得了显著成效,降低了贫困程度,从而推动了边区政府反贫困进程。

三、延安时期中国共产党反贫困实践的启示

(一) 始终坚持党的领导

延安时期的陕甘宁边区政府通过运用一系列经济、财政政策解决存在的贫困问题,基本经验就是始终坚持中国共产党的领导。纵观历史,中国能够取得

---

① 陕西省档案馆,陕西省社会科学院. 陕甘宁边区政府文件选编:第七辑 [M]. 北京:档案出版社,1988:394.
② 陕甘宁边区财政经济史编写组. 抗日战争时期陕甘宁边区财政经济史料摘编:第九编 [M]. 西安:陕西人民出版社,1981:298.

革命、建设和改革时期的胜利,最重要的就是始终坚持党的领导。当今,我国在实现全面小康的基础上实施乡村振兴战略,也应始终坚持共产党的领导。坚持党的领导是颠扑不破的真理,从抗日战争时期解决各种生产问题到当今我国解决贫困问题、全面建成小康社会以及实现伟大的中国梦,都必须在中国共产党的领导下进行。

(二)坚持共享发展,着力增进人民福祉

延安时期的陕甘宁边区运用一系列政策解决了一定程度的贫困问题,是为了改善人民生活水平,这是人民的根本利益所在。当今,我国进行的脱贫攻坚战和建设全面小康社会的努力,以及实施乡村振兴战略,就是秉持人民至上的价值理念。从革命年代到和平建设时期,党和政府一直重视民生福祉,而人民的生活水平提高为摆脱贫困、为党的执政效果作了最直接证明。进入改革开放新时期,要将保障和改善民生放在重要的地位,同时要充分动员与组织大量资源,增加民生保障项目。总之,中国共产党在延安时期的反贫困实践为今天解决此类问题提供了经验借鉴。同时,在保障民生的目标下,还要坚持共享发展,让人民群众共享经济发展成果,共同促进社会发展和稳定和谐。

(三)注重物质与精神的全面脱贫

延安时期劳模运动帮助普通底层劳动者树立起了热爱劳动、劳动光荣的观念,今天的反贫困工作同样要注重物质和精神全面脱贫。习近平总书记指出,实现我们发展的目标,不仅要有物质上的强大,还要在精神上强大起来。物质贫困与精神贫困本就互相影响,"长期的物质贫困会加剧精神贫困,而精神贫困又会反过来增加脱贫难度"[1]。尽管我国脱贫攻坚取得了全面胜利,人民的物质生活富裕起来,但中国共产党领导中国人民的反贫困事业,任重道远。因此,今天的反贫困工作要物质精神两手抓,不仅扶贫,更要扶志,脱贫攻坚工作不仅是党的大事,更是群众应当人人参与的大事,只有人人树立起不等不靠,勤劳致富和热爱劳动、劳动光荣的正确劳动观,才能有贡献于今日的反贫困事业,才能真正实现共同富裕和全面建成小康社会。

---

[1] 宋圭武. 要物质脱贫也要精神脱贫[N]. 光明日报, 2018-10-16(13).

延安时期"黄克功案件"与
新时代从严治党与依法治国相结合的现实启示

王书吟

摘 要：延安时期的"黄克功案件"是震惊延安的大案。案件引发了特赦革命功臣和依法从严治党的激烈争论。案件从案发到宣判执行只用了6天，最终依法枪毙黄克功，体现了中国共产党从严治党、依法执政的优良传统。此案不仅在延安时期成为轰动一时的大案，也是党的历史上从严治党、依法执政的典型案例。在建党百年之际重温"黄克功案件"，一方面有助于我们深入了解我党从严治党、依法执政的优良传统，另一方面可为新时代推进从严治党与依法治国相结合提供历史镜鉴。

关键词：延安时期；黄克功案件；从严治党；依法治国

一、黄克功案件始末及引发争论

"我们的一粒子弹，既否定了黄克功，坚持了政策，又挽回了群众影响，而且使得群众更拥护我们了。"这是全面抗战初期流传在陕甘宁边区毛泽东所说的一句警语。这句话中提到的黄克功与延安时期一桩轰动一时的杀人案密切相关，体现了中国共产党从严治党、依法执政的优良传统。

1937年10月5日傍晚，延河岸边响起了枪声，当时正处于战争年代，常有实弹训练，听到的人们都以为是寻常训练或演习而没有在意。第二天，抗大十四队的同学在延河边洗衣服时发现了一具女尸。经同学们辨认，死者是原抗大十五队的知识女青年刘茜。刘茜是来自山西的一名年仅17岁的进步青年，卢沟桥事变发生后，她"愤暴日侵凌，感国难严重"，便从山西老家历经艰险奔赴延安参加抗日革命。到达延安后，刘茜进入抗日军政大学第十五队学习。她学习努力，几次要求奔赴抗日前线，被抗大干部们称赞是"年龄最小，表现最好"的学员。如此优秀的知识女青年刚到延安三个月便惨遭厄运，到底是谁残忍地杀害了如此年轻的女孩呢？

案件发生后,抗大保卫科和边区的保卫处立即着手侦破工作。侦查干部们采集了刘茜同学们的证言,在缜密的推理和细心的追踪下,最终锁定黄克功为犯罪嫌疑人。黄克功年少时即成为一名红军战士,亲身经历了井冈山革命和红军长征。虽然黄克功只有26岁,但在革命中屡立战功,可谓名副其实的"老革命"。刘茜在抗大学习时,黄克功恰好从第六队调至十五队,成为刘茜的队长。根据刘茜好友的回忆和刘茜生前的书信显示,两人在日常学习和生活中频繁接触,通信往来,黄克功向刘茜求婚,刘茜认为两人只是同志的革命友谊。不久后,刘茜转学到陕北公学,两人因距离原因接触减少,而黄克功没有放弃追求刘茜,但刘茜对黄克功的逼婚和纠缠心生反感,在回信中拒绝了黄克功结婚的要求。黄克功遂于10月5日晚邀约刘茜散步,由于当时还有其他同学在场,刘茜不便拒绝,便跟随黄克功和抗大训练干事王志勇同行。不久后王志勇因天色渐晚先行返回抗大,黄克功与刘茜继续在河边散步,这也是人们最后见到刘茜的时间。

由于陕北公学的同学们一直都没有看到刘茜返校,一夜过后,同学们找到黄克功向他打听刘茜的去向,黄克功表示不清楚。不久后,刘茜的尸体被人在延河边找到。针对以上线索,侦查干部将注意力锁定在黄克功身上。通过侦查、询问人证,发现了黄克功衣服上的血迹和手枪开枪痕迹,对黄克功进行了审讯。在一系列证据前,黄承认了杀害刘茜的罪行。但在陈述案情时,黄克功始终强调射杀刘茜是因手枪走火所致。面对刘茜为何身中两枪的问询,黄克功在新的陈述书中承认了故意枪杀刘茜的事实,强调一时冲动的原因在于刘茜破坏军婚,侮辱革命军人,最后希望司法部门念在他之前为革命奋斗的功勋从轻判罚。①

本来案情十分明朗,但由于黄克功年轻有为,又是参加过苏区革命和长征的"老井冈",身负军功,这桩原本铁证如山的杀人案件在延安群众和党员干部中引发了激烈的争议,并形成了截然不同的两种处理意见。第一种主要以军队干部和士兵为主,认为黄克功作为从井冈山和长征一路走来的"老革命",久经考验,为革命遭受了枪林弹雨,为一个女学生牺牲一名革命功臣太可惜了。而且目前正逢民族存亡之际,应当珍惜革命有生力量,让他上阵杀敌,将功赎罪。甚至有人宣称"黄克功可以独当一面地开辟工作,能打开一个县、一个地区的局面,不要说一个刘茜,就是十个刘茜、一百个刘茜也抵不上一个黄克功"②。另一派则站在刘茜以及法纪的立场上坚决反对,认为黄克功不仅违反边区的婚

---

① 刘全娥. 档案中的黄克功案件 [J]. 兰台世界, 2007 (8): 54.
② 孟昭庚. 黄克功案件始末 [J]. 党史纵横, 2015 (8): 59.

姻法律，枪杀革命同志，还在犯罪后企图掩盖罪证，行为恶劣，破坏党纪、军纪，应处极刑。黄克功本人则希望能将功折罪。他在两份陈述书和给毛泽东的信中，均表达了"从轻治罪""留我一条生命，以便将来为党尽最后一点忠"①的想法。此案引发了边区的争议。以抗大十四队的100多名学员为例，大家议论纷纷，最终也没有形成统一的意见。②

黄克功案件不仅在根据地引发了巨大的负面影响，在国统区也产生了恶劣的影响。虽然当时国共已建立统一战线合作抗日，但国民党在得知黄克功事件后大做文章，在其机关报《中央日报》攻击边区政府"封建割据，无法无天"。国统区的市面上也出现了各种将陕甘宁边区的治安状况描绘得十分恐怖的小册子，对中国共产党在民众中的政治形象和对外印象产生了极大的负面影响，也使大量奔赴延安的热血知识青年对边区和党产生了疑惧心理。③可以说，此案已经不仅仅是一桩普通的边区刑事案件，而成为一场举世瞩目的政治事件。

二、黄克功案件审判及司法过程

案件引发的思想混乱和舆论危机引起了中共中央和边区政府的重视。毛泽东专门参加了此案的讨论会，商讨案件如何判决。中央高层的态度十分明确，强调要依法判决。参会的罗瑞卿是看着黄克功一路由青年战士成长为一名身经百战的旅长的，十分看重黄克功，但他深知法纪如山，强调"任何人都要服从法律，什么功劳、地位、才干都不能阻挡依法制裁"④。会议最终决定依法判决黄克功。考虑到案件引起的广泛关注以及引发的巨大争议，中共中央指示陕甘宁边区政府及高等法院对该案进行公开审判，以达到教育党员干部和群众的作用。

1937年10月11日，案件在陕北公学大操场举行公开审判。到场的群众共有几千人，除了相关司法部门重要干部出席大会外，张闻天也亲自到场，陕甘宁边区高等法院院长雷经天担任刑庭审判长。审判大会上宣读了公诉书，证人出庭陈述了证词，证明黄克功蓄意杀人的犯罪事实证据确凿。黄克功没有否认

---

① 孟昭庚. 黄克功案件始末[J]. 党史纵横，2015（8）：59.
② 曹慕尧. 我所亲历的"黄克功事件"[M]//任文. 延安时期的大事件. 西安：陕西师范大学出版社，2014：57-58.
③ 华宜珍. 刘茜及其家人的故事[M]//冯克力. 老照片：第18辑. 济南：山东画报出版社，2001：20.
④ 曹慕尧. 我所亲历的"黄克功事件"[M]//任文. 延安时期的大事件. 西安：陕西师范大学出版社，2014：59.

公诉书指证的犯罪事实,但对两个细节进行了辩护,表达了继续为革命效力、宁愿牺牲在抗日战场上的愿望。接下来大会请到场的各机关代表发表意见,代表们的意见仍然不一致,有一些代表认为处以极刑会造成革命力量的损失,希望能党和政府够特赦黄克功。

经历了短暂休庭后,审判长宣读了审判书。其中列出了黄克功所犯的五项犯罪事实,包括蓄意枪杀革命青年同志、破坏革命纪律、逼婚幼龄女青年、湮没罪证等,并当庭宣布判处死刑并立即执行。① 就在宣判结束、黄克功被押赴刑场没多久的当口,法庭收到了快马传来的毛泽东亲笔信,抗大政治部主任莫文骅当众宣读了毛泽东的来信。② 信上强调黄克功"犯了不容赦免的大罪",他的行为是"失掉党的立场的、失掉革命立场的、失掉人的立场的行为"。毛泽东强调正因为黄克功是一名多年的共产党员和红军,因此对于自己的身份"不能不执行比较一般平民更加严格的纪律","如此赦免,便无以教育党,无以教育红军,无以教育革命者,并无以教育一个普通的人"。③ 毛泽东这封原则性极强的信震动了现场所有的人。根据会场群众的回忆,黄克功在听到毛泽东传来亲笔信的时候原本流露出希望的表情,但听完信的内容后深深地低下了头,最终以认罪伏法的态度离开了审判大会。不久后,距离大会场 1 千米外的刑场响起了几声枪响,案件以枪毙黄克功宣告结束。④

毛泽东的来信统一了思想,为边区的党员和群众上了一堂生动的法纪课。在案件审判结束三个月后,毛泽东再次提起了此事时说:"这叫否定之否定。黄克功一粒子弹,否定了刘茜,违反了政策,破坏了群众影响;我们的一粒子弹,又否定了黄克功,坚持了政策,挽回了群众影响,而且使得群众更拥护我们了。"⑤ 此后,毛泽东在不同场合多次提起此事,警醒党员干部以黄克功为鉴,不能居功自傲,脱离群众。

三、黄克功案件对从严治党的现实启示

正如毛泽东所言,黄克功被开除党籍并依法处决后,不仅在抗日根据地,

---

① 陕甘宁边区高等法院刑事判决书(刑字第二号),中国人民政治协商会议延安市委员会文史资料研究委员会,编. 延安文史资料(第五辑)[Z]. 内部资料,1989:88-89.
② 孟昭庚. 黄克功案件始末[J]. 党史纵横,2015(8):60.
③ 毛泽东致雷经天信(1937年10月10日)[M]//西北五省区编纂领导小组. 陕甘宁边区抗日民主根据地文献卷(下). 北京:中共党史资料出版社,1990:160.
④ 曹慕尧. 我所亲历的"黄克功事件"[M]//任文. 延安时期的大事件. 西安:陕西师范大学出版社,2014:57-58.
⑤ 陈文胜. 详说"黄克功事件"[J]. 百年潮,2009(1):48.

而且在西安等国民党统治区和沦陷区也产生了强烈的社会反响。案件的公正判决充分显示了中国共产党从严治党的决心和魄力,赢得了边区乃至国统区群众的交口称赞,有力地回击了国民党对边区的污蔑,赢得了口碑和民心,具有十分重要的历史意义。

首先,黄克功案件的公正审判彰显了中国共产党从严治党的执政传统。在黄克功承认犯罪事实的第一时间,党组织就对黄克功宣布了开除党籍的决定。在随后的审判中,党组织和边区政府严格坚持党纪、法纪,澄清群众和党员中"法外容情、网开一面"的错误思想,坚持从严治党,对黄克功处以公正的审判。在黄克功案件审判结束后,毛泽东等党的领导人反复强调黄克功案件公正审判的重要性,强调从严治党、依法宣判的重要性,体现了党从严治党的执政传统。

其次,黄克功案件的公审流程显示了党坚持以人民为中心的工作导向。从严治党是中国共产党党建工作的重要原则,也是群众路线的重要体现。针对"一百个刘茜也抵不上一个黄克功"的错误言论,以毛泽东为首的党中央领导人予以坚决驳斥,最终赢得了边区乃至国统区群众的口碑。这充分说明群众路线是从严治党的关键环节,要严治、真治,就是要紧紧抓住群众路线这个关键,凝聚党心、民心。为了确保制度实施的公正性,中共中央专门责成审判机关召开群众公审大会,使案件在公开、透明的环境中宣判,让群众来当党和政府工作的监督者,永葆党的执政活力。

最后,黄克功案件的执行显示了中国共产党严明的纪律约束力和制度执行力。从黄克功案件发生到最终宣判,仅仅用了6天时间。在案情明晰后,对功勋卓著的老革命、老干部也不姑息,足见中共中央壮士断腕的决心和魄力。黄克功被立刻执行枪决也显示了党在从严治党中严明的纪律约束力和高效的制度执行力,确保严格执法,惩恶扬善的利剑永不蒙尘。

习近平总书记曾强调:"我们党是执政党,坚持依法执政,对全面推进依法治国具有重大作用。要坚持党的领导、人民当家作主、依法治国有机统一,把党的领导贯彻到依法治国的全过程。各级党组织必须坚持在宪法和法律的范围内活动,各级领导干部要带头依法办事,带头遵守纪律。"[①]虽然黄克功案件已过去了半个多世纪,但从严处理黄克功依然对新时代党建工作和依法治国具有重要的启示意义。

---

① 习近平. 坚持法治国家、法治政府、法治社会一体建设 [M] //习近平谈治国理政. 北京:外文出版社,2014:146.

首先,必须强化政治监督,保障制度执行,用严明的纪律维护制度,增强纪律约束力、制度执行力。所谓治人者必先自治,责人者必先自责。加强党内监督是我们党的优良传统和政治优势,也是确保更好为人民服务的重要保障。实践证明:只有完善政治监督,做好日常监督,禁令才能起效、制度才能发挥作用。十八大以来,党全面加强了党的领导和党的建设,端正党风党纪,坚定不移反腐惩恶,取得了重大成果。

其次,要坚持以人民为中心的工作导向,法律面前,人人平等。习近平总书记曾引用英国哲学家培根的话说:"一次不公正的裁判,其恶果甚至超过十次犯罪。因为犯罪虽是无视法律——好比污染了水流,而不公正的审判则毁坏法律——好比污染了水源。"① 这句话揭示了极为深刻的道理:党对于违反党纪、法纪的领导干部要更加严格约束,不能妥协、姑息;对触犯法律底线的领导干部一定要绳之以法,无论是谁,都不得凌驾于党纪、国法之上。

最后,要继续坚持"老虎""苍蝇"一起打,对违纪违法问题毫不手软。习近平总书记强调,党纪就是红线,处分就是惩戒。党纪处分条例要体现从严治党的要求。陕甘宁边区政府虽然是党局部执政的边区政府,但黄克功案件审判过程中体现出的民主法治意识值得我们认真学习领会。在新时代,全面依法治国不仅为全面从严治党提供了基本的支撑,全面从严治党也形成了全面依法治国的重要环节,共同形成了党的法纪有机体。这就要求党组织首先遵守国家法律,所有执政行为不能脱离、凌驾于法律体系之上,党规与国法有机结合也为党永葆生机活力提供良好环境和法纪保障。因此,各级纪律检查机关必须严格执行党的纪律,自觉遵守法律,书写依党纪办事与依法治国联动的新篇章,谋划出新形势下从严治党与依法治国的新局面,推进新时代从严治党、全面依法治国的进程。

---

① 关于《中共中央关于全面推进依法治国若干重大问题的决定》的说明 [EB/OL]. 新华网,2014-10-28.

中国共产党组织路线的历史考察：
历程、成就与经验

靳小勇　王　琛

摘　要：回顾百年党的组织路线的发展历程，总结组织路线工作之成就与工作经验，对于强化党史学习，深刻理解坚持马克思主义与中国具体实际相结合的伟大历史，以及优化党的建设、应对未来的挑战，具有重要借鉴意义。

关键词：建党100年；组织路线；中国共产党

中国共产党历来十分重视党的组织工作，百年来党在各个历史时期根据不同政治形势与任务的需求，形成了与党的政治路线相匹配的组织路线，以利于各项革命与建设事业能沿着党的宏伟目标顺利发展。在中国共产党成立100周年之际，对党的组织路线进行全面系统的梳理，回顾发展历程、总结成就、归纳经验，对于优化党的组织建设，更好地应对未来的挑战，具有非常重要的借鉴意义。

一、中国共产党组织路线发展的百年历程

党的组织路线历经百年发展不断调整，早已深嵌于党与国家各项事业之中，并对推动社会发展发挥了不容忽视的作用。回顾历史，党的组织路线发展路程可分四个具有历史特点的阶段，现分别概述如下：

（一）新民主主义革命时期：在斗争中构建群众性政党

1921年，在中国共产党召开的第一次全国代表大会上讨论通过的党的纲领之中就已经对党的组织建设需要遵循的基本原则开始有了认识，但对相关问题的认识还有待深入及完善；真正提出明确的"组织"的概念，是在中共二大通过的党章之中；此后的党的三大、四大围绕党的组织建设又进行了调整，但仅

为些许文字的修订，并没有本质上的区别。① 直至1927年讨论通过的党章修正案中，党为了高效地开展工作，明确提出"民主集中制"是党的组织路线必须予以遵循的基本原则，此后该原则逐渐内化为党组织活动的自觉意识。

大革命失败后，党的工作重心逐渐转入农村，这时便需要解决如何在农村贯彻党的组织路线，以及如何让党组织的发展适应农村斗争的需要的问题。为适应新的革命形势与政治环境，党的六大在《组织问题决议案提纲》中提出党的"组织路线"这一概念②，并初步形成了党的组织路线理论，为党组织扎根中国农村奠定了理论基础。

延安时期，党结合抗日救亡及新民主主义革命的需求开始更深入地思考党的组织路线的落实问题。1938年10月，毛泽东在《论新阶段》中，主张将党的政治路线与组织路线紧密联系起来，指出干部队伍建设作为党的组织路线的核心必须要有所遵循，并提出了详细的具有可操作性的选拔合格干部的标准。③ 此后，历经革命斗争之淬炼，中国共产党人在实践中摸索并不断地总结经验，最终在党的七大时明确向全党提出了群众路线是党的根本组织路线。

综上可见，贯穿整个新民主主义革命时期，党的组织路线和组织工作很重要的一个任务就是在群众中不断选拔培养党员，放手扩大党员规模，使党发展成为一个群众性政党。在党员发展的过程中，依据斗争需要培养合格的党员干部，依据历史任务的需求构建完善的党组织结构，使之可以有效应对不断变化的革命形势，完成不同时期的革命任务，并最终取得胜利。

(二) 社会主义革命和建设时期：在曲折探索中前进

新中国成立后，在总结过去革命的胜利经验的基础上，党对组织路线进行了适合局势需求的调整。这一时期，端正党内路线、依据党章培养与发展合格党员、克服党内各种非无产阶级思想的侵蚀等成为党组织的新要求。特别是在党的七届三中全会上，整顿党组织成为党具有历史使命的重点工作任务，并于1951年开启了新的整党工作。在整党与社会主义改造完成的基础之上，党的八大进一步明确指出正确的组织路线是中国共产党领导力量的重要构成部分。④

但这一时期，因为没有坚持真正的民主集中制，缺乏有效的制度与措施作

---

① 陈亚杰. 党的组织路线的形成与发展 [J]. 上海党史与党建，2013（2）：29-31.
② 知秋，董德兵. 党的六大首提"组织路线" [J]. 百年潮，2019（1）：95.
③ 刘红凛. 党的组织路线的百年历史演进与时代要求 [J]. 思想理论教育，2020（11）：4-10.
④ 张国宏，汪博武. 中共八大对党的执政规律的探索 [J]. 理论探讨，2007（1）：141-144.

为保证，党的组织路线曾严重受挫。从党的九大到十大，由于受到极左思潮的影响，组织工作进展受阻，民主集中制与组织路线遭到严重破坏。直至党的十一大，才部分恢复了民主集中制。这段曲折探索的历史，为进一步完善党的组织路线提供了经验教训。

（三）改革开放和社会主义现代化建设新时期：在调整中稳步向前发展

1978年，中国共产党及时纠错，在十一届三中全会上总结了党的组织路线的经验教训，党的组织建设由此逐步迈上了正轨，党的组织工作也不断地补偏救弊。为了更好地适应改革开放和社会主义建设的新需求，党中央顺应时势开启了党和国家领导制度方面的调整。1982年，党的十二大决定全面整顿党的作风和组织，以利于党组织更好地适应改革开放新形势的需求，推进改革开放初期各项开创性工作的顺利展开。① 这次整顿工作持续到党的十三大召开前夕才基本告一段落，其整党成效显著，总体上看，诸如部分党员思想不纯、纪律性差之类的组织问题得到了明显改善，党的组织建设及各项工作日趋向好。

1994年，全党进一步明确了推进党的建设这一新的伟大工程的总目标。在党的十五大上，江泽民同志强调要充分发挥党的组织优势，把党建设成为中国特色社会主义事业的坚强领导核心。② 进入21世纪，党与时俱进，面对新的历史局面与世界形势，党对组织路线的相关工作作出了调整，对基层党建等一系列工作提出了更高的标准，有力指导和推动了各个领域党的基层组织建设，在组织方面为21世纪的中国贡献力量。

这一时期，中国共产党汲取了历史教训，摆脱了错误思想的束缚，在推进改革开放和建设中国特色社会主义的任务之中，全面恢复与发展了党的组织路线的优良传统，开拓了党的组织建设的新局面、新格局、新气象。

（四）中国特色社会主义新时代：全面创新与发展时期

党的十八大以来，将人民的需求与国家的未来视为己任的新一届中央委员会，对党和国家的各项工作进行了新的规划，党能否有条不紊地继续推进组织建设以及全体党员能否正确执行各项部署关系到规划的各个方面。

特别是，党中央在部署落实从严治党工作的同时，依然对党内可能出现的违背党的组织路线的思想和行为保持了高度的警惕，习近平总书记在治党以及

---

① 黄宝玖. 论改革开放三十年来我国的反腐倡廉建设 [J]. 山东社会科学，2008（11）：65-72.

② 江泽民. 高举邓小平理论伟大旗帜，把建设有中国特色社会主义事业全面推向21世纪——在中国共产党第十五次全国代表大会上的报告 [N]. 人民日报，1997-09-12.

党员党性等方面，发现部分党员对自身的要求不高，纪律意识淡薄，没有认真对待党和国家的各项政策与安排。① 针对这些问题，党坚持将管党管人作为党的组织建设的重要抓手，通过加强党史、党性教育，凝聚全党共识，强化了全党对组织路线的认同，为保证中国特色社会主义事业的顺利进行提供组织保障。

综上所述，党的组织路线始终围绕着中国革命与建设的实践需求而不断优化。党的组织路线的优化不断推进了党自身的完善与发展，体现了党对初心的坚守，彰显了党组织超强的纠错能力，推进了党的各项事业的成功。

二、党的组织路线取得的成就

风雨一百年，与时俱进的组织路线和日益完善的组织建设保证了中国共产党团结带领广大人民群众取得非凡成就。

（一）党员队伍持续扩大，干部队伍结构日趋优化

党正确的组织路线塑造了一支听指挥、高效率的党员队伍，保证中国特色社会主义事业的顺利发展。党在保证党员队伍有源源不断的新鲜力量注入的同时，持续优化队伍结构。

党员干部队伍结构持续优化，对党组织的可持续健康发展起到了积极作用。各级党组织以"用好各年龄段干部"作为新的《干部任用条例》的明确要求，对于推动形成党的队伍合理的梯次结构、保证党组织可持续发展、激发党组织活力发挥了重要的不可替代的作用。

根据国家统计局对全国妇联干部构成情况的调查，近20年来，35岁以下及36~45岁干部人数占比比重大且呈稳步上升趋势，46~55岁干部人数不足前者的三分之一，56岁以上干部人数占比极小且呈减少趋势；硕士研究生妇联干部数由2002年的709人增加到2012年的3320人，博士研究生妇联干部数则由19人增加到57人，此外，妇联干部参加博士、硕士研究生学历教育、岗位培训、党校培训等学习培训的人数也在逐年增加。

党的十七大以来，干部队伍结构日趋呈现年轻化和高学历化。数据显示，在党的十七届中央委员会370名委员会成员中，女干部37名，少数民族40名，其占比均比十六大时期有所提高；同时，委员会成员学历层次也有所提高，九成以上成员具有大学以上学历，三成成员有高级职称，其中不乏中科院、工程院院士；新一届中央委员的年龄构成也体现出了党的新老交替任务的完成，50

---

① 习近平. 在党史学习教育动员大会上的讲话 [EB/OL]. 求是网, 2021-03-31.

岁以下的干部占总数的近30%。①

进入新时代,我们的组织队伍构成越来越合理。如图1所示,根据中央组织部最新党内统计数据,截至2021年年底,中国共产党党员总数、基层组织总数、女党员与少数民族党员总数较2019年均有所增加。② 同时,领导干部年轻化并不是盲目推行,而是在保证干部的品德和知识达标的前提下,不被年龄所约束,破格任用。这些成果体现了干部队伍的整体政治素养、文化水平、党性觉悟等都有了较明显的提高。

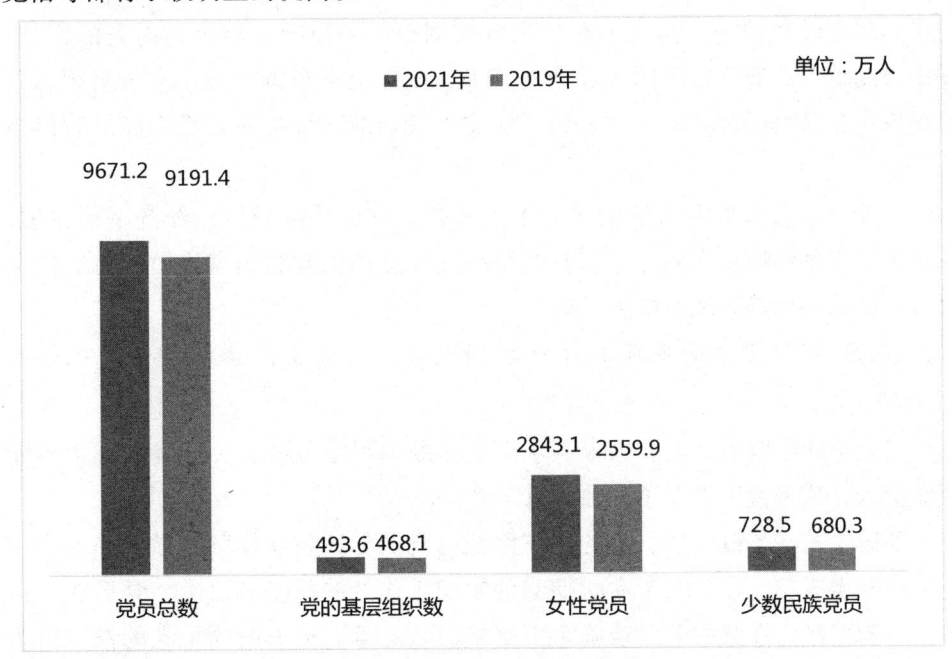

图1　2021年与2019年党的组织队伍构成对比

数据来源：中共中央组织部

党的各级干部队伍结构在年龄、性别、学历以及民族构成等方面持续优化,确保了党建伟大工程的全面推进和党的队伍的健康发展。

(二) 保证了党坚强的领导力,从容应对复杂局面和挑战

百年来,共产党以面对危机和突发情况的冷静与斗争精神,解决了无数的

---

① 刘思扬,刘刚,孙承斌. 新一届中共中央委员会和中共中央纪律检查委员会诞生记 [N]. 人民日报,2007-10-22 (03).
② 中共中央组织部. 二〇一九年中国共产党党内统计公报 [N]. 人民日报,2020-07-01 (07).

困难，攻克了数不尽的难题。这正是对党的领导能力、党组织建设的成效的最好诠释。

新型冠状病毒的暴发对我国乃至世界的公共卫生和医学界构成了严峻挑战，一时间疫情防控成为全世界需要共同面对的难题。党中央充分发挥组织和制度优势，保证了疫情防控中各项工作的顺利进行。从设计到完工仅用10天就建成的火神山医院，充分体现了地方对中央的部署迅速且高效的反应和社会主义集中力量办大事的优势。在这次疫情防控工作中，习近平总书记高度赞扬了各级党委和政府以及相关工作人员对中央各项调控的积极响应与敢为人先的精神。在中央的统一部署下，全国人民众志成城，全国上下步调一致，各级组织和单位形成了相互贯通的体系，"采取了历史上最勇敢、最灵活和最积极的防控措施"①。

目前，我国基本阻断了疫情的本土传播，社会秩序稳定，经济平稳发展，人民生活水平和质量得到保证。党的组织路线在确保党和国家高效应对突发危机方面的独特优势体现得淋漓尽致。

（三）确保了党的各项工作的顺利完成，推进了民族复兴伟大事业的不断深入

建党100年以来，党和国家各项事业不断取得新成绩，民族复兴伟大事业不断深入，这得益于贯彻了正确的组织路线。

新民主主义革命时期，党的组织路线为党的健康发展保驾护航，确保了中国革命取得成功。在总结革命时期党的组织工作经验的基础之上，党形成了正确的组织路线，在党的七大被确定下来并写入党章。七大明确了党的根本组织路线，强调党的组织建设的指导原则是民主集中制，并首次提出了"四个服从"。② 这些党的组织原则的确立，强化了党对各级组织的管理，保证了党的组织建设良性健康发展，为取得新民主主义革命的最终胜利奠定了组织基础。

新中国成立后，党为了顺利完成国家性质转变与继续向前发展，面对经济与社会建设必须要解决的新问题，采取了一个又一个积极措施。从20世纪50年代初期开始，中共中央为了更好地组织与领导国家的经济建设，从各省市县、单位等选出综合素质强、能力过硬的党政人员到需要的地区、企业等，并进行培养。此举一方面满足了工业战线对干部领导的需求，另一方面体现了党组织

---

① 中国—世界卫生组织新型冠状病毒肺炎（COVID-19）联合考察报告 [R/OL]．中华人民共和国国家卫生健康委员会网站，2020-02-29．
② 肖芳林，中国共产党党章历史发展研究 [M]．长沙：湖南大学出版社，2006：202．

工作的可实施性。

改革开放后,为适应政治经济发展的新需求,以及应对国际国内形势的新挑战,中共中央适时提出党的干部队伍要坚决实现"革命化""年轻化""知识化""专业化"(简称"四化")的方针。在中央统一部署与安排下,党的组织改革迅速启动,到1982年,国务院所属部委、直属机构和办公机构得到了大幅精简,运转更加高效。① 一系列改革措施极大地丰富和发展了党的组织路线的内涵,推动了社会主义现代化建设事业的发展。

十八大以来,党中央更加强调各级党组织与党员的纯洁性、先进性,优化了党的自我审查制度,加大了反腐力度。仅2020年,全国就有约2.2万件涉及贪污、贿赂、渎职的案件受到审理。② 空前强大的反腐力度形成的高压态势,推进了从严治党的全面开展,高度纯洁了党的组织,保证了党的组织肌体的健康,维护了中央的绝对权威。

2018年,习近平总书记提出新时代党的组织路线要"着力培养忠诚干净担当的高素质干部,着力集聚爱国奉献的各方面优秀人才"③。在党的各级领导干部选拔方面,要遵守德才兼备、以德为先的原则,在党的干部任用方面要以任人唯贤为基本准绳,只有这样才能在组织层面确保党和国家宏大事业的继续建设。新时代党的组织路线的提出,是中国特色社会主义事业建设取得的丰硕成果之一,适应了新形势下各级党组织健康发展的需求,满足了时代发展之需。

三、中共组织路线百年发展的经验启示

百年的接续奋斗,我们党在组织工作中不断取得瞩目成就,积累了宝贵经验,使得中国共产党的组织路线日趋完善。我们必须把党的成功经验传承与发扬。

(一)高度重视党员的党性教育,强化对党的组织路线的认同

中国共产党一直十分重视党性教育,习近平总书记曾表示,党性与组织纪

---

① 据载:"1982年,经过改革,国务院所属部位、直属机构和办公机构由100个调整为61个,工作人员编制缩减三分之一左右。领导班子中,国务院副总理由13人减为2人。"详参:中国共产党的九十年(改革开放和社会主义现代化建设新时期)[M].北京:中共党史出版社,党建读物出版社,2016:711.

② 吕佳蓉."两高"报告披露反腐战果,监察体制改革成效彰显[EB/OL].中央纪委国家监委网站,2021-03-08.

③ 习近平在全国组织工作会议上强调:切实贯彻落实新时代党的组织路线 全党努力把党建设得更加坚强有力[J].党建研究,2018(8):2.

律性密不可分,互为表里,要加强党员党性教育。① 对党员党性教育的重视以及新时代组织路线的提出,不断把党的建设引向深入,在强化党组织的严密性、纪律性以及提高党员的政治水平等各方面提出了更高的要求,为持续发展中国特色社会主义提供了组织保证。

（二）始终坚持马克思主义理论与中国具体实际相结合

党的组织工作必须要遵循的原则,便是将马克思主义理论与中国具体实际相结合。这是百年来党的组织路线理论与实践经验所昭示出的亘古不变的真理。党的十八大以来,在习近平新时代中国特色社会主义思想的指导下,党坚持思想建党,用中国化马克思主义武装党员、教育干部,确保了干部队伍改革不断深化,结构不断优化；始终坚持民主集中制,基础组织制度不断完善,维护了党中央的权威。

（三）深刻把握全局变化,保证全党与时俱进

党的组织工作都必须要依据全局变化,与时俱进、不断创新。改革开放时期,党依据时局的变化和自身发展的要求,创新性地提出党员干部队伍"四化"方针,深化了党的组织路线内涵,解决了干部队伍建设中的各项问题②,确保了党内领导制度改革顺利进行。进入新时代,在"两个大局"的判断下,中国共产党以全新的视角审视组织工作,不断提出新的组织工作政策,也为世界上其他政党贡献中国智慧。

在100年的历史进程中,党的组织路线历经发展、曲折和创新发展等阶段,始终为党的革命和建设事业提供组织保障。党在习近平新时代中国特色社会主义思想的指导下,必能继续以非凡的气势引领时代潮流,从历史和时代的辩证统一中把握新时期组织路线的发展要求,不断把党的建设事业提升到新境界,确保党的事业在未来取得辉煌成就。

---

① 金恒元. 新时代地方党政机关党员领导干部党性教育研究 [D]. 成都：西南财经大学, 2018.
② 中国共产党的九十年（改革开放和社会主义现代化建设新时期）[M]. 北京：中共党史出版社、党建读物出版社, 2016：675.

中国共产党百年农民思想政治教育的历史进程与基本经验[*]

冯 亮

摘 要：高度重视农民思想政治教育是党的政治优势和优良传统。党的农民思想政治教育历经百年，先后经历了形成时期、曲折探索、深入发展和创新发展四个不同的历史阶段。百年来中国共产党农民思想政治教育的基本经验，是农民思想政治教育必须坚持马克思主义的指导地位，必须与党的中心工作相结合，必须与维护农民利益相结合，必须与群众喜闻乐见的形式相结合。

关键词：农民思想政治教育；历史进程；基本经验

中国共产党在革命、建设和改革的百年历程中，始终坚持思想领先原则，高度重视农民思想政治教育工作，帮助农民群众克服自身局限性，启迪其阶级意识和政治觉悟。回顾中国共产党建党百年来农民思想政治教育的历史进程，并对蕴含其中的基本经验进行概括和总结，对于促进农民现代化转型，巩固和拓展脱贫攻坚成果，全面推进乡村振兴，加快农业农村现代化，巩固党的执政地位都具有重要现实意义。

一、中国共产党百年农民思想政治教育的历史进程

中国共产党农民思想政治教育，始终围绕党在百年奋斗历程各个时期的奋斗目标和任务变化而展开，大致经历了新民主主义革命时期的形成、社会主义革命和建设时期的曲折探索、改革开放和社会主义现代化建设新时期的深入发展和中国特色社会主义新时代的创新发展4个不同的历史阶段。虽然这4个阶段所要完成的目标任务不尽相同，但党的农民思想政治教育却贯穿始终。从历

---

[*]【基金项目】教育部人文社会科学研究青年项目"构建'三治合一'乡村治理体系的现实困境与破解路径"（19YJC710018）。

史维度对党的农民思想政治教育百年历程进行梳理和回顾,是深刻把握百年来党的农民思想政治教育辉煌成就、艰辛历程、历史经验、优良传统的前提和基础。

（一）中国共产党农民思想政治教育形成阶段（1921—1949）

自1921年成立以来,中国共产党在革命实践中逐步认识到农民问题对于中国革命的重要性。党的一大结束后,中国共产党领导的农民革命运动相继开展,如浙江萧山创办衙前村的农民协会,广东海陆丰开展的农民运动以及广州农民运动讲习所的举办,可视为中国共产党早期农民思想政治教育的发端与兴起。

党的四大提出了建立工农联盟问题,指出农民是民主革命中"重要成分","天然是工人阶级之同盟者"。毛泽东强调农民阶级的觉悟对于中国革命的重要作用,在《中国农民中各阶级的分析及其对于革命的态度》《国民革命与农民运动》《湖南农民运动考察报告》等多篇文章中深入分析了农民的阶级属性、经济地位和政治态度,从而找到了农民思想政治教育的深层次依据和正确处理党和农民关系的切入口,为引导农民参加革命提供了思想武器。

土地革命战争时期,党确立了以保障农民"耕者有其田"为核心的物质利益教育原则,在"打土豪,分田地"口号的感召下,广大农民积极投身到革命运动之中,在得到土地后更产生了极大的支援革命与保卫建设根据地的积极性。

延安时期,党在抗日根据地先后实施"三三制"、减租减息和精兵简政三大政策,为实现团结抗战和争取抗战胜利发挥了巨大作用,极大地激发了农民的抗日热情和生产热情,形成了广大农民的参军热潮。与此同时,整风运动纠正了党内的不良作风,拉近了党员干部和农民群众之间的关系,提高了党在人民群众中的威信,保障了农民思想政治教育的顺利开展。

解放战争时期,党根据国共当时的战略态势,提出了"打倒蒋介石,解放全中国"的号令,对广大农民形成了强有力的激励,对农民思想政治教育紧紧围绕着土地改革运动、发展生产、支援前线参加战斗这些主要活动进行。无论是直接参军奋勇杀敌,还是留守后方巩固胜利果实,广大农民跟党走的决心信心进一步增强,推动了全国解放的提前到来。

纵观整个新民主主义革命时期,中国共产党始终把教育农民、提高农民政治觉悟作为重要政治任务,通过积极发动群众,指引广大农民参与到推翻"三座大山"、争取自身利益的革命斗争当中,取得了新民主主义革命的胜利。随着革命形势的变化,毛泽东在《论人民民主专政》明确指出"严重的问题是教育农民"①。这既是对革命时期农民思想政治教育经验的总结,也是对未来农民思想政治教育重要性作出的前瞻性判断。党的农民思想政治教育经过革命时期的艰辛探索和深入发展,逐步形成了较为完整的体系,积累了初步的经验,成了党引领人民群众开展革命的重要方法和政治优势。

(二)中国共产党农民思想政治教育曲折探索阶段(1949—1978)

新中国成立后,为更好地改变农民落后思想,使其成为新中国建设的主力军,中国共产党结合抗美援朝战争,进行了面向包括农民在内的各个阶层的爱国主义教育活动和扫盲运动,一定程度上克服了旧的封建思想、小农意识以及资产阶级思想的侵蚀,农业生产效率和农民文化素质得到显著提升。这一时期针对农民的教育活动为中国社会由新民主主义社会向社会主义社会的顺利过渡提供了思想文化保障。

十年建设时期,中国共产党在引导农民走合作化道路的过程中,向农民开展了社会主义和共产主义教育,但随着人民公社、大跃进运动以及反右倾斗争的扩大化,农民思想政治教育出现了"左"的偏差。同时,党对自身的工作作风进行了反思和纠正,重新强调发扬调查研究、实事求是、群众路线等优良作风,一定程度上纠正了党和社会存在的不正之风。"文革"期间,党在对农民思想政治教育的认识上,也出现了严重的偏差,由于过分强调意识形态的作用,忽视了"教育农民"这个长期的艰巨的历史任务,严重脱离中国农村的实际情况,甚至违背了思想政治教育应该服从和服务于社会需要的发展规律,使党的思想政治教育工作遭受了严重挫折。

农民思想政治教育的曲折探索的时期,我们党通过土地改革与社会主义改造等一系列运动,迅速开展社会主义经济建设,同时积极开展农民思想政治教育,激发其发展生产、建设社会主义的热情,党的农民思想政治取得了较大的成效。由于"大跃进"和"文革"期间"左"的思想影响,农民思想教育在内容和指导原则上出现了一些偏差。邓小平深刻指出:"历史经验证明,用大搞群众运动的办法,而不是用透彻说理、从容讨论的办法,去解决群众性的思想教育问题,而不是用扎扎实实、稳步前进的办法,去解决现行制度的改革和新制度的建立问题,从来都是不成功的。"②

(三)中国共产党农民思想政治教育深入发展阶段(1978—2012)

真理标准问题讨论的开展,使全国人民从"两个凡是"的思想束缚中解脱

---

① 毛泽东.毛泽东选集:第4卷[M].北京:人民出版社,1991:1477.
② 邓小平.邓小平文选:第2卷[M].北京:人民出版社,1994:36,142,146.

出来。党的十一届三中全会后，随着党和国家工作重心的转移，农民思想政治教育的路线、方针、政策也相应地作出了调整，积极探索农民思想政治教育的新途径，由此开启了农民思想政治教育深入发展的新时期。

随着改革开放的深入发展和家庭联产承包责任制的全面推进，广大农民的生产积极性得到显著提升，农村社会结构发生了深刻变化，农民群体的思想在改革开放大背景下经历了剧烈的思想文化的冲击。1982年1月，《全国农村工作会议纪要》中就指出，党在农村的思想政治工作"还存在着涣散软弱的状况"；1982年10月，全国农村思想政治工作会议进一步将党在农村的思想政治工作定位为"农村社会主义精神文明建设的中心环节""坚持和改善党对农村领导的重要组成部分"。这一时期党对农民思想政治教育形势的变化有着深刻的认识和估计，然而思想政治工作体系未能及时针对农村经济体制和生产方式的变化做出调整和改进，加之以城市为重点的经济体制改革全面展开，对农村思想政治工作和精神文化建设重视程度不够，对农民的教育问题一度有所放松，导致农村基层思想政治工作相对弱化。邓小平总结这一时期的经验教训时指出："十年最大的失误是教育，我主要是讲思想政治教育，不单纯是对学校、青年学生，是泛指对人民的教育。"①

党的十三届四中全会之后，改革开放以来农村社会积蓄的种种思想文化问题和农村思想政治教育中存在的现实问题凸显。江泽民同志强调，越是搞改革开放和社会主义市场经济，越要重视和加强对农民特别是青年农民进行爱国主义、集体主义、社会主义教育。② 党的十六大之后，以胡锦涛同志为总书记的党中央明确统筹城乡发展的基本方略，制定工业反哺农业、城市支持农村和多予少取放活的基本方针，提出了科学发展观、社会主义和谐社会、社会主义新农村建设等一系列重大战略思想和举措。这些新思想、新举措的提出和实施不仅体现了21世纪以来党在农民思想政治教育理论上的创新，同时也有力推动了党对农民思想政治教育实践的深入发展。

（四）中国共产党农民思想政治教育创新发展阶段（2012年至今）

党的十八大以来，以习近平同志为核心的党中央，高度重视"三农"问题。脱贫攻坚和乡村振兴两大战略的实施，就是为了从根本上解决城乡发展不平衡和农村发展不充分的矛盾，两大战略的出发点和落脚点都是为了满足农民日益增长的美好生活需要。

---

① 邓小平. 邓小平文选：第3卷[M]. 北京：人民出版社，1993：306.
② 江泽民. 江泽民论社会主义精神文明[M]. 北京：中央文献出版社，1999：13.

新时代的农民思想政治教育的中心任务是引导农民群体发挥自主性、树立健康向上的价值观，为推进乡村振兴战略的实施和加快农业农村现代化提供强大思想保障。习近平总书记在打好精准脱贫攻坚战座谈会上的讲话中指出："要加强扶贫同扶志、扶智相结合，激发贫困群众积极性和主动性，激励和引导他们靠自己的努力改变命运，使脱贫具有可持续的内生动力。"① 通过各地所开展的与农民思想政治教育有关的科技扶贫、文化思想扶贫等有关的活动的成果显示，我国农民的教育文化水平和思想道德素质不断提高，勤劳致富的积极性和主动性也不断提高，党对农民思想政治教育的创新发展，客观上保障了我国脱贫攻坚战的全面胜利，也为乡村建设行动和推进乡村振兴战略奠定了良好基础。

　　"十四五"时期，我国农业农村发展面临的外部环境更趋复杂，在"双循环"新发展格局下，必须进一步加强农村社会主义精神文明建设，通过"弘扬和践行社会主义核心价值观，以农民群众喜闻乐见的方式，深入开展习近平新时代中国特色社会主义思想学习教育"②，引导农民提高思想政治素质，帮助农民适应时代发展步伐，努力开创"十四五"时期农民思想政治教育的新局面。

二、中国共产党百年农民思想政治教育的基本经验

　　百年来，中国共产党在各个不同历史时期对农民思想政治教育的理论和实践，不仅积累了丰富的经验，也积淀下来一些本质性的东西和共同规律。深入总结中国共产党百年农民思想政治教育的经验，深刻把握对农民思想政治教育的规律，对于做好当前和今后农民思想政治教育工作有着深远的意义。

（一）农民思想政治教育必须坚持马克思主义指导地位

　　坚持用马克思主义理论武装农民，是"中国共产党为什么能"的成功经验和基本规律。建党百年以来，中国共产党人始终高举马克思主义的伟大旗帜，把马克思主义作为立党立国的根本指导思想，不断推进马克思主义中国化时代化，取得了中国革命、建设和改革的伟大胜利，实现了中华民族从站起来、富起来到强起来的历史性飞跃。

　　我国封建社会延续时间较长，小农意识和小农思维依然顽固地禁锢着农民的思想和行为，也制约着农民群众发展的脚步。邓小平曾指出："小生产的习惯势力还在影响着人们。这种习惯势力的一个显著特点，就是因循守旧；安于现

---

① 习近平.习近平谈治国理政：第3卷［M］.北京：外文出版社，2020：158.
② 新华社.中共中央 国务院关于全面推进乡村振兴加快农业农村现代化的意见［EB/OL］.中华人民共和国中央人民政府网，2021-02-21.

状,不求发展,不求进步,不愿接受新事物。"① 100年来,为了补足农民群众思想上的短板,中国共产党始终坚持运用马克思主义的先进理论来武装群众,提高群众的思想素质,中国共产党领导中国人民取得中国革命、建设、改革的伟大胜利,带领中国人民和中华民族实现了站起来、富起来到强起来的伟大飞跃。新时代农民思想政治教育,必须坚持马克思主义的指导地位,不断推进马克思主义大众化,把科学理论转化成实现中华民族伟大复兴中国梦的伟大社会实践和强大物质力量。

(二) 农民思想政治教育必须与党的中心工作相结合

一百年来,围绕党在不同时期的中心工作,结合实际情况适时开展有效的农民思想政治教育,为各项工作的顺利开展提供重要思想保障,这是农民思想政治教育的重要成功经验。

新民主主义革命时期的客观形势和中心任务决定了党必须发动农民参加革命,进行武装斗争。农民思想政治教育在这一时期主要聚焦于提升和增强农民的思想觉悟和战斗意志。社会主义革命和建设时期,党的工作重心转移到进行社会主义改造和开展社会主义建设等任务上。党对农民思想政治教育工作重心也必然适应这一转变,由过去的发动农民夺取革命胜利转移到对农民进行集体主义和工农联盟为重点的社会主义教育上来。改革开放后,随着对社会主义初级阶段性质特征认识的深化,对农民思想政治教育工作服从于社会主义初级阶段的基本路线和基本纲领也有了新的认识,农民思想政治教育工作转变为同改革开放和经济建设的重大措施相结合。党的十八大以来,农民思想政治教育工作以宣传讲解、贯彻落实"三农"政策为任务,将精准扶贫、农业现代化、农村生态文明建设等相关政策与农民思想政治教育有机结合,重点在于增强农民主体意识,提升思想文化素质。

(三) 农民思想政治教育必须与维护农民利益相结合

中国共产党之所以能够赢得广大农民群众的拥护和支持,就是因为关心农民的切身利益,重视解决农民的实际问题,这是建党一百年历史充分证明的。农民切身利益问题是否得到很好的保障,直接决定其政治态度。

中国共产党在不同的历史时期始终注重调动广大农民的积极性、主动性和创造性,始终代表其根本利益。这是农民思想政治教育的出发点,也是农民思想政治教育之所以成功的重要经验。土地革命战争时期,毛泽东就特别告诫根据地党和军队的干部,要"关心群众的痛痒,真心实意地为群众谋利益,解决

---

① 邓小平. 邓小平文选:第2卷 [M]. 北京:人民出版社,1994:36,142,146.

群众的生产和生活问题，盐的问题，米的问题，房子的问题，衣的问题，生小孩的问题，解决群众的一切问题"①。改革开放以后，邓小平曾深刻指出："不重视物质利益，对少数先进分子可以，对广大群众不行，一段时间可以，长期不行……"②进入新时代，以习近平同志为核心的党中央坚持以人民为中心，带领全国人民取得脱贫攻坚战的全面胜利，顺利实现第一个百年奋斗目标。在实现第二个百年奋斗目标的征程中，中国共产党将始终把人民利益摆在至高无上的地位，让改革发展成果更多、更公平地惠及全体人民，朝着实现全体人民共同富裕不断迈进。

因此，新时代的农民思想政治教育要始终与坚持农民主体地位相结合，与保证农民物质利益相结合，与保障农民民主权利相结合，不断推进社会主义精神文明建设，促进农民全面发展。

（四）农民思想政治教育必须与群众喜闻乐见的形式相结合

在领导农民进行革命、建设和改革的百年实践中，中国共产党探索出农民思想政治教育的许多有效形式和方法。

革命战争时期，党针对不同时期的不同特点，开展了丰富多彩的教育形式。无论是抗日战争时期的农民学校、群众会议和"冬学"教育等形式，还是解放战争时期的"支农"和"参军保田"，都是党的教育方式的发展，这些灵活、实用的教育方法，给战争时期的农民提供了精神支援，也为战争的胜利奠定了群众基础。新中国成立后，党在抗美援朝、土地改革、宪法推行、社会主义改造等一系列的运动中，对农民进行了长时间的教育动员，通过深入群众，了解他们的实际所需，团结广大的农民一起，为建设社会主义的新中国而不断努力。改革开放以来，党对农民思想政治教育也在形式上进行了创新，"五讲四美三热爱""社会主义核心价值观"教育等活动的开展，也发挥了应有效果。举办各种不同形式的培训班，向农民普及科技文化知识和农业企业的管理技能。党的十八大以来，我国突出强调科技创新在经济社会发展中的作用，在基层不断丰富创新文化、科技、卫生"三下乡"的内容和形式，各地在这一活动实践中积极探索与普法宣传工作相结合，不断推进各项工作的制度化、规范化和建立长效机制，更好地满足人民群众对美好生活的需要。

在全面实施向村振兴战略的背景下，农民思想政治教育工作必须不断探索农民群众喜闻乐见的新形式，以提升法治素养、科学技术知识和思想道德观念

---

① 毛泽东. 毛泽东选集（第1卷）[M]. 北京：人民出版社，1991：138.
② 邓小平. 邓小平文选：第2卷 [M]. 北京：人民出版社，1994：36，142，146.

为核心内容，积极引导农民树立健康向上的价值观。从农民思想政治教育的方法论层面来看，一是要增强"显性教育"的灵活性，重视鲜活案例、农民群众惯用的表达方式在宣传教育中的运用；二是要提升"隐性教育"的渗透性，积极探索教育内容融入农村生产生活之中；三是要拓展"新媒体"的广泛性，利用农民群众熟悉的朋友圈、抖音、快手等平台占领新媒体阵地；四是要发挥基层堡垒的引领性，农村基层党组织要把社会主义核心价值观积极融入乡村制度建设、法规建设、文化服务建设的实践中。

中共七大在百年党建史上的原创性贡献与重大价值[*]

陆卫明　王子宜　杨玉垚

摘　要：中共七大是党的百年建设史上一次承上启下的具有里程碑性质的大会，加强党的建设是其重大议题。然而，迄今为止学术界对中共七大在党建理论方面的系统性整体研究仍存有明显不足。中共七大在深刻总结党建的历史成就与经验教训基础之上，结合现实问题，对党的思想、政治、组织、作风、纪律和制度等方面都提出了相当丰富的新思想，标志着中国化的马列主义党建理论走向成熟。回望中共七大关于党的建设的理论贡献与历史经验，对新时代加强党的建设的伟大工程具有极其重要的现实借鉴意义。

关键字：中共七大；党的建设；马列主义党建学说

不断加强自我建设是中国共产党的鲜明品格与永恒主题，党的百年发展史更是党的百年建设史。中国共产党不仅在实践上始终坚持党的建设，而且形成了系统的党建理论体系。七大正处于党和国家的历史交汇期，研究七大关于党建的理论自然有着重要意义。

学界对中共七大的研究可谓汗牛充栋，也取得了多方面的丰硕成果。诸如党内领导人与七大的关系问题；对某个争议问题的探析；七大的历史意义与历史贡献；等等。其中，"中共七大与党的建设"也是一个重要研究方向，主要集

---

[*] 基金项目：本文系国家社会科学基金重点项目"民主革命时期中国共产党领导核心形成的历史逻辑与作用机理研究"（项目批准号：17ADJ007）的阶段性成果。

作者简介：陆卫明，男，西安交通大学政治学研究所所长，当代中国研究中心主任，马克思主义学院教授，博士生导师。王子宜，女，西安交通大学马克思主义学院博士研究生。杨玉垚，女，西安交通大学马克思主义学院硕士研究生。

中在三个方面：一是雷淑媛①、李君②、周勇③、董世明④等人阐述了七大对党的总体性建设的重要作用及其机制；二是诸如傅明、李薇、黄海涛⑤、何增光⑥、谢涛⑦、李蓉⑧、林新军⑨、王锐⑩、武星⑪、郑益⑫等多位学者论证了中共七大对党的作风、执政能力、民主、政治、组织和纪律等党的某方面具体建设方面起到的突出作用；三是如谭永国⑬、陈自才⑭等人阐述了七大党章的历史特征及其重要作用。相比学术论文来讲，关于七大尤其是关于党的建设的专著较少，如《为新中国奠基——中共七大纪事》《忆七大——七大代表亲历记》等。总体来看，学界对于"中共七大与党的建设"的研究有许多重要成果与独到见解，但是依然存在明显不足。一是关于七大党建内容的系统性研究几乎付诸阙如。二是未曾凸显出七大在理论上对党建的重大贡献。三是关于七大党建理论对时代价值的阐发也有待深化。本文力图以大量的相关原始文献为基础，通过理论与实践、历史与现实相结合的方法，全方位地论述七大党建思想形成的深刻历史环境、理论贡献，并结合现实需要，充分挖掘其时代价值，为新时代加强党的建设提供有益启示。

一、加强党的建设是中共七大的重大议题

政党是为实现特定政治目标的组织性团体，因此需要不断进行自我更新以实现其政治目标。早在1937年关于召集中共七大的决议中，就将"在新工作条

---

① 雷淑媛．中共七大与党的建设 [J]．兰台世界，2006（11）：67-68．
② 李君．再论中共七大的历史贡献 [J]．广西社会科学，2006（10）：122-124．
③ 周勇．党的七大对党的先进性建设的历史贡献 [J]．兰州学刊，2008（S1）：116-118，115．
④ 董世明．中共"七大"与党的建设 [J]．广州大学学报（社会科学版），2005（8）：33-37．
⑤ 傅明，李薇，黄海涛．中共"七大"对党的作风建设的贡献 [J]．陕西教育学院学报，2005（1）：23-26．
⑥ 何增光．中共七大与党的执政能力建设 [J]．毛泽东思想研究，2005（4）：14-18．
⑦ 谢涛．中共七大与党内民主 [J]．毛泽东思想研究，2005（5）：5-7．
⑧ 李蓉．中共七大与党内民主建设 [J]．中国延安干部学院学报，2015，8（3）：55-60．
⑨ 林新军．中共七大与党内民主建设 [J]．传承，2009（18）：6-7，93．
⑩ 王锐．党的七大对加强党的政治建设的重要贡献 [J]．党建，2020（9）：27-29．
⑪ 武星，王跃．中共七大实现党内团结的三大要领 [J]．中国高校社会科学，2016（2）：99-106，156．
⑫ 郑益．中共七大纪律建设的历史贡献及启示 [J]．党史文苑，2016（4）：24-25．
⑬ 谭永国．中共七大党章的特点及地位作用 [J]．学术探索，2012（12）：22-25．
⑭ 陈自才．中共七大党章的历史地位再审视 [J]．中州学刊，2016（2）：132-137．

件下的党的建设问题"① 作为大会的重要议程，并在此之后始终将其明确规定为七大的重点议题，这是应对外界挑战和巩固自身发展从而实现中国革命胜利的必然要求，有其深刻的社会历史背景。

（一）应对时局转换的必然选择

中共七大召开之际，中国革命的局面逐渐表现为国民党六大所昭示的专制腐朽的黑暗命运和中共提出的独立民主的光明命运这两种前途且处于激烈交锋之中。对此，作为中国革命领导者的中国共产党必须加强自身建设以对客观时局产生积极作用。具体有三方面考虑：

第一，通过加强党的建设而把握重大转折时期的历史机遇。七大前夕，正是中国百年以来难得的历史机遇期：中国广大民众在抗日战争中被广泛动员起来；共产党在多年的革命历练中已发展成为一个足以带领全国人民和中华民族走向光明的重要政治力量；国民党六大后独裁专制的法西斯野心得以暴露，其民间威信受到了很大损失。对此，毛泽东在七大上明确表示："中国在这一次有成为独立、自由、民主、统一、富强的中国之可能性，为近百年来五四以来、有党以来所仅有。"② 面对着中华民族以巨大代价和血泪艰辛换来的历史机遇，中国共产党必然要抓住历史契机，带领中国人民走向光明前途。

第二，通过加强党的建设而极大增强自身的政治力量。任弼时指出，"不论反攻日寇还是制止内战，都决定于我们力量之更加增大"③，强调了实际政治力量在现实斗争中的决定性作用。然而，此时共产党的力量相比国民党来说处于劣势：国民党在形式上掌握着全国统治权，有400多万的海陆空齐全的军队，还有美英的援助。中共的根据地则是分散的，其领导的人民军队人数、装备等与国民党相比也相差甚远。然而，党员、军队、武器多寡仅仅是评判政党政治力量强弱的外在指标，另一关键因素则是对内向心力和对外的吸引力、动员力等难以量化的内在品质。因此，在这种客观条件相对弱于国民党的情形下，中共通过加强党的建设，提高党的凝聚力与先进性进而增强自身政治力量的重要性与紧迫性就充分凸显了出来。

第三，通过加强党的建设而适应战略重心转变。根据客观环境的变化而及时转变战略重心并贯彻落实新路线是政党政治领导能力的重要体现。党的七大

---

① 中共中央党史研究室，中央档案馆. 中国共产党第七次全国代表大会档案文献选编[M]. 北京：中共党史出版社，2015：4.
② 毛泽东在七大的报告和讲话集[M]. 北京：中央文献出版社，1995：97.
③ 任弼时选集[M]. 北京：人民出版社，1987：388.

召开时，抗日战争已经能够看到胜利曙光，然而国民党却在其"六大"上将中共视为最为危险的敌人，污蔑共产党提出的"联合政府"是居心叵测的危害国家的口号，正在积极准备发动内战。有鉴于此，毛泽东在中共七大上提出要及时进行战略重心转移，具体包括从乡村向城市的转移、从游击战向运动战的转移、从减租减息到土地革命的转移，从而为最后打败日本侵略者建设一个独立、统一、自由、民主、富强的新中国服务。这种新的环境与新的政治任务使得中共必须通过加强党的建设以增强全党共识、加强团结统一、提高政治能力以使党的战略转变、贯彻落实新的政治路线。

（二）解决共产党党内面临问题的迫切要求

直面党内问题并及时自我革新是中国共产党能够走出逆境并且迅速发展壮大的重要原因。七大将党的建设作为中心议题正是解决党内现存问题以实现政治目标的必然要求。

第一，总结历史经验，完善党建理论。不断总结历史经验教训并创新发展理论是中共的独特优势。然而，中共七大受战争以及党内思想未统一等影响，一再被推迟，导致六大以来特别是遵义会议之后关于党建的丰硕成果与重要经验都迟迟未能得到系统总结并写入党的最高代表大会的决议中，正式上升为党建理论。毛泽东敏锐地看到了七大将党内积累的正确经验理论化、决议化和党章化的必要性与迫切性，在《论新阶段》中强调七大的重要意义之一就是"它将总结过去的经验"[1]。刘少奇也在七大报告明确指出党的历史斗争经验"是极端丰富与极端重要的，必须总结这些经验，来充实我们的党章和加强我们党的建设"[2]，强调了七大对于总结历史经验、完善党建理论的重视。

第二，消除山头主义，加强党内团结。高度团结是政党实力充分发挥的重要条件，然而七大前党内却仍存在着妨碍党的团结统一的不少问题。一是在"肃反工作"和"审干运动"中的一些"左"倾错误造成部分党员情绪不高。古大存对此直白指出，党在"情绪上有一点不太团结"，党员中间"酝酿着一股戾气，对团结是有妨碍的"[3]。二是国民党在七大前加紧了对共产党的挑拨。国民党不仅在重庆成立了"中国共产党非常委员会"，利用叛徒挑拨中共，还在整

---

[1] 中共中央党史研究室，中央档案馆.中国共产党第七次全国代表大会档案文献选编[M].北京：中共党史出版社，2015：15.

[2] 中共中央党史研究室，中央档案馆.中国共产党第七次全国代表大会档案文献选编[M].北京：中共党史出版社，2015：261.

[3] 中共中央党史研究室，中央档案馆.中国共产党第七次全国代表大会档案文献选编[M].北京：中共党史出版社，2015：431.

风运动时,借机针对党内"左"倾错误路线负责人进行离间。这些挑拨虽不致命,但必须重视并加以解决。三是党内存在着的山头主义影响团结。由于革命需要,党长期在交通不便的各个分割的农村根据地开展相对独立的游击战,这种分散的战斗状态直接导致了傅钟在七大上所指出的"盲目的山头主义"①,严重阻碍着党的团结统一。有鉴于此,七大必须有针对性地解决影响党内团结的这几大问题从而提高党的凝聚力与战斗力。

第三,克服不良风气,加强组织系统。一般而言,政党在迅速扩张期间会出现一些问题,如果不及时恰当解决甚至会成为政党失败的伏笔。中共七大从发文准备到正式召开期间正是党的迅速扩张之际。这种情况下党内不免产生了思想、组织、政治等方面的诸多问题,如果不及时解决则将产生根基不稳、性质偏离、力量涣散等恶劣后果。当时突出问题主要有两个:一是由于力量壮大和形势部分好转,党内不免出现骄傲自满的情况。陈云针对性地指出,"在我们党内一部分干部中间,有一股骄气"②,影响着党的进步与发展。二是党的组织体系还并不严密,因而造成一些组织问题。例如,发展党员只注重数量而不注意质量;组织系统不能完全一致;某些党支部作用不大;等等。这些问题都需要在七大上进一步做出相关规定予以解决。

(三) 中共七大顺利推进党的建设的有利条件

中共七大顺利实现党的建设离不开大会筹备期间所奠定的重要基础。由于战争和交通分割等原因,七大从1937年决定召开到1945年正式召开相差整整8年,其筹备时长为建党以来之最。任弼时在七大预备会议上指出,"七大可以早开三年五年,但绝不会有今天开的这样好"③,充分说明了七大推迟所带来的积极方面。

第一,正确思想路线的确立。思想方法是想问题、办事情的基础,思想方法的正确统一与否直接关系着政党行动是否能够正确一致。然而,延安整风运动前,党内长期存在着主观主义尤其是教条主义的问题,始终未能确立起马克思主义与中国实际相结合的思想方式。针对此,全党发起了面向全体党员尤其是干部的整风运动,在全党正式确立了党内的思想路线,使党员干部对"活的马克思主义"有了一定认识与掌握。思想统一是全党团结的重要前提。七大代

---

① 中共中央党史研究室,中央档案馆. 中国共产党第七次全国代表大会档案文献选编[M]. 北京:中共党史出版社,2015:498.
② 陈云文选:第1卷[M]. 北京:人民出版社,1995:291.
③ 中共中央文献研究室,中央档案馆. 中国共产党第七次全国代表大会档案文献选编[M]. 北京:中共党史出版社,2015:131.

表马瑞文就曾指出，七大之所以能够取得全党空前的团结统一，"根本就在于七大前的3年整风"①，强调了整风运动为七大顺利实现党的建设奠定了思想基础。

第二，以毛泽东为核心的党中央权威的加强。党的自我革命往往会触及某些既得利益，因此必须要有政治权威加以推动才能实现。遵义会议之前，党尚处于幼年和不成熟时期，尚未形成有能力指导中国革命胜利的成熟的党中央与领导核心，这直接导致中国革命事业的巨大挫折。直到遵义会议后，以毛泽东为核心的党中央才开始逐步形成。随着中共六届六中全会上批准了毛泽东的正确抗日路线、1943年明确了党中央一元化领导并规定中央书记处"主席有了最后决定之权"②，以毛泽东为核心的党中央权威从政治上、组织上、思想上都得到了党内普遍认同，为七大加强党的建设奠定了重要的组织基础。

第三，对党的历史认知达成了高度一致。历史认知严重影响着现实认知和现实行动。七大前，中共将学习马克思主义原理与党的历史结合起来，展开了一场浩大的党史学习教育活动，并在此基础上形成了全党一致的历史认知，真正认清了中国共产党历史上的大是大非问题，认识到了以毛泽东同志为核心的党中央一系列路线、方针、政策的正确性。总结历史经验教训，并不仅仅是为了还原历史，而是为了端正思想路线、制定正确路线方针服务的。国民党将领王世杰曾疑惑中共为何花费如此长的时间精力作历史总结，恰恰说明了当时中国共产党的高明之处。胡乔木曾指出，这种历史共识能够使得"那么多干部达到思想统一，一到需要的时候就能派出去工作，而且很顶用"③。这充分说明了统一历史是非观的重要性。同时，党史学习强调弄清历史但不针对个人，使得党员放下历史包袱，促进了党内政治关系的健康发展。这样，一致的历史认知进而团结和谐的党内关系为七大顺利实现党的建设奠定了政治基础。

二、中共七大对党的建设的重大理论贡献

中国共产党自建党以来就是以马列主义党建理论为指导的组织严密的先进政党，然而由于革命经验不足和教条主义的影响等原因，建党早期始终未能成功地以马克思主义为指导、以中国话语为形式、以中国国情党情为内容对党建

---

① 忆七大——七大代表亲历记[M].哈尔滨：黑龙江教育出版社，2000：30.
② 毛泽东年谱（1893—1949）（下）[M].北京：人民出版社、中央文献出版社，1993：486.
③ 胡乔木.胡乔木回忆毛泽东[M].北京：人民出版社，2014：10.

理论进行系统构建。七大初步构建起完整的党建理论体系,为今后党的建设奠定了理论基础和正确方向,是中国化的马克思主义党建理论走向成熟的重要标志。

(一)明确思想建设在党的建设中的中心地位,解决思想建党的重大理论问题

重视思想建设是中国共产党建设的重大原则,然而遵义会议前其重要性尚未凸显,其理论探索在遵义会议之后才逐渐步入正轨。七大总结升华了党关于思想建设的重要经验,明确了具体定位,解决了重要问题,实现了党建理论的重大飞跃。

精确把握思想建设在党建体系中的地位。明确党的各方面建设在党建体系中的具体定位是重要理论问题。党的七大明确提出"掌握思想建设,是团结全党进行伟大政治斗争的中心环节"① 这一重要论断,明晰了思想建设的定位问题。这里"中心"有两层内涵:一是强调统领性地位。七大上常用"最主要的""首要的"等词语对思想建设进行定位,明确其超然地位。二是强调对于党的其他方面建设的基础性作用。具体来讲,强调组织建设如果缺少思想建设"就是使党的建设流于形式主义"②;政治团结要以思想认同为前提,纪律建设要在思想教育所产生自觉性的基础上。除此之外,刘少奇在党的七大报告中通过国情分析,揭露了党内的本质矛盾是思想斗争,从而科学解释了该定位的必要性。这样,七大基本解决了思想建设的定位问题。自此之后,思想建设就成了党的建设所关注的重要环节。

对马克思主义中国化的重要成果进行科学阐述。毛泽东思想是中共首个把马克思主义与中国具体国情相结合所产生的指导思想,对其进行系统阐述和准确定义是极其重要的理论任务。另外,这一理论问题的解决还与党内对共产国际决议、苏联经验的神圣化、教条化有关。胡乔木回忆道:"提毛泽东思想就是对着苏共的。"③ 自整风运动以来,毛泽东思想在党内的指导地位逐渐得到了全党认可,但其科学内涵、科学体系却迟迟未在理论上得以正式说明。该理论问题是在七大上得到妥善解决的。大会首次在理论层面集中明确阐述了毛泽东思想的科学内涵和基本内容、形成过程以及重要意义。与此同时,朱德、刘少奇、周恩来、陈云等领导人都结合各自的实际经验,深化了对毛泽东思想的科学

---

① 毛泽东选集:第3卷[M].北京:人民出版社,1991:1094.
② 中共中央党史研究室,中央档案馆.中国共产党第七次全国代表大会档案文献选编[M].北京:中共党史出版社,2015:265.
③ 胡乔木回忆毛泽东(增订本)[M].北京:人民出版社,2014:11.

阐发。

对马克思主义中国化进行方法论构建。持续推进马克思主义中国化的重要途径就是构建一套切实可行的方法论体系，这能够极大提升全党运用并发展马克思主义原理的能力。党的七大对此做出了初步解答。一是阐述了马克思主义中国化的具体内涵，说明了其主要内容和基本形式；二是指出了马克思主义中国化面临着的客观环境，即中国社会、历史的特殊性，强调了马克思主义中国化的困难性与特殊性；三是对实现马克思主义中国化的主体提出了相应的三种素质要求，即丰富的知识经验、对马克思主义理论分析方法的熟练掌握以及对无产阶级与人民的无限忠心。这样，七大初步构建了如何实现马克思主义中国化的方法论体系，对提升党内理论创新能力做出重要理论贡献。

党的七大不仅在是理论上更是在实践上的一次思想建党的成功典范。实事求是的热烈讨论、自觉当工具的信仰觉悟、积极健康的政治氛围等客观现实极大改造了七大代表的主观世界，使他们在今后的工作和生活中都受益匪浅。据七大代表朱春和回忆道，"可以说，参加七大的这批干部以后犯错误的很少"①，充分体现了七大思想建设的成功。

（二）明确"从政治上巩固党"，阐明了党的政治建设的重要原则

"从政治上建设党"是中国共产党的又一显著特征。党成立初期就重视党员的政治标准，1929年提出政治建军，1939年将"政治上完全巩固"作为治党目标之一。党的七大首次将建党路线概括为"首先从思想上、政治上进行建设，同时也在组织上进行建设"②，明确了"政治上建设"的重要地位。

"看齐原则"是关于坚持和维护党中央权威的重大理论创新之一。坚持和维护党中央权威与集中统一领导是实现政治目标的首要前提。毛泽东在党的七大上明确提出了"看齐原则"，发展了政党权威理论。他指出："要知道，一个队伍经常是不大整齐的，所以就要常常喊看齐……我们要向中央基准看齐，向大会基准看齐。"③ 这段论述明确将"看齐"作为治党的重要原则并对其做出全面解释。一是指出提出"看齐原则"的原因是实际存在偏差；二是强调"看齐"的对象是党中央和大会精神；三是提出了正确处理"偏差"的方法，确保在看齐的同时党内政治关系的健康发展。"看齐原则"以日常的、富有中国特色的话

---

① 中共中央党史研究室第一研究部. 忆七大——七大代表亲历记 [M]. 哈尔滨：黑龙江教育出版社，2000：259.
② 刘少奇选集：上卷 [M]. 北京：人民出版社，1981：330.
③ 中共中央文献研究室. 毛泽东在七大的报告和讲话集 [M]. 北京：中央文献出版社，1995：13.

语形式简明鲜活地解释和概括了服从党中央权威的原则,是对马克思政治权威理论的重大创新。

加强党内民主是政治建设的重要环节。党内民主是政党生命力的源泉,也是保持党内健康政治关系的重要基础。受中国长期封建宗法制度的影响,中共在加强党内民主方面有过曲折。七大是民主革命时期发扬党内民主最为成功的代表大会,也在理论上极大发展了党内民主理论。第一,将党内民主与群众路线相联系。刘少奇指出,"党的本身,就是人民群众的一部分,党又是为人民群众服务的"①,这使群众路线的概念由党外扩展入党内,创新性地使发扬党内民主与群众路线联系在一起。第二,充分挖掘了党内民主的现实意义。陆定一在党的七大上的发言指出,"民主这个东西,如果缺乏,我们就闭塞,就盲从"②,强调党内民主与减少闭塞、增加创造性之间的紧密关系。第三,提出实现党内民主的重要途径。多位领导人强调要加强党内意见流通并将其作为党内民主的重要途径。毛泽东还形象地告诫道,"就是要像房子一样,经常打开窗户让新鲜空气进来"③,强调领导干部对下级意见的重视。七大结束不久,黄炎培等人造访延安,提出了著名的"窑洞之问",对此毛泽东坦诚干脆地强调了民主对打破历史周期律的决定性作用,充分说明党对人民民主认知有了进一步深化,为建设民主国家做了必要的理论准备。

提高政治能力是政治建设的重要内容。党的七大正值从抗日民族解放战争到解放战争的重大历史转折时期,必须提高政治能力以争取胜利。一是增强政治判断力。毛泽东在七大上提出"预见"概念及其基本内涵,并将其作为克服盲目性从而增强政治判断力的重要前提。二是提高政治领导力。政治领导力的大小直接关系革命斗争的成败。七大一方面明确了领导对象,提出"不要忘记农民"④的重要教训;另一方面则强调领导权的基础是正确政策策略下对广大民众的吸引。此外,坚持了反倾向斗争,提出既要反对放弃领导权的右倾错误,也要反对孤立自己的"左"倾错误,强调了对中间分子的团结。三是增强底线思维。底线思维是指对事物最坏情况的提前预估和充分准备。毛泽东在七大向

---

① 中共中央党史研究室,中央档案馆. 中国共产党第七次全国代表大会档案文献选编[M]. 北京:中共党史出版社,2015:276.
② 中共中央党史研究室,中央档案馆. 中国共产党第七次全国代表大会档案文献选编[M]. 北京:中共党史出版社,2015:407.
③ 中共中央党史研究室,中央档案馆. 中国共产党第七次全国代表大会档案文献选编[M]. 北京:中共党史出版社,2015:229.
④ 周恩来选集:上卷[M]. 北京:人民出版社,1980:310.

代表们列举将来可能要面临的17条困难，告诫党员干部要预想最坏情况，从容应对以促成其积极转化，充分体现了这种思维方式。

（三）强调组织建设的重要性，丰富与发展了党的组织路线的重要理论原则

组织建设是提高政党凝聚力的重要途径，中国共产党一贯重视组织建设及其理论探索。党的七大将马列主义组织理论与组织建党尤其是遵义会议以来的经验教训相结合，完善并发展了党的组织理论。

系统阐述了党的民主集中制。民主集中制是中共组织建设的重要制度保障，七大对此做出充分完善。第一，着重从党的组织规律角度阐述了民主集中制的必要性。刘少奇在党的七大报告中指出，共产党"是由全体党员按照一定规律组织起来的统一的有机体"[1]，而这种规律就是民主集中制。第二，对民主集中制做出明确定义。毛泽东在七大明确将民主集中制定义为"在民主基础上的集中和在集中指导下的民主"[2]。七大党章也对其进行了明确规定。第三，强调了民主和集中对立统一的辩证关系，指出民主和集中并非互相对立，而是互相促进、不可分离的关系。第四，明确指出党内关于民主集中制认识和实践上的错误倾向，系统说明实行民主集中制过程中的两种错误倾向并加以批评。

提出加强党内团结的相关原则。七大的显著特色就是将"团结一切"作为大会方针，并对加强党内团结提出了新方法。一方面，对山头主义进行了理论剖析及策略研究。一是指出了山头产生的根源是党长期处于通信不便的各个根据地独立斗争的现实，强调其真正消失有赖于客观现实的改变。二是明确规定"党内不允许有向党闹独立性、小组活动及阳奉阴违的两面行为"[3]，明确了山头主义的不合理并对其做出了底线规范。三是在理论分析基础上，创造性地提出"承认山头、照顾山头"，最终"缩小山头、消灭山头"的策略和"搬石头"与"搞好干部关系"的两种具体办法，为缩小进而消除山头提供了新思路。另一方面，提出正确对待犯错同志的相关论断。一是明确性质。党的七大将批判错误路线定义为"家庭中的斗争"，强调犯错同志依旧是"兄弟姐妹"中的一员。二是深入分析心理机制。毛泽东认为无法团结犯错同志是出于对党的理想主义情结和图个人的情感痛快两方面原因，进而提出将"理想主义的原则性与

---

[1] 中共中央党史研究室，中央档案馆.中国共产党第七次全国代表大会档案文献选编[M].北京：中共党史出版社，2015：282.
[2] 毛泽东选集：第3卷[M].北京：人民出版社，1991：1057.
[3] 中共中央党史研究室，中央档案馆.中国共产党第七次全国代表大会档案文献选编[M].北京：中共党史出版社，2015：619.

现实主义的灵活性统一起来",把"感情和理智这两个东西统一起来"①,练习忍耐。三是提出要在遵守党的纲领的原则下团结同志。陆定一曾在七大上激动道:"我觉得这次七次代表大会给我最大的感动,就是我们党真正地在毛主席领导下面,前所未有地团结起来了!"② 这种真挚感叹充分说明了当时党内团结程度之高。

阐述了组织体系的新规定。政党组织力依赖于组织体系的严密性与协调性,构建由上到下、横纵覆盖的组织体系是组织建设的重要内容。党的七大一方面明确规定了党自上而下的三个组织各自的职权范围、工作规则、领导机构的选举和撤换办法,理顺了这三个机构两两之间领导与被领导的关系以及各自的义务与权利。另一方面明确了基层组织的组织原则与组织职权。七大提出将党的组织基础放在社会细胞之中这个组织原则,指出基层组织应该以生产关系为原则来组建。除此之外,首次明确规定了基层组织关于落实党的决策、动员群众、审查鉴定和关爱党员、负责调查群众中的破坏分子等责任。

充实完善了干部政策。政党政治目标的实现直接依赖于干部的数量与能力。七大对党的干部理论进行了重要补充完善。第一,重视干部的极端重要性。七大延续了六届六中全会提出的干部政策并再次强调了干部的极端重要性。第二,完善干部选拔方式。七大提倡由上而下和由下而上结合起来识别和选拔干部,提出群众对干部的监督权。第三,充实干部标准。七大强调革命热情和理智、忠心和原则相结合的干部标准。刘少奇则指出"干部群众观点和群众路线的好坏,以及联系干部的密切与否,应该是我们鉴定干部最重要的一项标准"③ 将贯彻群众路线作为干部重要标准。第四,调整干部关系。七大强调了党内上级机关和下级负责干部之间的正确关系,纵向上明确了权责问题;以正确对八类干部为切入口,横向上说明干部间的正确关系。第五,注意"保存干部"。七大准备期间,党在大后方加强了干部教育和选拔,培养和集训了大批对党和人民忠心并掌握正确理论的党员干部,为此后解放战争的胜利和新中国的建立和建设都提供了重要的组织基础。

除了理论创新,七大也在实践上加强了组织建设。最为关键的就是通过民

---

① 中共中央文献研究室. 毛泽东在七大的报告和讲话集[M]. 北京:中央文献出版社,1995:164.

② 中共中央党史研究室,中央档案馆. 中国共产党第七次全国代表大会档案文献选编[M]. 北京:中共党史出版社,2015:404.

③ 中共中央文献研究室,中共中央党校. 刘少奇论党的建设[M]. 北京:中央文献出版社,1991:471.

主选举正式产生了以毛泽东同志为核心的党中央第一代领导集体。师哲回忆道，毛泽东曾在七大后指出，大会最大的成功在于"选举产生了一个好的领导核心，这是革命胜利的保证"①，这也说明了党的七大实践组织建设实践上的成功。

（四）强调作风建设的重要性，并系统总结了党的一系列优良传统与作风

作风是政党的政治形象，关系着政党尤其是群众性政党的兴衰成败。加强作风建设既是马克思主义政党的本质要求，也是中共在总结历史经验教训中逐渐探索出的重要治党原则。七大系统总结了党的优良传统，开创了党的作风建设理论原则。

总结党的优良传统是重要任务。七大创造性地将"理论和实践相结合""和人民群众紧密地联系在一起""批评与自我批评"概括为党的"三大优良传统与作风"②。这三者相互联系、彼此促进，共同构建了作风层面实现群众路线的方法体系。"与人民群众紧密联系"是党最根本的价值取向和行动驱动力；"理论联系实际"是使党的指导思想落到群众实处而不是空谈的重要思维方式；"批评与自我批评"则是一套自我净化机制，能够修正偏离于群众路线上的行为观念和政策。"三大作风"的提出强调了共产党区别于其他政党的显著标志，是极具创新性的重大理论成果。张闻天指出，"既是我党二十五年来建党经验的总结，同时又是我党以后建党的方向"③，充分说明了"三大作风"理论的开创性贡献与后继性影响。

谦虚谨慎、戒骄戒躁的作风是取得革命胜利的重要因素。谦虚谨慎往往是革命党建党初期和革命低谷期的优良作风，然而也是崛起后最容易丧失进而导致失败的一大因素。七大召开时正是中共力量迅速壮大和抗战即将胜利之际，部分党员难免出现"骄傲之气"，对此，七大作出了多方面理论阐述。第一，张闻天深入分析了骄傲自满的思想根源，提出了"骄傲自满是小资产阶级思想的重要表现"这个重要论断，并在此基础上将骄傲自满作为党发展的第一号敌人。第二，毛泽东通过"良贾深藏若虚"的典故，从现实层面告诫全党面对着前后两个敌人必须要"谦虚谨慎，戒躁戒骄"才能赢得最后的胜利。第三，陈云分析了骄傲自满的现实原因和主观原因，并提出要在个人层面上树立起"人民第

---

① 中共中央党史研究室第一研究部.忆七大——七大代表亲历记［M］.哈尔滨：黑龙江教育出版社，2000：24.
② 中共中央党史研究室，中央档案馆.中国共产党第七次全国代表大会档案文献选编［M］.北京：中共党史出版社，2015：206.
③ 中共中央党史研究室，中央档案馆.中国共产党第七次全国代表大会档案文献选编［M］.北京：中共党史出版社，2015：350.

一,共产党第二,个人第三"① 的正确功绩观。

保持艰苦奋斗作风是中国共产党人的重要品质。中共在多年艰难困苦的现实条件下能够实现革命胜利的原因之一就在于其艰苦奋斗的优良传统。毛泽东在七大闭幕式上重提了愚公移山的故事,他将中国共产党党员比作"愚公",将人民比作"上帝",告诫党员只要坚持七大制定的政治路线,持之以恒、不怕牺牲、艰苦奋斗,一定能够感动"上帝",搬走"两座大山",实现革命的彻底胜利。这里毛泽东通过对传统故事的重新解读,以中国化、大众化的语言形式向全党强调了保持艰苦奋斗作风对取得成功的重要意义。1949年中共中央离开西柏坡,然而中共并未被即将到来的胜利冲昏了头脑,反而将其视为新的"考试",正是七大强调艰苦奋斗作风的延续。

在革命即将胜利的七届二中全会上,毛泽东继续发展了七大提出的党的优良作风理论,正式提出"两个务必"的思想,明确要求即将转变为执政党的共产党务必继续保持党的谦虚谨慎和艰苦奋斗的优良传统与作风。中共七大所阐述的党的作风与后来被概括为"两个务必"的思想,共同构成了党永葆革命本色与先进性的红色文化基因。

(五)阐述了党的组织纪律的重要性与严肃性,提出了党的纪律建设的正确方针和原则

重视纪律建设是党在各个时期都能保持一致的重要武器。党的七大总结了遵义会议以来的重要经验教训,从正反两个方面阐述了党的纪律建设理论,为之后党的纪律建设提供了正确方向。

严肃纪律是马列主义政党强大组织力的重要诀窍。没有纪律就没有组织,没有组织就没有力量。重视党的纪律建设是中共的重要品格,一大党纲就涉及许多对党员的纪律要求,二大党章已明确设立了"纪律"一章。七大继续突出了纪律的重要性与严肃性。首先,七大党章明确"中国共产党是以自觉的一切党员都要履行的纪律连接起来的统一的战斗组织"②,从组织角度强调了纪律对党的连接作用。其次,七大再次重申"四个服从",是对党的纪律内容的重要完善。最后,七大提出了判断党员是否具有纪律性的重要方法是观察其与组织发生分歧和处在少数地位时的表现。1948年9月,毛泽东针对地方主义和纪律涣

---

① 中共中央党史研究室,中央档案馆.中国共产党第七次全国代表大会档案文献选编[M].北京:中共党史出版社,2015:399.
② 中共中央党史研究室,中央档案馆.中国共产党第七次全国代表大会档案文献选编[M].北京:中共党史出版社,2015:619.

散等情况，在中央政治局扩大会议前夕提出了"加强纪律性，革命无不胜"①的口号，突出了党对纪律性的重视。

纪律建设要坚持正确原则。重视纪律性是党的重要经验，然而规定纪律建设的原则同样重要，否则党的严肃纪律反而会被异化为服从个人的工具，成为家长制和个人独断作风的武器。党的七大根据正反两面经验教训，提出了纪律建设的正确原则。一是要以自觉性为基础。毛泽东对比国民党靠"赌咒发誓"的做法，指出共产党员是"自觉地愿意受约束，就是承认党纲、党章，服从党的决议案，愿意自我牺牲"②，强调党员在教育与民主的基础上所产生的自觉自愿性。二是再次强调了"惩前毖后、治病救人"的纪律处分原则，在保障党的行动统一的同时最大限度团结犯错误同志。三是为防止张国焘事件再次发生，特别指出纪律对包括领袖人物在内的"一切党员"的约束作用，强调了纪律的平等性。

自由与纪律的关系是纪律建设理论的关键问题。过去党内极端个人主义和家长制作风交替出现的重要原因就是未能解决纪律与自由的关系问题，七大一定程度解决了这个问题。第一，开创性地提出个性与党性的辩证关系，为正确处理严明纪律与尊重自由的关系提供了哲学基础，进而突出党内纪律严肃性与能动性相统一的特征。第二，反对完全放弃自由的盲目服从，鼓励独立思考以帮助上级纠正错误。刘少奇指出，由于党内分散的作战方式和各个地区的悬殊情况，因而"我们共产党人在任何时候，都不应该提倡盲目的服从"③，还指出这种盲目服从下的团结统一只是表面的、虚伪的和机械的，甚至会阻碍党的事业。第三，在尊重党员个性的同时严肃批评了党内自由主义和分散主义。毛泽东指出，"在目前，同志们还要警戒自由主义的危险，严肃性是必要的"④，认为这是和"过火地逼、供、信"一样对党有危害的错误情绪。

（六）加强制度建设，为党的各方面建设提供有力保障

建立健全和贯彻执行党内以党章为基础的各项法规条例与工作制度是顺利实现党内各方面建设的重要保障。党的制度建设在七大上主要体现在了通过的

---

① 中共中央文献研究室. 邓小平年谱（1904—1974）：中 [M]. 北京：中央文献出版社，2009：161.
② 毛泽东文集：第3卷 [M]. 北京：人民出版社，1996：337.
③ 中共中央党史研究室，中央档案馆. 中国共产党第七次全国代表大会档案文献选编 [M]. 北京：中共党史出版社，2015：286.
④ 中共中央文献研究室. 毛泽东在七大的报告和讲话集 [M]. 北京：中央文献出版社，1995：217.

新党章中。七大党章明确了党各方面建设的理论成果及其具体制度设计，为其提供了法理依循和制度保障。

将党建的重要理论成果写入党章之中是使之上升为党的原则的重要途径。七大党章集中了六大以来的党建理论成果，使其成为党内必须遵守的根本原则。一是首次在党的根本法规中将马克思主义中国化的理论成果规定为党的指导思想，保障了党的思想统一。二是首次将党纲和党章分开，在党纲中集中阐释了党的基本问题并将其作为全体党员政治生活的基本前提和重要旗帜。三是首次明确规定了民主集中制是中国共产党的组织原则，并且阐明了民主集中制的科学内涵，系统阐述了其各项基本条件。另外，明确指出党员有"在党的会议上批评党的任何工作人员"[①] 的权利，极大促进了党内民主。四是首次将"批评与自我批评"作为纠正党员工作错误的方法写入党章。五是首次增加了党员的"奖励和处罚"一章，明确规定了奖励条件、处分形式，完善了党的纪律规定。

党的建设理论的实现要依靠具体的制度安排。七大党章完善了党内的具体制度，做出了一系列创新性规定。第一，明确了中央书记处制度。七大党章规定了中央书记处的产生办法、地位和职能范围，使其成为实际上的最高领导和决策机构。第二，完善了党的代表大会制度。七大党章明确规定了各级代表大会的职权及产生方式和召集方式，并强调必须在一切适合条件下遵守此规定。第三，完善了党的选举制度。七大明确将选举制度作为领导机关以及中央监察委员会的产生办法，并集中阐述了选举的具体方式、选举人批评和更换候选人的权利与被选举机关定期作报告的义务，充分保障了选举的民主性。第四，对党的各级组织尤其是基层组织和地下组织的设立、构成、职权、任务、相互关系都作出了进一步的调整与充实。

党内的监督制度是落实制度规范的重要途径。七大党章进一步完善了党内的监督制度。第一，重新对党的检察机关做出相关规定。七大党章对各级监察委员会的产生机理、工作内容以及与党的委员会的关系都做了具体的规定，初步构建起党内监督制度。第二，对严重违纪的中央委员和候补委员做出规定，即"中央委员会有权开除其中央委员或候补中央委员直至开除其党籍"[②]。这一规定增强了对党的领导机关的纪律约束，极大加强了党内的纪律建设。第三，在党章中明确规定了党员的各项民主权利与应尽义务，赋予党

---

① 中共中央党史研究室，中央档案馆.中国共产党第七次全国代表大会档案文献选编[M].北京：中共党史出版社，2015：620.

② 中共中央党史研究室，中央档案馆.中国共产党第七次全国代表大会档案文献选编[M].北京：中共党史出版社，2015：626.

员权利以增强党员积极性、责任感和归属感的同时，使监督党员言行有了更明确的标准。

三、中共七大关于党的建设理论的重大时代价值

研究历史是为了服务现实。继承并结合时代要求创新发展七大的理论成果，对完善党建理论体系和推进党的建设具有重要镜鉴作用。

（一）持续推进马克思主义中国化理论创新，加强理想信仰建设

七大明确将思想建设定位为党的建设的首要任务，新时代随着客观环境和任务的不同，需要对七大的思想建设理论做出新的阐述以指导实践。

中国共产党的先进性首先体现在思想理论的先进性，保持其理论先进性的关键就是不断推进党的理论创新。随着社会形势的瞬息万变，中共需要不断发展创新党的理论，确保其对现实的解释和改造作用。其中不仅在于价值层面上的强调，还在于现实层面上建立马克思主义中国化的方法论体系。方法论体系应该更加微观、易懂且更具实操性。一能给予理论工作者研究方法，使其较快掌握理论要领和创新能力。二能帮助实践者在具体工作中真正将马克思主义运用其中。三能批量培养真懂真用马克思主义的干部进入各个岗位。

正确有效的理论宣传是加强理论武装的重要途径。党的七大后曾有过对毛泽东思想和七大精神的一股学习高潮，其中一个重要原因就是宣传得当。七大曾指出宣传误区以及两种正确的宣传方式。一是提出"为了适应一般党员的水准，党的宣传部门，应将毛泽东同志的重要著作，变为通俗读物"[1]，强调了对毛泽东思想的通俗性解释。二是指出"一般的宣传"和"具体宣传"的不同以及实际工作的侧重点，强调党的宣传方法要以具体工作为主，并将其视作宣传毛泽东思想的"真正方法"。新时代的宣传工作也应该以大众化、通俗性和具体性为主。尤其要加强对思想政策的具体落实的成败案例及其经验教训的宣传，将宏观思想转化为微观事实，将理论灌输转化为具体情境体验。这样，既使党员添了兴趣，又能加强理解，实现真学、真懂、真用。

加强理想信仰教育，着力解决信仰退化问题。七大召开时面临的是民族岌岌可危、共产党人随时都会流血牺牲的危急关头，现实苦难反而激起了共产主义与民族主义交织在一起的崇高信仰。因此，理想信仰并非大会的重点议题。然而，随着中共转变为全国性执政党后掌握了较多的政治资源，入党

---

[1] 中共中央党史研究室，中央档案馆．中国共产党第七次全国代表大会档案文献选编[M]．北京：中共党史出版社，2015：269.

不仅毫无随时牺牲的风险，反而可以趁机捞取利益。因而吸引部分毫无共产主义信仰的投机分子入党，严重损害了党的纯洁性。再加之社会经济条件好转后，金钱至上、消费主义等价值观的抬头以及非马甚至反马的意识形态入侵，一部分党员干部的理想信仰产生动摇，羞于甚至嘲笑社会主义与共产主义的远大理想。这种严峻的新问题使理想信仰的建设成为紧迫必要的重点任务，必须要通过原著学习、党史学习等方式大力提升党员干部的理想信仰，不忘共产党人的初心使命。

（二）以政治建设为中心，坚决维护党中央权威与集中统一领导

七大并未明确提出"政治建设"的概念，但是七大所提出的"从政治上建设"实际上正是政治建设。新时代除了充分继承七大关于政治建设的思想之外，还做出了重大理论创新。

党的各方面建设在党建体系中的定位取决于具体时代背景。党的十九大以政治建设代替思想建设作为党建首要地位，这种改变是由于新时代面临的新问题。党的七大召开时面临的思想问题更为尖锐：一方面，现实环境导致党的本质矛盾是思想矛盾，党员的主要问题是思想方式的偏差和思维能力的不足；另一方面，当时正处于中日生死决战与国民党的敌视围堵之际，强烈直观的危机使得党内的政治方向高度一致。七大代表朱春和回忆道："那时候那样的苦难，情况那么复杂，干部的信心很足，也很听党的话，听毛主席的话，真是党指向哪里就打向哪里。"[①] 然而，新时代部分党员干部却出现了羞于谈政治、忽视政治、偏离政治方向等政治上的严峻问题。因此，党的十九大对政治建设和思想建设进行了重新定位，是结合现实问题的重要理论创新。当然党的思想建设问题仍然是一个根本性重大的问题，必须常抓不懈。

始终坚持加强党中央权威和集中统一领导。由于受历史虚无主义、新自由主义、极端个人主义等错误思潮的影响，党内在一段时间内出现了无视党中央权威的现象。一部分人对党中央的决策部署不重视、敷衍执行甚至不执行；一部分人不通过正当渠道提出意见和建议，反而在网络上、饭桌上，甚至课堂上阴阳怪气；一部分人在党内栽培个人势力，甚至妄图窃取党和国家权力。对此，习近平总书记在2015年党的全国党校会议上重提了毛泽东在党的七大上关于"看齐意识"的论述，强调党组织和党员领导干部要向党中央及其决策部署看

---

① 中共中央党史研究室第一研究部. 忆七大——七大代表亲历记[M]. 哈尔滨：黑龙江教育出版社，2000：259.

齐，同时将看齐意识、大局意识、政治意识、核心意识整合为"四个意识"①，并提出"两个维护的原则"，使之成为新时代政治纪律的重要遵循，充分发展了七大的"看齐意识"。

山头主义是阻碍党内团结的重要因素。党的七大曾对山头主义进行了系统理论分析与批判，山头主义在任何情况下都是要坚决反对并加以取缔的。新时代党内山头主义依旧存在且与七大情况有所不同。七大时的山头主义有着难以消除的客观因素，主要成分是朴素的地域情感。而新时代的山头主义则往往出于地方特殊利益、部门特殊利益、政治特殊利益而形成的自觉或不自觉的小圈子和小团伙，进行非组织活动，严重损害着党的纯洁性与党中央权威。基于此，对新时代的山头主义应该采取相比七大更加严厉的措施，坚决取缔党内的山头主义以及由此产生的利益集团甚至政治寡头，彻底净化政治生态，坚决坚持和维护党中央权威与集中统一领导。

（三）加强组织建设，贯彻落实新时代党的新组织路线

重视组织建设是中共实现革命胜利的重要因素。七大提出了党的组织新理论，明确了党的根本组织路线，为新时代党的组织建设提供了重要的经验启示。

新时代加强党的组织建设必须要遵循落实党的新组织路线。七大明确提出"党的群众路线就是根本的组织路线"②。2018年，习近平总书记在全国组织工作会议上结合党的百年组织建设的成功经验，围绕组织体系、干部队伍建设、人才队伍建设，首次明确系统阐述了新时代党的组织路线。新组织路线将党的七大规定的组织路线具体化、系统化，为增强党的组织建设提供了重要理论依循和实际工作指南，是对七大组织路线的重要发展和创新。

严密的组织体系是中国共产党组织力和战斗力的重要保障。党的各级组织彼此上下连通、紧密有序，是保证确保党中央决策部署充分贯彻落实的重要基础。党的七大十分重视党的组织体系的建设，对党中央、地方党组织和基层党组织及其相互关系都做出了明确规定，并根据实际问题针对性地提出了相关改进办法。尤其是针对基层党组织组织力不强的问题，指出要将党的组织基础融入社会的重要思想。新时代加强党的组织建设要将完善严密组织体系放在重要位置。面对着一些基层党组织软弱涣散的情况，尤其要加强对于基层党组织的

---

① 习近平. 坚持党校姓党根本工作原则　切实做好新形势下党校工作 [N]. 人民日报，2015-12-13.
② 中共中央党史研究室，中央档案馆. 中国共产党第七次全国代表大会档案文献选编 [M]. 北京：中共党史出版社，2015：271.

整顿，实现党组织对社会治理的全覆盖，发挥基层党组织宣传党的路线方针、教育党员和管理党员、组织党员群众的战斗堡垒作用，全面提升党对基层社会的组织力和动员力。

干部队伍建设是党成为坚强领导核心的重要保障。党的七大明确指出干部队伍建设的关键性作用，并提出了一系列具有长远指导价值的重要论述。一方面，干部标准是干部队伍建设的重要方面；毛泽东在七大上将群众路线作为干部标准的重要组成部分，这一点值得借鉴。新时代应该科学量化群众满意度并纳入干部的选拔机制，推动识别干部的由上而下和由下而上相结合，从干部标准倒逼强化干部加强群众意识。另一方面，新时代干部建设的关键就是要进一步完善选拔干部的方式。要坚持习近平总书记提出"德才兼备、以德为先、任人唯贤"①的用人路线，结合现实形成一套符合新时代要求的培育、选拔、管理、使用干部的完整机制。

（四）将制度建设贯彻党的建设中，为党的建设提供制度保障

制度是长期性、根本性的问题。党的七大的制度建设主要体现在党章的修订中，以党内根本大法的形式确保了党内的制度建设。

制度建设是新时代推进党的建设的关键所在。七大时期革命形势复杂多变，中共的革命任务也会随之改变，再加上中共长期分散在各个通信不发达的根据地作战，中央无法及时给予指导，需要党员干部发挥充分的主观能动性。在这种情况下，党的制度建设并非七大的核心任务。新时代下，党已经成为执政党，已经有了100年革命、建设、改革的经验，制度建设对于保障发展、巩固成果的重要性越加凸显。习近平强调新时代加强党的建设，必须"注重解决制度问题、上紧制度规矩发条"②，建立全方位管用有效、突出重点的制度笼子。

坚持思想建党和制度治党相结合。建立在忠诚信仰、坚忍不拔和英雄气概上的制度，才能被人真正信服和遵守。七大强调思想建设对于党的其他建设起到的关键作用。新时代要充分借鉴党的七大经验，认识到思想自觉性对遵守制度的促进作用以及两者相互影响的辩证关系。将制度建设与思想建设紧密结合，在重视完善健全党内法规体系与具体制度、加强制度的规范与约束作用的同时，加强党内思想教育，巩固共同信仰和情感认同。

---

① 习近平.切实贯彻落实新时代党的组织路线　全党努力把党建设得更加坚强有力[N].人民日报，2018-07-05.
② 中共中央文献研究室.十九大以来重要文献选编（上）[M].北京：中央文献出版社，2019：556.

制度的生命力在于执行，健全监察机制能够有效提高党的制度执行力。七大党章重新设立了党的监察体系，然而该监察机构要在同级党委会中产生并在其指导下工作，并不利于监察委员会发挥其监察职责。新时代的监察机制要建立更加完善有效的监督体制。加强党内监督、国家机关监督、群众监督、舆论监督体系的建设，形成全方位的监督合力；保障监督渠道畅通。充分发挥互联网的重要作用，保证自下而上的建言献策和批评监督渠道畅通，保证监督人的正当权益。

中国共产党从严治党的百年历史演进及基本经验

李景平　刘阳科

摘　要：党要管党，从严治党是中国共产党自成立之日起就始终坚持的一贯方针，是理解中国共产党成功之谜的密钥。从严治党是贯穿党百年历程的一条主线，在新民主主义革命时期、社会主义革命和建设时期、改革开放和社会主义现代化建设新时期以及中国特色社会主义新时代采取不同的行动内容，呈现出不同的阶段性特征，积累了丰富的历史经验。回望中国共产党从严治党的百年历史，在新时代条件下深入推进全面从严治党，必须始终坚持推进马克思主义中国化与从严治党相统一，始终坚持从严治党的重点举措和全面展开相统一，始终坚持发挥基层党组织的战斗堡垒作用，始终坚持不断抓好高级领导干部严于律己的示范作用。

关键词：中国共产党；从严治党；建党百年；基本经验

一、问题提出

党的十八大以来，以习近平同志为核心的党中央，面对"百年未有之大变局"以及世情、国情、党情发生深刻变化的时代背景，在对执政风险的清醒认识和深刻把握的基础上，直面党内存在的突出矛盾和关键问题，做出"全面从严治党"的重大战略部署，高度强调全面从严治党的重要性和紧迫性，明确全面从严治党的战略目标，出台了一系列战略举措，进行了一系列治理变革，将从严治党发展到新的阶段。党的十八大以来，中国共产党制定和实施的全面从严治党伟大战略有着深刻的历史逻辑，是中国共产党百年历史进程的优良传统和一以贯之的坚定立场。因此，回顾中国共产党百年从严治党的辉煌历程，系统总结其基本经验和当代启示，对于在新时代深入推进全面从严治党，不断提升管党治党效能，保持党的先进性和纯洁性具有重大的现实意义。

二、百年历程：中国共产党从严治党的历史演进

（一）新民主主义革命时期中国共产党的从严治党

事实上，早在中国共产党正式创建之前，中国共产党人就围绕要绝对自由还是要纪律秩序，以及要不要严密组织纪律的党内斗争等社会思潮展开了公开论战，并逐渐在党的早期组织内确立了强烈的纪律观和从严治党的意识。"也就在这时，无政府主义者退出了党。于是，我们开始成立真正的共产党。"① 中共一大制定并通过《中国共产党纲领》，"监督"二字成为党内组织生活管理过程中最为关键的词。1922年7月，中共二大首次将"纪律"专章纳入党章中，成为中国共产党依规依纪管党治党的"制度母体"。1923年6月，中共三大在相关文献中首次提出"批评"的概念，并在《中央通告第七号》中鲜明地提出"自我批评"的要求。这也正如刘少奇所说，"我们的党从最初组织起就有了自我批评和思想斗争，就有了民主集中制，就有严格的组织和纪律"②。1927年，八七会议上，纠正了陈独秀右倾机会主义错误，并成功开辟了一条"以农村包围城市"的崭新革命道路。正如《中共"八七"会议告全党党员书》中指出："要纠正错误的方针，必须指明是怎样错误的，应当要使每个党员都得着过去的教训。"③ 八七会议后，中国共产党采取了武装反抗国民党的战略方针。在土地革命时期，中国共产党曾先后形成并纠正了瞿秋白"左"倾盲动主义、李立三"左"倾冒险主义以及王明"左"倾机会主义等错误思想。直到1935年，中共中央召开遵义会议，结束了王明"左"倾机会主义错误思想在中共中央的领导地位，并在组织问题和军事指挥问题上初步确立了毛泽东的领导地位。后来，为充分应对即将到来的全面抗日战争，建立最广泛的抗日民族战线也就成为中国共产党面临的主要任务。1941年"皖南事变"的发生，进一步强化了以毛泽东为主要代表的中国共产党人反对和彻底清算中共内部一切"左"倾和右倾等错误思想的决心和意志，由此开启了为期三年多的延安整风运动。正值解放战争即将取得全面胜利的时候，中国共产党面临着夺取和建立全国政权这一新的艰巨任务。正是在此背景下，中共七届二中全会郑重提出"两个务必"思想，随后又正式提出"赶考"命题。

---

① 中共中央文献研究室.建党以来重要文献选编1921—1949：第1册［M］.北京：中央文献出版社，2011：17.
② 刘少奇.刘少奇论党的建设［M］.北京：中央文献出版社，1991：235-236.
③ 中共党史教学参考资料：第1卷［M］.北京：人民出版社，1957：85.

(二) 社会主义革命和建设时期中国共产党的从严治党

新中国成立后,中国共产党成功实现从局部执政向全国执政的转变,其组织体系及规模也伴随着这一执政范围的变化而迅速发展。虽然毛泽东在中共七届二中全会上就鞭策性提出"两个务必"思想,"警惕党内可能滋长的骄傲自满、贪图享乐、不求进取、以功臣自居等四种消极情绪和党外资产阶级糖衣炮弹的隐形攻击"①。但是,在党员队伍中,少数党员干部的革命意志急速衰退、骄傲自满情绪不断滋长,官僚主义、命令主义作风严重;在新发展的党员队伍中,一些投机分子和阶级异己分子乘机钻进党组织内,思想不纯和作风不纯问题尤为突出。更有少数党员干部经不起执政考验,贪污腐败、违法乱纪等极端严重现象时有发生。因此,1950年4月,毛泽东在干部整训工作批示中明确指出:"整训干部已经成了极端迫切的任务,各阶层人民相当普遍地不满意我们许多干部的强迫命令主义的恶劣作风。"② 为了解决这些突出问题,中国共产党决定在全党范围内开展一次大规模的整风运动,即1950年下半年的整风运动,其重点对象则是各级担任领导工作的党员干部。正如1952年2月中共中央在《关于"三反"运动和整党运动结合进行的指示》中所讲的那样:"事实证明:'三反'运动是一个更加现实与深刻有力的整党运动。"③ 据资料记载,在这一持续三年之久的"三反"整风运动中,"共计有41万人被开除党籍或被劝告退党,占全体党员人数6.4%"④。1957年4月,中共中央在《关于整风运动的指示》中强调:"在全党重新进行一次普遍的、深入的反官僚主义、反宗派主义、反主观主义的整风运动,提高全党的马克思主义的思想水平,改进作风,以适应社会主义改造和社会主义建设的需要。"⑤ 这是完全有必要的。但是,1957年中共中央和毛泽东对国内阶级斗争形势作了过于严重的估计,致使本属正确且有必要的反右派斗争严重扩大化。直到1981年年底,甄别改正工作才算基本完成。

(三) 改革开放和社会主义现代化建设新时期中国共产党的从严治党

针对自身内部长期存在的极左错误思想以及"两个凡是"思想的禁锢和"以阶级斗争为纲"的错误方针,以邓小平为代表的中国共产党人认为,完全有

---

① 李宗建,张润峰. 论新时代以党的自我革命应对"赶考"命题[J]. 新疆师范大学学报(哲学社会科学版),2021 (1):58-68.
② 毛泽东. 毛泽东文集:第6卷[M]. 北京:人民出版社,1999:56.
③ 中共中央文献研究室. 建国以来重要文献选编:第3册[M]. 北京:中央文献出版社,1992:64.
④ 中共党史导读:下册[M]. 北京:中国广播电视出版社,1991:1109.
⑤ 中共党史导读:下册[M]. 北京:中国广播电视出版社,1991:1109.

必要在全国范围内开展一场思想路线上的"革命"运动。"关于真理标准问题的争论,的确是一个思想路线问题,是一个政治问题,是个关系到党和国家的前途和命运的问题。"① 改革开放后,中国共产党正式开启了政治体制改革的伟大征程。这是因为"这种制度问题,关系到党和国家是否改变颜色,必须引起全党的高度重视。如果不坚决改革现行制度中的弊端,过去出现过的一些严重问题今后就有可能重新出现"②。改革开放初期,在治理腐败方面,出现了"手软"现象。为此,邓小平在不同场合反复批评这一"手软"现象,并强调要一手抓改革开放,一手抓打击经济犯罪和其他犯罪活动,包括惩治腐败、纠正不正之风等,他曾严肃指出,"要雷厉风行地抓,要公布于众,要按法律办事。该受惩罚的,不管是谁,一律受惩罚"③。1989年6月,邓小平在同中央负责同志谈话时再次强调,要重点做几件使人民群众满意的事情,其中一个就是抓紧惩治腐败分子,并语重心长地说"这个党该抓了,不抓不行了"④。进入新时期后,中共中央正式将新时期党的建设提到"新的伟大的工程"高度,并从执政党与国家政权关系以及治国与治党关系上,明确提出"治国必先治党、治党务必从严"的思想。江泽民明确指出:"从严治党,是我们党的优良传统和宝贵经验,也是我们党的一贯方针。"⑤ 并在中国共产党建党80周年纪念大会上再次告诫全党:"党执政的时间越长,越要抓紧自身建设,越要从严要求党员、干部。"⑥ 进入新的发展阶段后,中共中央在全面推进这一"新的伟大工程"的基础上,明确提出"党的先进性建设"的科学命题,并反复强调先进性是马克思主义政党的根本特征。

(四)中国特色社会主义新时代中国共产党的全面从严治党

党的十八大以来,以习近平同志为核心的党中央审时度势,从强化党的作风建设着手,以"中央八项规定"作为动员令和切入口,精准抓住"反四风"这一突破口,在全党范围内有计划、有目标、有领导地开展了一次群众路线教育实践活动。无论是2015年开展的"三严三实"专题教育,还是2016年开展的"两学一做"学习教育,抑或2019年开展的"不忘初心、牢记使命"主题教

---

① 中共中央文献研究室. 邓小平思想年编(1975—1997)[M]. 北京:中央文献出版社,2011:200.
② 邓小平. 邓小平文选:第2卷[M]. 北京:人民出版社,1993:333.
③ 邓小平. 邓小平文选:第3卷[M]. 北京:人民出版社,1993:297,314.
④ 邓小平. 邓小平文选:第3卷[M]. 北京:人民出版社,1993:297,314.
⑤ 江泽民. 江泽民文选:第2卷[M]. 北京:人民出版社,2006:496.
⑥ 江泽民. 江泽民文选:第3卷[M]. 北京:人民出版社,2006:290.

育，都是在延续这一发展逻辑的基础上，进行的常态化、制度化的经常性学习教育。事实上，早在执政伊始之际，习近平总书记就深刻指出："现在的主要倾向不是严了，而是失之于宽、失之于软，不存在严过头的问题。"① 正是在这一主基调下，中共中央向全党提出"全面从严治党"的重大命题，并将其纳入"四个全面"战略布局之中。新时代，中国共产党进行的"刮骨疗毒"式反腐败斗争所取得的压倒性的胜利成果正是对这一精神、勇气和能力的实践诠释。2013年1月，习近平总书记第一次出席中纪委全会时指出："要坚持'老虎''苍蝇'一起打，既坚决查处领导干部违纪违法案件，又切实解决发生在群众身边的不正之风和腐败问题。"② 一年后，他再次发出"腐败分子即使逃到天涯海角，也要把他们追回来绳之以法"③ 的反腐誓言。事实证明，新时代反腐的力度、深度、广度以及效度都前所未有，真正做到了"不定指标、上不封顶，凡腐必反，除恶务尽"④。此外，事实又充分证明，在取得这一显著性反腐成绩中，中国共产党内部进行的法规制度建设发挥着不可替代的作用。特别是从2013年5月中共中央制定《中国共产党党内法规条例》和《中国共产党党内法规和规范性文件备案规定》以来，我们筑起了党内法规体系的"四梁八柱"，形成了新时代体系化的反腐败法规制度利器。

三、宝贵财富：中国共产党从严治党百年历程的基本经验

（一）始终坚持推进马克思主义中国化与从严治党相统一

中国共产党将马克思主义普遍真理与中国革命的具体实际相结合，以马克思主义中国化的理论创新指导斗争实践，就要勇于以自我革命来清除一切与之相悖的思想作风和体制机制弊端。推进马克思主义中国化、时代化和大众化，决定自我革命的性质、内涵、要求、方法和途径，实施自我革命则决定马克思主义普遍真理能否实现中国化、时代化和大众化。因此，必须坚持推进马克思主义中国化与从严治党相统一。合则两荣，分则两衰。如何认识和解决两者统一的一系列问题，则以"思想建党""制度治党"和"全面从严治党"的原则

---

① 习近平. 在党的群众路线教育活动总结大会上的讲话 [M]. 北京：人民出版社，2014：23.
② 十八大以来重要文献选编：上册 [M]. 北京：中央文献出版社，2014：135.
③ 中共中央纪律检查委员会，中共中央文献研究室. 习近平关于党风廉政建设和反腐败斗争论述摘编 [M]. 北京：中国方正出版社、中央文献出版社，2015：98，103.
④ 中共中央纪律检查委员会，中共中央文献研究室. 习近平关于党风廉政建设和反腐败斗争论述摘编 [M]. 北京：中国方正出版社、中央文献出版社，2015：98，103.

和方法，使马克思主义中国化与从严治党始终相互支撑、与时俱进。"思想建党"的措施致力于解决党内妨碍马克思主义普遍真理与中国革命具体实际相结合的思想作风和纪律行为等问题，以全心全意为人民服务的根本宗旨，以理论联系实际、密切联系群众、批评和自我批评等一系列优良作风，领导人民群众贯彻落实党的政治路线。

（二）始终坚持从严治党的重点举措和全面展开相统一

中国共产党的从严治党包括思想、政治、理论、组织、纪律、作风、制度和反腐倡廉等各个方面，各有其独自的内涵、地位和作用。它们相辅相成，缺一不可。例如，思想观念的革命是解决理想信念的问题，政治纪律的革命是解决全党与中央保持高度一致的问题，理论学习的革命是解决理论水平提高的问题，组织纪律的革命是解决全党团结统一的问题，作风行为的革命是解决密切联系群众的问题，制度体制的革命是解决长治久安的问题，反腐倡廉的革命是解决吏治腐败的问题。而在从严治党全面展开之际，必然会有一个起主导和决定性作用的方面，统领其他各个方面的有效配合、全面展开。因此，必须始终坚持重点举措和全面展开的统一，力求避免"单打一"或各行其是的弊端。"思想建党"的措施是认定共产党员的世界观、人生观和价值观的决定性作用，以思想作风的革命作为自我革命的重点举措，推动全党学习革命理论，严守党纪党规，干部德才兼备，真心实意地服务人民群众，以共产党员的优良作风带动党外和全国人民树立优良的社风和民风。

（三）始终坚持发挥基层党组织的战斗堡垒作用

基层党组织直接承担中国共产党与人民群众相联系的桥梁和纽带作用，基层党员干部具有及时解决基层群众切身利益的先锋模范作用。党的路线、方针、政策和策略，要依靠基层党组织领导人民群众予以贯彻落实。广大基层群众反映强烈的突出矛盾和问题，要依靠基层党组织按照中央和上级党组织的指示精神予以分析解决。党的先进性和纯洁性、执政能力和执政水平要依靠基层党组织党员干部的先锋模范作用予以体现。人民群众基于切身利益的满足与否，从基层党组织的思想作风和工作效应上直接评价党的先进性质和根本宗旨。因此，基层党组织的战斗堡垒作用事关党和国家事业的兴衰成败。"思想建党"致力于解决基层党组织必须具备密切党群关系的思想意识和行为作风问题，以全心全意为基层群众服务的一系列思想道德品质和纪律作风规范，改造基层党组织脱离实际、脱离群众的思想作风和行为习惯，提高正确处理人民内部矛盾的工作能力和水平。

（四）始终坚持不断抓好高级领导干部严于律己的示范作用

党的思想统一依赖组织统一，党的领导体制、组织体制和工作体制实施从中央到基层的垂直领导。高级领导干部则是党中央与地方和基层党组织联系的桥梁和纽带。他们执掌党和国家省部一级重要的领导权力、组织权力和工作决策权力，担负着在本地区和本部门贯彻落实党的战略部署的重要任务。无论是推进马克思主义中国化和从严治党相统一，还是推进高级领导干部所在地区从严治党的重点实施和全面展开，发挥基层党组织的战斗堡垒作用，都与高级领导干部严于律己的示范作用息息相关。他们是"关键少数"，决定党的组织纪律性的坚强与否、全党的团结统一切实与否。"思想建党"致力于解决高级领导干部的理想信念、理论水平和作风行为问题，从高级领导干部的地位和作用上，要求他们发挥全心全意为人民服务和带头树立党的优良作风的率先示范作用，将之视为提高全党马克思主义理论水平和战斗力量的关键一环。"制度治党"致力于解决高级领导干部如何带头发扬党的优良传统的制度基础和制度动力问题，从高级领导干部的地位和作用上创建一系列规范领导能力和组织能力的制度体系，以发挥他们严于律己的示范作用，不断提高党的执政能力与水平。

中国共产党学习型政党建设的百年历程及其经验启示

苏玉波　刘婷婷

摘　要：中国共产党发展史就是一部创造性的学习史。善于学习、不断学习是中国共产党取得革命、建设、改革和新时代发展的重要法宝，也是中国共产党不断适应时代发展、持续保持先进性、永葆青春活力的秘诀所在。百年的探索实践中，中国共产党坚持问题导向，以思想建设推进党的建设，不断向马克思主义理论、中国和党的历史、广大人民的实践以及一切优秀文明成果学习，确保了中国共产党能够准确把握社会发展的主要矛盾，有力应对社会发展的艰巨挑战，为早日实现中华民族的伟大复兴奠定了思想基础，也为中国共产党的现代化建设提供了宝贵的经验。

关键词：学习型；政党建设；历史进程；经验启示；当代价值

中国共产党是非常善于学习、坚持学习的政党，从党最初成立学习马克思主义理论到党的十八大建设学习型政党，中国共产党的学习型政党建设日趋成熟。学习型政党建设有助于党的执政顺应历史发展规律，保证党的先进性，持续提高党的执政能力、巩固党执政地位，是不断促进中国共产党发展的内在应有之义。习近平总书记强调："中国共产党人依靠学习走到今天，也必然要依靠学习走向未来。"① 因而通过梳理学习型政党建设的百年历程并探索出学习型政党建设的现代化启示具有重要的理论和现实意义。

一、学习型政党建设的时代价值意蕴

学习型政党建设首先是解决好"为何学"的问题。从宏观来看，学习型政党建设是中国共产党把握社会发展主要矛盾，应对复杂多变的国内外环境，实现长期执政的重要法宝。从微观来看，学习型政党建设的具体开展始终坚持了

---

① 习近平谈治国理政：第1卷［M］．北京，外文出版社，2014：407．

问题导向意识,"为何学"是为了通过学习的形式解决党建设所面临的具体问题。

第一,学习型政党建设有助于中国共产党准确把握社会发展主要矛盾的变化。矛盾作为社会发展的动力源泉,对事物的发展起着根本性作用。共产党作为中国唯一的执政党必须要对中国社会发展的主要矛盾科学把握并有效解决,因此共产党必须时刻保持学习,对变化的矛盾及时深入认识,不断提高解决社会矛盾的能力,进而不断推进中国社会发展的各项事业前进。而能否抓住主要矛盾在于能否准确地把握国情、民情、党情,正如毛泽东所说:"认清中国的国情,乃是认清一切革命问题的基本依据。"① 正是对中国半殖民地半封建社会的清醒认知,中国共产党准确把握了中国社会的主要矛盾是帝国主义与中华民族之间、封建主义与人民大众之间的矛盾,因此从成立之日起便毅然举起反帝反封建的大旗。在革命战争时期,毛泽东同志根据中国国情的实际提出"农民问题乃是国民革命的中心问题"②,并带领广大人民探索出"工农武装割据"、走群众路线和游击战的创造性斗争战略。正是从中国最大的实际出发,中国共产党带领广大人民取得了新民主革命的胜利,建立新中国。进入社会主义革命时期,党再次准确地把握了国情,抓住了社会主要矛盾,大力发展生产力,进行社会主义三大改造,把我国从落后的农业国改造为先进的工业国。经过社会主义的初步改造,中国的发展步入正轨,人民对国家的建设信心倍增,虽然经历了十年"文革"的曲折,但是国家的生产总值仍向上发展,面对新的国际格局和中国发展的曲折,以邓小平同志为核心的中央领导集体敏锐地指出中国社会发展的主要矛盾已经转变为人民日益增长的物质文化需要同落后的生产力之间的矛盾,因此进行了改革开放的实践,中国实现了从站起来到富起来的转变。党的十八大,以习近平同志为核心的党中央再一次立足我国发展的实际,从最广大人民的利益出发,准确指出我国社会发展的矛盾已经转变,明确我国已经开启社会主义现代化强国的新征程。

第二,加强学习型政党建设有助于应对复杂的国内外环境。灵活地应对时代环境的变化既是时代发展的要求,也是中国共产党作为中国唯一执政党的基本素质。中国共产党是在一批先进知识分子学习马克思主义的过程中孕育成长起来的,因而从党成立开始,中国共产党就格外注重用世界眼光解决问题。中国共产党时刻用国际革命的事业考量中国革命的变化走向,因此在全面抗日战

---

① 毛泽东选集:第2卷[M].北京:人民出版社,1991:633.
② 毛泽东选集:第2卷[M].北京:人民出版社,1991:37.

争中采取打长期游击战的正确策略,在朝鲜战争中坚决地跨过鸭绿江。当下我们正处于百年未有之大变局的时代,更是要时刻把握时代的发展机遇,将党的改革与现代化建设置身于全球化、信息化之中,认清国内外的有利与不利因素。充分抓住第四次工业革命的发展机遇,不断增强应对贸易保护主义、贸易壁垒、西方发达国家对我国经济发展的遏制等挑战的能力。应对瞬息万变的国际局势,更好地促进我国现代化建设就必须保持时刻学习,深入学习,不断地夯实中国共产党的学习型政党的建设。

第三,学习型政党的建设有助于中国共产党的长期执政。创造新的历史伟业,中国共产党需要继续带领14亿人民进行社会主义现代化建设,为人民执政掌权需要加强党的学习能力,完善学习型政党的建设。一是保持学习有助于共产党不断提高政治觉悟,把握社会发展正确方向,完成时代任务。新民主主义革命时期,党必须担负领导人民推翻两座大山建立新中国的使命。新中国成立后,党必须继续带领中国人民在百废待兴的中国进行社会主义革命。在新的国际格局下,党需要用自己的勇气和魄力领导中国人民进行改革开放。新时代,党仍然要通过学习,继续带领中国人民实现中华民族伟大复兴的重大历史使命。二是作为世界上最大的马克思主义执政党,要时刻学习具有中国特色社会主义的马克思主义最新理论成果。缺乏马克思主义理论的指导就会造成共产党员的迷失,因此共产党需要通过建设学习型政党,使党员时刻学习并掌握党的最新理论,不断提高自身的马克思主义理论素养。三是保持党的先进性需要学习型政党的建设。党的先进性是通过不断地学习来保持的,通过党员干部的持续学习,不断以时代发展的标准要求自己,使党员干部的思想作风始终保持在时代前沿,成为时代的引领者。

从党的具体实践来看,一方面学习型政党建设有助于解决具体实践问题。共产党的执政过程中要应对各种挑战,因此中国共产党的每一次重大学习都具有鲜明的问题导向意识。学习型政党的建设不是为了学习而学习,而是为了通过学习来解决党在领导中国现代化建设中所面临的问题。党在专题学习教育中坚持问题导向,始终将理论学习和解决实践问题紧密结合,因此马克思主义学习型政党的学习专题深刻反映中国共产党在各个时期所面临的历史任务。正如延安整风运动的开展,是深刻反省因王明"左"倾教条主义所导致的第五次反围剿的失败,因此党需要彻底从思想上解决"左"倾错误,以坚持问题导向的原则,党创造性地通过开展全党范围的整风运动,克服"左"倾错误并取得良好的成效,顺利解决了关乎党生死存亡的问题,此次整风运动的开展不但极大地提高了党员干部的思想素质,实现了党内大团结,也为解放战争奠定了思想基础。坚持问题导向是共产党学习型政党建设的起点，也是学习型政党建设推进共产党先进性建设的理论基点与逻辑起点。因此，党的学习型政党建设不搞形式主义，而是注重解决实际问题的能力，进而提升党的执政能力。

另一方面，学习型政党建设有助于提高党员干部的党性修养，坚定马克思主义信念。经济全球化深入发展的时代，广大党员在深化改革、维护社会稳定、社会经济建设以及重大自然灾害的关键时刻经受住了重重考验，发挥了先锋模范作用，但也要充分认识到由于物欲横流，部分党员自我迷失，具体表现为：一是理想信念的动摇，放松对马克思主义理论的学习，甚至出现思想上的庸俗化倾向。也有少数党员思想僵化，教条主义思想严重，对马克思主义与中国的实际不能结合应用，一味地以马克思主义的经典作家的理论为准，不考虑中国的实际。二是对党的宗旨淡化，认为"为人民服务"不符合市场经济的原则，部分党员"为人民服务"成为一句口号，在利益面前不愿意为人民牺牲自己的利益。三是党员的不作为现象严重，随着反腐的深入，一些党员干部只满足于洁身自好，不违法乱纪却也不作为，不办实事。究其原因，与党组织的先进性学习不到位密切相关，因而要加强对党员的先进性教育学习，提升党员的政治素养，使其能够对西方国家输出的价值观进行有效辨别，进而坚守自己的价值理念，不断坚定自己的马克思主义信仰。

二、学习型政党建设的百年发展历程

党的思想教育工作在百年的发展中日渐发展成熟，并成为"中国赢得胜利、走向成功的传家宝"①。建党初期，人民的思想还存有部分封建残余，党的思想政治教育工作相对滞后，大批的农民和小资产阶级还存在非无产阶级的思想，毛泽东同志对此深刻地指出："掌握思想教育，是团结全党进行伟大政治斗争的中心环节。如果这个任务不能解决，党的一切政治任务是不能完成的。"② 党的思想教育工作贯穿于共产党发展的整个历史过程，因此共产党今日取得辉煌成就，与共产党始终重视思想政治教育工作密切相关。

（一）新民主主义革命前期：用马克思主义思想武装全党

党的一大到六大一直以学习和宣传马克思主义、扩大马克思主义的影响力为主要任务。中国共产党是在学习和宣传马克思主义的过程中建立起来的，从党的一大到六大期间，党一直处于对马克思的艰难探索中。为了将学习不断地

---

① 曹景文. 大众视域下的思想政治工作史研究 [M]. 北京：光明日报出版社，2010：1.
② 毛泽东选集：第3卷 [M]. 北京：人民出版社，1991：1094.

规范化，中共三大后党中央和团中央组成了教育宣传委员会，颁发《教育宣传委员会组织法》，通过了《教育宣传问题议决案》，对党内的学习和宣传做出了具体的规定，着重强调对马克思主义理论以及党章、党规的学习①。党的四大又通过《对于宣传工作之议决案》，进一步强调党的指导思想和党的建设的结合学习。大革命中召开的党的扩大执行委员会中再次通过了《宣传问题议决案》，进一步将马克思主义与巩固党的领导和推进党的各项事业联系起来。大革命失败以后，党内"左"倾错误蔓延，如对马克思主义理论的学习教条化，将共产国际的决策和苏联经验神圣化等，毛泽东同志紧密联系实际，提出要在党的建设中加强无产阶级在思想上的领导并强调要思想建党的原则，之后毛泽东同志发表重要著作《反对本本主义》，有力地批判了当时党建中的"左"倾和教条主义，为党的革命奠定了思想理论基础。

（二）新民主主义革命后期：着重解决党思想作风问题

经过革命的实践，中国共产党深刻地认识到思想建设的重要性，尤其是遵义会议后逐渐形成以毛泽东同志为核心的党中央领导集体，格外注重通过学习的方式解决思想作风的建设问题，毛泽东同志在 1936 年发表的《中国革命战争的战略问题》中强调"读书是学习，使用也是学习，而且是更重要的学习"②。为了使全体党员的学习与实践结合起来，毛泽东又先后在 1937 年的 7 月和 8 月，相继发表《实践论》和《矛盾论》，对"左"、右倾错误作了透彻的哲学批判，深刻总结了马克思主义中国化的历史经验，掀起了全党和苏区人民对两论的学习。1941 年，在党中央的领导下，全党开展了"整风运动"，截至 1945 年《关于若干历史问题决议》通过，党彻底解决了在新民主主义革命后期的思想作风问题，在这期间，毛泽东同志与 1941 年、1942 年、1943 年分别发表《改造我们的学习》《整顿党的作风》《反对党八股》三篇文章成为全党重点学习的典范。此次全党范围的学习教育活动，为日后的学习型政党建设起到了示范带头作用。党的七大将党在长期斗争中形成的三大宝贵经验——理论联系实际、密切联系群众与批评和自我批评确立为全党的指导思想，也为学习型政党的建设注入了新的活力，也成为学习型政党建设的主要方法。随着土地革命的深入，1947 年党在解放区开展整党运动，主要对各党员进行批评和自我批评，惩办了一些贪污腐败分子，教育了基层党组织，密切党同群众的联系，保持党的纯洁

---

① 中央档案馆.中共中央文件选集：第 1 册 [M].北京：中共中央党校出版社，1989：206.
② 毛泽东选集：第 1 卷 [M].北京：人民出版社，1991：181.

性、先进性。延安时期，为了提倡读书学习，毛泽东在全党发起了读书运动，并在中央成立了高级学习小组，毛泽东亲自为高级学习组挑选图书、编辑读物，制订了详细的学习计划，并提出了严格的要求。

（三）社会主义过渡以及探索时期：加强用马克思列宁主义毛泽东思想提升党员思想觉悟

新中国成立初期，党主要是围绕国际国内形势和过渡时期的总路线而相继开展整风整党运动来进行党员干部的学习。新中国成立后，中国共产党的威望得到前所未有的提高，入党的人员迅速扩增，使共产党的政党建设面临考验，一方面，新入党的党员思想高度不够，另一方面，党取得新民主主义革命的胜利并成为中国的唯一执政党，使一些老党员开始滋生骄傲自满的情绪，革命意志淡弱，个人主义和官僚主义的风气日渐增长。针对新中国成立时期党员的现状，1950年，党中央在全党发出《关于在全党全军开展整风运动的指示》的通告，再一次通过全党的学习教育活动，提高党员的政治素养，也防止共产党因为成就而降低党的执政能力，有效避免新民主主义革命胜利而放松对敌对势力的警惕，为广大党员做好表率，中共中央组织部成立由陈云和李富春分别担任正副组长的学习小组。[①] 1957年以后，学习型政党建设经历了曲折的发展，虽然依旧强调对马克思主义的学习，但却趋向对马克思主义某些点进行教条主义的学习，正如1981年《关于建国以来党的若干历史问题的决议》指出的那样：教条主义地学习马列，无论是谁，都只能使党的历史发展招致曲折和挫折。[②] 但即使是"文革"期间，以毛泽东为代表的共产党领导者仍然没有放松对马克思主义的学习，而广大党员更是加强对毛泽东思想的学习，使学习型政党建设在曲折中得到一定的发展。毛泽东同志在认识到"文革"被江青反革命集团利用时更是号召全体党员要加强对马列主义的学习。因此，在社会主义过渡时期对社会主义道路艰难的探索中，党中央始终坚持用马列主义的学习来提升党员干部的思想觉悟，因此党的学习型政党建设在"文革"的曲折中依然得到了发展。

（四）改革开放到十二大时期：思想建设创新性和制度化发展

经过10年的曲折发展，中国进行了改革开放的伟大创举，改革开放也彻底打开了中国学习的大门，中国共产党学习型政党建设逐渐向制度化发展。党中央深刻地吸取"文革"的教训，开始创新性地学习马列主义，将马列主义与中

---

① 孙业礼. 学习什么、怎样学习——毛泽东等老一代领导人的为学之道及其对建设学习型政党的启示 [J]. 毛泽东邓小平理论研究，2012（11）：70-77.
② 石仲泉. 党的历史与学习型政党建设 [J]. 毛泽东思想研究，2001（1）：1-12.

国的实践结合起来，有效地避免对马列主义和毛泽东思想教条地学习，而后邓小平同志建设性地指出，"实践是检验真理的唯一标准"彻底将真理从书本中解放出来。进入改革开放时期，国际纷杂的机遇与各方面的诱惑对党员干部的辨别力、定力以及理想信念都提出更大的挑战，因此党中央更加重视对党员干部的学习能力的提升。鉴于打开潘多拉魔盒的局面，需要党员干部作为强有力的领导，将各种势力为我所用，因此 2004 年 9 月中共中央通过了《关于加强党的执政能力建设的决定》并明确提出要"建设学习型政党"的要求，指出"不断学习、善于学习，努力掌握和运用一切科学的新思想、新知识、新经验，是党始终走在时代前列引领中国发展进步的决定性因素"①。随着实践的发展，党中央立足中国新的国情，坚定走社会主义道路，因此在中共十七届四中全会通过的《关于加强和改进新形势下党的建设若干重大问题的决定》中提出"建设马克思主义学习型政党"。为了将马克思主义学习型政党建设落实到党员干部的实践中，党中央具体规划和部署了马克思主义学习政党建设的操作流程并印发了《关于推进学习型党组织建设的意见》，使学习成为党员干部的日常习惯，不断促使党员干部将学习能力内化为一种执政能力，同时促使马克思主义学习型政党规范化、制度化发展。

（五）新时代：学习型政党思想建设成熟发展

新时代科学技术的发展今非昔比，知识的储备方兴未艾，信息技术的普及使知识呈几何级增长，如是应验"苟日新，日日新"，这对共产党的学习能力提出了更高的要求。

一方面，新时代的学习型政党的建设日渐成熟。党的十八大以来，以习近平同志为核心的党中央明确提出将"推进学习型党组织建设"作为社会发展的重大战略任务。为了将学习型政党建设落实到党员干部的日常生活中，党中央陆续开展了党的群众路线教育实践活动、"三严三实"和"两学一做"等专题教育活动、2021 年全民党史学习教育的专题活动。党的学习教育活动是学习型政党建设的重要方式，每一次重大学习教育活动都是坚持问题导向，以解决民众最关心的实际问题为主，通过新媒体技术如"学习强国"等 App 实现党的学习教育的全天候、全覆盖，极大提高党员干部学习的效率。

另一方面，新时代党员干部需要不断地增强自身的学习能力。习近平总书

---

① 关于加强和改进新形势下党的建设若干重大问题的决定[N]. 人民日报, 2009-09-28 (01).

记强调"领导干部加强学习,根本目的是增强工作本领、提高解决实际问题的水平"①。开启新的历史伟业,党员干部要应对社会建设发展所面临的种种挑战,作为唯一执政党,提高执政能力的关键是要提高自己的学习能力。习近平总书记指出:"领导干部学习不学习不仅仅是自己的事情,本领大小也不仅仅是自己的事情,而是关乎党和国家事业发展的大事情。"② 要实现中华民族伟大复兴的历史伟业,过程必然充满艰难险阻,因此更需要有超强的学习能力,进而有效化解困难,不断推进中国现代化建设向前发展。

三、学习型政党建设的经验启思

中国共产党的百年历史,归结到底就是不断向马克思主义理论、向中国历史、向人民实践学习的过程,在不同的历史阶段,根据不同的实际需要,通过推进学习型政党的建设,完成一个又一个的不可能,最终取得不断胜利的过程。

（一）向马克思主义理论以及中国特色社会主义理论学习

首先,学习马克思主义理论的经典著作。社会主义政党的形成与使一切社会主义者团结起来的马克思主义理论密不可分。只要理论正确,就可以转换为巨大的力量。马克思主义理论是经过历史实践检验的正确理论,要继续团结人民的力量建设社会主义事业就要从马克思主义理论的经典著作中不断汲取养分,将其读通、读懂、读实。不能脱离经典著作谈马克思主义理论,要从经典著作中不断挖掘马克思主义理论,与此同时,也要充分结合中国的实际,将理论与中国实际结合,将理论彻底地掌握与应用到社会的建设中,将理论转换为物质生产力量。因此,建设学习型政党,广大党员干部要深刻掌握马克思主义理论的内容、方法以及能够熟练地应用到社会建设之中。

其次,深入学习习近平新时代中国特色社会主义理论。中国发展开启新局面,面临更为严峻的挑战,社会主义不像资本主义已经经过几百年的发展而日趋成熟,而是处于社会主义的初级探索阶段,没有任何经验可循,再加上国际环境多变,资本主义国家的打压,使中国的发展犹如逆水行舟,这时候更需要正确的理论和强大的信念支撑中国共产党攻坚克难。习近平新时代中国特色社会主义理论正是顺应时代发展规律、符合中国国情、得到人民拥护,是能够持续使中国发展的正确理论,因此广大党员干部要充分认识我国的基本国情,形

---

① 习近平谈治国理政:第1卷[M].北京:外文出版社,2014:406.
② 习近平.在中央党校建校80周年庆祝大会暨2013年春季学期开学典礼上的讲话[N].人民日报,2013-03-03(02).

成对习近平新时代中国特色社会主义思想学习的自觉性，时刻保持对党和国家大政方针的政治敏感度，随时关注党和国家的动态，心系党和国家的发展，立足实际发展需要，不断提高自身的执政能力。

最后，通过学习不断提高党员干部解决实际问题的能力。学习的最终落脚点是实践，是为了改造社会，不断提高生产力。避免教条主义学习理论的最有效办法就是在实践中学习理论，通过解决实际问题提高学习能力。因此理论学习不能仅仅停留在书本中，更应该到解决问题的实际中去学习，正如延安时期，在毛泽东的带领下，一批共产党员潜心研究马克思主义基本原理，将马克思主义基本原理与中国的革命实践和中国的国情相结合，为新中国的建立奠定了坚实的思想基础。深刻把握我国国情，通过学习提高自己的理论联系实际的能力，是最有效避免理论学习教条主义的捷径。

（二）向历史经验和教训学习

向历史学习，主要是向历史的经验和教训学习。学习历史，使我们避免"后人哀之而不鉴之，亦使后人而复哀后人也"。1939年在延安，毛泽东同志引用"不通古今，马牛而襟裾"①来形容读史的重要性，意思是用人不知道古今，等于牛马穿了衣裳一样。"以古为鉴，可知兴替"，向历史学习可以明晰历史的更替，掌握历史的规律，向历史的教训学习可以少走弯路，减少试错的成本，节约社会资源。进入新时代，习近平总书记大力提倡全员学习历史，并将学习历史规定为党员干部的必修课。

第一，历史为我们提供了丰富的实践经验，有助于在社会主义现代化国家建设中把握规律。首先，中国特色社会主义现代化国家建设没有其他样本可借鉴，只有党的丰富历史可供我们不断地吸收借鉴。其次，重视历史的学习也是我们优良的传统作风，从历史中吸取智慧，正如毛泽东所说，"读历史是智慧的事"②。如果没有社会、历史知识作为学习基础，马列主义就只能变为教条而不能对社会的建设实践产生作用。因此，学习历史有助于党员干部充分认识规律，把握现代化建设的方向。

第二，从历史中吸取教训，避免重蹈覆辙。历史为共产党的建设提供了丰富的经典案例，成为共产党建设的精神给养。党在"左"、右倾的错误中吸取教训，在党内逐渐肃清"左"、右倾的顽疾，不断地解放思想，走实事求是的路线，蓄力实现祖国的伟大复兴；党在作风建设中开展批评与自我批评，反思自

---

① 毛泽东文集：第2卷［M］．北京：人民出版社，1993：177.
② 毛泽东书信选集［M］．北京：中央文献出版社，2003：5.

我，力求进步，走出一条为人民服务的康庄大道。学习党的历史有效避免党重蹈覆辙，提高党的执政效率，提升民众对党的信任。

第三，学习历史可以使广大党员感悟"红色政权"的来之不易。经济全球化和信息化的新时代，尤其是在资本主义全方位打压的大环境下，个别党员干部却在货币通兑一切的假象下迷失自我，走上贪污腐败、以权谋私的道路，严重地破坏了党的原则和纲领，背离党员的初心和使命。新的征程，共产党员能否经受得住考验，坚定地捍卫革命先烈的红色政权，继续推动中国特色社会主义在新的征程中枝繁叶茂，与当下的9600万名共产党员息息相关，因此学习党史有助于党员干部牢记初心使命，始终坚守为人民服务的原则。

第四，学习历史有助于青年党员树立正确的理想信念，承担青年一代的历史使命。新时代信息大爆炸式呈现、价值多元化发展、西方国家价值观持续输出对青年党员树立正确的理想信念提出了巨大的考验。青年作为社会主义事业的接班人，承担着建设社会主义现代化国家、实现中华民族伟大的复兴的历史使命的重大责任，征途漫漫，且阻且长，青年一代必定要树立坚如磐石的理想信念，不怕艰难险阻，笃定"路漫漫其修远兮，吾将上下而求索"，不怕苦，肯吃苦，树立为社会主义事业奉献终身的理想信念。

（三）向人民群众的实践学习

人民是历史的创造者，是决定党和国家命运的根本力量。社会主义的本质以及马克思主义政党的性质均决定了共产党以人民为中心的执政方式，因此共产党必须向广大人民的实践和智慧学习。

首先，共产党要维护好广大人民的利益就要到群众中去，向人民群众学习。毛泽东认为："一定要研究当前的情况，研究实际的经验和材料，要和工人农民交朋友。"[①] 深入群众去调研，察实情，真正解决人民最关心的问题，解决与人民利益切实相关的问题，在保障人民利益的大前提下联系我国新时代的现代化建设的实践，不断地向一线人民群众吸取经验。学习型党组织建设的最终目标是要实现"人民对美好生活的向往"，因此要不断向广大人民的实践学习，吸收人民的新思想，从而保持党的生机活力。

其次，广大人民拥有大智慧。邓小平同志曾指出："农村搞家庭联产承包，这个发明权是农民的。农村改革中的好多东西，都是基层创造出来，我们把它拿来加工提高作为全国的指导。"[②] 人民群众长期的生活和生产都在基层，在日

---

① 毛泽东文集：第7卷[M].北京：人民出版社，1999：272-273.
② 邓小平文选：第3卷[M].北京：人民出版社，1993：382.

常的实践中积累了大量的真知灼见，向人民群众学习实践得出的经验，可以帮助共产党员少走很多弯路，尤其像到基层锻炼的青年干部，正是向人民群众全方面学习的好时机，因而广大青年干部应牢牢把握到基层锻炼学习的机会，深入地向人民群众学习。

最后，广大人民的共同愿景指明共产党的执政方向。广大人民是推动历史前进的主力军，也是社会建设的主要力量，广大人民的共同愿景代表了历史前进的方向。共产党作为中国的唯一执政党，顺应历史前进方向才能保证党的长期执政和党的先进性，在此基础上才能带领广大人民推动历史向前发展，因此共产党的执政就必须顺应人民的心愿，要了解人民的共同愿景，实现人民的共同期望，保证党的正确执政方向。

（四）向一切优秀文明成果学习

经济全球化和信息高速发展，为全球的发展提供了交流借鉴的广阔平台，历史有力地证明了闭关锁国是行不通的，要用更加开放包容的心态面对世界一切优秀的成果。早在1956年毛泽东就如何"向外国学习"的问题，便给出了明确的指示："一切民族、一切国家的长处都要学……但是，必须有分析有批判地学，不能盲目地学，不能一切照抄，机械搬用。"① 党的十一届三中全会，邓小平同志更是强调要"大胆吸收和借鉴人类社会创造的一切文明成果"②。中国要实现经济的发展，需要不断深化改革，需要更加开放的国际环境，要面对更为艰巨的挑战，因此邓小平同志号召广大党员一定要善于学习。③ 改革开放的伟大实践使中国由原来的积贫积弱日渐发展为可以解决温饱并全面实现小康社会的国家。进入新时代，中国共产党学习型政党建设用更广阔的胸襟、更包容的姿态，向世界一切优秀成果学习，海纳百川，有容乃大。正如习近平总书记强调："要以更加博大的胸怀，更加广泛地开展同各国的文化交流，更加积极主动地学习借鉴世界一切优秀文明成果"④，从而"推动中国和世界发展得更好"⑤。习近平总书记提出的"人类命运共同体"理念，将包容并蓄和互鉴互学发挥到极致，不但体现中国共产党的大国担当，也充分体现文明没有界限，需要向一切优秀成果学习。因此新时代的学习型政党的建设更需要具有世界的眼光，不仅

---

① 毛泽东文集：第7卷 [M]．北京：人民出版社，1999：41-42.
② 邓小平文选：第3卷 [M]．北京：人民出版社，1993：373.
③ 邓小平文选：第2卷 [M]．北京：人民出版社，1993：152-153.
④ 习近平．在敦煌研究院座谈时的讲话 [J]．红旗文稿，2020（2）：2.
⑤ 魏继昆，张耀元．习近平新时代推动建设学习大国重要论述研究 [J]．当代世界与社会主义，2020（4）：67-73.

要学习总结国内实践中对现代化建设的经验,也要学习国外的一切先进的适合中国发展建设的理念,故而在学习他国的先进经验的同时也为世界提供中国发展的经验模式,做出中国的贡献。

(五) 制定常态化学习保障机制

没有规矩不成方圆,学习型政党建设要制度化、常态化才能继续发挥其重大作用,确保党员干部时刻保持思想的纯洁性、理论的先进性和遵循实践上的服务性。不断完善学习型政党建设的党内法规制度,有利于遏制党员干部学习的形式化、表面化;有利于从思想上抵御党员学习的懈怠;有利于时刻警醒党员干部作风建设,防止党员干部的贪污腐败;有利于党员干部及时领悟党中央政策的核心要义,提高党员干部的工作能力、政治作为,从而统一全党的认识,有效地防止党员干部与群众的脱离,进一步保障党的长期执政。

学习党组织的制度化建设需要各方面的协调配合,建立健全各方面的学习制度,其包括建立考评激励机制、学习管理制度、学习模范的示范引领制度,从而确保学习型党组织建设有章可循,能够按时、有序、高效开展。

首先是建立考评激励机制。一是将党组织的学习成效纳入各级领导班子的综合考评体系中,如将领导个人的学习成果和领导对组织学习创新性动员的方式方法作为领导干部升迁考核的重要指标,有效地避免将学习流于浮表。二是采用倒逼的方式将各个党员的学习成效的考评作为党员个体的选拔任用及其年终奖的重要条件,切实地将学习融入共产党员生活的方方面面,也使学习渗透到党员的生活之中,使学习成为党员干部的一种习惯。

其次是建立学习管理制度。要让学习科学有序合理进行,需要党中央宏观把控,总体规划,各级党组织遵循党的总体规划并结合自己的具体实际,进行合理部门分工,形成由各级党委统一领导,相关部门密切配合,全体党员参与的高效管理制度。通过出台规范的规章制度,充分动员各级党组织结合自身的优势进行学习型党组织的建设并相继出台明确的规章制度,进一步规范与实施学习型党组织的建设。

最后是建立学习模范的示范引领制度。对于考评出的学习模范,一是给予优先的选拔任用,二是发放金钱物质奖励,三是对于具有特大示范效应的,上报上级部门,进行网络媒体的宣传表彰并颁发荣誉证书,进而全方位地调动党员干部的学习积极性,通过明确的规章制度激励党员干部的学习热情,同时保障学习评比常态化机制的透明、公平。

第五编 05

新时代思想政治理论课改革创新研究

伟大抗疫精神融入大学生思想政治教育的价值及路径探究*

杨 华 史 艳**

摘 要：伟大的抗疫精神是全国人民在党中央的有力领导下、在抗击和战胜新冠肺炎疫情的伟大斗争实践中锤炼出的崭新的时代精神，是中国精神谱系中的一个新结晶，是民族精神和时代精神在新的历史时期焕发出的新光彩，精神意蕴十分深厚，思想政治教育价值可挖掘度极高。因此，探索新时期形成的伟大抗疫精神融入大学生思想政治教育全过程，不仅是培养社会主义建设者和接班人的精神之轨，还是有效提升当前大学生思想政治教育实效性的有效路径。

关键词：抗疫精神；大学生；思想政治教育；疫情

在这场堪称世界级抗疫教科书的斗争中，众多中华儿女在党中央的坚强领导下，舍生忘死、众志成城，奔赴并坚守在抗疫各条战线中，我国疫情与其他国家相比率先得到有效控制，同时我国疾病预防控制体系在实践中也不断健全和完善。正如恩格斯所说："任何一次历史的进步都是在深重的历史灾难中锻造出来的。"① 在抗疫实践中锻造出的伟大抗疫精神，其内蕴的丰富内涵和强大动力必将成为中华民族的又一精神之源，也是民族精神和时代精神的精华再现。对大学生而言，这不仅是一次思想的净化和灵魂的升华，也给大学生人格的健全以及成长成才提供了持久且震撼的精神动力。因此，深挖抗疫精神的丰富内涵，探索在伟大抗疫斗争实践中形成的伟大抗疫精神融入大学生思想政治教育

---

* 基金项目：本文为陕西省社会科学基金项目"习近平总书记关于思想政治教育的重要论述研究"（2019A014），陕西省思想政治工作重大理论与现实问题研究项目疫情防控中高校充分发挥思想政治工作作用研究（SZ2037）的阶段性成果。

** 1. 杨华，西安交通大学马克思主义学院副教授，博士生导师；
2. 史艳，西安交通大学马克思主义学院在读硕士研究生。

① 马克思恩格斯文集：第10卷 [M]．北京：人民出版社，2009：665.

全过程，不仅是培养社会主义建设者和接班人的精神之轨，还是提升当前大学生思想政治教育实效性的有效路径。

一、伟大抗疫精神的基本内涵及思想政治教育价值

习近平总书记指出："在这场同严重疫情的殊死较量中，中国人民和中华民族共同铸就了生命至上、举国同心、舍生忘死、尊重科学、命运与共的伟大抗疫精神。"① 充分凝练出抗疫精神内蕴的精神实质。其中，"生命至上是抗疫精神内在的价值尺度和利益指向；举国同心是抗疫精神外显的民心所向和国家力量；舍生忘死是抗疫精神投射的人生选择和道义担当；尊重科学是抗疫精神追求的务实品格和创新思维；命运与共是抗疫精神承载的世界情怀和道义担当"②。意蕴丰厚的抗疫精神潜藏的重要育人价值，是大学生思想政治教育培养工作的珍贵动力源泉，对于实现立德树人的根本任务与培育担当民族复兴大任的时代新人具有重要教育意义。

（一）生命至上的价值追求：引导大学生树立崇高的生命观、人民观

生命既是利益的起点，也是承载利益的扁舟。中国共产党尊奉生命至上的理念是党的性质、宗旨、立场、初心和使命的直接体现。习近平总书记指出："我们党没有自己特殊的利益，党在任何时候都把群众利益放在第一位。这是我们党作为马克思主义政党区别于其他政党的显著标志。"③ 在此次大考中，面对人民群众的生命健康在疫情中受到威胁的严峻现实，党认识到要从根本上实现好、维护好、发展好最广大人民根本利益的首要任务就是快速且高效地制止并战胜新冠肺炎疫情，党在抗疫中秉持的理念和采取的行动无不彰显着对生命的珍视和尊重。

适逢"抽穗期"最后关键阶段的大学生的世界观、人生观、价值观可塑性很强，极易受到外界以及西方外来不良思潮和负面信息的影响，从而陷入信仰模糊、对党和马克思主义认识不清的困境，最终影响大学生自身的价值选择。因此，探索如何将抗疫精神有效融入大学生思想政治教育的培养历程，有利于把有益的思想意识信息精准传递给大学生群体，引导大学生理解并发扬抗疫精

---

① 习近平. 在全国抗击新冠肺炎疫情表彰大会上的讲话［N］. 人民日报，2020-09-09（02）.

② 冯刚，朱宏强. 抗疫精神的思想政治教育价值研究［J］. 思想教育研究，2020（12）：113-117.

③ 习近平. 在参加内蒙古代表团审议时强调 坚持人民至上 不断造福人民 把以人民为中心的发展思想落实到各项决策部署和实际工作之中［N］. 人民日报，2020-05-23.

神，认识、理解和认同中国共产党，切实领悟党全心全意为人民服务的宗旨，引导大学生在日后的学习与工作中秉持党以人民至上、尊重生命的价值原则，做到听党指令、跟党行动，自觉在日常的思想和行动实践中把个人理想与为人民谋幸福、为中华民族谋复兴结合起来。

（二）举国同心的团结伟力：培养大学生的家国情怀

爱国主义的内涵和表现具有时代性。作为爱国主义坚定的实践者和倡导者，党领导全国各族人民进行的伟大抗疫斗争是深入开展爱国主义实践活动的关键一步，掀开了中华民族爱国主义精神在新时期的全新一页。疫情发生后，中国共产党以强大的号召力积极组织动员各方力量参与战疫斗争。除此之外，广大医疗工作者、公安民警、媒体记者、社区职工以及港澳台同胞、海外侨胞捐款捐物，把个人冷暖、集体荣辱、国家安危融为一体，汇聚成齐心合力奋力抗疫的必胜坚定力量。

疫情中全国上下团结一心、众志成城的生动感人案例让大学生深刻体会到中国特色社会主义制度具有的集中力量办大事的优势，彰显时代价值的伟大抗疫精神是爱国主义精神在新发展阶段的生动再现，内含丰厚的爱国主义教育资源，是高校大学生思政课课堂教学的宝库。例如，怀着对生命崇高的敬畏、国家制度的热爱，以个人坚定的决心为国分忧的最美逆行者、舍小家为大家志愿支援疫情防控的平凡个人，他们用力所能及的方式将个人的力量扎扎实实地融进全体抗疫的国家和社会的合力之中。疫情中见证的爱国行为和充沛的爱国情怀有利于引导青年学生抒发和施展爱国情感、强国志向、报国行动，思想政治教育的重要意义日益显现。

（三）舍生忘死的顽强意志：培养大学生的无私奉献精神

价值选择指引人生方向，在面临生死考验的抗疫斗争中，中国人民在党的带领下坚持"四个意识"，以国家大局为重，抗击疫情，全面展现了个体服从集体的无私奉献、舍己为人的集体主义精神。在伟大抗疫实践中铸就的不屈不挠、舍生忘死的抗疫精神不仅可以追根溯源到中华民族优秀传统文化和革命文化，也有力印证了社会主义先进文化提倡的价值遵循。

新冠肺炎疫情暴发以来，为顺利高效打赢疫情防控阻击战，许许多多中华好儿女不顾个人安危迈向疫情防控斗争的各条战线，以切身行动演绎了对信仰的坚守，在夜以继日的奉献中锤炼自我，用切身行动淋漓尽致地展现了无私奉献、舍生忘死的高贵精神品质。马克思指出："历史认为极杰出的伟人是为实现人类共同目的去努力而使自己变得崇高的人；经验认为最快乐的人是那些能为最大多数人带来快乐的人。"① 承载着时代职责和民族任务的新时期大学生,要在努力学习先进文化知识、掌握过硬技能中心怀服务社会、报效祖国的崇高情怀,成为一个推动社会和国家向前发展的杰出成员。疫情中发生的感人肺腑的案例极易让学生产生思想上的共鸣,从而使广大青年大学生在知与行中秉持甘于奉献自我的精神理念,并将其内化于心、外化于行,用拼搏和热血续写新时代的奋斗故事,使思想政治教育的实际效果层层得到实现。

（四）尊重科学的实践品格：塑造学生实事求是的高贵品格

尊重科学、遵循客观规律是人与自然同向同频和平共处向前发展的前提和基本。中国共产党自诞生以来,一直注重以逻辑严密的科学理论作为实践指南,用科学的思路和方法化解矛盾。习近平总书记多次强调疫情防控要智勇结合,既要有承担责任的巨大勇气,也要有科学防控的智慧。面对传染性极强的病毒,中国共产党始终以科学的理念为指导,遵循科学规律,求真务实地开展疫情防控工作。中国共产党领导中国人民一起进行的战"疫"实践,就是以科学精神为指导遵循科学理念获得伟大斗争胜利的满分蓝本。我国伟大抗疫斗争模式显现的科学性以及遵循科学精神指引的案例实践承载了巨大的思想政治教育意蕴。国际科技竞争日益激烈,具备科学创新思维能力的先进人才是科技竞争的制胜法宝。因此,将抗疫精神融入大学生思想政治理论课和日常思想政治教育,有利于引导大学生养成科学思维的习惯、求真务实的科研态度,从而成为一名具有创新思维能力的科研人员。

（五）命运与共的道义担当：引导大学生树立全球观念

全人类共同具有防御传染病的责任,需要各国同气连枝、协同合作。习近平总书记提出:"全人类是一个命运共同体。打赢疫情阻击战与全世界人民的生命安危息息相关,而团结合作是最得力的制胜法宝。"② 中国疫情得到有效控制后毫无保留地向其他国家分享抗疫经验,并将自主研发的新冠疫苗无偿提供给其他国家。中国在防控疫情中彰显的大国担当意识和奉献精神再次表明,中国时时刻刻都是人类命运共同体理念的忠实倡导者和切实践行者。马克思认为国家公共性的持续提升需要无产阶级"把国家事务上升为人民事务,把政治国家组成为一般事务"③。在此次没有战火的战"疫"中,中国以实际行动彰显了全人类命运休戚与共的天下情怀,切实激励和引领大学生积极参与社会实践活动、

---

① 马克思恩格斯全集：第 1 卷［M］．北京：人民出版社,1995：459.
② 习近平．团结合作是国际社会战胜疫情最有力武器［J］．求是,2020（8）.
③ 马克思恩格斯文集：第 1 卷［M］．北京：人民出版社,2009：44.

主动承担社会责任、怀着开放包容的心态和命运共同体的意识,扮演好人类共同体的一员,勇敢步入社会舞台当中,并身体力行地奉献社会。

二、伟大抗疫精神融入大学生思想政治教育遵循的原则

(一) 系统性与创造性相统一的原则

从哲学层面来定义系统,即"所谓系统就是由若干相互联系、相互作用的要素按一定的方式组成的统一整体"①。思想政治教育是教育者有目的、有计划地对受教育者施加一定的影响,从而培养适应一定社会和阶级所需要的思想观念、政治品德、道德规范的受教育者的社会实践活动。伟大抗疫精神内涵丰富、涉及多个层面、教育意义丰富,因此在将其融入大学生思想政治教育的过程中要注意内容结构安排的合理性、有序性。同时,根据时代的发展和大学生的需要,创造性地结合学生和课堂实际,运用巧妙的教学方式将伟大抗疫精神融入大学生思想政治教育中去。

(二) 科学性与价值性相统一的原则

价值与生俱来就伴有阶级性,不同阶级的思想政治教育具有不同的价值指向,以马克思主义理论为指导的思想政治教育本身就是一种具有科学性的意识形态工作。价值以知识为载体,在理论知识的讲解中引导受教育者形成正确的价值观。在抗击新冠肺炎疫情的过程中,中国共产党采用科学的理论参与到疫情斗争的伟大实践,有力总结和彰显了抗疫的科学精神价值。同时,在抗疫过程中,党以人民生命健康至上,不惜停摆经济的价值取向,以广大医务人员为代表为抗疫事业做出杰出贡献的人面临生死考验时作出舍生忘死的价值选择,有力彰显了抗疫精神蕴含的价值指向。因此,在把抗疫精神融入思想政治教育的过程中,教育者应及时抓住有利时机,遵循科学规律,行之有效地运用多种合适的手段和方法,"讲解理论知识的同时巧妙传达价值观,让学生顺其自然地理解、认同并内化"②。

(三) 理论联系实际原则

我国宣传思想工作始终秉持"贴近实际、贴近生活、贴近群众"的原则,大学生思想政治教育的"三贴近",就是要贴近大学生本身、贴近大学生的现实生活、贴近大学的内心世界,并将其有机地融入大学生群体的日常工作之中。

---

① 杨春贵. 马克思主义与社会科学方法论 [M]. 北京:高等教育出版社,2012:84.
② 冯刚. 理直气壮开好思政课——把握新时代思政课建设规律 [M]. 北京:人民出版社,2019:49.

"在推动思想政治理论课教学中,要针对青年学生所关注的热点、难点问题和他们的思想特点,从理论和实际的结合上进行讲授。"① 思想政治教育是一项用科学的理论教育引导、武装和掌握群众的工作,致力于改造人的思想问题和实际问题。人们的思想观念总是对一定社会存在的反映和折射,由于个体身心发展的差异性,不同的人在不同的年龄段会形成不同的思想观点。在伟大实践中形成的伟大抗疫精神是科学理论的高度凝结,因此在对大学生进行思想政治教育工作时探究如何有效融入抗疫精神时要发扬求真务实的精神,密切联系大学生的思想行为实际,了解并把握大学生群体出现的新情况、新需求,从而让大学生群体真正理解、信服、接受并践行抗疫精神,做到知行统一。

三、伟大抗疫精神融入大学生思想政治教育的具体路径

习近平总书记强调:"高校思想政治工作的顺利进行需要因事而化、因时而进、因势而新。"② 这就要求高校思想政治教育工作者要及时把握时机,勇于化解难题,紧跟事态的发展使其理论内容更具时代性和针对性。

(一) 将伟大抗疫精神融入课程建设,达到思政教育与知识教育相结合

习近平总书记强调,思政课教师要关注时代所需,从时代发展中提炼精华,充实思想,巧妙将思政小课堂和社会大课堂相融合,形成教育合力。因此,在教学设计上要有针对性地将抗疫精神沁入教材体系,充实教学内容,从而提高理论供给的思想性、科学性以强化其吸引力和感召力;在教学主体上,教师应率先领会抗疫精神的内涵与实质,依托抗疫斗争中涌现出的英雄模范以及发生的感人事迹,讲好抗疫故事,以引发学生共情为切入点,利用榜样激励法激发学生真挚的爱国主义情感;在受教育主体上,精准诊断大学生思想和行为中存在的问题和把握大学生的现实需求,例如,根据学科性质的差异,引导逻辑性强的文科生开展研究性学习,针对注重实操性的理工科学生开展实践性教学和实地调研,身临其境地对"抗疫精神"的形成及重大意义进行案例解读;在教学方法上,通过有效的教育方法,激发大学生的主观能动性,积极主动地接纳和践行以抗疫精神为主旨的思想精神洗礼,坚持学有所获,自身的品行也在践行中得到切实提升。

---

① 冯刚. 改革开放以来高校思想政治教育发展史 [M]. 北京: 人民出版社, 2018: 93.
② 习近平. 把思想政治工作贯穿教育教学全过程开创我国高等教育事业发展新局面 [N]. 人民日报, 2016-12-09 (01).

(二)将伟大抗疫精神融入校园文娱活动,达到显性教育与隐性教育相统一

校园文化活动和党团建设以其鲜明的主题、丰富多样的活动载体,凝聚着广大的青年学生,充分发挥着隐性教育的功能,是思想政治教育的重要组成部分。高校思政课教师要因势而导,因时而新,抓住时机,把握机遇,加强情感熏陶、精神引领和价值塑造。要充分挖掘抗疫故事中内蕴的抗疫精神,尤其是本校的先进抗疫事迹,通过主题报告、媒体宣传、人物访谈、知识竞赛等方式,加强宣传强度,打造良好的学习环境;校园文化建设要有效利用抗疫素材,积累精神、物质、制度文化资源,宣传抗疫先进人物事例从而引导大学生思想观念的变化,提升其关于社会制度、思想文化的认同感,在应对西方意识形态的渗透时坚定政治定力,坚守马克思主义理想信念,坚决捍卫中国共产党的领导,坚持"四个自信"。党团建设要充分发挥先进示范引领作用,通过微信公众号、官方主页、微博、抖音等社交媒体软件向大学生讲好抗疫故事,并有针对性地组织开展各种以抗疫为主旨的党团活动。

(三)将伟大抗疫精神融入社会实践活动,达到知行相统一

伟大抗疫精神是在伟大抗疫斗争实践中形成,经过实践检验的科学精神,因此才具有打动人心、使人产生共鸣的强大且持久的感染力。将抗疫精神融入大学生社会实践活动,就是要求学生把对抗疫英雄的崇敬以及抗疫事迹的学习转化为实际行动,在课堂之外的社会实践中了解国情、增长知识、磨炼意志。因此,一方面要深入挖掘在这场全国人民共同战疫的斗争中铸就出的伟大抗疫精神所蕴含的优质资源,如收集象征抗疫英雄模范精神的战"疫"地点、物品、形式多样的家书家信等可视化材料整理记录成册,着力缔造抗疫精神宣传品牌和教育阵地,用实物形式彰显甘于奉献、舍生忘死的价值追求,为创制以抗疫精神为主旨的思想政治理论课实践教学提供优良载体,实现课程理论性和实践性相统一;另一方面,教育者可以围绕抗疫精神设计相关主题活动,积极开展承载抗疫精神的实践和志愿活动,引导大学生成为社会实践活动的体验官,如制作防疫宣传视频、参加基层和社区服务,通过自我教育,激发大学生的积极性和主观能动性,体验、感悟并全面践行抗疫精神。因而,面对纷繁复杂的形势,伟大抗疫精神融入大学生思想政治教育,要以科学理论为基础,站在广大群众的立场上,积极投身于社会实践,打造独具特色又内蕴民族气质的"精神产品",进而使思想政治教育达到惊涛拍岸的气势与润物细无声的功效。

参考文献

[1] 冯刚.理直气壮开好思政课——把握新时代思政课建设规律[M].北京：人民出版社，2019：49.

[2] 冯刚.改革开放以来高校思想政治教育发展史[M].北京：人民出版社，2018：93.

[3] 杨春贵.马克思主义与社会科学方法论[M].北京：高等教育出版社，2012：84.

[4] 马克思恩格斯文集：第10卷[M].北京：人民出版社，2009：665.

[5] 马克思恩格斯文集：第1卷[M].北京：人民出版社，2009：44.

[6] 马克思恩格斯全集：第1卷[M].北京：人民出版社，1995：459.

[7] 冯刚，朱宏强.抗疫精神的思想政治教育价值研究[J].思想教育研究，2020（12）：113-117.

[8] 习近平.团结合作是国际社会战胜疫情最有力武器[J].求是，2020（8）.

[9] 习近平.在全国抗击新冠肺炎疫情表彰大会上的讲话[N].人民日报，2020-09-09（02）.

[10] 习近平在参加内蒙古代表团审议时强调 坚持人民至上 不断造福人民 把以人民为中心的发展思想落实到各项决策部署和实际工作之中[N].人民日报，2020-05-23.

[11] 习近平.把思想政治工作贯穿教育教学全过程开创我国高等教育事业发展新局面[N].人民日报，2016-12-09（01）.

中国共产党思想政治教育目标的百年历程及启示*

杨华　袁丽倩

摘　要：百年恰是风华正茂，1921年至今，中国共产党走过了整整一百年的光辉岁月，这一百年的各个阶段，我们的思想政治教育目标呈现出一定的动态发展态势，通过窥探百年来思想政治教育目标的发展历程，我们可以得到四点启示，即思想政治教育的目标要始终服务于党的中心任务、服务于人的本质与人的全面发展的要求、始终坚持与时代同呼吸、坚持底线思维。这无疑指引着我们在新时代继续发展和创新思想政治教育的目标，为在新的历史起点上继续充分发挥思想政治教育的"生命线"作用，鼓励受教育者为实现第二个百年奋斗目标、实现民族复兴而不懈奋斗。

关键字：建党百年；思想政治教育；思想政治教育目标；习近平思想政治教育观

一、思想政治教育目标的界定

思想政治教育的目标是指一定社会对教育所要造就的社会个体在思想政治品德方面的质量和规格的总的设想，在整个思想政治教育过程中起着至关重要的作用。

思想政治教育的目标致力于使科学的、先进的理论为群众所掌握，从而转变为改造世界的物质力量，进而发挥其"生命线"的作用。从毛泽东到习近平，中国共产党的历任领导人无不十分重视思想政治教育在党和国家事业发展中的战略地位，并形象地称其为"生命线"，充分彰显了其重要性。而在思想政治教育这一系统中，目标又具有特殊重要的地位，因为其能够为思想政治教育活动

---

* 基金项目：本文为陕西省社会科学基金项目"习近平总书记关于思想政治教育的重要论述研究"（2019A014）、陕西省思想政治工作重大理论与现实问题研究项目"疫情防控中高校充分发挥思想政治工作作用研究"（SZ203）

指明方向并提供动力,而且能为思想政治教育的成效提供科学衡量依据,因此起着决定性、全局性和导向性的重大作用,必须科学、谨慎制定。

二、中国共产党思想政治教育目标百年发展历程

在我国长期的革命、建设和改革进程中,思想政治教育一直是我们党的优良传统和独特优势,将其比喻为"生命线",无疑是对思想政治教育在中国共产党带领全国人民争取独立自主、实现繁荣富强历程中重要作用的充分肯定。

(一) 新民主主义革命时期

五四运动后,马列主义在中国工人中传播开来,并且在实践中与中国的具体实际不断结合,为中国共产党诞生这一开天辟地大事变奠定了理论和现实基础,而中国共产党的思想政治教育的序幕也就由此拉开。

毛泽东在为陕北公学的题词中写道:"我们要造就大批的民族革命干部,他们是革命的先锋分子……"① 由此可以窥见,这一时期中国共产党的思想政治教育的主要目标是培养适应革命斗争需要的革命者。之所以以培养革命者为目标,是因为这一时期党的中心任务是通过宣传教育动员广大工农群众投身反帝反封建的新民主主义革命。

依据造就"革命者"这一思想政治教育的目标,在大革命时期,为配合北伐,中国共产党充分发挥思想政治教育在工农运动中的作用,为北伐战争的深入发展提供了良好的群众基础;在土地革命时期,党主要针对军队的思想政治教育,确保了党对军队的绝对领导;在抗日战争时期,围绕着抗日这一主题,宣传和贯彻抗日民族统一战线方针,为全民族统一抗日、抗日战争胜利奠定了基础;在解放战争时期,各种人民军队自发的自我教育活动,也为解放战争的胜利增益良多。

(二) 社会主义革命和建设时期

1949年后,我国处于向社会主义社会过渡和建设时期,党和国家面临着严峻的国内外阶级斗争形势和国内一片破败、百废待兴的局面。

身份的转变决定了任务的变化,中华人民共和国成立后,中国共产党作为执政党的一大任务就是巩固政权。"我们的教育方针,应该使受教育者在德育、智育、体育几方面都得到发展,成为有社会主义觉悟的有文化的劳动者。"② 据此,这一时期,思想政治教育的目标就是培养劳动者,培养"又红又专"的革

---

① 毛泽东选集:第2卷 [M]. 北京:人民出版社,1993:93.
② 毛泽东著作选读:下册 [M]. 北京:人民出版社,1986:780-781.

命事业的接班人。因此，思想政治教育的目标也就转化为为社会主义建设总路线服务，向广大人民群众进行爱国主义和社会主义教育，调动人民群众的生产劳动积极性。

这一时期，在执政党的党风建设、知识分子的思想改造运动以及党的中心任务完成的过程中，思想政治教育从思想上保证了党的中心任务的完成和国民经济的迅速恢复。

（三）改革开放和社会主义现代化建设新时期

十一届三中全会后，党的工作中心转移到社会主义现代化建设上来，提出了在经济建设和经济体制改革中进行思想政治教育的指导方针。

"归根到底，集中到促进生产力的发展上来"① 为社会主义初级阶段的基本路线服务，根本目标是培育"有理想、有道德、有文化、有纪律"的"四有"社会主义新人。其中的有道德、有文化等都更加体现出中国共产党立足于人本身，对于人的自由而全面的发展这一根本目标的追求。依据培养"四有"社会主义新人这一目标，思想政治教育为全面建设小康社会和构建社会主义和谐社会提供了强大的内生动力。

（四）中国特色社会主义新时代

党的十九大指出，中国特色社会主义进入了新时代。国内外形势的巨变，对各项工作都提出了新挑战、新要求，思想政治教育也是如此。基于全球化背景下的西方意识形态不断渗透的现实挑战，我国加快推进"四个全面"战略布局和实现中华民族伟大复兴的现实需要、人自由而全面发展的价值追求三点，习近平将思想政治教育放在国内外大变局下，放在民族复兴的战略高度上，强调思想政治教育极其重要的战略地位，具有深远的历史意义和现实意义。

习近平总书记指出："经济建设是党的中心工作，意识形态工作是党的一项极端重要的工作。"② 还指出："宣传工作就是要巩固马克思主义在意识形态领域的指导地位，巩固全党全国人民团结奋斗的共同思想基础。"作为宣传工作的排头兵，思想政治教育肩负着"两个巩固"的光荣使命，属于意识形态领域，是"极端重要的工作"的一部分。习近平总书记将立德树人作为教育的根本任务，提出要"培养担当民族复兴大任的时代新人"。他在全国教育大会上进一步提出："我国是中国共产党领导的社会主义国家，这就决定了我们的教育必须把培养社会主义建设者和接班人作为根本任务，培养一代又一代拥护中国共产党

---

① 十二大以来重要文献选编（下）[Z]. 北京：人民出版社，1988：1177.
② 习近平谈治国理政：第1卷 [M]. 北京：北京外文出版社，2014：153.

领导和我国社会主义制度、立志为中国特色社会主义奋斗终身的有用人才。"①

三、中国共产党思想政治教育目标的百年历程的启示

1921年至今，这一百年是中国共产党坚强领导中国人民乘风破浪、坚毅前行的一百年，也是思想政治教育蓬勃发展的一百年。习近平总书记在党史学习教育动员大会上强调："我们党一步步走过来，很重要的一条就是要不断总结经验、提高本领。"② 思想政治教育作为我国意识形态建设的基础工程，我们更需要从党的百年历程中总结经验、把握规律，不断奋进。纵观思想政治教育目标的百年历程，有如下启示：

（一）思想政治教育目标的设定必须服务于党的中心工作

中国共产党将思想政治教育置于"生命线"的极端重要地位，这与其对完成党的中心工作的巨大推动作用是密不可分的。在一定程度上可以说中国共产党的伟大事业源于思想政治工作，从星星之火到燎原之势，从一穷二白到国强民富，思想政治教育以其对党的革命和建设每一时期中心工作的有效配合，为扫清思想障碍，调动各方积极性，为革命与中国特色社会主义建设伟大实践的推进提供了源源不竭的内生动力。

今天，我们面向未来更要不忘本来，思想政治教育的目标的设定更要继承服务于党的中心工作这一优良传统。因此，在当前形势下思想政治教育的目标服务于党的中心工作就是要培养服务于强国建设、民族复兴的人才。

（二）思想政治教育的目标从根本上要立足于人的本质和人的自由而全面的发展

"中国共产党为什么能，中国特色社会主义为什么好，归根到底，是因为马克思主义行！"③ 马克思主义是博大精深的理论，其中人学理论对思想政治教育的目标设定而言也是根本指导思想和理论基础。

首先，要遵循"人的本质"的规定。"人的本质不是单个人所固有的抽象物，在其现实性上，它是一切社会关系的总和。"④ 人与动物最大的区别就在于是否具备社会属性，人具有社会属性，而动物只有自然属性，一定意义上可以

---

① 习近平. 坚持中国特色社会主义教育发展道路 培养德智体美劳全面发展的社会主义建设者和接班人［N］. 人民日报，2018-09-10（01）.
② 习近平. 在党史学习教育动员大会上的讲话［J］. 求是，2021（14）.
③ 习近平. 在庆祝中国共产党成立100周年大会上的讲话［J］. 求是，2021（7）.
④ 马克思恩格斯选集：第1卷［M］. 北京：人民出版社，1995：56.

说是劳动创造了人,而劳动与语言等极具人的特殊性的属性又只有在人的社会性中方可体现。另一方面,人也具有自然属性,但是也并非纯粹的动物本能,而是一定会打上人与人之间的交往活动的印记。因此,我们必须准确把握和正确运用人的本质的规定,从具体的、历史的、现实的人作为出发点,科学分析对象的思想特点,制定合理的目标。

其次,要遵循关于人的全面发展的学说。实现人的自由全面的发展是马克思主义的最高追求。这里所说的"全面发展"意味着:"每一个人的智力、体力在社会生产过程中尽可能多方面地、充分地、自由地、和谐地发展,最根本的是个人劳动能力的全面发展,使人们都成为各方面都有能力的人,即能通晓整个生产系统的人。"① 因此,思想政治教育目标的设定必须将马克思主义的人学理论作为理论基础,以科学社会主义中所构想的人的最终旨归为最高价值追求,不仅创造富足的物质世界,更要追求崇高的精神境界,培育全面发展的"健全的人"。

(三) 思想政治教育的目标要与时代同呼吸

从百年历程中我们可以窥见,思想政治教育的目标是不断发展的,具有动态性。今天,在新时代的历史起点,我国社会的主要矛盾已经转换为"人民日益增长的美好生活需要和不平衡不充分的发展之间的矛盾"②。这对党和国家的各项任务和工作提供了新依据和新要求,对思想政治教育而言也是新的重要课题,根据这一新的时代特征,思想政治教育的目标也应该立足于培养能够解决"发展的不平衡和不充分"问题的人才上来。

习近平在庆祝中国共产党成立一百周年大会上庄严宣告:"经过全党全国各族人民持续奋斗,我们在中华大地上全面建成了小康社会,历史性地解决了绝对贫困问题。"③ 脱贫攻坚的战役已经取得胜利,下一阶段要全面推进乡村振兴,乡村振兴是我国全局性、历史性的任务。对于思想政治教育而言,探索思想政治教育如何为乡村振兴提供新的、源源不断的精神的内生动力具有深刻的历史意义和现实意义。思想政治教育要继续在马克思主义理论的指导下,在中国特色社会主义的伟大实践中,书写新时代的华章。在解决不平衡的问题上,思想政治教育可以通过弘扬"西迁精神""抗疫精神""脱贫攻坚精神"等体现无私奉献、极具家国情怀的伟大精神,教育受教育者树立正确的理想,坚定正确的信念,鼓励受教育者到西部、基层等祖国最需要的地方去建功立业,积极

---

① 马克思恩格斯全集:第4卷[M]. 北京:人民出版社,1958:370.
② 习近平. 决胜全面建成小康社会,夺取新时代中国特色社会主义伟大胜利——在中国共产党第十九次全国代表大会上的讲话[M]. 北京:人民出版社,2017.
③ 习近平. 在庆祝中国共产党成立100周年大会上的讲话[J]. 求是,2021 (7).

响应新时代党和国家向"西"的号召,为乡村发展引留人才;尽管我国的综合国力发展很快,但我们依然要意识到我们的发展仍然是"不充分"的,仍然要立足于社会主义的本质——解放生产力,发展生产力,实现共同富裕。因此在解决不充分的问题上,可以通过弘扬"工匠精神""科学家精神"等自强不息、创新创造的伟大精神,加强对受教育者关于奋斗及创新精神的教育,鼓励广大青年发愤图强、敢为人先,铆足干劲,创造出更充分的物质财富,同时滋养和迸发精神财富,无愧于伟大时代。

(四)思想政治教育的目标必须贯彻底线思维,有的放矢

底线是不可逾越的界限,是事物发生质变的临界点,所谓底线思维就是客观设定最低目标,立足最低点,争取最大期望值的思维方式。笔者认为考虑思想政治教育的目标时也必须贯彻这一科学的思维方式,思想政治教育目标的底线即围绕受教育者不逾越道德底线、不违反法律红线着手。同时争取最大期望值,如教育受教育者树立崇高的理想信念、高强的本领才干等。

思想政治教育目标的百年历程不仅镌刻着奋斗的辉煌,更指示着未来的方向。我们要将思想政治教育的目标置于新时代的视角去探究其创新发展的依据和思路,使其实现继承性和创新性的统一,服务于个人成长与国家发展、社会进步相统一的要求,在个人全面发展中起到"牛鼻子"的关键性作用,也继续在党和国家的伟大事业中发挥"生命的我"的决定性作用。

参考文献

[1] 孙其昂,黄世虎. 思想政治教育学基本原理 [M]. 第4版. 南京:河海大学出版社,2015:156.

[2] 毛泽东选集:第2卷 [M]. 北京:人民出版社,1983:63.

[3] 毛泽东著作选读:下册 [M]. 北京:人民出版社,1986:780-781.

[4] 十二大以来重要文献选编(下)[M]. 北京:人民出版社,1988:1177.

[5] 十五大以来重要文献选编(中)[M]. 北京:人民出版社,2001:196.

[6] 习近平. 习近平谈治国理政 [M]. 北京:外文出版社,2014:153.

[7] 马克思恩格斯选集:第1卷 [M]. 北京:人民出版社,1995:56.

[8] 马克思恩格斯全集:第4卷 [M]. 北京:人民出版社,1958:370.

树立"三理贯通"教学理念 增强课堂教学实效性

郑冬芳*

摘　要：我国高校的根本任务是立德树人，作为实现立德树人根本任务的关键课程，思想政治理论课的教学理念及落实具有基础性的意义。习近平总书记对"思政课"创新提出了新要求，落实习近平总书记的新要求，必须树立"政理、学理、事理"及其相互贯通的教学理念。在"思政课"教学中，通过揭示"政理"所包含的"学理"，以及"事理"所体现的"政理"与"学理"的统一，实现"思政课"教学理论性与价值性的统一及课堂教学实效性的提升。

关键词：立德树人；事理；政理；学理；相互贯通

我国高校的根本任务是立德树人，作为落实立德树人根本任务的关键课程，思想政治理论课（以下简称"思政课"）的教学理念及落实对于落实这一任务具有基础性的意义。在学校思想政治理论课教师座谈会上，习近平总书记对"思政课"创新提出了"坚持政治性和学理性相统一；坚持价值性和知识性相统一；坚持建设性和批判性相统一；坚持理论性和实践性相统一；坚持统一性和多样性相统一；坚持主导性和主体性相统一；坚持灌输性和启发性相统一；坚持显性教育和隐性教育相统一"[①]的新要求。对于如何落实习近平总书记对"思政课"创新的新要求，学术界从不同角度进行了不同的探讨，这些探讨对新时代提升"思政课"教学效果提供了不少有益的借鉴。而我们主要关注的，是"思政课"作为一门政治理论课，如何从说"理"的角度，在有效提升课程教学效果的同时，确保"思政课"教学价值引领的实现。

---

* 郑冬芳，西安交通大学马克思主义学院教授。
① 习近平. 用新时代中国特色社会主义思想铸魂育人 贯彻党的教育方针落实立德树人根本任务［N］. 人民日报，2019-03-19.

一、树立"政理、学理、事理"及其相互贯通的教学理念

"思政课"是大学生接受马克思主义理论、树立成为社会主义事业接班人意识的主渠道和主阵地,课堂教学作为"思政课"的阵地前沿,肩负着向大学生系统传授马克思主义理论和党的路线方针政策的职责,"思政课"课堂教学的效果不单是课程效果的重要构成部分,更代表课程效果的性质和方向。

和专业课甚至一般的基础类课程不同,"思政课"教学是所有课程中站位最高的,也是要求最严的,不仅集政治性、理论性和现实性于一体,而且要求政治性、理论性和现实性高度统一。因为唯有如此,才能既取得较好的教学效果,又实现"思政课"立德树人的教学目标。为了实现这一目标,"思政课"教学必须树立"政理、学理、事理"三理贯通的教学理念并落到实处。

"思政课"具有很强的政治性,必须对学生进行党的路线方针政策的教育,也就是必须讲"政治",这是"思政课"的意识形态属性决定的。"思政课"必须讲"政治",但"思政课"的讲"政治",并不是简单地告诉学生有哪些路线方针政策就可以了,而是在告诉学生路线方针政策的同时,必须给学生讲清楚路线方针政策的"道理",讲清楚为什么是这样的而不是那样的路线方针政策,也就是讲清楚"政理"。

"思政课"在具有政治性的同时,还具有很强的理论性,这是"思政课"作为理论课的性质决定的。帮助学生掌握马克思主义的理论和方法,是"思政课"重要的教学目标之一,这就决定了"思政课"教学在讲授党的路线方针政策时,除了讲清楚路线方针政策具有的"政理"外,还必须进一步揭示政理所蕴含的学术上的道理,也就是要讲清楚"学理",因为真正能说服人的只有深刻的理论。

"思政课"在具有政治性和理论性的同时,还具有极强的现实性。"思政课"所面对和所要解决的问题,都是和现实生活密切相关的问题。"思政课"必须关注现实生活,在某种意义上甚至可以说,离开对现实的关注,"思政课"就失去了存在的意义。"思政课"教学必须关注现实,但关注现实并不是在教学中运用简单的举例法那么简单,而是要在关注具有普遍意义的典型事例的同时,揭示出所关注典型事例的"道理",也就是讲清楚"事理"。

在"学理""事理""政理"中,学理是基础,事理是落脚点,政理是中介,将学理和事理连接起来。在"思政课"教学中,"政理""学理"和"事理"三者缺一不可,缺少了其中任何一理,课程的教学目标就无法完全实现。缺少了政理,"思政课"的政治性就无法体现;缺少了学理,"思政课"就不成其为理论课;缺乏了事理,"思政课"就脱离了现实。但现实中,并不是所有的"思政课"教学都能做到具备"三理"理念,有些教学埋头于书本,只关注知识的讲解和学理的传授,对政理和事理关注不够;有些教学照本宣科中央文件,只简单做路线方针政策的"传声筒",对学理和事理关注不够;有些教学从个别或零碎的事例出发进行讲授,对政理和学理关注不够;等等。这些现象的出现,一定程度上就和"三理"理念的缺乏有关。"思政课"教学不能只关注一理,而是必须树立"政理""学理"和"事理"的"三理"理念。同时,只有"三理"理念还不够,在"三理"理念的基础上,还要进一步实现"三理"间的相互贯通。因为,虽然有了"三理"理念,但如果"三理"各自为政、互不搭界、互不贯通,"思政课"教学的政治性、理论性和现实性相统一的价值目标同样无法实现。因而,"三理"及其相互贯通就成为"思政课"教学的必备理念,在教学中通过揭示"政理"所蕴含的"学理",揭示"事理"所体现的"政理"与"学理"的统一,使"三理"及其相互贯通理念落到实处。

二、揭示"政理"所包含的"学理"

习近平总书记指出,"思政课""要坚持政治性和学理性相统一,以透彻的学理分析回应学生,以彻底的思想理论说服学生,用真理的强大力量引导学生"[①]。政治性和学理性的统一是"思政课"的本质属性之一,"思政课"必须讲政治,必须具有政治性,这是课程的性质决定的,但讲政治不是简单地将中央文件搬进课堂,简单地做中央路线方针政策的传声筒。"思政课"是一门课程,而且是理论课程,离开理论、离开学理讲政治、讲路线方针政策,只会导致政治的空泛和说服力的不足。相反,在讲政治、讲路线方针政策时,将政治性和学理性统一起来,不但可以使学生了解路线方针政策,更可以使学生理解路线方针政策。政治性和学理性如何统一?有一种观点认为,政治性和学理性的统一就是"以学术讲政治",这种理解并不准确。这种理解会给人一种学术只是为政治服务、学术只是政治工具的印象,不但容易误解政治,也容易误解学术。事实上,政治性和学理性的统一,是揭示出政治本身所蕴含的学理,因为只有政治本身蕴含学理,政治性才有可能与学理性相统一,否则所谓二者的统一就只能是一个伪命题。

---

① 习近平. 用新时代中国特色社会主义思想铸魂育人 贯彻党的教育方针落实立德树人根本任务 [N]. 人民日报, 2019-03-19.

党和国家路线方针政策的制定，离不开以下几个因素的共同作用：一是中国的现实，"思想一旦离开利益，就一定会使自己出丑"①；二是路线方针政策的价值目标，一定的路线方针政策都有一个为谁服务的问题；三是一定理论的导引，"没有革命的理论，就不会有革命的运动"②。中国特色社会主义进入新时代，我们党提出了一系列路线方针政策，如"五位一体""四个全面""人类命运共同体"等，这些方针政策既是当下国内国际现实的反映，也是中国共产党为人民谋幸福和为民族谋复兴价值目标的体现，同时还是马克思主义辩证唯物主义和历史唯物主义基本原理与中国当代实际相结合的产物。路线方针政策所具有的现实性、价值性和理论性，决定了"思政课"教学的讲政治，不是简单地用学术讲政治，而是在讲清楚路线方针政策是现实反映的同时，要把路线方针政策本身所蕴含的学理揭示出来，用学理来支撑政理。

"思政课"教学必须揭示出路线方针政策所包含的学理，但从不同的学科出发，对同一路线方针政策所包含的学理的理解会呈现不同的角度和侧重点。例如对共享原则的学理分析，从马克思主义理论的视角，可以得出共享是马克思主义共同富裕理论的要求；从社会学的角度，可以得出共享是社会公平的要求；从经济学的视角，可以得出共享是效率的要求；从法学的视角，可以得出共享是正义的要求等（当然，对共享原则，同一学科也可以从多个学理进行阐释）。对政理所包含的学理，从不同的角度，可以揭示出不同的学理，这是理论研究的客观现实。"思政课"教学不仅不能忽视不同学科间的差别，而且应该在了解这些不同认识的基础上，用马克思主义的基本立场和方法，对这些不同的观点进行综合分析。这在一定程度上对"思政课"教师的知识结构和教学能力提出了更高的要求。"思政课"教学对政理所包含的学理的综合分析，要以一定的原则立场为前提，列宁说："唯物主义本身包含有所谓党性，要求在对事变做任何估计时都必须直率而公开地站到一定社会集团的立场上。"③ 我国是社会主义国家，马克思主义是我们的指导思想，"思政课"教学对"政理"本身所包含的"学理"的揭示和综合分析必须以马克思主义为指导，这是"思政课"教学的"党性"原则的要求，也是"思政课"教学揭示路线方针政策所包含学理的底线。虽然从理论的产生和形成看，理论间的相互借鉴和相互学习是必然的，但是并不能由此抹杀不同理论间的差

---

① 马克思恩格斯文集：第1卷［M］.北京：人民出版社，2009：286.
② 列宁专题文集（论无产阶级政党）［M］.北京：人民出版社，2009：70.
③ 列宁全集：第1卷［M］.北京：人民出版社，2013：363.

异,这一点在涉及意识形态理论时更为突出,而高校"思政课"教学涉及和解决的核心问题恰恰就是意识形态问题。"坚持马克思主义在意识形态中的指导地位,并不限于纯意识形态领域,而是包括经济、政治、文化诸多方面的指导作用。之所以强调马克思主义意识形态的指导作用,是因为只有坚持意识形态领域中的指导,才有可能通过意识形态辐射到其他领域,真正确立其在社会主义社会的指导地位。"① 在揭示路线方针政策的学理时,必须反对将马克思主义空置而改用西方理论阐释路线方针政策的情况。但现实中,这种用西方理论阐释我们路线方针政策的情况不仅存在,而且在有些时候还表现得比较抢眼。目前我国正处于改革的深化期和社会矛盾的多发期,面对复杂的社会现实,出现了不少和主流意识形态不一致甚至相左的观点或理论,这些观点和理论质疑中国走社会主义道路的合理性,质疑我国改革开放的方向性。这些观点和理论在揭示党的路线方针政策所包含的学理时,就存在着将我国改革开放取得成功的原因归为西方理论的指导,将改革过程中出现的问题归为没有采用西方理论或对西方理论运用不彻底。对这种通过揭示路线方针政策中包含的西方"学理"的倾向,"思政课"教学必须有清醒的认识和足够的警惕,"要坚持建设性和批判性相统一,传导主流意识形态,直面各种错误观点和思潮"②,在课程教学中旗帜鲜明地反对否定社会主义意识形态的形形色色的观点和思潮,坚持马克思主义,确保高校"思政课"教学价值引领的实现。

三、通过揭示"事理"体现"政理"与"学理"的统一

"思政课"教学必须讲政理和学理,这是确定无疑的,但不能离开社会现实讲政理和学理,因为脱离社会现实的政理和学理,不仅解释力不强,而且会使政理和学理高高在上,变得抽象无趣。抽象无趣的政理和学理,即使再深刻也难以进入人心,而无法入人心的政理和学理,其存在的意义和价值也会大打折扣。因而,政理和学理要入人心,就必须落地。

政理和学理如何落地?通过揭示事理实现政理和学理的落地。

通过揭示事理实现政理和学理的落地,首先必须对"事"有一个恰当的理解。按照一般的解释,"事"是指自然界和社会生活中的现象和活动。在"思政

---

① 陈先达. 马克思主义十五讲[M]. 北京:人民出版社,2016:98.
② 习近平. 用新时代中国特色社会主义思想铸魂育人 贯彻党的教育方针落实立德树人根本任务[N]. 人民日报,2019-03-19.

课"教学中,存在着一种将"事"简单地理解为具体事例的现象,这一点在对课程讲授要"理论联系实际"的理解中表现得最为明显(在某种意义上,理论联系实际的"实际"和事理的"事"具有相近的含义)。有些课程讲授,往往先讲一个概念或命题,然后举一个事例对概念和命题加以说明,似乎概念命题加事例就是理论联系实际了。这种简单地将实际理解为个别事例的理念,是无法适应新时代高校"思政课"教学的新要求的。

不可否认,具体事例确实是一种实际(现实),却不能简单地将实际(现实)等同于具体事例。对具体事例稍作分析就会发现,现实中出现的具体事例是具有不同性质的,具体事例既可能是个别现象,也可能是一般现象,既可能是偶然现象,也可能是必然现象,等等。作为政治理论课,"思政课"教学不能笼统地只讲关注社会现实,而是要关注反映社会整体面貌的现实,也就是说要关注具有一般性和普遍性的社会现实和社会现象。当然,这并不是说"思政课"教学就不能关注个别现象和偶然现象,而是说作为传导社会主义核心价值观的课程,"思政课"教学不能只盯着偶然现象和个别现象,而应该将关注重点更多地放在普遍现象和一般现象上。因为,"社会生活现象极其复杂,随时都可以找到任何数量的例子或个别材料来证实任何一个论点"①,你举出一个佐证某一理论或观点的例子,马上有人就会举出反驳这一理论和观点的另一个例子。举例式的教学,往往看到的只是偶然性和个别性,而忽视一般性和普遍性,以至于只见局部不见整体,只见支流不见主流,只见表面不见本质。但"思政课"的教学目的恰恰是,从社会的主流寻求社会的普遍性和规律性,关注普遍性和规律性正是"思政课"教学的政治性和理论性的要求和体现。所以,"思政课"教学要善于甄别形形色色的具体事例,在众多的具体事例中,寻找出具有普遍意义的典型事例,以典型事例为抓手,分析典型事例之"理"。相对于政理和学理,事理不但更为直观,和个体感受更为密切,也更容易为学生所理解和接受。因而,善于揭示事理,揭示事理中政理和学理的统一,这样,"思政课"教学就会有更强的吸引力和亲和力,也会取得较好的教学效果。

对具有普遍意义的典型事例之理的分析有两种方法:一种是就事论事式的事理分析,仅从"事"的表面静止地进行分析;一种是以政理和学理为导向的分析,"思政课"对事理的分析,要避免就事论事式的分析,而要以政理和学理为导向进行分析。因为,不仅是事理,还包含了政理和学理,不仅包含了政理

---

① 列宁专题文集(论资本主义)[M].北京:人民出版社,2009:101.

和学理，还是政理和学理的统一，离开政理和学理的导向，事理的阐释就会浮于表面。

"思政课"教学要以政理为导向分析事理，分析事理必须联系政理，不能跨越路线方针政策进行分析，因为路线方针政策是将理论和社会现实联系起来的中介。"任何一般的理论命题要实现对现实的指导和规范，都要从抽象命题转换为具体命题"①，马克思主义理论也不例外，如果说马克思主义理论是抽象命题的话，路线方针政策就是具体命题。路线方针政策是根据中国的具体实际，从全局视角对国家建设事业涉及的各方面、各层次、各要素进行的系统谋划，目的是实现各方面、各层次、各要素间的匹配与有机衔接，以在更有效、更合理使用资源的前提下，实现社会的建设目标。路线方针政策在马克思主义理论与普通人的生活之间架起了桥梁，是马克思主义基本原理和中国实际相结合的产物，路线方针政策不仅影响社会，也影响每一个人的生活，是和每个人息息相关的。"思政课"对事理的分析，必须以政理为导向，联系路线方针政策这一具体命题进行分析，如果离开了路线方针政策和政理，不但事理讲不清楚，而且也会使政理陷入抽象。

"思政课"教学分析事理，除了必须有政理的因素外，还必须从事理上升到学理，从具体上升到抽象，达到对学理的理解。"思政课"教学分析事理时，应该避免概念命题加例子的教学方法，而是采用从"事"出发，经过路线方针政策达到对概念和理论理解的方法。在教学中，首先举出一个或几个具有普遍意义的典型事例，并依据事例，和学生一起提出涉及事理、政理和学理的有疑惑的问题；其次，摆出对问题的不同政策和理论观点并进行分析；最后，列出与问题相关的基本概念和理论，并用基本概念和理论分析问题和事例。通过"事——事理——政理——学理"的步骤，逐渐达到对事理、政理和学理的理解，并在理解的基础上，揭示事理中政理与学理的统一，帮助学生理解社会现实，理解路线方针政策和马克思主义理论。

"思政课"教学不但要树立"政理""学理""事理"及其相互贯通理念，更要落实"三理"及其相互贯通理念。而落实离不开"思政课"教师的努力作为。如果说"思政课"是立德树人关键课程的话，"思政课"教师就是立德树人的关键主体，"办好思政课关键在教师"，这就对"思政课"教师教学能力和水平的提升提出了更高的要求。"思政课"教师政治要强、情怀要深、思维要

---

① 王宏波，陈建兵. 马克思主义理论及其教育新探［M］. 北京：中国社会科学出版社，2015：214.

新、视野要广、自律要严、人格要正,只有这样,才有可能胜任"思政课"的教学工作。当然,要落实"三理"及其相互贯通理念,仅有"思政课"教师的努力是不够的。"三理"及其相互贯通理念的落实是一个系统工程,需要统筹规划,只有动员各方力量,实施自上而下和自下而上的有效的教学组织和教学设计工作,采用一切有效手段,才能保证落到实处。

第六编 06

"西迁精神"历史意义与时代价值研究

西迁精神的丰富内涵与时代价值

李永胜

摘　要：西迁精神是在西迁实践的磨难和淬炼中铸就的伟大精神，西迁精神闪耀时代光芒，点亮思想星空，烛照奋进之路。爱党、爱国、爱民是西迁精神的核心与精髓，胸怀全局是西迁精神的价值情怀，无私奉献是西迁精神的价值追求，弘扬传统是西迁精神的价值旨趣，艰苦创业是西迁精神的价值手段。西迁精神跨越时空，光芒不朽，成为我们开创新局面、创造新辉煌的深厚滋养，在新时代具有重要价值。

关键词：西迁精神；内涵；作用；价值

20世纪50年代，为适应我国社会主义建设与国防建设发展的需要，改变我国高等教育布局不合理的局面，党中央决定交通大学从上海迁往西安，支持西部经济社会发展。在西迁实践的磨难和淬炼中，形成了"胸怀全局、无私奉献、弘扬传统、艰苦创业"的西迁精神。

一、西迁精神的丰富内涵

伟大的实践孕育伟大的精神，伟大的精神引领伟大的实践，西迁精神是弥足珍贵的精神财富，是无数可歌可泣的西迁人用忠诚、担当和奉献铸就的精神丰碑，是中国知识分子热爱祖国、服务人民、知识报国、科教兴国高尚情操的生动写照，具有丰富的精神内涵。

（一）爱党爱国爱人民是"西迁精神"的核心与精髓

习近平总书记指出："'西迁精神'的核心是爱国主义，精髓是听党指挥跟党走，与党和国家、与民族和人民同呼吸、共命运，具有深刻现实意义和历史意义。"① 深刻揭示了"西迁精神"的精髓要义,升华了"西迁精神"的思想内涵,把"西迁精神"提升到中国精神的崭新高度。

"西迁精神"把知识分子热爱祖国、奉献报国的爱国情怀书写在学校建设和发展中,融入高质量人才培养与科技创新中,把知识分子的理想同祖国前途与民族命运紧紧联系在一起,扎根西部、报效国家,是社会主义建设时期爱国主义的集中体现;西迁精神把广大知识分子对党的忠诚融入学校团结奋斗的行动中,听党指挥跟党走,胸怀大局,舍小家顾大家,坚决服从党和国家安排,到祖国最需要的地方去建设,把对党的热爱嵌入理想信念之中,融入民族发展历史进程,尽心为党育人,尽情为国育才,尽力攻坚克难、攀登科技高峰,生动诠释了知识分子对党的拳拳之心和报国之志。西迁精神把对人民的深情厚爱融入无私奉献、艰苦创业、追求卓越的笃定行动,积淀出为人民担当尽责、与人民同呼吸共命运的优秀品质,向科学进军冲锋在前,艰难险阻面前奋战在先,为人民利益赴汤蹈火,为祖国建设勇挑重担,彰显出对人民的赤子之心。

"西迁精神"是中国知识分子爱党、爱国、爱人民,以天下为己任,以党和人民利益为重的浓厚家国情怀和责任担当的生动写照。

(二) 胸怀全局是西迁精神的价值情怀

从交通大学西迁历史背景与客观情势来看,西迁精神折射出交大人"胸怀全局"的至善大美情怀,即坚决服从党和国家的发展需要,始终坚守"听党指挥跟党走"的政治方向,胸怀国家至上、民族至上、人民至上的忠诚信念,这种至善大美品格,构成西迁精神的价值情怀。对于具有浓厚的中华文化基因的中国知识分子来说,胸怀大局通常体现在浓厚的家国情怀和拳拳的报国之心上。

20世纪50年代,从社会主义建设全局来看,我国的工业及高等学校分布不合理,大部分集中于沿海大城市,广大西部地区高校很少,工业也是这样。我们要建设社会主义,必须改变这种状况。交通大学这个实力强、基础力量雄厚的高等学校西迁,可以使高等教育不合理状况得到改变,满足西部人民对科学文化知识渴望的现实需要,并使西北、西南地区获得发展。所以,交通大学西迁,从党和国家决策层面来看,体现的是从战略全局高度对我国高等教育发展所做的战略谋划,体现的是战略思维与顶层设计。

从交大人的层面看,体现的是自觉维护国家全局的大局意识。当时,交通大学地处沿海发达城市——上海,物质、精神、文化生活条件相对要好一些,

---

① 扎实做好"六稳"工作落实"六保"任务奋力谱写陕西新时代追赶超越新篇章[N]. 人民日报,2020-4-24(01).

西安则身处西北内陆的黄土高原，各方面条件相对较差。然而，交大人心系国家发展与建设事业，顾全大局，坚决拥护和大力支持党中央关于交通大学西迁的决定，舍小家为大家，舍个人为国家，愉快服从国家关于交通大学西迁决定，并很快顺利完成了西迁并扎根西部的任务，创造了中国高等教育史上前所未有的西迁伟业。

这种胸怀全局、维护大局的崇高精神在西迁人群体中体现为"党让我们去哪里，我们背上行囊就去哪里"的豪迈激情，表现为"始终与党和国家发展同向同行"的价值追求，呈现为"哪里有事业，哪里有爱，哪里就有家"的炙热情感，它是中国知识分子家国情怀在社会主义建设时期的集中体现，为社会主义先进文化注入新的生机与活力。

（三）无私奉献是西迁精神的价值追求

西迁精神中的"无私奉献"精神生动展现了"胸怀全局"的价值追求。回想60多年前，今天风景秀丽的交大（西安）校园还是一片滚滚麦田，要想在1000多亩麦田上建成一座水平高、实力强、后劲足、具有示范引领作用的社会主义一流大学，可谓困难重重，百般艰难，万般辛苦。然而，西迁师生不信邪、不畏难、不怕苦，凭着一腔奉献报国的热血，以为国为民、勇挑重担的坚定信念与责任担当，苦干、实干加巧干，迎难而上，勇往直前，无怨无悔地为西迁大业添砖加瓦，顽强拼搏，成就了交大的历史辉煌与卓越成就，开辟了交大的美好未来。

"心底无私天地宽。"无私，才能天下为公，甘愿奉献，成就伟大梦想。奉献，呈现出为人民谋福祉的行动自觉，也体现出衡量人生价值的重要标准。自古以来，无私奉献是中国知识分子忠贞不渝的浓厚价值底色。习近平总书记指出："我们共产党人讲奉献，就要有一颗为党为人民矢志奋斗的心，有了这颗心，就会'痛并快乐着'，再怎么艰苦也是美的、再怎么付出也是甜的，就不会患得患失。这才是符合党和人民要求的大奉献。"[1] 西迁人正是这种奉献精神的忠实信仰者和坚定践行者，他们以国家富强和人民幸福为己任，前仆后继，义无反顾，以向科学进军的攀登精神，上下求索，为西部振兴和发展，献了青春献子孙，甚至甘洒热血，勤奋敬业，奏出一曲激荡人心、跌宕起伏、催人奋进的西迁历史交响曲，成为中华民族的精神脊梁。

---

[1] 中共中央文献研究室. 习近平关于党风廉政建设和反腐败斗争论述摘编［M］. 北京：中央文献出版社，2015：145.

（四）弘扬传统是西迁精神的价值旨趣

历史、现实与未来是相互贯通的。正视历史，尊重传统，以史为鉴，汲取历史智慧，才能开辟美好未来。回首交大西迁历程，正是如此。作为百年老校，交通大学在长期历史实践中形成了诸多优秀文化传统，例如"兴学强国精神""抗战迁陕精神""崇德尚实、严谨治学的优良传统"，这些传统积淀着中华民族自强不息、救国救民、不畏强敌、拼搏进取、不屈不挠、奉献报国的优秀文化基因，是中华优秀传统文化的传承与发展。同时，西迁精神也是对中国共产党人长期革命实践积淀的"开天辟地、敢为人先"之首创精神，"坚定理想、百折不挠"之奋斗精神，"自力更生、艰苦奋斗"之创业精神的赓续与弘扬。由此形成了西安交大"起点高、基础厚、要求严、重实践"以及"爱国爱校、追求真理、勤奋踏实、艰苦朴素"的崇高品格，使交大的优秀传统文化升华到一个崭新的高度，达到了一个全新境界，融入了时代精神与民族精神的思想精华，成为社会主义先进文化的重要内容。

（五）艰苦创业是西迁精神的价值手段

交通大学西迁是国家调整新中国工业建设和高等教育布局的重大举措，影响巨大，意义深远。西迁人肩负着向科学进军，支援西北建设，为社会主义建设服务的光荣使命与责任，他们坚决响应党的号召，背起行囊就出发，毫不犹豫地奔赴西北。迁校西安是一项极其繁重艰巨的任务，前进道路上，布满荆棘与坎坷，充满艰险与挑战，要想在相对贫瘠与荒芜的西北黄土地上建立一个中国特色社会主义一流大学，必须要有咬定青山不放松的执着信念，有披荆斩棘、顽强拼搏的坚定信心，有艰难困苦、玉汝于成的顽强意志，有励精图治、勇攀高峰的无畏勇气。"艰苦创业"正是这种信念、信心与勇气的高度浓缩与集中呈现。回眸交大60多年的西迁史，艰苦创业精神一以贯之，赓续传承，生生不息，深深融入西迁人的工作生活中，成为西迁人筚路蓝缕、顽强拼搏、高歌猛进的精神支撑，激励着一代又一代交大人以勇于担当的爱国情怀，舍身忘我地投入社会主义建设事业，正是靠着艰苦创业的价值手段，交大西迁的幼苗才吮吸着丰富的营养，在黄土地上生根、发芽、开花、结果，逐渐长成一棵参天大树。

西迁精神灿如星空，光芒不朽，它以爱党爱国爱人民的思想精髓、胸怀全局的价值情怀、永不磨灭的奋斗精神、弘扬传统的价值旨趣、无私奉献的价值追求、艰苦创业的价值手段，烛照人们前行的道路，刻进西迁人的脑海中，汇入中国共产党的精神宝库中，融入广大知识分子的血脉中，成为我们取之不尽、用之不竭的精神宝藏。

二、西迁精神的时代价值

西迁精神产生于交通大学西迁的历史实践中,成长发展于社会主义建设和改革时期。它是中国特色社会主义大学精神的高度凝结与集中体现,是教育战线广大知识分子在党的领导下创造出的一种独特精神成果——大学精神。同时,西迁精神体现的是新中国成立以来,以西迁人为代表的一代知识分子热爱祖国、服务人民、忠诚奉献、勇挑重担、科学报国、艰苦奋斗、自强不息、勇攀高峰的高尚情操与心路历程,集中反映了中国知识分子的优良传统和独特精神风貌,积淀着伟大的民族精神与改革创新的时代精神。因此,它既以深厚而独特的实践内涵丰富拓展了中国大学精神的内容,又以知识分子独具特色的精神品格为中国精神注入新的实践内涵和时代内涵,汇入中国精神宝库,成为中国精神谱系的一个重要组成部分。它是我们立足新阶段、开创新局面、构建新格局的深厚精神滋养,在新时代具有重要价值。

(一) 爱党爱国爱人民的精髓要义对实现民族复兴具有重要价值

习近平总书记指出:"当代中国,爱国主义的本质就是坚持爱国和爱党、爱社会主义高度统一。"① 这就深刻揭示了爱国、爱党、爱社会主义三者的高度统一。社会主义中国是人民当家作主的社会,人民是国家的主人。"江山就是人民,人民就是江山。"② 爱国、爱党、爱人民在社会主义的中国社会是辩证统一的。党的初心使命就体现为为中国人民谋幸福,为中华民族谋复兴。党的百年奋斗史,就是始终践行初心使命的历史。我们共和国的一切都是为了人民利益,实现人民幸福。可见,爱国、爱党、爱人民是高度统一的,统一于人民幸福和美好生活。作为西迁精神之精髓的爱党、爱国、爱人民在新时代对于实现中华民族伟大复兴的梦想具有深远意义与重要价值。

爱国主义是"西迁精神"的鲜亮底色,爱党、爱国、爱人民是"西迁精神"的思想精髓。"西迁精神"体现了党对高校工作全面领导的鲜明特征,反映了在党的坚强领导下,坚定理想信念,跟着党的旗帜走,与党和国家的发展同向同行的价值追求,折射出在异常艰辛的情况下,用爱国奋斗圆满完成党和人民历史使命的不竭动力所在;"西迁精神"反映了广大知识分子时时想到国家、一心建功立业、倾力报效国家的爱国情怀,折射出中国高等教育事业筚路蓝缕、

---

① 习近平. 在纪念五四运动 100 周年大会上的讲话 [N]. 人民日报, 2019-05-01 (02).
② 学党史悟思想办实事开新局以优异成绩迎接建党一百周年 [N]. 人民日报, 2021-02-21 (01).

披荆斩棘的壮美历程;"西迁精神"反映了知识分子热爱人民、服务人民、忠诚人民,立德树人、科技强国的高尚情操。"西迁精神"为我们在新时代坚持社会主义办学方向,坚定理想信念,涵养爱国情怀,砥砺担当品质,践行立德树人的根本使命,办好人民满意的世界一流大学,用科技创新撑起高质量发展的现代化大厦,担起科技强国重任,树立了耀眼的精神坐标,提供了科学的行动指南,成为助推民族复兴大业的强大精神动力。

(二)胸怀全局精神对于培育新时代的民族担当精神意义重大

西迁精神蕴含的胸怀全局精神,体现知识分子"天下为公、担当道义"的家国情怀和报国之志,在今天仍具有重要的历史价值。习近平总书记指出:"我国知识分子历来有浓厚的家国情怀,有强烈的社会责任感。"① 抚今追昔,正是"铁肩担道义、妙手著文章"的责任与担当,使知识分子成为民族的脊梁与社会的良心,在推动社会进步与民族发展中担负着重任。当前,与过去相比,我们无疑更加接近中华民族伟大复兴的美好目标,我们比历史上的任何一个时期都更加有信心和能力去实现这个目标。比能力更重要的是方法,比方法更重要的是担当。在现代化建设的伟大征程上,大事小事看担当,有多大担当就能干多大事业。面对全面建设社会主义现代化国家的重重险阻与严峻挑战,更需要胸怀全局、心系天下、一心为民的担当精神。有了胸怀全局的担当精神,知识分子就会增强政治意识和大局意识,紧跟时代步伐,锐意开拓进取,努力把自身事业、前途与命运自觉同国家、民族的前途命运联系在一起,敢于担当,勇于创新,积极作为,奉献社会,忠诚人民,为实现人民美好生活做出新的更大的贡献。

(三)无私奉献精神对于净化心灵、升华精神弥足珍贵

中国知识分子素来具有敢于牺牲、乐于奉献的优良品质与高尚情操。市场经济条件和多样化社会思潮,对部分知识分子形成较大的思想冲击,致使一些人过度关注自身利益,价值的天平发生倾斜,出现道德失落,奉献意识淡漠,精致的利己主义、个人主义等思想盛行,破坏了社会风气。西迁精神蕴含的无私奉献精神有助于我们在市场经济环境下,坚守信念、守护良知、破除杂念、抵制诱惑、净化心灵。无私奉献,体现的是"为绝大多数人谋幸福"的马克思主义价值观,是共产党人的初心和使命,它放射出耀眼的真理光芒与永恒的价值魅力,具有持久的思想力量与实践伟力,可筑牢知识分子的精神堤坝。在新

---

① 习近平.在知识分子、劳动模范、青年代表座谈会上的讲话[N].人民日报,2016-04-30(01).

时代传承和弘扬无私奉献精神,能坚定马克思主义信仰,坚持国家至上、民族至上、人民至上的价值理念,始终心系人民、心存大我,守护好知识分子的精神家园,不忘初心,坚守正道,追求真理,维护正义,以高度敬业与奉献精神,努力创造无愧于时代的光辉业绩,成为人民美好生活的创造者、守护者和推进者。

(四) 弘扬传统精神具有永不褪色的时代价值

西迁精神内蕴的弘扬传统精神显示出对中华优秀传统文化、中国革命文化和社会主义先进文化的赓续与发展,折射出坚定的文化自信与价值自觉,成为砥砺前行的精神力量。习近平总书记指出:"抛弃传统,就等于割断了自己的精神血脉。"① 中华文化内蕴的优秀思想理念,诸如"和而不同""自强不息""天下为公""命运与共"等,"不论过去还是现在,都有其鲜明的民族特色,都有其永不褪色的时代价值"②。中国传统文化中"自强不息、厚德载物的思想,支撑着中华民族生生不息、薪火相传"③,直到今天仍然是我们推进改革开放与社会主义现代化建设的强大精神力量。积淀于中国革命文化中的坚定理想、百折不挠的奋斗精神和改革创新的社会主义先进文化,更是我们必须赓续和弘扬的优良传统,它为我们攻坚克难、开创未来提供了丰厚价值滋养。不忘本来,才能面向未来,站在新时代的历史起点上,我们要坚定文化自信,弘扬优秀传统文化与民族精神,从中汲取丰富的养料,在弘扬传统和创新文化中,为人民提供更多、更丰富的精神食粮,不断提升人民获得感和幸福感。

(五) 艰苦创业精神契合奋斗精神这一时代主旋律

忆往昔,峥嵘岁月,西迁人在十分艰苦的环境下以百折不挠、艰苦奋斗、拼搏进取、勇攀高峰的顽强毅力与昂扬斗志,支撑起大树西迁的历史伟业,为中国社会主义建设,为我国高等教育事业发展做出了巨大贡献,在西部黄土高原种下我国高等教育的一棵参天大树,带动了整个西部教育事业的蓬勃发展,并给我们留下了一笔弥足珍贵的精神财富——艰苦创业精神。立足新时代,面对"两个大局"的严峻挑战,展望实现第二个百年奋斗目标的新的大考,实现民族复兴的使命更加艰巨,任务更加繁重,迎难而上,不辱使命,同样离不开艰苦创业的奋斗精神。征途漫漫,唯有艰苦创业,持续奋斗,才能创造新的更大辉煌。为此,我们要把自己融入新时代大潮中,大力弘扬艰苦创业的奋斗精

---

① 习近平谈治国理政:第二卷[M].北京:外文出版社,2017:164.
② 习近平谈治国理政:第二卷[M].北京:外文出版社,2017:170-171.
③ 张九童.中国经济新常态的公共性价值[J].东岳论丛,2015(9):181-185.

神，坚持把人民对美好生活的向往作为奋斗目标，抓住社会主要矛盾，聚焦人民群众的突出问题，同人民一起奋斗，用昂扬的奋斗精神支撑起社会主义现代化建设强国的大厦。

岁月如梭，沧桑巨变，时空流转，社会进步。西迁精神穿越时空，光芒四射。扎根西部，胸怀天下，爱国、爱党、爱人民，不负韶华，不负厚望，铭记荣光，不辱使命，西迁人以忠诚党和人民的赤子之心，用爱国奋斗的双桨，荡起立德树人、为国育才的航船，征服一切激流险滩，闯过无数科技难关，在新时代开启建功立业的新征程，必将为民族复兴的宏伟蓝图写下浓墨重彩的一笔。

论西迁精神的理论蕴涵、时代价值及弘扬途径*

韩 锐 李晓婷

摘　要：西迁精神蕴含着胸怀大局的思想精髓、无私奉献的价值追求、弘扬传统的文化品格以及艰苦创业的意志品质，其本质上体现了以爱国主义为核心、以听党指挥跟党走为精髓的奉献报国精神。它不仅为激发广大知识分子家国情怀提供了坚强精神支撑，为加强全社会思想道德建设提供了宝贵精神财富，更为新时代全面建成社会主义现代化强国提供了强大精神动力。站在新的历史起点上，必须坚持与时俱进，不断挖掘西迁精神新内涵；高举爱国奋斗旗帜，做西迁精神忠诚践行者；丰富载体平台，将学习宣传西迁精神引向深入。

关键词：西迁精神；理论蕴涵；时代价值；弘扬途径

2020年4月，习近平总书记在西安交通大学考察调研时指出："'西迁精神'的核心是爱国主义，精髓是听党指挥跟党走，与党和国家、与民族和人民同呼吸、共命运，具有深刻现实意义和历史意义。"[①] 因此，在"两个一百年"奋斗目标历史交汇的关键节点，深入挖掘西迁精神的理论内涵，大力弘扬西迁精神的时代价值，对于教育引导全社会特别是广大知识分子到祖国最需要的地方建功立业，开启全面建设社会主义现代化国家新征程，具有十分重要的意义。

一、西迁精神的理论蕴涵

1956年，以交通大学为代表的一批高校、科研院所、厂矿企业坚决拥护和执行党中央关于西迁的决定，成为大西北工业建设的排头兵。六十多年来，在

---

* 本文系国家社科基金重大委托项目"西迁精神的历史意义与时代价值研究"（20@ZH025）、全国教育科学"十三五"规划2018年度教育部重点课题"西迁精神对当代大学精神文化传承创新研究"（DEA180348）的阶段性成果。

① 扎实做好"六稳"工作落实"六保"任务 奋力谱写陕西新时代追赶超越新篇章［N］.人民日报，2020-04-24（01）.

广大"西迁人"爱国奋斗的伟大实践中，孕育并形成了以胸怀大局、无私奉献、弘扬传统、艰苦创业为主要内涵的西迁精神。

（一）胸怀大局是西迁精神的思想精髓

胸怀大局，即一以贯之地服从党和国家发展的战略需要，坚定"听党指挥跟党走"的政治方向，其本质是一种讲政治讲大局的担当精神。对于知识分子而言，胸怀大局表现为一种浓厚的家国情怀和殷殷的报国精神。中国知识分子历来就有"为天地立心，为生民立命，为往圣继绝学，为万世开太平"的理想与情怀，如司马迁"常思奋不顾身，而殉国家之急"；孙中山"驱逐鞑虏，恢复中华"；周恩来"为中华之崛起而读书"，无不是这一家国情怀的具体表达。习近平总书记指出："一代又一代知识分子为我国革命、建设、改革事业贡献智慧和力量，有的甚至献出宝贵生命，留下了可歌可泣的事迹。"① 他曾高度赞扬以钱学森、邓稼先、郭永怀等"两弹一星"元勋为代表的老一辈知识分子的家国情怀和奉献精神，充分肯定以黄大年、李保国、南仁东、钟扬等为代表的新时代优秀知识分子"心有大我、至诚报国"的感人事迹和爱国情怀。对于"西迁人"来说，胸怀大局则具体体现为"党让我们去哪里，我们背上行囊就去哪里""始终与党和国家的发展同向同行"的崇高信念，其背后亦闪耀着爱党、报国、为民的使命担当与家国情怀。如今，这种胸怀大局的爱国情怀已经内化为西迁精神的核心和灵魂，成为激励我们党在新的历史方位上团结带领全国各族人民不忘初心、砥砺奋进的精神力量。

（二）无私奉献是西迁精神的价值追求

无私奉献，既是一种为他人谋福利的行为取向，又是一种衡量人生价值高低的重要标准。"西迁人"主动放弃优越生活条件，扎根艰苦地区，默默无闻、无私奉献，这是听党指挥、人民立场和爱国情怀在社会主义新中国的行动表现。自古以来，无私奉献是中国知识分子忠贞不渝的气质本色。上启孔子"修身、齐家、治国、平天下"之道，下至林则徐"苟利国家生死以，岂因祸福避趋之"之境界，无不彰显出矢志奉献的精神风骨。无私奉献亦是中国共产党人的崇高品格。习近平总书记指出："党的事业，人民的事业，是靠千千万万党员的忠诚奉献而不断铸就的。"② 在中国共产党创立和发展的百年光辉历程中，坚守人民

---

① 习近平在看望参加政协会议的民进农工党九三学社委员时强调：我国广大知识分子要主动担当积极作为 为国家富强民族振兴人民幸福多作贡献［N］.人民日报，2017-03-05（01）.

② 习近平给国测一大队老队员老党员回信［N］.人民日报，2015-07-02（01）.

立场，大公无私，忘我奉献，是我们党战胜一切困难、不断取得胜利并走向辉煌的制胜法宝。扎根西部60余年，"西迁人"始终以国家繁荣富强和增进人民福祉为己任，在社会的进步中有他们的足迹，在人民的幸福中有他们的奉献，在奉献中实现人生价值，为西部发展和国家建设做出了不可磨灭的历史性贡献。从这个意义上讲，"西迁人"不愧为新中国知识分子无私奉献的时代楷模。这种无私奉献的价值追求，不仅是加强社会主义精神文明建设、培育和践行社会主义核心价值观的重要内容，更是新时代坚持和发展中国特色社会主义的精神财富。

（三）弘扬传统是西迁精神的文化品格

西迁精神体现了对中华优秀传统文化、革命文化的传承与升华，彰显了坚定文化自信的时代品格。习近平总书记指出："抛弃传统、丢掉根本，就等于割断了自己的精神命脉。"① 中华优秀传统文化中包含着诸多为人类所共同遵循的普遍性生存智慧，如主张"民惟邦本""和而不同"；倡导"大道之行也，天下为公"；推崇"天下兴亡，匹夫有责"；强调"出入相友，守望相助"等。这些思想精华既随着社会变迁而不断与时俱进，又有其自身的连续性和稳定性，至今仍然深刻影响着中国人的生活方式和行为模式，并彰显出世界性的文化意义。中国共产党在100年的奋斗征程中亦形成了自己的革命品格和优良传统，集中体现为理论联系实际、密切联系群众、批评与自我批评等优良作风，成为推动中国革命、建设与改革事业不断取得胜利的强大精神动力。在60余年的迁徙过程中，"西迁人"继承和发扬了中华民族"天下为公""担当道义"等优秀文化传统以及中国共产党人"自力更生""艰苦奋斗"等优良作风，形成了胸怀祖国、艰苦奋斗、开拓创新、无私奉献等崇高品格。如今，老一辈"西迁人"弘扬优良传统、坚定文化自信的豪迈气概已然转化为西迁精神的文化品格，并深深融入民族精神与时代精神之中，成为坚定中国特色社会主义文化自信的力量源泉。

（四）艰苦创业是西迁精神的重要标志

西迁精神中蕴含着艰苦创业的丰富内涵。艰苦是一种客观条件，创业是一种奋斗姿态。艰苦创业就是在艰难困苦的环境和条件下敢为人先、开拓进取、追求卓越、勇攀高峰。从这个意义上讲，艰苦创业不仅指在物质层面上要保持艰苦朴素、勤俭节约的生活作风，更意味着在精神层面上要有战胜一切艰难险阻，绝不屈服退缩的坚强品格。艰苦创业的西迁精神源自中华民族5000多年所

---

① 习近平谈治国理政：第1卷［M］．北京：外文出版社，2018：164.

形成的优秀传统文化,是中华民族精神的时代体现。在中华民族的价值谱系中,始终崇尚"艰难困苦,玉汝于成"的顽强意志,推崇"筚路蓝缕,以启山林"的开拓精神,提倡革故鼎新、与时俱进的执着追求。同样,西迁精神中"艰苦创业"的内涵与中国共产党精神谱系中的伟大建党精神、井冈山精神、长征精神、延安精神、西柏坡精神等所包含的"艰苦奋斗"一脉相承。一百年来,中国共产党团结带领全国各族人民从站起来、富起来到强起来的历史,本身就是一部艰苦创业的历史。无论是在革命战争年代,还是在社会主义建设和改革时期,都贯穿了党领导人民在艰苦和困难面前打不倒、压不垮、不低头、不弯腰的鲜明品格,它不仅是西迁精神的重要标志,更是激励当代中国共产党人和亿万人民为完成党在新时代的历史使命和实现中华民族伟大复兴中国梦而接续奋斗的精神动力。

二、西迁精神的时代价值

西迁精神虽然形成于20世纪50年代,但它所蕴含的那种胸怀大局的思想精髓、无私奉献的价值追求、弘扬传统的文化品格以及艰苦创业的意志品质,本质上体现了以爱国主义为核心、以听党指挥跟党走为精髓的奉献报国精神,在新时代中国特色社会主义建设中具有重大现实意义。

(一)为激发广大知识分子家国情怀提供了坚强精神支撑

习近平总书记指出:"我国知识分子历来有浓厚的家国情怀,有强烈的社会责任感,重道义、勇担当。"① 我国是工人阶级领导的、以工农联盟为基础的人民民主专政的社会主义国家。知识分子作为工人阶级的一部分,是建设中国特色社会主义的一支重要力量,具有不可替代的作用。党的十九大描绘了新时代中国特色社会主义宏伟蓝图,要把这一美好蓝图变为现实,这就迫切需要广大知识分子充分发挥自身优势,勇于担当、敢于创新、服务社会、报效人民,为党和国家各项事业提供重要的人才支撑、智力支撑、创新支撑。然而,在市场经济条件下,由于受多样化社会思潮的影响以及市场逐利性的诱惑,享乐主义、拜金主义、极端个人主义对部分知识分子产生了较大冲击。具体表现为:过度关注自身利益,缺乏必要责任担当;精致利己主义、学术浮夸、急功近利等不良风气。之所以出现这些现象和问题,其根源在于知识分子家国情怀的淡化以

---

① 习近平在看望参加政协会议的民进农工党九三学社委员时强调:我国广大知识分子要主动担当积极作为 为国家富强民族振兴人民幸福多作贡献 [N]. 人民日报,2017-03-05(01).

及担当精神的缺失。因此,大力弘扬西迁精神,有助于激发老一辈知识分子爱国奉献、无怨无悔的家国情怀,积极引导广大知识分子在新时代始终胸怀大局、心有大我,把个人理想自觉融入党和国家发展伟业中,为西部发展、国家建设贡献智慧和力量。

(二) 为加强全社会思想道德建设提供了宝贵精神财富

党的十九大报告指出,要提高人民思想觉悟、道德水准、文明素养,提高全社会文明程度。我们党历来高度重视社会主义精神文明建设。毛泽东同志曾号召全党学习白求恩毫不利己专门利人的精神,并强调"只要有这点精神,就是一个高尚的人,一个纯粹的人,一个有道德的人,一个脱离了低级趣味的人,一个有益于人民的人"①。邓小平同志明确指出:"我们要建设的社会主义国家,不但要有高度的物质文明,而且要有高度的精神文明。"② 习近平总书记进一步强调:"我们要继续锲而不舍、一以贯之抓好社会主义精神文明建设,为全国各族人民不断前进提供坚强的思想保证、强大的精神力量、丰润的道德滋养。"③ 党的十八大以来,我国思想文化建设取得了重大进展,与此同时,由于当今社会思想观念日趋活跃,价值取向纷纭激荡,从而给全社会思想道德领域带来诸如理想信念模糊、道德滑坡、诚信缺失等问题。加强思想道德建设越来越成为一项重大而又紧迫的现实任务。西迁精神中蕴含着丰富的爱国精神、奋斗精神、创新精神和奉献精神,体现为广大"西迁人"胸怀大局、心有大我,艰苦创业、玉汝于成,扎根实际、勇攀高峰以及公而忘我、埋头深耕的崇高品格。因此,大力弘扬西迁精神,有助于加强社会主义思想道德建设,提高全民族的思想道德素质。

(三) 为全面建成社会主义现代化强国提供了强大精神动力

进入新时代以来,我国社会主要矛盾已经转化为人民日益增长的美好生活需要和不平衡不充分的发展之间的矛盾。这个矛盾是全国性的,尤其体现在西部。我国西部地区占全国总面积的71.4%,人口占全国28%,人均GDP不足全国2/3,不足东部地区的40%。目前,我国城乡差距最大的地区在西部;由中国制造向中国创造、中国智造转变最迫切的地区在西部;人民群众在物质生活水平提升之后,对于精神生活和社会福利改善最渴求的地方也在西部。可见,我国西部是全面建设社会主义现代化国家的难点和重点。因此,为了确保社会主

---

① 毛泽东选集:第2卷 [M]. 北京:人民出版社,1991:660.
② 邓小平文选:第2卷 [M]. 北京:人民出版社,1993:367.
③ 习近平谈治国理政:第2卷 [M]. 北京:外文出版社,2017:323.

义现代化和中华民族伟大复兴总任务如期实现，就需要大力弘扬西迁精神，积极响应国家"西部开发""乡村振兴""一带一路"倡议等号召，最大限度地调动全社会特别是广大知识分子的奋斗热情，加快西部地区在经济、社会、文化、科技等领域的深度发展，解决人民群众在教育、就业、居住、医疗、养老等方面的难题，进一步缩小城乡区域发展和收入分配差距，让国家发展更平衡，促进社会发展得更充分。在新时代全面建设社会主义现代化国家的伟大实践中，西迁精神必将转化为一种巨大的物质力量。

三、新时代弘扬西迁精神的实践途径

站在新的历史起点上，进一步传承并弘扬好西迁精神，必须突出政治引领、凝心聚力，注重学用结合、知行合一，从全方位、立体化的视角，采用多样化的途径，不断增强全社会对西迁精神的思想认同、情感认同、价值认同，并落实到实践养成之中，确保取得实效。

（一）坚持与时俱进，不断挖掘西迁精神新内涵

西迁精神具有历史传承性，它时刻响应着时代呼唤，并在当代中国社会发展的连续性中不断展现出其自身独特的价值魅力和现实活力。因此，在建设新时代中国特色社会主义的重要历史时期，大力弘扬西迁精神，必须不断深化和丰富其新的时代内涵。一是要将弘扬西迁精神与深入学习贯彻习近平新时代中国特色社会主义思想结合起来，通过深入学习"西迁人"坚定正确的政治方向、无私奉献的价值追求、弘扬传统的文化品格以及艰苦创业的意志品质，进一步强化理想信念，增强"四个意识"，坚定"四个自信"，坚决贯彻落实党中央的各项部署，积极实施国家整体发展战略。二是要将弘扬西迁精神与传承中华优秀传统文化结合起来，与革命文化和社会主义先进文化联系起来，始终坚持胸怀祖国、艰苦奋斗、开拓创新、无私奉献，在破解发展难题、探索发展新路中砥砺奋进，积极作为。三是要将弘扬西迁精神与社会主义核心价值观教育结合起来，坚持不懈地培育全社会特别是广大知识分子坚定正确的政治立场、爱党爱国爱人民的深厚感情以及在祖国最需要的地方建功立业的价值追求。

（二）高举爱国奋斗旗帜，做西迁精神忠诚践行者

西迁精神不仅是以西安交通大学"西迁人"为代表的老一辈知识分子扎根西部、服务国家的精神印记，更是广大人民群众爱国奋斗高尚情操的光辉写照。因此，大力弘扬西迁精神，必须高举爱国奋斗旗帜，做新时代的忠诚践行者。一是要秉持胸怀大局、心有大我的爱国精神，按照党中央"四个面向"要求，

引导广大知识分子坚定不移贯彻科教兴国、人才强国以及创新驱动发展战略，成为推动区域经济社会发展和推进"一带一路"建设的主力军。二是要切实把艰苦创业、玉汝于成的奋斗精神贯彻到进行伟大斗争、建设伟大工程、推进伟大事业、实现伟大梦想的全过程，不断丰富全社会践行西迁精神的生动案例。三是要弘扬扎根实际、勇攀高峰的创新精神，继续牢牢扎根祖国西部大地，培养更多新时代优秀人才，创造更多国家急需的科研成果，努力成为开拓创新的时代先锋。四是要坚守公而忘私、埋头深耕的奉献精神，激励广大党员干部和人民群众筑牢扎根西部的定力，提高服务西部的能力，磨炼愿吃苦、能吃苦的毅力，立足本职岗位为西部建设、国家富强与民族振兴贡献智慧和力量。

（三）丰富载体平台，将学习宣传西迁精神引向深入

大力弘扬西迁精神，要进一步丰富载体平台，加大学习宣传阐释力度，使之放射出更加绚烂璀璨的新时代光芒。一是要紧紧围绕习近平总书记关于西迁精神的重要指示精神，加大对西迁精神的研究阐释力度，力争推出一批有高度、有深度、有温度的研究成果。二是要紧密结合"不忘初心、牢记使命"主题教育、党史学习教育等党内教育活动，嵌入西迁精神板块，通过采用集中学习、座谈研讨、纳入课堂主渠道等形式，开展专题教育。三是要充分挖掘西迁精神所蕴含的文化资源，通过举办专题展览、组织参观学习和开展实践活动等形式，回顾老一辈知识分子的爱国奋斗之路，感悟他们的艰辛历程，进一步增进新时代广大知识分子对国情党情的认识。四是要通过全方位宣传报道、多渠道宣传展示、典型引领示范等，使西迁精神家喻户晓。如在重要版面、重要时段、网站首页重要位置和"两微一端"，持续推出西迁精神报道；创作文艺精品，拍摄影视剧，推出网络微视频、微故事等；组建西迁精神宣讲团，邀请西迁老教授、老职工与新传人共同参与，讲鲜活事迹、谈切身感受，辐射带动广大党员干部和人民群众进一步把思想和行动统一到新时代实现中国梦的实践中来。

西迁精神与党外知识分子思想引领研究

樊晓燕　杨昕怡

摘　要：文章首先通过回顾西迁精神本质内涵的发展演变和党外知识分子思想变化的历程，分析了当下以西迁精神引领党外知识分子的必要性。其次，从党的领导确保西迁中更好发挥知识分子的作用、党外知识分子在西迁精神感召下主动入党、西迁精神中体现的知识分子的家国情怀、交通大学和知识分子的优良传统、西迁精神是新时代激发知识分子创新创业热情的精神旗帜等方面总结归纳了西迁精神为引领党外知识分子提供的宝贵经验和思想资源。最后，提出以西迁精神引领党外知识分子的路径，包括用理想信念感染党外知识分子、用共同的事业和奋斗目标团结党外知识分子、用有力的措施助力党外知识分子、用丰富的理论和实践素材教育党外知识分子。

关键词：西迁精神；党外知识分子；思想引领

中国共产党历来重视团结党外知识分子。习近平总书记指出："我们对科学知识和优秀人才的需要，比以往任何时候都更为迫切。"[1] 知识分子是新时代实现两个一百年奋斗目标、实现中华民族伟大复兴的重要"人才支撑、智力支撑、创新支撑"[2]。西迁精神是中华民族精神脊梁中光芒万丈的一段，是中国共产党精神谱系的重要组成部分。[3] 西迁精神的形成是党领导的结果，也是党领导和团结广大知识分子创造的时代奇迹。研究和诠释西迁精神，为新时代党外知识分子的思想引领提供了鲜活的素材、生动的案例和宝贵的思想资源。

---

[1]　习近平. 在北京大学师生座谈会上的讲话［EB/OL］. 新华网，2018-05-03.
[2]　习近平. 在知识分子、劳动模范、青年代表座谈会上的讲话［N］. 人民日报，2016-04-30（01）.
[3]　肖罗. 西迁精神永放光芒［N］. 光明日报，2018-01-09（09）.

一、西迁精神与党外知识分子的关系

（一）西迁精神本质内涵的发展演变

20世纪50年代，我国工业和高等学校大部分集中于沿海地区，为了改变这种不合理的布局，国家决定交通大学内迁西安。20世纪80年代，曾任教育部部长的蒋南翔说：交通大学西迁体现了一种精神，这是首次从精神层面对交大西迁做出的高度评价。2005年12月，西安交通大学党委常委会经过讨论决定，将"西迁精神"确定为"胸怀大局、无私奉献、弘扬传统、艰苦创业"16个字，初步完成了对西迁精神的提炼。①

2017年11月30日，西安交通大学15位老教授给习近平总书记写信并很快得到回复，习近平总书记在回信中说："希望西安交通大学师生传承好西迁精神，为西部发展、国家建设奉献智慧和力量。"② 2018年新年贺词中习近平总书记再次提起交大西迁的老教授，并强调："他们的故事让我深受感动……广大人民群众坚持爱国奉献，无怨无悔，让我感到千千万万普通人最伟大，同时让我感到幸福都是奋斗出来的。"③ 至此，西迁精神开始被社会广泛关注和了解。

2020年4月22日，习近平总书记在西安交通大学西迁博物馆亲切会见14位西迁老教授，并指出："'西迁精神'的核心是爱国主义，精髓是听党指挥跟党走，与党和国家、与民族和人民同呼吸、共命运，具有深刻现实意义和历史意义。"④ 习近平总书记关于西迁精神的重要讲话表明中国共产党和知识分子群体在为民族谋复兴、为人民谋幸福这一奋斗目标和理想追求上有着高度的契合，准确把握和深刻揭示了"西迁精神"的时代内涵。爱国主义的旗帜将知识分子团结在党的周围，听党指挥跟党走是知识分子精神境界的升华，是朴素信念向自觉理想的转变。

（二）党外知识分子的思想变化过程

中华民族传统文化造就了知识分子热爱祖国、奉献人民的高尚品格和重义轻利、崇尚气节的价值取向。在不同的历史时期，知识分子的个人境遇和思想状况与国家的发展大局息息相关，外部环境和时代变迁难免对知识分子的思想

---

① 张迈曾．西迁精神（中国共产党革命精神系列读本）[M]．北京：中共党史出版社，2020：16．
② 人民网．传承好西迁精神 为西部发展国家建设奉献智慧和力量 [EB/OL]．人民网，2017-12-17．
③ 国家主席习近平发表二〇一八年新年贺词 [EB/OL]．新华网，2017-12-31．
④ 弘扬"西迁精神" 做听党指挥的西迁新传人 [EB/OL]．人民网，2020-04-24．

观念产生冲击。

从上海迁校而来、毕生扎根西部的教师，不乏在海外名校深造的资历。他们既有宽阔的国际视野，掌握先进的科技知识，又深感国家落后，有着强烈的民族自尊心和使命感。正是这样的决心和勇气，促使他们义无反顾，积极献身祖国西部。生逢改革开放的广大知识分子则以时不我待的紧迫感和追赶世界前沿科技的危机感投身科学研究。社会的剧烈变革和市场经济大潮的冲击曾使知识分子群体在理想和现实的矛盾中徘徊，西安交通大学也陷入了"孔雀东南飞"的窘境。但即便如此，多数人依然选择了坚守西北，矢志不渝。

党的十八大以来，尊重知识、尊重人才、尊重劳动、尊重创造的观念深入人心，知识分子的个人成长和价值实现与祖国发展和民族复兴更加紧密地联系在一起，广大党外知识分子以实际行动服务于国家发展的大局，融入新时代、拥抱新时代、开创新时代、推进新时代是时代的要求也是知识分子群体的迫切需求。

（三）西迁精神引领知识分子的必要性

革命时代毛泽东同志就说过："没有知识分子参加，革命的胜利是不可能的。"[①] 改革开放初期邓小平同志也明确提出："我们国家国力的强弱、经济发展后劲的大小，越来越取决于劳动者素质，取决于知识分子的数量与质量。"[②] 知识分子是生产力的开拓者、文化的创造者和知识的传播者，在实施科教兴国、人才强国和创新发展驱动战略中具有独特的优势和作用。

新时代知识分子的数量和结构都在发生变化。中国的知识分子人数在改革开放初期不到1000万人，目前具有大学以上文化程度的人口达到了2.18亿人。[③] 2011年党外知识分子的数量已经占到知识分子总人数的75%以上。他们主要集中在科教文卫领域，一般都是业务骨干或本领域的带头人。党外知识分子一方面对党的政治认同度高，另一方面由于其自身构成上的多样化、复杂性，他们往往具有开阔的视野和活跃的思维，这也对做好党外知识分子工作提出新要求。

全球化时代的思想交流、交融和交锋对党外知识分子产生严重的冲击。社会发展中存在的问题可能催生意识形态认同危机；历史虚无主义否定中国近代

---

① 毛泽东. 大量吸收知识分子 [M] //中共中央组织部知识分子工作办公室. 知识分子工作手册. 北京：党建读物出版社，2003：1.

② 本书编写组. 邓小平理论学习辞典 [M]. 北京：党建读物出版社，1999：170.

③ 中共中央统一战线工作部. 开创党外知识分子统战工作新局面 [N]. 人民日报，2021-07-29（12）.

历史，否定新中国建设成就，否定历史事件和历史人物，妄图瓦解党的执政基础；新自由主义主张市场万能、彻底私有化、全球自由化和福利个人化；西方国家凭借在经济、军事、科技上的领先地位，对我国进行文化输出和价值渗透；消费主义和拜金主义的不良影响不容小觑。

2015年习近平总书记在中央统战工作会议上的讲话中指出："党外知识分子工作，是统一战线的基础性、战略性工作。做党外知识分子工作，不仅要增强责任意识、配强工作力量，还要改进工作方法，学会同党外知识分子打交道特别是做思想政治工作的本领。要高度重视和做好新经济组织、新社会组织中的知识分子工作，引导他们发挥积极作用。"[①] 2017年习近平总书记在党的十九大报告中强调："加强党外知识分子工作，做好新的社会阶层人士工作，发挥他们在中国特色社会主义事业中的重要作用。"[②] "西迁精神"对党外知识分子在精神示范、道德引领、价值践行和思想导向等方面具有重要的引领作用

二、西迁精神为引领党外知识分子提供宝贵的经验和思想资源

西迁精神为党外知识分子的思想引领提供了宝贵的资源。从发展进程来看，大批党外知识分子在西迁精神的感召下主动入党；从历史渊源来看，西迁精神是对知识分子家国情怀和胸怀天下优良传统的继承和发展；从实践维度来看，西迁精神是知识分子在新中国建设中形成的爱国奋斗和奉献报国精神；从未来意义来看，西迁精神是新时代激发知识分子创新创业热情的精神旗帜。

（一）党的领导确保西迁中更好发挥知识分子的作用

20世纪50年代交大主体西迁伟业的完成，不仅彰显了中国共产党领导知识分子开发西部、建设社会主义的决心，也充分体现了社会主义制度集中力量办大事的优越性。中国共产党的领导是西迁事业可靠的现实基础和根本的政治组织保障。毛泽东、朱德、刘少奇、彭真、邓小平、陈毅、陈云等重要领导人都圈阅或批阅过交通大学西迁的文件，周恩来总理更是亲自部署确保了西迁的顺利进行。

沪陕两地党和政府全方位的支持是西迁事业成功的重要原因。不论是上海市的坚决支持还是陕西省的特事特办，沪陕两地党委坚持支援内地建设与照顾上海发展相结合的指导方针，既着眼于长远，重点关照大西北建设，又充分发

---

① 习近平出席中央统战工作会议并发表重要讲话［EB/OL］. 新华网，2015-05-20.
② 习近平. 决胜全面建成小康社会　夺取新时代中国特色社会主义伟大胜利——在中国共产党第十九次全国代表大会上的报告［M］. 北京：人民出版社，2017：40.

挥沿海优势和潜力,为交大迁校方案圆满解决提供了有力保障。

交通大学党委具体部署和组织了西迁,彭康所带领的交大团队为党和国家交上了一份满意答卷。据统计,交大1956年第二届党代会17位党委委员中有16人迁到了西安,其中7位常委中有6位来到了西安,学校党委在交大西迁历程中发挥了良好的示范和领导作用。在迁校过程中,领导干部、骨干教师和广大青年党团员起到了带头作用,基层党组织和党员的示范引领作用使西迁事业顺利落地。

(二)党外知识分子在西迁精神感召下主动入党

一批德高望重的老教授自觉担当西部大开发的排头兵。1956年以来的半年多,共发展教授11人(如张鸿、严晙、黄席椿、陆振国、刘耀南等),讲师15人入党,建立了广泛的"又红又专"师生党组织队伍。

新中国成立之前,赵富鑫教授一心教学不问政治。新中国成立后,赵富鑫"目睹在党的领导下,国内情况完全改变,各方面蓬勃发展",对党的态度和认知不断提高,1957年他正式加入中国共产党,在政治上获得新生。著名切削刀具及齿轮加工研究专家金精书写了四代人西迁的动人故事,他多次递交入党申请书,婉言拒绝了民主党派的邀请,终于在1987年65岁时光荣地加入了中国共产党。

(三)西迁精神是对知识分子家国情怀和胸怀天下优良传统的继承和发展

中国知识分子历来有浓厚的家国情怀和强烈的社会责任感,他们愿意为了国家富强、民族振兴、人民幸福而前赴后继、上下求索。① 西迁精神正是中国知识分子家国情怀的升华,是对知识分子胸怀天下优良传统的继承和发展。教育部原部长陈宝生说:"西迁精神是民族精神、爱国精神和改革创新精神的重要组成部分,交通大学西迁充分体现了老一辈知识分子始终与党和国家发展同向同行的报国情怀和奋斗精神,是我们教育工作者学习的榜样,也是激励我们不断前进的动力。"② 站在新的历史起点上,面对新的时代、新的征程、新的使命,传承西迁精神,有助于在全社会弘扬胸怀大局、心有大我的崇高情怀,坚持国家至上、民族至上、人民至上的价值观念。

---

① 张迈曾.赋予西迁精神新内涵 做好新时代的新传人[J].中国高等教育,2018(Z1):38-41.
② 万玉凤.秦腔现代戏《大树西迁》演绎西迁精神[N].中国教育报,2018-03-13(05).

（四）西迁精神是知识分子在新中国建设中形成的爱国奋斗和奉献报国精神

老一辈西迁人同艰苦的生活和科研条件作斗争，献身于大西北开发和建设的过程，是他们爱国奋斗和奉献报国精神的生动体现。当时适逢我国三年困难时期，部分教职工由于生活困难，营养不良，健康状况出现了问题。但在艰难困苦面前他们毫无怨言，战胜心理上的脆弱，甚至带病坚持教学、坚持劳动、坚持基本建设、坚持为兴办新专业而"边学边干"。一栋栋巍峨的大楼拔地而起，一项项基础设施不断完善，学校的机、电、动等相关专业的传统优势得到全面发挥。与此同时，学校的事业得到了前所未有的开拓和发展。西迁老一辈圆满完成了党和国家交付的光荣使命，以实际行动践行了崇高的理想，奉献给心爱的事业。

（五）西迁精神是交通大学和知识分子优良传统的延续和传承

交通大学素有爱国主义传统，师生始终高举爱国主义旗帜，救国拯民，利用自己所学知识，积极投入社会政治活动和服务社会大众中。据统计，交通大学1956年年底在册的教师共767人，迁到西安的537人，占教师总数的70%，其中包括教授24人、副教授25人、讲师141人。① 他们把自己的理想追求、事业发展和国家命运紧紧连在一起，在三秦大地默默耕耘，培育和造就了许多杰出人才。

迁校第一个10年（1956—1966年），学校输送毕业生1万余人，比中华人民共和国成立前53年培养学生的总数增加了一倍。② 迁校第三个10年（1976—1986年），西安交大和北京大学、清华大学、复旦大学、上海交大一起被列为国家重点建设项目（1985年5月）③，开始了跨越式发展。迁校第四个10年（1986—1996年），西安交大作为国家第一批高校，率先开展"211工程"和"985工程"建设。迁校第五个10年（1996—2006年），西安交大全面推进学科调整，成为一所具有理工特色的综合性研究型大学。④ 迁校第六个10年（2006—2016年），中国西部科技创新港和"丝绸之路大学联盟"的建设证明

---

① 凌安谷. 交通大学内迁西安史实 [M]. 西安：西安交通大学出版社，1995：83.
② 张迈曾. 西迁精神（中国共产党革命精神系列读本）[M]. 北京：中共党史出版社，2020.
③ 北京市社会科学界联合会. 新中国60年·学界回眸 [M]. 北京：北京出版社，2009：192.
④ 张迈曾. 西迁精神（中国共产党革命精神系列读本）[M]. 北京：中共党史出版社，2020.

"西迁大树"不仅根深叶茂,而且已经成为大西北的一部分。①

(六)西迁精神是新时代激发知识分子创新创业热情的精神旗帜

创新是一个民族发展的不竭动力,勇立潮头、引领创新是广大知识分子应有的品格。老一辈西迁人发扬自力更生、自主创新精神,开办新专业、开发新技术、研制新成果,为我国科技事业的发展做出了突出贡献。② 今天,西迁精神成为新时代激发知识分子创新创业热情的精神旗帜。

以交通大学为代表的一批高等院校、企事业单位积极响应党中央的号召,义无反顾地奔赴大西北,投身到祖国最需要的地方建功立业,书写了一曲时代赞歌。经过西迁群体及其后继者的接续奋斗,大西北拥有了一批新兴学科和国家重点研究基地。历史的发展证明了"交通大学的迁校,是我国在调整高等教育战略布局方面一个成功范例"③,更是顺应时代形势、服务国家战略全局的伟大创造,西迁人是伟大创造精神的代表者与践行者。

三、西迁精神对党外知识分子思想引领的路径

马克思在《路易·波拿巴的雾月十八日》中从3个本质向度揭示了构筑人们思想灵魂的三重世界:以"信仰"为核心的意义世界;以"价值"为核心的观念世界;以"精神"为核心的情感世界。这说明人的思想构筑具有层次性和渐进性。对党外知识分子的思想引领同样需要从多方面展开。

(一)用理想信念感染党外知识分子,吸收优秀的党外知识分子加入党的队伍

坚定的理想信念是中国共产党精神谱系中相通相融的共性,也是支撑西迁老一辈爱国奉献、奋斗前行的动力源泉。党的十八大以来,习近平总书记反复强调党员干部要坚定理想信念,没有理想信念,理想信念不坚定,精神上就会"缺钙",就会得"软骨病"。④

从新中国成立初期到1952年,国家开展了一系列政治运动和知识分子思想改造运动。学校从师生员工思想实际出发,组织学习中国革命与中国共产党、文教政策与知识分子政策、新人生观等专题,促使广大教师提高了思想认识和

---

① 张迈曾. 西迁精神(中国共产党革命精神系列读本)[M]. 北京:中共党史出版社,2020.
② 唐敏. 在传承"西迁精神"中绽放青春芳华[N]. 光明日报,2020-04-29(07).
③ 西安交通大学校史(1959—1996)[M]. 西安:西安交通大学出版社,2003:293.
④ 习近平. 紧紧围绕坚持和发展中国特色社会主义学习贯彻党的十八大精神[EB/OL]. 人民网,2012-12-19.

政治觉悟,① 在正确思想意识引导下,广大知识分子主动放弃上海舒适的生活,扎根大西北,服务大西北。

今天国家的发展仍面临严峻的挑战和艰巨的任务,防范化解重大风险挑战,必须敢于直面问题、正视困难,发扬革命文化中坚定的理想信念以及"胸怀大局、无私奉献、弘扬传统、艰苦创业"的西迁精神,讲好西迁故事,传承西迁精神,实现中华民族伟大复兴。

(二)用共同的事业和奋斗目标团结党外知识分子,形成实现民族伟大复兴的合力

在革命、建设和改革的不同时期,广大党外知识分子为国家建设做出积极贡献,弘扬爱国主义的优良传统。今天的爱国,就是热爱社会主义祖国,同时热爱领导社会主义事业的中国共产党,因为"只有坚持爱国和爱党、爱社会主义相统一,爱国主义才是鲜活的、真实的,这是当代中国爱国主义精神最重要的体现"②。

西迁精神不仅展现了党外知识分子的爱国情怀,还生动体现了知识分子献身民族复兴的无悔抉择。"到农村去,到边疆去,到祖国最需要的地方去",在当时是一代人的集体选择。在深厚的传统文化土壤和社会主义制度下,把个人得失放在国家利益之后,把个人选择融入国家需要之中,共同的事业和奋斗目标促使他们义无反顾。

党中央"向科学进军,建设大西北"的号召激发了西迁人的创业热情。建设新中国的美好愿景激励他们自觉投身西部建设的伟大事业中。西迁精神历久弥新,就是因为西迁的党外知识分子将个人追求融入国家的发展,将个人前途与国家命运紧密联系在一起。西迁精神的引领作用体现在党外知识分子矢志追求民族复兴,到国家最需要的地方去,到生活最艰苦的地方去,到文化最落后的地方去,在事业中展现人生价值。

(三)用有力举措营造良好的环境,助力党外知识分子干事创业

习近平总书记指出:"要认真贯彻党的知识分子政策,尊重劳动、尊重知识、尊重人才、尊重创造,做到政治上充分信任、思想上主动引导、工作上创造条件、生活上关心照顾。"③ 西迁事业的成功离不开有力的后勤保障,后勤人

---

① 朱继洲. 从南洋公学到西安交通大学——纪念交通大学建校120周年暨迁校60周年[J]. 西安交通大学学报(社会科学版), 2016, 36(2): 1-9.
② 习近平. 大力弘扬伟大爱国主义精神为实现中国梦提供精神支柱[N]. 人民日报, 2015-12-31(01).
③ 习近平. 在哲学社会科学工作座谈会上的讲话[EB/OL]. 新华网, 2016-05-18.

员担负着学校基建、搬迁、绿化、饮食等服务工作。正是在上海和西安两地后勤职工的努力下,各类物资都及时完好运至西安。正是这种无私奉献的精神和有力的措施营造了良好的环境,助力党外知识分子干事创业。

首先,保障党外知识分子最基础的生活问题,让党外知识分子体会到党的关爱和温暖,满足他们的需要;其次,着力完善党外知识分子工作载体建设,在当今这个网络时代形成完善的组织和工作网络体系;最后,健全党外知识分子发挥作用的激励机制,给予党外知识分子强烈的归属感。

根据党外知识分子群体的特点,在巩固民主党派基层组织建设的基础上,成立党外知识分子联谊会、留学人员联谊会、侨联等组织,形成完善的组织和工作网络体系。创建党外知识分子联谊组织微信群和思想政治工作微信公众号等新载体,为党外知识分子联系交流、成长进步、服务社会搭建有效载体,丰富思想政治工作形式和内容,提升党组织凝聚力和向心力,增强党外知识分子的归属感。

(四)用丰富的理论和实践素材教育党外知识分子,使他们自觉抵制不良思潮

习近平总书记强调:"我们党依靠学习创造了历史,更要依靠学习走向未来。"① 用科学的理论和鲜活的素材教育党外知识分子,使他们自觉抵制不良思潮。理论问题是方向问题,只有加强党外知识分子的理论学习,才能提高他们的政治敏锐性和政治鉴别力,才能坚定他们跟共产党走的信心和决心,才能使他们自觉在党委的领导下开展工作。

西迁老教授蒋大宗说:"爱国的知识分子亲历了旧社会的腐败和落后,对于共产党新政权的亲民、清廉的作风产生极大好感,并且,旧社会过来的知识分子经过了思想改造运动,会自觉地把国家和民族的利益放在前面。"② 正是当时共产党的实际行动感动了党外知识分子这一特殊群体,是共产党让他们看到了未来,看到了希望。

西迁故事和西迁精神是鲜活的素材。深入开展"四史"学习教育,能促进党外知识分子群体深刻领悟中国特色社会主义来之不易,深刻领悟中国特色社会主义的成功并非偶然,信服只有坚持和发展中国特色社会主义才能实现中华民族伟大复兴。同时,引导党外知识分子自觉学习马克思主义理论,从根本上把握好政治方向,树立起正确的人生观和价值观。

---

① 习近平. 依靠学习走向未来[EB/OL]. 人民网,2014-12-25.
② 房立民. 交通大学西迁亲历者口述史:1[M]. 西安:西安交通大学出版社,2016:94.

近代中国历史变迁视域下的"西迁精神"解读
——兼论交大胸怀天下的大局意识*

宋希斌　杨恩

摘　要："西迁精神"作为中国共产党精神谱系的重要组成部分，其形成并根植于交通大学的办学历史之中。将"西迁精神"置于近代中国历史演进中考察，可知历代交大人与民族复兴、国家富强同向同行，已将胸怀天下、顾全大局之精神内化于心、外化于行。这具体表现在为民族复兴育人、勇担国事以天下兴亡为己任、不计私利无私奉献等三个方面。以历史的视野考察交大胸怀天下的大局意识，可以为新时代弘扬"西迁精神"及培养西迁新传人提供思想资源。

关键词：西迁精神；大局意识；历史变迁

交通大学肇基于沪上，1956年主体内迁西安，经过60多年的耕耘，在大西北建设起一所规模宏大、学科齐全、质量一流的重点大学，并生发出"胸怀大局，无私奉献，弘扬传统，艰苦创业"的西迁精神，实为中国高教史上浓墨重彩的一笔。2020年4月，习近平总书记走进西安交通大学，从国家民族的高度深刻阐释了西迁精神，他指出："'西迁精神'的核心是爱国主义，精髓是听党指挥跟党走，与党和国家、与民族和人民同呼吸、共命运，具有深刻现实意义和历史意义。"

将"西迁精神"置于近代中国历史演进中考察，可知历代交大人与民族复兴、国家富强同向同行，已将胸怀天下、顾全大局之精神内化于心、外化于行。这种大局意识肇始于民族危亡之际，成长于国家动荡之中，彰显于交大主体内迁之时。这种气质已内化为交大的精神内核，沉淀为交大的文化基因。

---

* 本文系西安交通大学2020年度思想政治工作专项研究项目"民族复兴视域下高校校史育人功能研究：以交大西迁为例"（项目号：2020SZGZKT19）的阶段性研究成果。

一、为民族复兴育人的大局意识

交通大学之前身是 1896 年盛宣怀创设于上海的南洋公学,其办学目的是弥补京师同文馆人才培养仅重"语言文字"而与"中外政法之故未通其大"的缺点,以解中外交流"乏才"之虞。① 所以,盛宣怀在学科设置上主张学校不仅要教授西方自然科学知识,还应特别注重人文社会知识的传习。"教以天算、舆地、格致、制造汽机、矿冶诸学,而以法律政治商税为要。"② 以求形成中西兼容的格局,即"以通达中国经史大义厚植根柢为基础,以西国政治家日本法部文为指归,略仿法国国政学堂之意"③。此办学救国、中西兼用、文理交融的理念,超越了旧式科举制下"读书只为稻粱谋"境界,也避免人文社会科学在中国高等教育中失语,可见交大立校奠基之初眼界之高、格局之大。

胸怀天下的大局意识还体现在交大人才培养模式上讲求中西文化的交融互补。1898 年制定的《南洋公学高等小学章程》的课程设置就体现了交大人才培养已经呈现文理并重、古今并举的特征。详情如表 1:

表 1 南洋公学高等小学授课计划

年度	授课内容	周学时	备注
第一年	读经(《孝经》),修身,国文,笔算,珠算,历史,地理,理科(自然现象),习字(大楷),图画(毛笔画),体操(柔软体操),乐歌	三十六点钟	体操一点钟
第二年	读经"四书",修身,国文,笔算,珠算,历史,地理,理科(生理),习字(大楷、小楷),图画(毛笔画、铅笔画),体操(柔软体操),乐歌,手工	三十六点钟	体操一点钟
第三年	读经"四书"、《左传》),修身,国文,算术,商业簿记,历史,地理,理科(简易理化),习字(大楷、小楷、行书),图画(毛笔画、铅笔画、粉笔画、几何、设色),体操(兵式体操),乐歌,英文,手工	三十六点钟	体操一点钟

---

① 夏东元. 盛宣怀年谱长编:下册 [M]. 上海:上海交通大学出版社,2014:542.
② 夏东元. 盛宣怀年谱长编:下册 [M]. 上海:上海交通大学出版社,2014:539.
③ 夏东元. 盛宣怀年谱长编:下册 [M]. 上海:上海交通大学出版社,2014:569.

为培育真正担得起时代重任、挽救民族危亡的新型人才，交大在培养模式上讲求中西文化交融互补。福开森在《南洋工学早期历史》中曾回忆说："（交大）在汉语教学中，我们废弃了八股文，而要求学生每周写作文。我们为师范生开设了历史、诗歌和作文等专门课程，就我所知，这个学院是开创本国语言和文字的现代教学体系的第一所院校"，"本院对全体学生教授英语"，"教学中次要的课程是历史和经济学"，此外还开设有自然科学和数学，"为了提供体育锻炼，我安排每周有二、三次的军事体操课。引进了足球、棒球和网球等项运动……"① 可以说交大办学之初，就树立起比较完全的育才观念。

在近代西学日趋强势的文化背景下，交通大学从民族发展长远考虑，积极倡导教育应讲求实业和保存国粹并重。1911年1月，《邮传部高等事业学堂章程》中明确学校办学须"造就专门人才，尤以学成致用、振兴中国实业为宗旨，并极意注重中文以保国粹"②。1912年，革命话语日趋占据主流，对儒学质疑之声四起，但交通大学依然重视中华传统文化的传承。1913年11月，唐文治校长致函交通部，专门"论国文之重要"，认为学校应加强国文教育，提出如果"以为从事科学，我国文字即可置无足轻重之数"，那么"我国固有之国粹行将荡焉无存"。"科学之进步尚不可知，而先淘汰本国文化深可痛也！"③ 在知识体系上，交大人才培育并不囿于纯粹的理工技艺，而是力图实现传统国粹、近代科技与讲求体育三者共融。1913年，《南洋》创刊号发表陈容《南洋公学之精神》一文将本校校风总结为三条："注重体育以矫文弱之弊""注重国学国文以保存国粹""注重科学工艺以增进民智"④。

交通大学还特别强调道德的养成。早在1913年3月，唐文治校长在《致交通部公函商讨教育宗旨》中就提出，本校"首以重道德"，以"蔚成高尚人格为宗旨""无论风气若何，决不变更迁就"⑤。由上可见，交大着眼于德才兼备、中西兼通的复合型人才的养成，极富胸怀天下之气魄。

二、勇担国事以天下兴亡为己任的大局意识

胸怀天下的大局意识还表现在交大师生以天下兴亡为己任，勇于担当的使

---

① 霍友光，顾利民.南洋公学——交通大学年谱（以下简称《年谱》）[M].西安：陕西人民出版社，2002：8.
② 年谱[M].西安：陕西人民出版社，2002：37.
③ 年谱[M].西安：陕西人民出版社，2002：49.
④ 年谱[M].西安：陕西人民出版社，2002：52.
⑤ 年谱[M].西安：陕西人民出版社，2002：47.

命感。在历史的关键点和重大历史事件中，交大师生往往以国事为重，勇于担当，敢于引领时代潮流。

辛亥革命期间，"本校学生组织义勇军"积极响应，到10月底，局势尚未明朗之际，唐文治校长以带头剪辫发之举彰显拥护革命之决心，"（校长）唐文治带头剪辫发，并劝学生一律剪辫"①。1919年5月9日，交大学生会将此日定为"国耻纪念日，停课一天"，并"下半旗志哀"，以铭记北洋政府通过"二十一条"。1923年，为赎回日本侵夺的胶济铁路，"全校学生素食一日，节约经费作为赎路储金"②。1925年5月15日，上海日本纱厂发生资本家枪杀工人顾正红惨案，5月18日，南洋大学学生会发表第一次宣言，号召同胞"奋袂而起，同仇敌忾，共与搏战"。5月29日，"上海总工会副主席刘华莅校，为本校学生报告顾正红惨案经过。本校学生会为日人惨杀华工发表第二次宣言"。5月30日，"五卅运动"爆发，交大师生广泛参与，本校附属中学学生陈虞钦、吴恒慈在事件中遇难。事后，学校在图书馆后面的小山之下，为二位烈士竖立纪念碑。6月1日，凌鸿勋校长就"五卅惨案"致电交通总、次长，"请向领袖公使严重交涉，以平众怒"。6月17日，凌鸿勋校长就陈虞钦被枪杀事，致函外交部特派江苏交涉员，要求"查核汇案，提出交涉，厚加抚恤，严惩凶手，以重人情，而慰群情"。③

"九一八事变"爆发后，交大师生胸怀天下的大局意识更多表现为拯救民族危亡的爱国情怀。1931年9月20日，学校"学生自治会召开紧急会议，通过重要决议12项，其中包括：通电全国主张对日宣战，呼吁'全国和平，一致对外'等"④。9月22日，学校为宣传抗日决定停课，并"组织同学700余人，分为70余支小分队，分赴徐家汇、龙华及南市等处演讲，散发传单及通电，鼓动民众一致抗日"⑤。10月23日，黎照寰校长召开全体教职员大会，"决议组织上海市教育界救国联合会交大分会，推定各院部科所系军事训练及校长室主要负责人为代表"⑥。10月26日，"救国联合会第一次执行委员会全体通过：（1）遵照军事教育方案规定，各班每天下午增加军训一小时，以便加紧训练案；（2）将军事训练，改名学生救国军，以表扬民气案；（3）教职员同受军事训练案；

---

① 年谱[M].西安：陕西人民出版社，2002：43.
② 年谱[M].西安：陕西人民出版社，2002：130.
③ 年谱[M].西安：陕西人民出版社，2002：155.
④ 年谱[M].西安：陕西人民出版社，2002：269.
⑤ 年谱[M].西安：陕西人民出版社，2002：269.
⑥ 年谱[M].西安：陕西人民出版社，2002：272.

(4) 请学校当局转令学生会于一星期内赶制军事服装，以昭整齐而便训练案；(5) 利用本校无线电台作国际宣传案；(6) 添设兵工学系，请王、李两院长拟具课程及预算计划书呈送校长交校务会议讨论案；(7) 本校以各种文字加紧宣传日本暴行案"。所通过的各项决议案，均与抗日救国有关，彰显了交大身居沪上胸怀天下的爱国情怀。10月26日，本校决定"将每课授课时间缩短十分钟，以每日下午三时至五时进行军训。为唤起民众，本校学生从11月18日起，"每天出发数百人，散发宣传品，携带地图，在沪上各地演讲"①。抗日不忘学业，校长曾"召集全体教职员落实如何补救同学在抗日活动中所荒废的学业问题"②。

1931年"江桥抗战"爆发后，11月17日晚，交通大学召开学生全体大会，到会者500余人讨论时局方针，决定同学每人至少捐款一元援助马占山部队，并从18日起停课三天，动员全校同学出外宣传及募捐，"当晚还选举出由27人组成的'临时特种抗日委员会'"③。11月18日起至20日，学校将全体学生分为80余队，前往租界或各商店为声援黑龙江省抗日军队马占山部募捐，共集资8000余元，数量之巨"开上海各大学募捐成绩之新纪录"④。捐款汇至黑龙江后，马占山将军曾专门复电致谢。

1932年1月28日夜，为转移国际焦点，并迫使南京国民政府投降，日军从上海日本租界向闸北、江湾、吴淞等区域发起进攻，挑起"一·二八事变"。在驻守上海的国民革命军第十九路军奋起抵抗期间，交通大学众多学子也积极奔赴抗日斗争的前线。据载，"本校张家瑞、徐威、陆家琛、庄德祖同学，投效七十八师，参加抗日工作，奋勇杀敌，七十八师师长特赠四人纪念章各一枚"⑤。

1937年8月13日，日军进犯上海，交通大学命悬一线。当时，学校一再向政府要求内迁，然因种种原因终未如愿，师生被迫转移到法租界内租住震旦大学、中华学艺社等处校舍继续上课。为应对时局、保全校产、继续办学，1941年9月学校对外改称"私立南洋大学"。1942年夏，日军进入法租界，学校被迫由汪伪政府管辖。留在上海的师生不甘在日伪强暴下受辱，纷纷内归国立交通大学本部（渝校）。⑥ 校长黎照寰愤愧辞职，钟伟成、沈奏廷、谭炳勋、李谦

---

① 年谱 [M] . 西安：陕西人民出版社，2002：279.
② 年谱 [M] . 西安：陕西人民出版社，2002：273.
③ 年谱 [M] . 西安：陕西人民出版社，2002：277.
④ 年谱 [M] . 西安：陕西人民出版社，2002：275.
⑤ 年谱 [M] . 西安：陕西人民出版社，2002：291.
⑥ 年谱 [M] . 西安：陕西人民出版社，2002：480.

若、胡端行、陈石英、吴清友、钟兆琳、王蘧常等40余名教职员先后离校。其中，有的后来辗转到重庆九龙坡交大本部（渝校），有的转到上海其他私立大学或工厂企业，还有的干脆待业在家，拒绝与汪伪政府合作。

在抗战期间，交大师生表现出强烈的爱国情怀和民族自尊心，奔赴内地参加国家建设，成为在上海租界学习的交大毕业生的首选。1938年毕业生绝大多数分配至内地后方工作。1939年，学校共有126人毕业，到内地后方工作的就有112人。① 部分学生，几经奔走，最后来到陕甘宁边区。1938年电机系毕业生周建南、孙俊人、徐昌裕等3人，辗转千里，越过日军层层封锁，通过汉口八路军办事处介绍奔赴延安，投身革命根据地建设。②

投笔从戎也是抗日战争期间交大学子强烈爱国情怀的一种表现。1943年年初，重庆政府军事委员会颁发《专科以上学校学生充任译员办法》，征调学生从军担任军中翻译，交通大学（渝校）计划50个名额。而事实上，截至1943年10月底，四年级学生全部应征，总计71人，远超出了任务指标。交通大学还成立从军征兵委员会，开展从军动员。至1945年2月，交大学生参加青年志愿军45人，政工人员5人，女政工人员1人，海军81人，空军高级机械班17人，空军飞行及领航12人，译员16人，总数达177人，占1944年在校生的13.21%，他们其中许多人成为抗日战争的人民英雄。校史载：1943年11月，学生杨大雄响应国民政府号召应征战时译员，在国民党第七十九军担任美军翻译官，多次参加抗击日本侵略军的战斗。1945年6月，杨大雄在柳州前线与日军遭遇，奋勇杀敌，壮烈牺牲，年仅25岁。1997年1月，被上海市人民政府追认为革命烈士。

三、不计私利无私奉献的大局意识

顺应历史潮流而生的交大，在近代百年历史变迁之中，处处彰显着本校胸怀天下的大局意识。这种胸怀天下的办学格局孕育出交大人淡泊私利的精神气质，不计私利的奉献精神与交大发展始终相伴。

频繁为捐助灾民是交大人无私奉献的有力例证。1910年，"全校减膳，助安徽赈捐"；1911年，"江淮水灾，全校减膳助赈"；1923年，"八省发生旱灾，全校踊跃捐款，计洋2300余元"；1929年"九月二十八日，陕甘绥一带连年饥馑，

---

① 年谱[M].西安：陕西人民出版社，2002：470.
② 年谱[M].西安：陕西人民出版社，2002：466.

对三地同学免收学费"。① 1931年9月26日,《交大三日刊》(第144期)载:本校"同学捐赈水灾每人至少一元"②。10月26日,"本校学生自治会,组织学生为水灾捐献衣被近200件"③。

辛亥革命爆发后,上海各高校因经费缺乏相继停课,唯"本校不辍业",究其原因,离不开交大人舍小家顾大家的奉献精神。为了筹措办学经费,校长唐文治"带头减薪50%,全校教职工年薪按10月计算,殚诚维持"④。1913年,因办学经费困难,唐文治校长主动要求交通部给他续减半薪。事实上,"自宣统三年十月起,唐文治一直领取半薪。请求用节余之款,以'弥补预算溢出之款'"⑤。此外,交大师生不计较个人得失,积极承担社会责任,1919年7月,校学生会组织学生开办义务学校,"免费教育学校周围的贫苦子弟"⑥。

全面抗战初期,上海各校西迁,"惟本校奉命留沪收容失学学生,迁入法国租借继续上课"⑦。在上海沦陷的几年间,交通大学(沪校)暂居法租界上课,"维持残局","备受日伪凌夷,形势恶劣,几至朝不保夕"⑧。尽管办学处境艰难,但为维持学生学业,照顾战时学生困难,交通大学(沪校)依然"设置全校学生数10%以上的免费学额和全校学生数4%以上的公费学额"⑨。针对家乡沦陷生活无着落的同学,学校设立"暑假留校战区贷金","既安排以劳动,又安排以补课。每日上午补课2小时;参加工厂生产、抄写讲义、修筑校舍等劳动1.5小时,用勤工俭学办法,使战区经济困难的学生度过暑假"⑩。1945年8月,日本宣布投降的消息传出后,沪校理学院院长裘维裕教授"第一个赶回徐家汇交大校舍,保护及协助接受残存的仪器设备,使之不再遭受损失。在裘维裕教授带动下,沪校广大师生纷纷回校,投入清理、搬运、装配等恢复工作"⑪。

这种大局意识下催生出的无私奉献的精神,无疑已成为交大人内在的精神

---

① 年谱 [M]. 西安:陕西人民出版社,2002:31,52,104,210.
② 年谱 [M]. 西安:陕西人民出版社,2002:270.
③ 年谱 [M]. 西安:陕西人民出版社,2002:273.
④ 年谱 [M]. 西安:陕西人民出版社,2002:44.
⑤ 年谱 [M]. 西安:陕西人民出版社,2002:46.
⑥ 年谱 [M]. 西安:陕西人民出版社,2002:92.
⑦ 年谱 [M]. 西安:陕西人民出版社,2002:462.
⑧ 年谱 [M]. 西安:陕西人民出版社,2002:474.
⑨ 年谱 [M]. 西安:陕西人民出版社,2002:475.
⑩ 年谱 [M]. 西安:陕西人民出版社,2002:476.
⑪ 年谱 [M]. 西安:陕西人民出版社,2002:495.

气质。1950年,中华人民共和国百废待兴,为减轻人民政府的财政负担,交通大学部分学生自动放弃减免学费的申请,部分符合减免费条件的困难学生也宁愿向亲友借钱来缴费,"交通大学化工系二年级学生实行大互助,全班放弃申请减免费"①。为国分忧已成交大师生的共识。新中国成立之初,壮大军事力量成为当务之急,交通大学响应国家号召,积极鼓励投身国防事业。1950年12月11日,《人民日报》刊文报道:"交通大学142位教授联名发表告同学书,鼓励他们积极参加军事学校,做一个国防建设上的优秀干部……交通大学物理系教授赵富鑫在解放前曾掩护他儿子的革命活动,上海解放后,他曾要求他的儿子继续升学,希望培养他成为一个化学工程师。现在,他要求自己的儿子投考军事学校。交通大学土木系留美教授潘承梁谆谆嘱咐他的儿子潘君瑞参加军事学校。他说:如果过去交大的学生在交通建设上有所贡献的话,我希望以后交大的学生能同样在国防建设事业上有贡献。"②

以上所举仅为交大125年发展史中的几个片段,从中可体会到在交大办校治学的传统中胸怀天下的气度和无私奉献的精神。正因有了这种海纳百川的胸襟,交大在漫长的办学路上成长为开拓新式教育的先锋,培育科技人才与政治经济文化人才的摇篮。正因这种胸怀天下的气魄,交大师生不计私利、无私奉献,不仅致力学问,更关心国事,"光辉吾国徽,便是光辉吾校旗"③,将爱国爱校融为一体。正因有这样的文化传承与历史积淀,才有1956年交大主体内迁之壮举,才有西迁精神之伟大。

---

① 霍友光. 交通大学(西安)年谱:1950—1978 [M]. 北京:中国青年出版社,2013:6.
② 年谱 [M]. 西安:陕西人民出版社,2002:27.
③ 霍友光,顾利民. 南洋公学—交通大学年谱 [M]. 西安:陕西人民出版社,2002:52.